周易全书

郑红峰 主编

〔第五卷〕

光明日报出版社

焦氏易林注卷十六

☷ 巽上
兑下 中孚之第六十一

鸟鸣嘻嘻，天火将下。燔我屋室，灾及姤后。

详《兑之革》。

之乾 黄虹之野，贤君所在。管叔为相，国无灾咎。

此用中孚象。震为玄黄，为虹，为君。艮为野，为叔。《孝经·援神契》：黄虹抱日，辅臣纳忠。《帝王世纪》：少昊生，虹流华渚。《洛书》：黄帝起，黄云扶日。又《东方朔别传》：凡占，长吏下车，当视天有黄云来覆车。震为竹，故曰"管叔"。艮为国。

坤 符左契右，相与合齿。乾坤利贞，乳生六子。长大成就，风言如母。

详《兑之大过》。

屯 蝗啮我稻，驱不可去。实穗无有，但见空稿。

详《小畜之大壮》。

蒙 婴孩求乳，母归其子，黄麛悦喜。

详《履之同人》。

需 折若蔽目，不见稚叔。失旅亡民，远去家室。

详《师之蒙》。

讼 牂羊羵首，君子不饱。年饥孔荒，士民危殆。

《诗·小雅》：牂羊坟首。兹作羵。按，《鲁语》云：土之怪曰羵。注：羵，羊雌雄未成者，亦作坟。然则羵、坟古通用。是焦《诗》与《毛诗》异字，非讹字也。伏震为羊。羵，大也。乾为首，为大，故曰"羵首"。乾为君子。离虚，故不饱，故饥。乾为年。坎为民，为危殆。

师 灵龟陆处，盘桓失所。伊子退耕，桀乱无辅。

详《归妹之剥》。

比 威约拘囚，为人所诬。皋陶平理，几得脱免。

小畜 鸟升鹊举，照临东海。龙降庭坚，为陶叔后。封于英六，福履绥厚。

详《需之大畜》。

履 四目相视，稍近同轨。日昳之后，见吾伯姊。

详《益之需》。

泰 大步上车，南至喜家。送我狐裘，与福载来。

详《节之观》。

否 穿都相合，未敢面见。媒妁无良，使我不乡。

坤为都。

同人 鸿飞遵陆，公出不复，伯氏客宿。

详《剥之升》。

大有 代戍失期，患生无知。惧以发难，为我开基，邦国忧愁。

《左传·庄八年》：齐侯使连称、管至父戍葵丘，瓜时而往，曰及瓜而代。期戍，公问不至。故与无知等作乱。伏艮为守，为戍，为期。坎为失，故曰"失期"。坎为患，为忧惧。坤为我，为邦国。全用旁通。

谦 伯氏争言，战于龙门。构怨结祸，三世不安。

详《坤之离》。正反震相背，故争言。震为伯，故曰"伯氏"。

豫 周政养贼，背生人足。陆行不安，国危为患。

震为周，坎为贼，坤为政，为育，故曰"周政养贼"。震为足，艮为背，足在背上，故曰"背生人足"。坤为陆，坎险，故不安。坤为国，坎为患也。此全由卦象制辞，未必有故实。

随 蜩螗欢喜，草木畅茂。百果蕃生，日益富有。

详《谦之解》。

蛊 魃为灾虐，风吹云却。止不得复，复归其宅。

临 乘骝驾骊，游至东齐。遭遇行旅，逆我以资，厚得利归。

震为马，坤亦为马，故曰"乘骝驾骊"。震为东，伏巽为齐，故曰"东齐"。震为行旅。坤为资财，逆行，故曰"逆我以资"。坤多，故曰"厚得利"。

观　**凤生七子，同巢共乳，欢悦相保。**

坤文，故曰“凤”。艮数七，故曰“七子”。艮为巢，为乳。伏震为欢悦。

噬嗑　**桃雀窃脂，巢于小枝。动摇不安，为风所吹。心寒漂摇，常忧殆危。**

详《损之涣》。

贲　**东山西山，各自止安。虽相登望，竟未同堂。**

详《姤之坤》。

剥　**匍匐出走，惊惧惶恐。白虎生孙，蓐收在后。**

匍匐，以手行也。艮为手，手在地上，故曰“匍匐”。阳在上，故曰“出”。坤为恐惧。艮为虎，为孙。伏兑为西方，色白，故曰“白虎”。兑为秋，故曰“蓐收”。《月令》，孟秋之月，其神蓐收是也。

复　**重弋射隼，不知所定。质疑蓍龟，告以肥牡。明神答报，宜利止居。**

详《困之蹇》。

无妄　**开门内福，喜至我侧。加以善祥，为吾室宅。宫城洛邑，以昭文德。**

震为开，艮为门。上乾，故曰“纳福”。震为喜，为善祥。艮为室宅，为宫城，为邑。乾为王，故曰“洛邑”。洛邑，王城也。伏坤为文。

大畜　**鸟飞狐鸣，国乱不宁。下强上弱，为阴所刑。**

艮为鸟，为狐，震为飞，为鸣，故曰“鸟飞狐鸣”。艮为国，兑毁，故曰“不宁”。四五阴爻，乾为艮所畜，故曰“为阴所刑”。

颐　**三鸡啄粟，八雏从食。饥鹰卒击，失亡两叔。**

伏巽为鸡，震数三，故曰“三鸡”。伏兑为啄，巽为粟。震为雏，坤数八，故曰“八雏”。震为从，为食。艮为鹰，坤虚，故曰“饥鹰”。艮为击，为叔。坤数二，坤丧，故曰“失亡两叔”。

大过　**叹息不悦，忧从中出。丧我金罂，无妄失位。**

兑口，故曰“叹息”。互大坎，故不悦，故忧从中出。乾为金，震为罂，震伏，故曰“丧我金罂”。

坎　**刚柔相呼，二姓为家。霜降既同，惠我以仁。**

详《家人之损》。

离　**襄送季女，至于荡道。齐子旦夕，留连久处。**

详《屯之大过》。

咸 低头窃视，有所畏避。行作不利，酒酢鱼馁，众莫贪嗜。

艮为头，泽下，故曰"低头"。艮为视，巽为盗，故曰"窃视"。巽伏，故曰"畏避"。兑毁，故不利。兑为泽，为酒。巽为鱼，为木。木作酸，故曰"酒酢"。酢，酸也。巽为烂，故曰"馁"。馁，烂也。

恒 典册法书，藏阁兰台。虽遭乱溃，独不遇灾。

详《坤之大畜》。

遁 旦醉病酒，暮即瘳愈，独不及咎。

伏震为旦，坤迷，故曰"旦醉"。坤为病，为暮。

大壮 画龙头颈，文章未成。甘言美语，说辞无名。

详《蒙之噬嗑》。

晋 日月运行，一寒一暑。荣宠赫赫，不可得保。颠踬殒坠，更为士伍。

详《巽之震》。

明夷 争利王市，朝多君子。苏氏六国，获其荣宠。

伏巽为利市，震君，故曰"王市"。坤为朝。震为君子，为苏。坤为国，坎卦数六，故曰"六国"。言苏秦说六国，佩六国相印也。

家人 六蛇奔走，俱入茂草。惊于长途，畏惧啄口。

详《丰之巽》。

睽 悬貃素餐，食非其任。失舆剥庐，休坐徙居。

详《颐之益》。

蹇 欢欣九子，俱见大喜。提携福至，王孙是富。

此用中孚象。震为欢欣，数九，故曰"九子"。艮手为提携，为孙。震君，故曰"王孙"。

解 伯夷叔齐，贞廉之师。以德防患，忧祸不存。

详《革之否》。

损 雄圣伏名，人匿麟惊。走凤飞北，乱溃未息。

详《否之大过》。

益 久鳏无偶，思配织女。求莫非望，自令寡处。

艮为鳏。坤女，巽为绳，为织，故曰"织女"。艮为求，为望。巽为寡。言织女为天孙，不能求也。

夬 破亡之国，天所不福，难以止息。

兑为破，坤为国。坤伏不见，故曰"天所不福"。乾为天。

姤 老慵多郤，弊政为贼。阿房骊山，子婴失国。

伏坤为老，坤柔，故曰"老慵"。巽为隙。郤、隙同，巽伏为贼，坤为弊，为政，故曰"弊政为贼"。中孚艮为房，为山。震马，故曰"骊山"。艮少，故曰"子婴"。

萃 三羖六牂，相随俱行。迷入空泽，经涉虎庐。为所伤贼，死于牙腹。

详《同人之蒙》。

升 喋嗫嚎嚾，昧冥相搏。多言少实，语无成事。

震言，正反兑亦为言，故曰"喋嗫"。喋嗫，多言也。震为笑乐，故曰"嚎嚾"。噱，大笑。嚾音欢，喧嚣也。坤为黑，故曰"昧冥"。伏艮为搏，正反艮，故曰"相搏"。正反兑，故曰"多言"。坤虚，故曰"少实，语无成事"。坤为事。

困 舞阳渐离，击筑善歌。慕丹之义，为燕助轲。阴谋不遂，矐目死亡，功名何施。

《史记·刺客传》：荆轲奉樊于期首函，秦舞阳奉地图。及事败，秦人大索太子丹及荆卿之客。高渐离善击筑，秦王乃矐其目，使击筑于侧。后以铅置筑中击秦王，乃被杀。伏震为舞，为筑，为歌。艮手为击，故曰"击筑善歌"。坎赤，故曰"丹"。兑为燕，震为轲，故曰"为燕助轲"。坎为阴谋。离为目，坎为失，故曰"矐目"。矐，《索隐》曰：以马矢熏目令失明也。坎为棺椁，故曰"死亡"。震为功，艮为名，艮震皆伏，故曰"功名何施"。

井 尹氏伯奇，父子分离。无罪被辜，长舌为灾。

详《讼之大有》。

革 五精乱行，政逆皇恩。汤武赫怒，共伐我域。

《东京赋》：辨方位而正则，五精帅而来摧。注：五精，五方星也。伏艮为星，坤为乱，震为行，故曰"五精乱行"。伏坤为政，坤逆行，故曰"政逆"。皇恩，为急遑讹字。《诗·商颂》：不敢急遑。《笺》：急，惰；遑，暇也。急遑，言急惰敖嬉也。坤柔，故曰"急遑"。震为王，故曰"汤武"。震为怒，为伐。坤为域。全用旁通象。

鼎 西历玉山，东入玉门。登上福堂，饮万岁浆。

通屯。坎位西，震为玉，互艮，故曰"玉山"，故曰"玉门"。震为东也。震为登，为

焦氏易林注

福，艮为堂。坤为万岁，为浆，震口，故曰"饮万岁浆"。

震 行触大忌，与司命忤。执囚束缚，拘制于吏，幽人有喜。

震为行，坎为忌讳。讳，避也。坎隐，故曰"忌"。伏巽为命，坎为忤，故与司命忤。艮为执囚，为拘制。伏巽为束缚。艮为官吏，为幽人。震为喜。

艮 机父不贤，朝多谗臣。君失其政，保家久贫。

机，疑为皇之讹。《诗·小雅》：皇父卿士，谗口嚣嚣。林似本此。艮初至五正反震，故曰"谗"。互震为君，艮为臣。坎为失。保，疑为使之讹。

渐 三人俱行，北求大牂。长孟病足，倩季负粮。柳下之宝，不失我邦。

详《大有之丰》。"不失我邦"者，按《家语》：齐求岑鼎于鲁，鲁与赝鼎。齐侯曰，柳下季谓是，则受之。鲁侯请季。季曰，与齐鼎，求免君国也。但臣亦有国，免君之国，破臣之国，亦君之所恶也。鲁乃以真鼎往。此林屡见，皆作骊黄，惟此作我邦，于事独切。

归妹 鹄思其雄，欲随凤东。顺理羽翼，出次须日。中留北邑，复返其室。

详《需之离》。

丰 常德自如，不逢祸灾。

离为祸灾。

旅 白鹄游望，君子以宁。履德不忒，福禄来成。

互巽为白，艮为鹄，为望，故曰"白鹄游望"。艮为君子，艮安，故曰"宁"。伏震为履，为福禄。

巽 肤敏之德，发愤晨飡。虏豹擒说，为王得福。

详《大有之困》。

兑 百足俱行，相辅为强，三圣翼事，王室宠光，国富民康。

详《屯之履》。

涣 生不逢时，困且多忧。年老衰极，中心悲愁。

艮为时，震为生。下坎，故曰"困且多忧"。艮为寿，故曰"年老"。坎为中心，为悲愁。

节 出门磋跌，看道后旅。买羊逸亡，取物逃走。空手握拳，坐恨为咎。

艮为门，震为出。坎塞，故曰"磋跌"。震为大涂，为后。兑为羊，与震连体，故曰"逸亡"。艮为手，正反艮相对，故曰"空手握拳"。坎为恨。

小过 牧羊稻田，闻虎喧欢。畏惧悚惕，终无祸患。

详《随之渐》。

既济 龙潜凤北，箕子变服，阴孽萌作。

未济 国无比邻，相与争强。纷纷匈匈，天下扰攘。

䷽ 震上艮下 小过之第六十二

初虽惊惶，后乃无伤。受其福庆，永永其祥。

震为惊，为后，为福庆。

之乾 积德累仁，灵佑顺信，福祉日增。

乾为仁德，为信，为福，顺行。纯乾，故曰"积"，曰"累"。

坤 谨慎重言，不幸遭患。周召述职，脱免牢门。

此用小过象。艮为谨慎。震为言，正反震，故曰"重言"。互大坎为患。震为周，为召。坎为牢狱，艮为门。震出在外，故曰"脱免"。

屯 鸟飞鼓翼，喜乐尧德。虞夏美功，要荒宾服。

艮为鸟，震为翼，为鼓，为飞。为帝，故曰"尧"，故曰"虞夏"。坤为要荒。

蒙 牙孽生齿，室堂启户。幽人利贞，鼓翼起舞。

详《临之姤》。

需 使伯采桑，拒不肯行。与叔争讼，更相毁伤。

讼 手足易处，头尾颠倒。公为雌妪，乱其蚕织。

详《夬之蹇》。惟此用小过象。艮为手在下，震为足在上，故曰"易处"。艮为头在下，覆艮为尾在上，故曰"颠倒"。震为公，与兑连体，故曰"公为雌妪"。巽为蚕，为织。巽陨，故曰"乱"。

师 匠卿操斧，豫章危殆。袍衣脱剥，禄命讫已。

刘毓崧云：《左传·襄四年》，匠庆用蒲圃之槚。庆、卿古通用。匠卿即匠庆，鲁匠人也。伏巽为工，故曰"匠卿"。震为木，故曰"豫章"。坎为危殆。震为袍衣。伏巽为命，坤丧，故曰"讫已"。讫，终也。

比　天女踞床，不成文章。南箕无舌，饭多沙糠。虐众盗名，雌雄折颈。

详《大畜之益》。

小畜　大椎破毂，长舌乱国。墙茨之言，三世不安。

艮为椎，震为毂。兑毁，故曰"破毂"。兑为舌，震为大兑，故曰"长舌"。巽为墙，坎为茨。《毛传》：茨，蒺藜也。震为言，数三。艮为世，故曰"三世"。

履　衔命辱使，不堪厥事。中堕落去，更为斯吏。

巽为兑口，巽为命，故曰"衔命"。巽为陨落，故曰"中堕落去"。伏艮为童仆，故曰"斯吏"。《后汉·左雄传》：职斯禄薄。注：斯，贱也。

泰　三蛇共室，同类相得。甘露时降，生我百谷。

伏巽为蛇，艮为室，数三，故曰"三蛇共室"。兑为露。震为生，为百谷。

否　衣宵夜游，与君相遭。除患解惑，使我不忧。

详《归妹之大有》。

同人　被发兽心，难与为邻。来如风云，去如绝弦，为狼所残。

此用小过象。震为发。艮为兽，互大坎为心，故曰"兽心"。巽为风，坎为云，故曰"来如风云"。巽为弦，兑为绝。艮为狼，兑口，故曰"为狼所残"。

大有　刚柔相呼，二姓为家。霜降既同，惠我以仁。

详《家人之损》。

谦　牛马聋瞆，不晓齐味。委以鼎俎，治乱愦愦。

豫　低头窃视，有所畏避。行作不利，酒酢鱼馁，众莫贪嗜。

详《鼎之解》。

随　雨师娶妇，黄岩季子。成礼既婚，相呼南去。膏我下土，年岁大有。

详《否之坤》。

蛊　戴盆望天，不见星辰。顾小失大，遁逃墙外。

详《贲之蒙》。

临　二人辇车，徙去其家。井沸釜鸣，不可以居。

兑卦数二，震为人，为车。为行，故曰"徙"。伏艮为家。兑为井，坤水在上，故曰"井沸"。坤为釜，震为鸣，故曰"釜鸣"。艮为居，艮伏，故曰"不可居"。

观 攘臂反肘，怒不可止。狼戾腹心，无与为市。

艮为臂，为肘。伏震为归，故曰"反肘"。震为怒。艮为狼，坤为腹心。巽为市。

噬嗑 汤火之忧，转解喜来。

离火，坎水，故曰"汤火"。震为解，为喜。言由坎忧转为震喜也。

贲 忠信辅成，王政不倾。公刘肇基，文武绥之。

坎为忠信，震为王。艮成终，故曰"成王"。言周公辅佐成王也。震为公，艮为基。离为文，震为武，故曰"文武绥之"。

剥 登高斩木，顿踬蹈险。车倾马罢，伯叔吁嗟。

一阳在上，故曰"登高"。艮为木，为刀剑，故曰"斩木"。震为车，震覆，故曰"车倾"。坤为马，为劳，故曰"马罢"。罢、疲同，音婆，与嗟韵。

复 桑之将落，陨其黄叶。失势倾侧，而无所立。

无妄 鸾凤翱翔，集于家国。念我伯姊，与母相得。

伏坤为文，艮鸟，故曰"鸾凤"。艮为家国。巽长女，故曰"伯姊"。伏坤为母。

大畜 阴淫所居，盈溢过度，伤害禾稼。

通萃。坤为阴，为水，兑泽亦为水，故曰"阴淫"，曰"盈溢"。巽为禾稼，兑毁，故曰"伤害禾稼"。

颐 霄冥高山，道险峻难。王孙罢极，困于阪间。

艮为天，故曰"霄"。《玉篇》：霄，云气也。霄冥高山，言山高入霄汉青冥之间也。震为王，艮为孙。坤为劳，故曰"罢极"。艮为道，为阪。坤为困苦，正反艮，故曰"困于阪间"。

大过 和璧隋珠，为火所烧。冥昧失明，夺精无光，弃于道旁。

通颐。震为珠，为玉。艮为火，故曰"为火所烧"。坤为黑，故曰"冥昧失明"，曰"夺精无光"。震为精。艮为光，为道。

坎 虞君好神，惠我老亲。恭承宗庙，虽愠不去，复我内室。

《左传·僖五年》：虞公曰，吾享祀丰洁，神必据我。故曰"好神"。互震为神。艮为宗庙。坎为愠。

离 爪牙之士，怨毒祈父。转忧与己，伤不及母。

详《谦之归妹》。

咸 仓盈庾亿，宜稼黍稷，年岁有息。

详《乾之师》。

恒 窗牖户房，通利明光。贤智辅圣，仁德大行。家给人足，海内殷昌。

详《大畜之升》。

遁 切切之患，凶重忧荐，为虎所吞。

伏坤为忧患，为凶。艮为虎，伏兑口，故曰"为虎所吞"。

大壮 水无鱼滋，陆为海涯。君子失居，小人相携。

坤为水，为鱼，坤伏，故曰"水无鱼滋"。滋，生也。伏艮为陆，坤为海，艮坤相连，故曰"陆为海涯"。艮为君子，为居，巽陨落，故失居。坤为小人，重坤，故曰"相携"。

晋 九疑郁林，沮湿不中。鸾凤所恶，君子攸去。

详《无妄之巽》。

明夷 六翮泛飞，走归不及。脱归王室，亡其骍特。

震为翮，为飞，坎数六，故曰"六翮泛飞"。震为走，为归。坎陷，故不及。震为王。坎为室，为马。坎为赤，故曰"骍"。骍，赤色马也。坤为牛，故曰"特"。坤丧，故曰"亡其骍特"。

家人 不直庄公，与我争讼。媒伯无礼，自令壅塞。

详前《大畜之无妄》。

睽 疮痍多病，宋公危残。吴子巢门，殒命失所。

详《兑之蛊》。

蹇 失羊捕牛，无损无忧。

兑为羊，兑伏，故曰"失羊"。艮为牛，艮手，故曰"捕牛"。

解 夏麦舜蟆，霜击其芒。疾君败国，使我诛伤。

详《泰之贲》。

损 昧昧暗暗，不知白黑。风雨乱扰，光明伏匿，幽王失国。

坤黑，故曰"昧暗"。巽为白，巽伏，故不知。坤为风，为乱，兑为雨，故曰"风雨乱扰"。艮为光明，坤闭，故伏匿。震为王，坤黑，故曰"幽王"。坤为国，为丧，故曰"失国"。

益　执斧破薪，使媒求妇。和合二姓，亲御饮酒。色比毛嫱，姑公悦喜。

详《家人之渐》。毛嫱，古美女名。

夬　六疾生狂，痴走妄行。北入患门，与祸为邻。

伏坤为疾，乾数六，故曰"六疾"。兑刚鲁，故曰独，曰"妄"，曰"痴"。乾为行。坤为祸患，为门，位北，故曰"北入患门"。

姤　驱羊就群，佷不肯前。庆季愎谏，子之被患。

通复。震为羊，坤为群。坤闭，故不前。震为谏。坤为患。《左传·襄二十八年》：庆嗣谓庆封曰，祸将作矣，请速归。庆封不听。又，其女卢蒲姜曰，夫子愎，莫之止，将不出。子之，即庆舍，为庆封子。庆季，即庆封。后子之被卢蒲癸刺死，庆封奔鲁。

萃　二人共路，东趋西步。十里之外，不相知处。

升　义不胜情，以欲自营。几利危躬，折角摧颈。

详前。

困　骚骚扰扰，不安其类。疾在颈项，凶危为忧。

巽进退不果，故曰"骚扰"，曰"不安"。坎为疾，艮为项颈。艮伏，兑见，兑毁在上，故曰"疾在头颈"。坎为危忧。

井　三河俱合，水怒涌跃。坏我王室，民困于食。

详《蛊之颐》。

革　阳曜旱疾，伤病稼穑，农人无食。

离火，故曰"阳曜"，曰"旱"。伏坎为疾病，巽为稼墙。伏震为耕，故曰"农人"。坤虚，故无食。

鼎　流浮出食，载豢入屋。释辔系马，西南庑下。

通屯。坎水坤水，故曰"流浮"。震为出，为食。坤为载。豢，《说文》：以谷圈养豕也。坎为豕，故曰"载豢入屋"。艮为屋。震为马，为释，巽为辔，为系，故曰"释辔系马"。坤为西南，为下。上艮，故曰"庑下"。

震　门户之居，可以止舍。进仕不殆，安乐相保。

互艮为门户，为居。艮止，故曰"舍"。艮为官，故曰"仕"。震为进，为乐。坎为殆，震解，故不殆。

艮　过时不归，雌雄苦悲。徘徊外国，与母分离。

详《豫之大壮》。

渐 中田有庐，疆埸有瓜。献进皇祖，曾孙寿考。

坎为中。艮为田，为庐，为疆埸，为瓜。艮为寿，为祖，又为曾孙。林词皆《小雅》诗句。

归妹 失时无友，覆家出走，累如丧狗。

艮为时，为友，为家。艮覆，故曰"失时"，曰"无友"，曰"覆家"。震为出走。艮为狗。艮覆，故曰"丧狗"。全取反艮象。《家语》：孔子在卫东门外，儽儽如丧家之狗。

丰 反鼻歧头，二寡独居。

艮为鼻，上卦艮反，故曰"反鼻"。《释名》：物两为歧。艮为头，艮反向上，故象形曰歧头。巽为寡，二至五正反巽，又兑卦数二，故曰"二寡"。

旅 衣裳颠倒，为王来呼。成就东周，封受大福。

通节。震为衣裳，正反震，故曰"衣裳颠倒"。震为王，兑为呼。《诗·齐风》：颠倒衣裳，自公召之。震为东，为周，艮为成，故曰"成就东周"。震为福。义与《毛》异。

巽 飞不远去，还归故处，兴事多悔。

巽进退不果，故曰"飞不远去，还归故处"。伏震为飞，为反，故曰"还归"。

兑 含血走禽，不晓五音。瓠巴鼓瑟，不悦于心。

瓠巴，人名。《荀子》：瓠巴鼓瑟，游鱼出听。《列子》：瓠巴鼓瑟，而鸟舞鱼跃。首二句，言鸟兽含有气血，并不晓音律。然一闻瓠巴鼓瑟，而感于心也。伏坎为血，艮为禽。伏震为音，巽卦数五，故曰"五音"。艮为瓠，震为鼓，为瑟。坎为心，坎忧，故不悦。

涣 求玉获石，非心所欲，祝愿不得。

震为玉，艮为求，为石，故曰"求玉获石"。坎为心愿，坎失巽陨，故不得。

节 山崩谷绝，大福尽竭。泾渭失纪，玉历既已。

中孚 瞋目惧怒，不安其居。散涣府藏，无有利得。

震为怒，互大离，故曰"瞋目惧怒"。艮为居，为安，风陨落，故不安其居。艮为府。巽为散涣，为利。此指吕婴散弃财宝事。

既济 众邪充侧，凤凰折翼。微子复北，去其邦国。

多用半象。

未济 六月采芑，征伐无道。张仲方叔，克敌饮酒。

详《离之坎》。

坎上
离下 既济之第六十三

玄兔指掌，与足相恃。证讯诘问，诬情自直。宛死谁告，口为身祸。

多用半象。

之乾 游驹石门，骒耳安全。受福西邻，归隐玉泉。

乾为门，为石，为马，故曰"游驹石门"，曰"骒耳"。坎为西邻，为泉。乾为玉。

坤 阳春草生，万物风兴。君子所居，祸灾不到。

坤为茅茹，故曰"草"，曰"万物"。坤为风，为祸灾。

屯 人无足，法缓除。牛出雄，走羊惊。不失其家。

前四句三字句，末四字句。震为人，为足。伏巽下断，故曰"无足"。坎为法律。除，授官也。坤柔，故曰"缓除"。言人有疾，不能授官也。坤为牛。震为出，为雄，为羊，为惊。艮为家。家，音姑，与除韵。

蒙 泰山上奔，变见太微。陈吴废忽，作为祸患。

艮为山，震东，故曰"泰山"。泰山，东岳也。震为奔。艮为星，故曰"太微"。坤坎皆在北，太微，北极星也。陈吴皆讹字，疑吴为突之形讹，陈为臣之音讹。言祭仲臣突废忽也。事见《左传·桓十一年》。突，郑厉公。忽，郑昭公。坤为臣。坎为祸患。

需 乘龙吐光，先暗后明。燎猎大得，六师以昌。

乾为龙。离为光，互兑口，故曰"吐光"。坎为暗。离为明，为燎。坎数六，坎众，故曰"六师以昌"。言文王因猎得太公也。

讼 羊头兔足，羸瘦少肉。漏囊贮粟，利无所得。

详《剥之恒》。

师 因祸受福，喜盈其室。螟虫不作，君无苛忒。

坤为祸。震为福，为喜。坎为室。巽为螟虫，巽伏，故曰"不作"。震为君，坤为苛忒。震解，故无。

比 舜升大禹，石夷之野。征诣王庭，拜治水土。

小畜 乌子鹊雏，常与母俱。顾类群族，不离其巢。

伏良为乌，震为鹊。坤为母，为群，为族类。艮为巢。

履 夷羿所射，发辄有获。矰加鹊鹰，双鸟俱得。

元本注：夷羿，古之善射者。伏震为射，坎为获。系缴于矢曰矰。巽为矰，艮为鹰，震为鹊。坤数二，故曰"双鸟"。

泰 晨风文翰，大举就温。昧过我邑，羿无所得。

详《小畜之革》。文翰，鸟也。

否 六喜三福，南至欢国。与喜同乐，嘉我洁德。

乾为喜福，数六，艮数三，故曰"六喜三福"。乾为南，坤为国。乾为金玉，故曰"洁德"。

同人 斗龙股折，日遂不明。自外为主，弟伐其兄。

《左传·庄十四年》：内蛇与外蛇斗于郑南门中，内蛇死。后宋人劫祭仲纳厉公。所谓自外为主也。厉公入，昭公出奔。所谓弟伐其兄也。同人巽为股，伏震为龙。坎为折，故曰"折股"。离为日，在下，故不明。震为主，为兄。坎为震弟。

大有 蒙庆受福，有所获得，不利出域。

通比。坤为民，拱向九五，故曰"有获"。坤为域，坤闭，故不利出域。

谦 蛮夷戎狄，太阴所积。涸冰沍寒，君子不存。

详前《师之巽》。

豫 畏昏潜处，候旦昭明。卒逢白日，为世荣主。

详《大有之中孚》。

随 水流趋下，欲至东海。求我所有，买鲔与鲤。

详《益之无妄》。

蛊 冠带南游，与福喜期。微于嘉国，拜位逢时。

临 莎鸡振羽，为季门户。新沐弹冠，仲父悦喜。

莎鸡，蟋蟀也。《诗·豳风》：六月莎鸡振羽。伏艮为季，坤为门户。为，疑为在之讹，言莎鸡在季门户也。《诗》，九月在户，是其证。伏艮为冠，艮手，故曰"弹冠"。仲父，管仲也。管仲初至，齐桓公为三薰三沐然后见，即以为相。震为乐，乾为父，故曰"仲父悦喜"。

观 结衿流粥，遭谗桎梏。周召述职，身受大福。

坤为衿，为结。为浆，故曰"粥"。伏震为周、召。坤为身。按《管子》初见桓公，绁缨捷衽，使人操斧。结衿，即捷衽，罪人之服也。粥、鬻通，养也。"结衿流粥"者，言得罪而流寓在外也。"周召"者，周、召公也。《扬子法言·先知篇》云：召公述职，蔽芾甘棠。言《甘棠》诗为召公述职时，听讼树下也。"身受大福"者，言罪人蒙召公恩，得释也。盖鲁、韩《诗》说只言听讼，齐说兼平反冤狱也。

噬嗑 田鼠野鸡，意常欲逃。拘制笼槛，不得动摇。

详《需之随》。

贲 居华巅，观浮云。风不摇，雨不濡。心平安，无咎忧。

艮为华颠，为观。坎为云，伏巽为风，坎为雨。风雨皆在山下，故不被其祸。坎为心，为忧。

剥 倾倚将颠，乱不能存。英雄作业，家困无年。

阳穷上反下，故曰"将颠"。坤为乱，为亡，故不能存。艮为家。坤为年，坤丧，故无年。

复 心愿所喜，今乃逢时。保我利福，不离兵革。

详《兑之蹇》。

无妄 灵龟陆处，盘桓失所。阿衡退耕，夏封于国。

艮为龟，为陆。艮止，故盘桓。巽为衡，为夏。坤为国，故曰"夏封于国"。

大畜 弱水之右，有西王母。生不知老，与天相保，不利行旅。

伏坤为水，坤柔，故曰"弱水"。互兑为右，为西。伏坤为母，乾为王，故曰"王母"。乾为老，为天。震为行旅，兑折，故不利。元注：柳宗元曰，西海之山有王母，神仙所居。其下有水，散涣无力，不能负芥。

颐 抱瑰求金，日暮坐吟。终月卒岁，竟无成功。

瑰，《说文》：珠也。震为珠，艮为抱，为求，为金。抱瑰求金，必不能得，故曰暮坐吟也。艮为日，坤为暮，震为吟。伏兑为月，坤为岁，艮为终，故曰"终月卒岁"。坤丧，故无功。

大过 言笑未毕，忧来暴卒。身加槛缆，囚系缚束。

详《明夷之大过》。

坎 望幸不至，文章未成。王子逐兔，犬踦不得。

详《谦之既济》。

离 震悚恐惧，多所畏忌。行道留难，不可以步。

详前《蒙之涣》。

咸　雄狐绥绥，登山崔嵬。昭告显功，大福允兴。

详《咸之贲》。

恒　火起吾后，喜炙我庑。苍龙衔水，泉喷屋柱，虽忧无咎。

详《噬嗑之兑》。

遁　危坐至暮，请求不得。膏泽不降，政庈民忒。

详《需之颐》。

大壮　孟春和气，鹰隼搏鸷，众雀忧愦。

震为长，为春。兑悦，故曰"和气"。伏艮为鹰隼，为雀。伏坤为众，故曰"众雀"。坤为忧。

晋　缓法长奸，不能理冤。沉湎失节，君受其患。

坎为法，坤柔，故曰"缓法"。坎为奸，为冤。为酒，故曰"沉湎"。艮为节，坎失，故曰"失节"。震为君，二至四震覆，坤为患，故曰"君受其患"。

明夷　鱼鳖贪饵，死于网钩。受危因宠，为身殃咎。

坤为鱼，离为鳖，震为饵。离为网，坎为矫鞣，故为钩。坎为危，震为宠，坎震连，故曰"受危因宠"。坤为身，为殃咎。

家人　金精耀怒，带剑过午。徘徊高库，宿于山谷。两虎相拒，弓弩满野。

详《噬嗑之泰》，及《震之豫》。

睽　四目相望，稍近同光，并坐鼓簧。

离为目，兑数四，故曰"四目"。重离，故曰"相望"，曰"同光"。兑为舌，故曰"簧"。

蹇　茹芝饵黄塗饮玉英。与神流通，长无忧凶。

详《旅之复》。

解　求獐嘉乡，恶蛇不行。道出岐口，复反其床。

伏巽为蛇，为床。震为行，为道，为口，为求獐。岐似用半艮象。

损　天门地户，幽冥不睹，不知所在。

艮为天，为门，在戌亥。《乾凿度》以戌亥为天门，以辰巳为地户。兑在辰巳，故曰"天门地户"。坤为地，为户也。坤黑，故曰"幽冥不睹"。

益 跛足息肩，有所忌难。金城铁郭，以铜为关。藩屏自卫，安止无患。

详《遁之旅》。

夬 三雁俱飞，欲归稻池。经涉崔泽，为矢所射，伤我胸臆。

姤 济深难渡，濡我衣裤。五子善濯，脱无他故。

通复。坤为水，为济。重坤，故曰"深"。乾为衣，巽为裤。数五，故曰"五子"。震为子，为濯，为脱。

萃 饮酒作酬，跳起争斗。伯伤叔僵，东家治丧。

详《比之鼎》。

升 跛踬未起，失利后市。蒙被殃咎，不得鹿子。

详前。

困 辰次降娄，建星中坚。子无远行，外颠霄陷，遂命讫终。

降娄，九月辰次。伏艮居戌，艮为星。《月令》：孟秋之月，建星昏中。兑为秋。降娄，伏象艮；建星，本象兑也。伏震为子，为行。艮止，故曰"无行"。外颠句有讹字。巽为命。困三至上互大过，大过死，故曰"讫终"。

井 商风召寇，来呼外盗。间谍内应，与我争斗。殚己宝藏，主人不胜。

详《豫之革》。

革 甘露醴泉，太平机关。仁德感应，岁乐民安。

详《屯之谦》。

鼎 祭仲子突，要门逐忽。祸起子商，弟代其兄，郑文不昌。

《左传·桓十一年》：宋人执郑祭仲，与之盟，以厉公归而立之。郑忽出奔卫。"祸起子商"者，谓祸起于宋也。或谓子应作于，非也。《哀九年》：不利于商。注：子商，谓宋。宋，子姓，商后，故曰"子商"。厉公名突，郑忽之弟，故曰"弟代其兄"。忽即昭公。昭，明也，文也，故曰"郑文不昌"。鼎通屯，上坎为仲。本卦兑刚鲁，故曰"子突"。艮为门。震为逐，为子。震为兄在下，坎为弟居五爻君位，故曰"弟代其兄"。坤为文，为郑。坤丧，故不昌。

震 反孽难步，留不及舍。露宿泽陂，亡其襦裤。

《左传·昭十年》：蕴利生孽。孽，害也，疾病也。"反孽难步"者，言身反向后，不能步也。艮为舍，艮止，故留不及舍。坎为露，为宿，为泽陂。巽为襦裤。襦裤皆裹衣。巽象伏不见，故曰"亡"。

艮 狼虎结谋，相聚为保。伺候牛羊，病我商人。

详《贲之宋》。

渐 明德克敏，重华贡举。放勋征用，八哲蒙祐。

伏兑为华，兑卦数二，故曰"重华"。八哲，八元、八恺也。艮后天数八。

归妹 贫鬼守门，日破我盆。毁罂伤瓶，空虚无子。

详《损之剥》。

丰 天命赤乌，与兵微期。征伐无道，箕子游遨。

《史记》：武王观兵盟津，有火至于王屋，流为乌，其色赤，其声魄云。离为乌，离南方，故曰"赤乌"。伏艮为天，巽为命，故曰"天命"。艮为兵，为时。"微期"者，言赤乌之瑞，与兵事相应也。震为征伐，为箕子，为遨游。

旅 威约拘囚，为人所诬。皋陶平理，剖械出牢，脱归家间。

伏震为威，巽绳为约，艮为拘囚。正反兑口，故曰"为人所诬"。艮为皋陶。伏坎为械，为牢。震在坎下，故曰"剖械出牢"，曰"脱归家间"。艮为家也。

巽 羊惊虎狼，耸耳群聚。无益威强，为齿所伤。

详《坎之临》。皆以兑为耳。

兑 初虽啼号，后必庆笑。光明照耀，百喜如意。

兑口，故啼号。伏震为后，为笑。互离，故曰"光明照耀"。震为百喜。

涣 马服长股，宜行善市。蒙祐楷耦，获金五倍。

《诗·郑风》：两服上襄。《笺》：两服，中央夹辕者。震为车，为驾，故曰"马服"。巽为股，为长。长股，蛛也。蛛亦巽象也。巽为市。艮为金，巽为倍，卦数五，故曰"获金五倍"。股长善走。

节 应门内崩，诛贤杀暴。上下咸悖，景公失位。长归元洹，望妻不来。

《诗·大雅》：迁立应门。《笺》：诸侯之宫，外门曰皋门，朝门曰应门。兑毁，二三四艮覆，艮为门，故曰"应门内崩"。兑为斧，故曰"诛贤杀暴"。艮上泽下，二至五正反艮，故曰"上下咸悖"。言相反也。艮纳丙，故曰"景"。景，日也。震为公，坎为失，故曰"景公失位"。

中孚 执斧破薪，使媒求妇。和合二姓，亲御饮酒。色比毛嫱，姑悦公喜。

详《小过之益》。

小过 两轮日转，南上大阪。四马共辕，无有险难，与禹笑言。

详《贲之需》。

未济 千柱百梁，终不倾僵，周宗宁康。

详《谦之未济》。

离上
坎下 **未济**之第六十四

志慢未习，单酒糗脯。数至神前，欲求所愿，反得大患。

坎为志，为酒。单，尽也，厚也。坎为糗脯。言厚备酒糗脯也。坎为愿，为患。

之乾 旦生夕死，名曰婴鬼，不可得祀。

详《小畜之升》。

坤 大步上车，南到喜家。送我狐裘，与福俱来。

详《大过之困》。

屯 西多小星，三五在东。早夜晨兴，劳苦无功。

详《大过之央》。

蒙 北陆藏冰，君子心悲。困于粒食，鬼惊我门。

坎为北陆。《左传》：日在北陆而藏冰。坎为冰，坤为藏。艮为君子。坎为心，为悲，为困。震为粒，为食，故曰“困于粒食”。坤为鬼，为门，震惊，故曰“鬼惊我门”。

需 山水暴怒，坏梁折柱。稽难行旅，留连愁苦。

详《咸之豫》。

讼 比目四翼，来安吾国。福喜上堂，与我同床。

详《比之离》。

师 狡兔趯趯，良犬逐咋。雄雌爱爱，为鹰所获。

详《谦之益》。

比 增禄益福，喜来入室，解除忧惑。

坎为室，为忧惑。阳居五，故吉。

小畜 骑龙乘风，上见神公。彭祖受刺，王乔赞通。巫咸就位，拜福无穷。

详《家人之剥》。

履 天火卒起，烧我旁里。延及吾家，空尽己财。

通谦。艮为天，为火，震起，故曰"天火卒起"。坤为里。艮为家。坤为财，坤虚，故空。

泰 金帛黄宝，宜与我市。嫁娶有息，利得过倍。

乾为金玉，坤为帛，为黄，故曰"金帛黄宝"。伏巽为市。震为嫁娶，为息。巽为利，为倍。

否 鬼魅之居，凶不可舍。

坤为鬼。艮为居，为舍。坤凶，故不可舍。

同人 飞鸟兔走，各有畏恶。雕鹰为贼，乱我室舍。

通师。震为鸟，为飞，为兔，为走。坎为畏恶。艮为雕鹰。艮反，与坎连，故曰"雕鹰为贼"。坤为乱，坎为室。

大有 初虽惊惶，后乃无伤，受其福庆。

详《巽之夬》。

谦 两金相击，勇气均敌。日月斗战，不破不缺。

详《同人之噬嗑》。

豫 曳纶河海，挂钓鲂鲤。王孙利得，以享仲友。

伏巽为纶。坤水坎水，故曰"河海"。坤为鱼，故曰"鲂鲤"。艮手，故曰"挂钓鲂鲤"。艮为孙，震为王，坤为利，故曰"王孙利得"。坎为仲，艮为友。

随 犬畏狼虎，依人作辅。三夫执戟，伏不敢起，身安无咎。

艮为犬，为狼虎。震为人，为夫。数三，故曰"三夫"。艮为戟，为手，故曰"执戟"。巽为伏，艮为身。

蛊 蜘蛛作网，以伺行旅。青蝇馋聚，以求膏腴。触我罗域，为网所得。

巽为蜘蛛，为绳，故曰"作网"。震为行旅，艮止，故曰"伺"。巽为蝇，震为青，故曰"青蝇"。艮为求。震为触。

临 所望在外，鼎命方来。拭爵涤罍，炊食待之，不为季忧。

伏艮为望。巽为命。震为鼎，为爵，为罍。按《前汉·贾谊传》：天子春秋鼎盛。

注：鼎，方也。又，《南史·王僧辩传》：若鼎命中沦，请从此逝。又，徐陵为陈武帝与周宰相书，钦若唐风，推其鼎命。又，鼎贵、鼎臣、鼎族，为古所常用，似有大意、盛意。"鼎命方来"者，言大命方来也。伏艮为手，故曰"拭"，曰"涤"。兑为食。艮为季，坤为忧，震解，故曰"不为季忧"。

观　日月并居，常暗匪明。高山崩颠，丘陵为溪。

详《蹇之咸》。

噬嗑　春服既成，载华复生。茎叶盛茂，实穗泥泥。

震为春，为服，艮为成，故曰"春服既成"。震为华，为生，震车，故曰"载华复生"。震为茎叶，为茂盛。艮为果蓏，故曰"实穗"。泥泥，盛茂。

贲　华首山头，仙道所游。利以居止，长无咎忧。

详《临之颐》。

剥　三狐嗥哭，自悲孤独。野无所游，死于丘室。

艮为狐，数三，故曰"三狐"。震为歌，震反则哭。《易·中孚·六三》，或泣或歌，即以艮为泣也。自覆象失传，其辞遂不能解矣。坤寡，又一阳在上，皆孤独之象也。坤为悲，为野，为死。艮为丘室。《礼》：狐死正首丘，仁也。

复　火中暑退，禾黍其食。商人不至，市空无有。

《月令》：季夏之月，昏火中。《诗》：七月流火。传云：火，大火也。流，下也。盖火星未月昏中，申月西流，故谓之下。又《笺》云：火星中而寒，暑退。暑退而禾稼熟，故曰"禾黍其食"。火中用未济象。离居五中，故曰"火中"。离为暑，中则退矣。复下震为禾，为食，为商人。巽为市，巽伏，故市空。坤虚，故无有。

无妄　独立山颠，求麋耕田。草木不辟，秋饥无年。

巽为寡，故曰"独立"。艮为山，为求。震为麋，为耕。震为草木，伏兑为秋。无妄，汉人多作无望。无望故无年。言麋非耕田之畜，故草木不辟也。

大畜　火虽炽，在吾后。寇虽近，在吾右。身安吉，不危殆。

详《归妹之震》。三字句。

颐　蛚蛚喈喈，贫鬼相责。无有欢怡，一日九结。

详《丰之晋》。

大过　追亡逐北，至山而得。稚叔相呼，反其室庐。

坎　衔命辱使，不堪厥事。遂堕落去，更为斯吏。

伏巽为命，兑口，故曰"衔命"。震为使。伏巽为堕落。艮为童仆，故曰"斯吏"。斯。贱役也。

离　被珠函玉，沐浴仁德。应聘唐国，四门穆穆。蟊贼不作，凶恶伏匿。

伏震为珠玉，为仁德。伏坎，故曰"沐浴仁德"。震为帝，故曰"唐国"。伏艮为国也。艮为门，震卦数四，故曰"四门"。本卦互巽为蟊贼。《诗·小雅》：及其蟊贼。传：食根曰蟊，食节曰贼。巽为伏匿。

咸　机关不便，不能出言。精诚适通，为人所冤。

坎为机关。三上互大坎，故曰"不便"。震为言，震伏，故不能言。乾为精诚，为往，故曰"精诚适通"。适通，即感通也。乾为人，兑为言，正反兑，故曰"为人所冤"。言被诳也。《易林》每遇正反兑，或正反震，不曰谗佞，即曰诬罔，皆本《易》与《左氏》。

恒　瓮破缶缺，南行亡失。

震为瓮，为缶。巽下断，故破缺。震为南，为行。巽陨落，故曰"亡失"。

遁　唇亡齿寒，积日凌根。朽不可用，为身灾患。

兑为唇齿，二四兑覆，故曰"唇亡齿寒"。乾为日，乾实，故曰"积日"。艮为根。凌，寒也，言日久根冷也。巽下断，故曰"朽"。伏坤为身，为灾患。

大壮　蒙惑憧憧，不知西东。魁罡指南，告我失中。利以宜止，去国忧患。

通观。坤迷，故曰"蒙惑憧憧"。本卦震为东，兑为西，惑故不知。艮为星，数七，故曰"魁罡"。《参同契》：二月榆落，魁临于卯。八月麦生，天罡据西。注：天罡即北斗。《梦溪笔谈》：斗杓谓之刚。盖前四星斗之魁，后三星斗之柄，故曰"魁罡"。震为南，伏艮为指。震言，故曰"告"。艮为止。坤为国，为忧患也。

晋　鸟鸱搏翼，以避阴贼。盗伺二女，赖厥生福。旱灾为疾，君无黍稷。

艮为黔啄，为鸟鸱。搏，束也，卷也。《考工记》，鲍人卷而搏之是也。"鸟鸱搏翼"者，言鸟下击物时，必戢其两翼，不开张，若卷束然，正以防不测也。震为翼，二四震覆，故曰"搏翼"。坎为盗贼，为隐伏，故曰"以避阴贼"。坤为女，数二，艮止，故曰"伺二女"。离火艮火，故曰"旱"。震为君，为黍稷。震覆，故无黍稷。

明夷　名成德就，项领不试。景公耄老，尼父逝去。

详《履之剥》。

家人　言与心诡，西行东坐。鲧湮洪水，佞贼为祸。

离两兑口相背，互坎为心，故曰"言与心诡"。坎为西，离为东。离为恶人，故曰"鲧"。坎为水，为贼。离两兑口相对，故曰"佞"。明夷以离为有言，故此曰诡，曰佞。

睽　猃狁匪度，治兵焦获。伐镐及方，与周争强。元戎其驾，衰及夷王。

《诗·六月篇》：猃狁匪茹，整居焦获。注：焦获，地名。坎为北，猃狁北狄。离为甲兵，重离，故曰"焦获"。镐、方，皆地名，兑西象也。震为周，兑折震，故曰"与周争强"。

蹇　三火起明，雨灭其光。高位疾颠，骄恣诛伤。

详《大有之师》。

解　阴涿川决，水为吾祟，使我心愦。母树麻枲，居止凶殆。

重坎，故曰"阴涿川决"。涿，《说文》：流下滴也。《方言》：泷涿谓之沾渍。言阴盛川决也。坎为祟，为心。震为麻枲。水多，故不可树艺也。

损　厌浥晨夜，道多湛露。瀸衣濡裤，重难以步。

详《革之豫》。

益　宜行贾市，所求必倍。载喜抱子，与利为友。

详《大过之恒》。

夬　阴变为阳，女化作男。治道得通，君臣相承。

详《屯之离》。

姤　树蔽牡荆，生蘙山旁。仇敌背憎，孰肯相迎。

《本草》：牡荆一名黄荆。《淮南·万毕术》曰：南山牡荆，指病自愈。巽为树，为荆，震亦为荆。震伏，故牡荆不见。

萃　坐茵乘轩，据德宰臣。虞叔受命，六合和亲。

巽为茵，艮为坐，故曰"坐茵"。坤为车。轩，车也。坤为臣。伏震为帝。艮少，故曰"虞叔"。巽为命。坤为合，伏乾数六，故曰"六合"。

升　云兴蔽日，雨集草木，年茂岁熟。

坤为云。乾为日，乾伏，故曰"蔽日"。兑为雨，巽为草木，故曰"雨集草木"。坤为年岁，为丰熟。

困　播梅折枝，与母别离，绝不相知。

详《旅之大过》。

井　天旱水涸，枯槁无泽。困于沙石，未有所获。

通噬嗑。艮为天，为火，故曰"天旱水涸"。坎上下皆火，故涸也。离为枯槁，艮为沙石。

革 圭璧琮璜，执贽见王。百里宁戚，应聘齐秦。

通蒙。震为玉，为王。坤为贽，艮手，故曰"执贽"。坤为里，为百，为忧，故曰"百里宁戚"。本卦巽为齐，兑为秦。言百里奚相秦，宁戚相齐也。

鼎 龙渴求饮，黑云景从。河伯捧醴，跪进酒浆，流潦滂滂。

通屯。震为龙，艮为求。坤为云，坤黑，故曰"黑云景从"。坤为河海，震为伯，坎为酒，艮手，故曰"河伯奉醴"。坤为浆，坎水坤水，故曰"流潦滂滂"。

震 雹梅零坠，心思愦愦，乱我灵气。

艮 鹿求其子，虎庐之里。唐伯李耳，贪不我许。

详《随之否》。

渐 穿匏挹水，构铁然火。劳疲力竭，饥渴为祸。

详前《艮之坤》。

归妹 龙生马渊，寿考且神。飞腾上天，舍宿轩辕，长居乐安。

震为龙，为马，为生。下兑，故曰"渊"。震为神。伏艮为寿，为天。震为飞腾，在艮上，故曰"上天"。坎为宿，艮为舍。为星，故曰"轩辕"。轩辕，星名也。震为乐，伏艮为安，为居。

丰 崔嵬北岳，天神贵客。温仁正直，主布恩德。闵哀不已，蒙受大福。

详《屯之家人》。

旅 鬼夜哭泣，齐失其国，为下所贼。

二五互大坎为鬼，为夜。下卦震覆，故曰"哭泣"。本《中孚·六三》爻词也。巽为齐，艮为国，兑毁坎失，故曰"齐失其国"。巽为盗贼。按《战国策》：齐湣王时，有当阙而哭者，求之则不得。后果失国，为淖齿所杀。

巽 二政多门，君失其权。三家专制，祸起季孙。

伏震。互艮为门，初至四正反艮，故曰"多门"。震为君，巽为权。互坎，故曰"失权"。艮为家，震数三，故曰"三家"。艮为孙，为少，故曰"季孙"。季氏三家之一，曾逐昭公，故曰"祸起季孙"。

兑 望幸不到，文章未就。王子逐兔，犬蹄不得。

详涣林。

涣 伯虎仲熊，德义渊泓。使布五教，阴阳顺序。

元刊注：高辛氏有伯虎仲熊，佐伯益治水。互艮为虎熊，震长，坎中，故曰"伯虎仲熊"。震为德，坎水，故曰"德义渊泓"。巽为命，卦数五，故曰"五教"。

节　两足四翼，飞入家国。宁我伯姊，与母相得。

详《同人之谦》。

中孚　春秋祷祝，解祸除忧，君无灾咎。

互震为春。兑为秋，为祷祝，为君，为解。

小过　牧羊稻园，闻虎喧欢。畏惧悚息，终无祸患。

详《随之渐》。

既济　大蛇巨鱼，相搏于郊。君臣隔塞，卫侯庐漕。

详《噬嗑之讼》。

焦氏易林注跋

　　昔杨子云著《太玄》，人皆笑之。子云曰，是不足病也。后世复有杨子云，则好之矣。《焦氏易林》，自来学者多爱其词，而莫有通其义者。今经吾师尚节之先生，按照《易》象句解字释，凡昔人不知其所谓者，经先生以《易》象释之，则机趣环生，神妙尽出。如《复之颐》云：噂噂所言。噂，对语也。震为言，颐初至上正反震相对，俨然对语，故曰"噂噂"。《需之小过》：焱风阻越。《月令》注：焱风，回风也。小过二至五正反巽，俨象回风，故曰"焱风"。《家人之小畜》曰：杲杲白日，为月所蚀。小畜互离，离为日，而下兑为月，侵入离体之半，故曰"为月所蚀"。若是者，不知其几千百。又如林词极幽深晦暗，不易明者。如《大壮之离》：丑寅不徙，辰巳有咎。离伏坎，坎上互艮，下互震，震先天居丑寅，艮后天居丑寅，故曰"不徙"。言艮震同居丑寅也。离上互兑，下互巽，兑先天居辰巳，巽后天居辰巳，泽风大过，故曰"有咎"。又如《井之震》：三男从父，三女从母。至巳而反，各得其所。震上下互坎艮，共三男，而震为父，故曰"从父"。震伏巽，巽上下互离兑，共三女，而巽为母，故曰"从母"。震巽相反复。至巳而反者，言至巳，震究仍为巽也。又如《需之晋》：咸阳辰巳，长安戌亥。晋坤为安，消息卦坤居西北，故曰"长安戌亥"。坤伏乾，消息卦乾盈于巳，故曰"咸阳辰巳"。言乾至巳而为纯阳也。又如《履之既济》：不忍主母，为失醴酒，冤尤谁告。经先生疏明，知用《列女传》侍婢进毒酒事。《豫之恒》：枭鸣室北，声丑可恶。经先生疏明，知用《说苑》齐景公筑台不通，为枭鸣事。《蛊之中孚》：商人子孙，资所无有。贪狼逐狐，留连都市。贪狼逐狐，注家皆认为讹字，经先生注明，狼狐二星，皆主盗贼，见《史记·天官书》。贪狼逐狐者，言流为盗贼也。又如《渐之比》曰：文山鸿豹。依《埤雅》释鸿豹为鸨。《小畜之革》曰：晨风文翰。据《逸周书》释文翰为鸟。复据《说文》，知文翰即晨风。《小畜之未济》曰：灵明督邮。依《古今注》，定督邮为龟名。关于前者，非易理易象熟于胸中，不能识其义。关于后者，非博览群书不能通其词。全书四千九十六林，毕释无遗。无匿象，无遁形。然则二千年来，《易林》之词不能通者，徒以世不复有焦延寿耳。有之，则如镜烛形，一读其词即知其于易象何属，乌足为病哉？至于是书一出，所有二千年《周易》旧解，王陶庐所谓盲词呓说者，尽行改革，于经学所闻至巨，又非第《易林》一书之显晦也。其可宝贵，为何如哉！顾是书脱稿已十余年，徒以卷帙浩博，印行匪易。益与丰润董宗之、作人昆仲，皆从先生游，遂合力举办，成此宝书，公之于世。以己卯夏开雕，至庚辰春竣事。至于校订之役，益与宗之等虽分任其劳，然以易象之故，有非先生自任不可者，此亦无如之何也。庚辰正月受业件道益谨跋。

来注易经

明·来知德 著

来瞿唐先生易注自序

乾坤者，万物之男女也；男女者，一物之乾坤也。故《上经》首乾坤，《下经》首男女。乾坤男女相为对待，气行乎其间，有往有来，有进有退，有常有变，有吉有凶，不可为典要，此《易》所由名也。盈天地间莫非男女，则盈天地间莫非易矣。伏羲象男女之形以画卦，文王系卦下之辞，又序六十四卦，其中有错有综，以明阴阳变化之理。错者，交错对待之名，阳左而阴右，阴左而阳右也。综者，高低织综之名，阳上而阴下，阴上而阳下也。虽六十四卦，止乾、坤、坎、离、大过、颐、小过、中孚八卦相错，其余五十六卦皆相综而为二十八卦，并相错八卦共三十六卦。如屯、蒙之类，虽屯综乎离，蒙综乎坎，本是二卦，然一上一下皆二阳四阴之卦，乃一卦也，故孔子《杂卦》曰"屯见而不失其居，蒙杂而著"是也，故《上经》止十八卦，《下经》止十八卦。

周公立爻辞，虽曰"兼三才而两之，故六"，亦以阴阳之气皆极于六，天地间穷上反下循环无端者，不过此六而已，此立六爻之意也。孔子见男女有象即有数，有数即有理，其中之理神妙莫测，立言不一而足，故所系之辞多于前圣。孔子没，后儒不知文王周公立象皆藏于《序卦》错综之中，止以《序卦》为上下经之次序，乃将《说卦》执图求骏。自王弼扫象以后，注《易》诸儒皆以象失其传，不言其象，止言其理。

本朝纂修《易经性理大全》，虽会诸儒众注成书，然不过以理言之而已，均不知其象，不知文王《序卦》，不知孔子《杂卦》，不知后儒卦变之非。于此四者既不知，则《易》不得其门而入；不得其门而入，则其注疏之所言者，乃门外之粗浅，非门内之奥妙。是自孔子没而《易》亡已至今日矣，四圣之《易》如长夜者二千余年，其不可长叹也哉！

夫易者，象也；象也者，像也。此孔子之言也。曰像者，乃事理之仿佛近似、可以想像者也，非真有实事也，非真有实理也。若以事论，"金"岂可为车？"玉"岂可为铉？若以理论，"虎尾"岂可履？"左腹"岂可入？《易》与诸经不同者全在于此。如《禹谟》曰"惠迪吉，从逆凶，惟影响"，是真有此理也；如《泰誓》曰"惟十有三年春，大会于孟津"，是真有此事也。若《易》，则无此事，无此理，惟有此象而已。有象，则大小、远近、精粗、千蹊、万径之理咸寓乎其中，方可弥纶天地；无象，则所言者止一理而已，何以弥纶？故象犹镜也，有镜则万物毕照；若舍其镜，是无镜而索照矣。不知其象，《易》不注可也。

又如以某卦自某卦变者，此虞翻之说也，后儒信而从之。如讼卦"刚来而得中"，乃以为自遁卦来，不知乃综卦也，需、讼相综，乃坎之阳爻来于内而得中也。孔子赞其为天下之至变，正在于此。盖乾所属综乎坤，坎所属综乎离，艮所属综乎巽，震所属综乎兑，乃伏羲之八卦一顺一逆自然之对待也，非文王之安排也。惟需、讼相综，故《杂卦》曰："需不进也，讼不亲也。"若遁则综大壮，故《杂卦》曰："大壮则止，遁则退也。"见于孔子《杂卦传》。昭昭如此，而乃曰"讼自遁来"，失之千里矣。此所以谓四圣之《易》如长夜者，此也。

德生去孔子二千余年，且赋性愚劣，又居僻地，无人传授。因父母病，侍养未仕，乃取《易》读于釜山草堂。六年不能窥其毫发，遂远客万县求溪深山之中，沉潜反复，忘寝忘食有年。思之思之，鬼神通之。数年而悟伏羲、文王、周公之象，又数年而悟文王《序卦》、孔子《杂卦》，又数年而悟卦变之非。始于隆庆四年庚午，终于万历二十六年戊戌，二十九年而后成书，正所谓困而知之也。既悟之后，始知《易》非前圣安排穿凿，乃造化自然之妙，一阴一阳，内之外之，横之纵之，顺之逆之，莫非《易》也。始知至精者《易》也，至变者《易》也，至神者《易》也。始知《系辞》所谓"所居而安者，《易》之序也"、"错综其数"、"非中爻不备"、"二与四同功"、"三与五同功"数语，及作《说卦》、《序卦》、《杂卦》于《十翼》之末，孔子教后之学《易》者，亦明白亲切，但人自不察，惟笃信诸儒之注，而不留心、详审孔子《十翼》之言，宜乎长夜至今日也。

　　注既成，乃僭于伏羲、文王圆图之前新画一图，以见圣人作《易》之原。又画八卦变六十四卦图，又画八卦所属相错图，又画八卦所属自相综文王序卦正综图，又画八卦四正四隅相综文王序卦杂综图，又发明八卦正位及上、下《经》篇义并各字义，又发明六十四卦启蒙，又考定《系辞》上下传，又补定《说卦传》以广八卦之象，又改正《集注》分卷，又发明孔子《十翼》。其注先训释象义、字义及错综义，后加一圈，方训释本卦本爻正意。象数言于前，义理言于后。其百家注《易》，诸儒虽不知其象，不知《序卦》、《杂卦》及卦变之非，止言其理，若于言理之中间，有不悖于经者，虽一字半句，亦必采而集之，名曰《周易集注》。庶读《易》者开卷豁然，可以少窥四圣、宗庙、百官于万一矣。

　　孔子曰："盖有不知而作之者，我无是也。"孟子曰："予岂好辩哉？予不得已也。"圣贤立言不容不自任类如此。德因四圣之《易》千载长夜，乃将《纂修性理大全》去取于其间，要附以数年所悟之象数，以成盛时一代之书，是以忘其愚陋，改正先儒注疏之僭妄，未暇论及云。

万历戊戌春三月廿二日梁山后学 来知德 序

瞿唐来矣鲜先生本传

先生讳知德，字矣鲜，原籍越之萧山，徙楚麻城。元末，祖泰入蜀卜居梁山。先生喜瞿塘滟滪之胜，遂号称焉。泰生均受，均受生晁富，晁富生至清，俱潜隐未仕。至清生昭令宜良，以"廉谨"称。昭生尚廉，好施予。尚廉生朝，还遗金，即先生之父也。母丁孺人，幽娴茹苦，娠时梦蓝衣人，驾鹤至檐楹，鹤将鸣，蓝衣拊顶曰："不，不，不。"先生歧嶷，然数道颠疾，在襁褓有揬冯庚者，赍册入觐，梦朝命翰林院来，某月得禄米三石、盐十斤归于先生，父答之曰："吾儿多病，得长龄足矣，安敢望此？"先生八岁成诵，九岁即能为长短句，尝梦独立巫峰，颠疾遂瘳。故以十二峰为道号。徵母梦，又尝称不不子，学使毛君较试，砚其不凡。

岁壬子，明伦堂砌，生五色灵芝，先生于是秋以《礼经》魁蜀，辞坊金曰：鲰生无毫裨益维桑，而以坊金累间里，义所不安，请辞。柱史喻君嘉其志而许之，凡诸作兴，皆却不受。柱史爱移橄县令曰："来某凤毛麟角，他日非名卿，即是明贤，始进如此，服官可知。"乃令学使以弟子员。古之贤戴高等，三十八茂才，送门下，俾朝夕与游，庶耳濡目染自成君子。先生未第前少家居，赏读铁乃以菜羹欤。御史耶先生既不妨四时八节无钱，能令半夜三更有客乎？谭曰："愿学孔子成矣。"

先生吴游归，未数月，即丁父艰，服将阕，继丁母艰。哀毁庐墓，兀兀忘季者六载，不冠栉，不茹荤酒，不御琴瑟，长息悲号，心志甚苦，始觉物欲一无格物之理，迨是由诚所发。先是先生住京师六年，自邱归，卧父母榻前，叙寒燠，谈京中事者数月，以娱其亲，不遽退寝私室，其纯孝类皆如此；足不入城，心无区囿，居惟一室，而砥节尤清，人咸谓克养纯粹，虽古之郭有道、今之陈白沙不是过也。

先生因《易》象未明，隐万县求溪万山中注《易》。有思至十夜不寐，数日忘食者。"思思见豕"，负涂一语，遂悟《易》象。方伯郭公书曰："昔日贤以文求易，故其旨难明，今公以像求易，故其理易见，此真有以发四圣之所未发，而破宋儒谬悠之说。"献在明廷，藏之石室，颁于天下，非来氏一家之私书矣。其后，又青螺与先生书略曰：得赵柱史尉荐语，乃知天球、河图、明月、木难有不见之而珍者，非夫也。

读《易》注，又知三十年求溪见义于象，见文王于理，其廑将于韦编三绝、铁挝三折哉。宋直指亦谓先生七八十年间，此心浑是一个天理，而无一毫人欲之杂。国朝二百五十年，道学薛文清之后，得先生而振起，错综悟象，万世以下，不能易之，因同制府王公象乾、黔抚郭公子章交疏，荐举称其学有渊源通古昔，据其岩居川观之节，践乎严邵之踪注易，画图之功实出申椟之上，龄逾古稀，夏不扇、冬不絮，望焉俨若神仙，叩之者知其为孔孟之徒，而杨子、老苏之余，仅于再见，疏上奉旨以先生学行既优，添注翰林院待诏。先生闻命恬不为荣，明年春具疏辞官，疏曰：臣，由本县儒学生员，中嘉靖壬子科乡试第五名，频年计偕，屡试屡踯。因父来朝患病、母丁氏继患目疾，臣即鲜兄弟遂留家侍养未仕。即父母去世，臣虽有欲仕之心，已非可仕之年矣。夫亲存，不能仕以养吾亲，亲殁而窃升斗以养妻子，臣不忍也，即不忍吾亲而徒仕，乃负明时而徒隐，臣不敢也。因思先民有言："未得其位，无所发施，则讲明圣人之学，使其教益明，出处难异，推己及人之心则一也。"臣佩此言，遂将本朝纂修《五经理性大全》，日夜诵读，及读《周易》见诸儒，皆以象失其传，不言其象，止言其理。臣愚劣，自知远不如诸儒，但思《易》乃五经之首，象既失传，则自仲尼十翼之后，四圣微言秘旨，已经二千余年矣。若不穷究其象，则以讹传讹，何以谓之明经？经即不明，何以为士所系？世道匪轻臣，遂远客万县球溪深山中，反复探索，思之思之，夜以继日，如婴儿之恋慈母，数年而悟四圣之象，数年而悟文王《序卦》、孔子《杂卦》，数年而悟卦变之非，始于隆庆庚午，成于万历己亥，计二十九年，而后成书。书即成，臣亦自知祖宗以来列圣相承，菁莪棫朴之化。皇上继照丰芑熙洽之仁，有一代之圣君，必有一代之经术天意，不借才于异代，故臣得窥《易》于一班，非臣庸愚，自能悟《易》也。辟之鸟鸣于春，蝉鸣于秋，乃天地化育使之如是，非鸟、蝉自能鸣，不然，鸟、蝉天地间一蠢蠢者，安能应期而鸣于春秋哉？

臣自《易》注成后，四肢罢彻，万念灰冷，不复人间事矣。讵意四川督臣王象乾、贵州抚臣郭子章会荐，蒙吏部题疏，奉圣旨："学行即优，添注翰林院待诏，钦此。"臣一闻报，不胜惶恐。臣章句腐儒，樗栎弱植禾尝不讲学，而学愧先贤，未尝不修行而独行，乡人至于翰林，乃名贤侍从之地，待诏，尤儒臣极荣之，选臣何人耶？敢觊于此，且臣之齿今年七十有九，青天蜀道，白首龙钟。虽犬马之恋，不敢忘于江湖，而麋鹿之性，终难驰于廊庙，伏望皇上悯臣之老不能出户，矜臣之病，不能登州舆，臣未尝效一日之劳于陛下，终不得虚冒荣衔，容臣仍以举人终老山林，庶臣于舜日尧天下，得遂鸢飞、鱼跃之性，生为圣世之逸民，老非明主之弃物。臣之荣，逾于三接九迁；臣之感，誓于魏草杨环矣。疏上部议，谓先生脱履尘踪，探珠理窟，早岁辞荣，志已超于凡，近终身纯慕孝，可通乎鬼神。

剖《易》象之玄机，发错综之妙义，渊深莫测，符合《易》，知舞蹈俱忘，神情自得，岂夫为明朝兴《易》教乎？故为庖经生哲人也，今者膺荐而典木，天酬功非过陈情，而安布素，秉志尤真，委以杖朝之龄，似非出疆之日，所有疏乞相应允从，仍以原授翰林院待诏职衔，致仕有司，月给米三石，以示优渥。先生旋具疏辞，米中丞弗许，于是知梦幻杳然，而验若符节，先生殆天授，特托冯庚一老蚩，先以开其微，与当时讵望如首揆沈归德、都谏王希泉、司马王霁宇诸名卿，或荐之于朝，或旌之以额，争为表章者云楮雨翰，国人仰其芒型，有司咨夫政教，往来之口籍甚得，非节高三峡、悟彻八关，惟逊志于道德性命之奥，不投足于富贵、利达之场，岂能于今称述不朽哉！先生胸无尘渣也。故其诗中绝无一"愁"字，卧九喜榻，饮快活春，优哉！使人望而自化。

先生之处"仁"重"义"也。教族党子弟赡衣食，且善诱循循，助葬济急，恤人犹己，买庄供伯兄资竖堂以成其志。出入必侍饮食，必偕宴会，或遗其兄，先生坚不独赴，兄在即草粝食无不尽欢、衣食器用无分彼此，事兄尤笃厚惟谨，即年至七十，礼仪不苟如一日，先生褆躬慎独也。客京时，拒邻妇之自献，醉后有给妓馆为旅舍者，先生悟觉夜分即驰归。以书诉诋先生者，先生得之微笑而辄焚之，绝无愠色。子孙将觅视，先生曰："汝曹涵养未到，见之未免有物在心。居釜山虽夜不扃户，以盛德之相感，而盗未尝犯之。"先生手自栽松竹，因梦买月而照肺肝莹如，又作买月亭，筑淇园蜗室，以自警。先生所著有《釜山求溪》、《铁凤》、《买月亭》、《八关四乐》、《白帝》诸稿；纪游则有《华山》、《峨眉山》、《泰山》、《鞋山》、《太和庐山》、《游吴》诸集；理学则有《大学》古本章句，《省事》、《省觉》、《日录》、《内篇》、《外篇》、《弄丸篇》、《悟赋》功夫条目；心学晦明，解《河图》、《洛书》；理学辨自省，则有谨言功夫条目《醉箴》、《言箴》、《刑于箴》、《九德箴》，贻燕则有《家训》、《礼约》，皆言言著理，字字印心，不下十万言。既相如之赋、太白之词，不雄于此矣。先生生于嘉靖乙酉，梁山沙河铺之釜山，卒于万历甲辰，享年八十。原配倪氏子二，长时敏蜀藩典仪，次时生邑廪生缘二人，曾孙十五人，崇祯癸未，柱史刘君安刘疏请祀典，乞今玉步屡更，而奉祀生无缺西川夫子，吾诚于先生有信焉。

庐陵后学高峤映雪君甫撰

读瞿唐来夫子易注要说

　　《经》首《易》而易尊，注能使先圣之心，大白于凡庸，而凡庸之心，灼见乎先圣，则人将舍己而以先圣为心，此教之所由隆，而风俗所以还醇也。羲皇奇偶画卦，包括阴阳之蕴，无文字而欲人尽晓然，厥维艰哉。迨复演为六十四卦、三百八十四爻，已知文字必不容已。文又命名自定也，命辞自正也，周遂爻立辞，孔象之象之，文之不容已也如是夫？噫！羲皇之一画，拈花微笑也。文王、周、孔，文殊饶舌也，浸舌必不饶，所拈所笑，厥旨云何。圣贤觉世忧民之心，诚有谆谆乎不惮烦者，系说《序》、《杂》，乌容已已，然则，《易》遂如日经天乎，何以自辅嗣迄晦庵，莫不殚聪明备制作，而象之晦蒙如故耶。瞿唐来夫子作错之综之，抉以中爻，而象始著，象著而易益彰。使人观象玩占，自得诸语言文字之表。瞿唐之功，诚不在禹下矣，其文万千余言，疑若烦芜增障者，及领其大要，惟教人遏欲存理，使吉自我作，悔吝默消，无过贞胜之一言，是则博而反约，不待占卜而始之者也。盖应事接物，不外刚柔，而心为刚柔之本，无欲而静，则知柔知刚，动罔不藏，此贞之所以胜也。列子曰：能柔能刚，无能也，而无不能也。其无不能之妙，正在无能中，与贞胜有二乎？贞胜立，则可因瞿唐而以易为心，则四圣可续，教有不隆，而俗有不醇者哉。

　　易何取其有象耶？凡人睹物则兴怀，亦如览镜则必修容。故曰：吉凶以象告，即观象而知吉凶，未有不蒽蒽焉避凶而趋吉者也。畏欲防邪，将象是赖，宋儒欲扫除象数，而专言理，夫理寓于象，犹神藏于形，形灭神将焉附，象去理岂独昭？遂疑《序卦》为边见，杂卦为错误，迷则无所不碍，曷足怪乎！瞿唐来夫子错之综之，取以中爻，象乃逼露于爻中，每就文王卦名，取爻象以参考之，虽三代秦汉而后，其事亦无不昭合者，以至近而一身，自少至老，去就俯仰利害，祸福如容在镜，纤悉靡遗，然非象，则易无由寻，非注则象无由入。甚矣，来夫子有裨于后学者也。

　　善注者，以经注经，不以我注经；善学者，以我读经，不以经读经。偶举一端，如乾坤错，六子皆错，四正四偶自然交错，此阴阳之必然。《上经》三十，《下经》三十四，数不均也，及其综之，则《上经》十八卦，《下经》十八卦，数却相匀，非中爻不备亦要也。爻止于六，参天两地而倚数也。是皆以经注经，故《序卦》、《杂卦》，具见圣人深意，彻即无所不通也。后之学者，苟不以经读经，置身于三百八十四爻间，莫不有我之位置，二何以誉，四何以惧，刚何以胜，柔何以危，待君子何如而杨廷有孚，待小人何如而不恶而严？体认极真，养之纯熟，德行事功，融合如一，静有自得，动只随机，岂必遇事设筮，然后知吉凶哉！余观东汉党锢，元祐窜逐，迹其言动，当非君子，揆诸象旨，未执厥中，虽谓不以我读经可也，何至于缧线岭海哉？君子安其身而后动，则小人自远。雍容庙堂，义安海宇，丰亨豫大，不亦休乎？《易》为君子谋，至勤恳也，六十四卦大象，皆曰君子以，以欲君子学圣也，如乾文言，先赞圣人，究归君子，其勤恳如是。孔子潜龙也，祖述尧舜则飞矣，志在春秋亢且悔矣，可见六龙只是一龙，飞非独升，亢亦非贬，特在乘之因时，刚柔迭变耳，圣人可学而至也。

庐陵高奣映识于葆光亭壁

来瞿唐先生易注卷之一

周 易 上 经

　　周，代名；《易》，书名；卦，则伏羲所画也。伏羲仰观俯察，见阴阳有奇偶之数，故画一奇以象阳，画一偶以象阴；见一阴一阳，有各生之象，故自下而上，再倍而三，以成八卦；又于八卦之上，各变八卦，以成六十四卦。六十四卦皆重而为六画者，以阴阳皆极于六，故圣人作《易》，六画而成卦，六变而成爻，兼三才而两之，皆因天地自然之数。以"易"名书者，"易"字有"交易"、"变易"两义。"交易"以对待言，如天气下降，地气上腾也；"变易"以流行言，如阳极则变阴，阴极变阳也。阴阳之理，非交易则变易，故以"易"名之。夏《易》名《连山》，首艮；商《易》名《归藏》，首坤。曰"周"者，以其辞成于文王、周公，故以"周"名之，而分为上下二篇云。

乾上
乾下　乾刚

乾：元、亨、利、贞。

　　"乾"，卦名。"元亨利贞"者，文王所系之辞，以断一卦之吉凶，所谓"彖辞"也。乾者，健也，阳主于动，动而有常，其动不息，非至健不能。奇者阳之数，天者阳之体，健者阳之性，六画皆奇，则纯阳而至健矣，故不言天而言乾也。元，大；亨，通；利，宜；贞，正而固也。"元亨"者，天道之本然，数也。"利贞"者，人事之当然，理也。《易经》理、数不相离，因乾道阳明纯粹，无纤毫阴柔之私，惟天与圣人足以当之，所以断其必"大亨"也。故数当"大亨"，而必以"贞"处之，方与乾道相合。不贞则非理之当然，安能大亨？此圣人教人以反身修省之切要也。言凡占卜者不论天子、庶人皆宜于贞，以尽人事，若即以为四德，殊失文王立教之意矣。至孔子文言，纯以义理论，方指以四德也。

初九：潜龙勿用。

　　此周公所系之辞，以断一爻之吉凶，所谓爻辞也。凡画卦者自下而上，故谓下爻为初。"初九"者，卦下阳爻之名也。阳曰九、阴曰六者，《河图》、《洛书》，五皆居中，则五者数之祖也。故圣人起数，止于一二三四五，参天两地而倚数。参天者，天之三位也，天一天三天五也。两地者，地之二位也，地二地四也。倚者，依也。天一依天三，天三依天五而为九，所以阳皆言九；地二依地四而为六，所以阴皆言六。一二三四五者，生数也；六七八九十者，成数也。然生数者成之端倪，成数者生之结果，故止以生数起之，过揲之数皆以此九、六之参两，所以爻言九、六也。"潜"，藏也，象初。龙，阳物，变化莫测，亦犹乾道变化，故象九。且此爻变巽错震，亦有龙象，故六爻即以"龙"言之。所谓"拟诸形容，象其物宜"者，此也。"勿用"者，未可施用也。象为"潜龙"，占为"勿用"。故占得乾而遇此爻之变者，当观此象，而玩此占也。诸爻仿此。圈外方是正意。

初九，阳气方萌，居于卦下，盖龙之潜藏而未出者也，故有潜龙之象。龙未出潜，则未可施用矣，故教占者勿用，养晦以待时可也。

九二：见龙在田，利见大人。

见龙之"见"，贤遍反。

"二"，谓自下而上，第二爻也。九二非正，然刚健中正，本乾之德，故旧注亦以正言之。见者，初为潜，二则离潜而出见也。"田"者，地之有水者也。以六画卦言之，二于三才为地，道地上即田也。"大人"者，大德之人也。阳大阴小，乾卦六爻皆阳，故为"大"。以三画卦言之，二于三才为人道，大人之象也，故称"大人"，所以应爻九五亦曰"大人"。二五得称"大人"者，皆以三画卦言也。"利见大人"者，利见九五之君以行其道也。此爻变离，有同人象，故"利见大人"。

九二以阳刚中正之德，当出潜离隐之时，而上应九五之君，故有此象，而其占则利见大人也。占者有是德，方应是占矣。

九三：君子终日乾乾，夕惕若，厉无咎。

"君子"，指占者。以六画卦言之，"三"于三才为人道，以乾德而居人道，"君子"之象也，故三不言龙；三变则中爻为离，离日在下卦之中，"终日"之象也。下乾终而上乾继，"乾乾"之象，乃健而不息也。"惕"，忧也。变离错坎，忧之象也。"若"，助语辞。"夕"对"日"言。言"终日乾乾"虽至于夕，而兢惕之心，犹夫终日也。"厉"者，危厉不安也。"九"，阳爻；"三"，阳位；过刚不中，多凶之地也，故言"厉"。"无咎"者，以危道处危地，操心危，虑患深，则终于不危矣，故"无咎"。

九三过刚不中，若有咎矣。然性体刚健，有能朝夕乾惕不已之象。占者能忧惧如是，亦无咎也。

九四：或跃在渊，无咎。

"或"者，欲进未定之辞，非犹豫狐疑也。"或跃在渊"者，欲跃犹在渊也。九为阳，阳动，故言"跃"；四为阴，阴虚，故象"渊"。此爻变巽，"为进退，为不果"，又"四多惧"，故"或跃在渊"。

九四以阳居阴，阳则志于进，阴则不果于进。居上之下，当改革之际，欲进未定之时也，故有"或跃在渊"之象。占者能随时进退，斯无咎矣。

九五：飞龙在天，利见大人。

"五"，天位，龙飞于天之象也。占法与九二同者，二五皆中位，特分上下耳。"利见大人"，如尧之见舜，高宗之见傅说是也。下此如沛公之见张良，昭烈之见孔明，亦庶几近之。六画之卦五为天，三画之卦五为人，故曰"天"、曰"人"。

九五刚健中正，以圣人之德居天子之位，而下应九二，故其象占如此。占者如无九五之德位，必不应"利见"之占矣。

上九：亢龙有悔。

"上"者，最上一爻之名。"亢"，人颈也，高也，盖上而不能下，信而不能屈之意。阴阳之理，极处必变。阳极则生阴，阴极则生阳，消长盈虚，此一定之理数也。龙之为物，始而潜，继而见，中而跃，终而飞。既飞于天，至秋分又蛰而潜于渊，此知进知退、变化莫测之物也。九五"飞龙在天"，位之极中正者，得时之极，乃在于此。若复过于此，则极而亢矣。以时则极，以势则穷，安得不悔？

上九阳刚之极，有"亢龙"之象，故占者有悔。知进知退，不与时偕极，斯无悔矣。伊尹之复政厥辟，周公之罔以宠利居成功，皆无悔者也。

用九：见群龙无首，吉。

此因"上九亢龙有悔"而言之。"用九"者，犹言处此上九之位也。上九"贵而无位，高而无民，贤人在下位而无辅，动而有悔"矣。到此何以处之哉？惟"见群龙无首"则吉。"群龙"者，潜见飞跃之龙也。"首"者，头也。"乾为首"，凡卦初为足，上为首，则上九即"群龙"之首也。不见其首，则阳变为阴，刚变为柔，知进知退，知存知亡，知得知丧，不为穷灾，不"与时偕极"，所以无悔而吉。此圣人开迁善之门，教占者用此道也。故阳极则教以"见群龙无首吉"，阴极则教以"利永贞"。盖居九而为九所用，我不能用九，故至于"亢"；居六而为六所用，我不能用六，故至于"战"。惟"见群龙无首"、"利永贞"，此"用九"、"用六"之道也。乾主知，故言"见"；坤主能，故言"利永贞"。用《易》存乎人，故圣人教之以此。昔王介甫常欲系"用九"于"亢龙有悔"之下，得其旨矣。

《象》曰：大哉乾元！万物资始，乃统天。

"乾，元亨利贞"者，文王所系之辞，《彖》之经也。此则孔子赞经之辞，《彖》之传也，故亦以《彖》曰"起之。曰"元亨利贞"者，文王主于卜筮以教人也。至于孔子之传，则专于义理矣，故以"元亨利贞"分为四德，此则专以天道发明乾义也。"大哉"，叹辞。"乾元"者，乾之元也。"元"者，大也，始也。始者物之始，非以万物之始即"元"也，言万物所资以始者，此乃四德之"元"也。此言气而不言形，若涉于形便是坤之"资生"矣。"统"，包括也。"乾元"，乃天德之大始，故万物之生，皆资之以为始；又为四德之首，而贯乎天德之始终，故"统天"。天之为天，出乎震，而生长收藏，不过此四德而已，统四德则"统天"矣。"资始"者，无物不有也；"统天"者，无时不然也。无物不有，无时不然，此"乾元"之所以为大也，此释"元"之义。

云行雨施，品物流形。

施，始智反，又音是气。

有是气即有是形，"资始"者，气也，气发泄之盛，则"云行雨施"矣。"品"者，物各分类；"流"者，物各以类而生生不已也。"云行雨施"者，气之亨；"品物流形"者，物随造化以亨也。虽物之亨通，而其实乾德之亨通，此释乾之"亨"。"施"有二义：平声者，用也、加也、设也，去声者，布也、散也、惠也、与也，此则去声之义。

大明终始，六位时成，时乘六龙以御天。

"大明"者，默契也。终谓上爻，始为初爻，原始要终以为质也。"六位"者，六爻也。"时"者，六爻相杂，惟其时物之时也。"六龙"者，"潜"与"亢"之六龙，六阳也。阳有变化，故曰"六龙"。"乘"者，凭据也。"御"，犹运用也。上文言"统"者，统治纲领，此节言"御"者，分治条目。"六位时成"者，如位在初时当为"潜"，位在上时当为"亢"也。"御天"者，行天道也，当处之时则乘"潜龙"，当出之时则乘"飞龙"。时当勿用，圣人则勿用；时当知悔，圣人则知悔也。乘龙御天，只是时中"乘六龙"便是"御天"，谓之曰"乘龙御天"，则是圣人一身常驾驭乎乾之六龙，而乾之六龙，常在圣人运用之中矣，学者当观其时成时乘。圣人时中变化，行无辙迹之妙，可也。然言天道而配以圣人，何也？盖天下之理得而成位乎中，则参天地者，惟圣人也。故颐卦曰"圣人养贤，以及万民"，咸卦曰"圣人感人心，而天下和平"，恒卦曰"圣人久于其道而天下化成"，皆此意。

言圣人默契乾道六爻终始之理，见六爻之位各有攸当，皆以时自然而成，则六阳浅深进退之时，皆在吾运用之中矣。由是"时乘六龙"以行天道，则圣即天也。上一节专赞"乾元"，此一节则赞圣人，知乾元六爻之理，而行乾元之事，则泽及于物，足以为"万国咸宁"之基本矣，乃圣人之"元亨"也。

乾道变化，各正性命，保合太和，乃利贞。

"变"者"化"之渐，"化"者"变"之成。"各"者各自也，即"一物原来有一身"，各有族类，不混淆也。"正"者，不偏也。言万物受质，各得其宜，即"一身还有一乾坤"，不相倚附妨害也，物所受为性，天所赋为命。"保"者，常存而不亏。"合"者，翕聚而不散。"太和"，阴阳会合，中和之气也。"各正"者，各正于万物向实之初。"保合"者，保合于万物向实之后，就"各正"言，则曰"性命"，性命虽以理言，而不离乎气。就"保合"言，则"太和"，太和虽以气言，而不离乎理，其实非有二也。

言乾道变化不穷，固"品物流形"矣。至秋则物皆向实，"各正"其所受所赋之性命；至冬则保全其"太和"生意，随在饱足，无少缺欠。凡资始于元、流形于亨者，至此告其终、敛其迹矣。虽万物之"利贞"，实乾道之"利贞"也，故曰"乃利贞"。

首出庶物，万国咸宁。

乘龙御天，乃圣人王道之始，为天下开太平。惟端拱首，出于万民之上，如乾道变化，无所作为，而万国咸宁，亦如物之各正保合也。乘龙御天之化，至此成其功矣。此则圣人之"利贞"也。"咸宁"，即各正保合也，其文武成康之时乎？汉文帝亦近之。如不能各正保合，则纷纭烦扰矣，岂得宁？

《象》曰：天行健，君子以自强不息。

《象》者，伏羲卦之上下两《象》，周公六爻所系辞之象也。即《彖辞》之下，即以"象曰"起之是也。"天行"者，天之运行，一日一周也。"健"者，运而不息也。阳之性至健，所以不息。"以"者，用也。体《易》而用之，乃孔子示万世学者用易之方也。"自强"者，一念一事莫非天德之刚。若少有一毫阴柔之私以间之，则息矣。"强"与"息"反。"天行健"者，在天之乾也；"自强不息"者，在我之乾也。上句以卦言，下句以人事言。诸卦仿此。

"潜龙勿用"，阳在下也。

阳在下者，阳爻居于下也。"阳"，故称龙"在下"，故"勿用"。此以下，举周公所系六爻之辞而释之。乾初曰阳在下，坤初曰阴始凝，扶阳抑阴之意见矣。

"见龙在田"，德施普也。

施，音是。

"德"即"刚健中正"之德。出潜离隐，则君德已著。周遍于物，故曰"德施普"。"施"字如《程传》作去声。

"终日乾乾"，反复道也。

"反复"犹往来，言君子之所以朝夕兢惕，汲汲皇皇，往来而不已者，无非此道而已。动循天理，所以处危地而无咎。道外无德，故二爻言德。

"或跃在渊"，进无咎也。

量可而进，适其寸则"无咎"，故孔子加一"进"字以断之。

"飞龙在天"，大人造也。

"造"，作也，言作而在上也。"大人"，龙也。"飞"在"天"，作而在上也。"大人"释"龙"字，"造"释"飞"字。此止言"飞龙在天"。下"同声相应"一节，则"吉，利见大人"，"上治"一节方言大人之事，"乃位乎天德"一节则见其非无德而据尊位，四意自别。

"亢龙有悔"，盈不可久也。

此阴、阳、盈、虚一定之理，"盈"即"亢"。"不可久"，致悔之由。

"用九"，天德不可为首也。

"天德"二字，即"乾道"二字。"首"，头也，即"见群龙无首"之"首"。言周公爻辞"用九，见群龙无首，吉"者，何也？以"天德不可为首"，而"见其首"也。盖阳刚之极，亢则有悔，故用其九者，刚而能柔。有"群龙无首"之象，则吉矣。"天行"以下，先儒谓之《大象》，"潜龙"以下，先儒谓之《小象》。后仿此。

《文言》曰：元者，善之长也；亨者，嘉之会也；利者，义之和也；贞者，事之干也。

长，丁丈反，下"长人"同。

孔子于《彖》《象》既有传矣，犹以为未尽其蕴也，故又设《文言》以明之。《文言》者，依文以言其理也。乾道所包者广，有在天之"元亨利贞"，有在人所具之"元亨利贞"，此则就人所具而言也。"元"，大也，始也，即在人之仁也。仁、义、礼、智皆善也，但仁则善端初发，义、礼、智皆所从出，故为善之长。"亨"者，自理之显著亨通而言，即在人之礼也。"嘉"，美。"会"，聚。"三千三百"，乃嘉美之会聚也。"利"有二义：以人心言之，"义"为天理，利为人欲；以天理言之，义者利之理，和者义之宜。故利即吾性之义，义安处即是利也，如上下彼此各得其当然之分，不相乖戾，此利也，乃义之和也。"贞"有三意：知也、正也、固也，如孟子所谓"知斯二者弗去"是也。"知"者，知之意也。惟知事亲从兄，正之意也。弗去，固之意也。故"贞"即吾性之智。干者，茎干也，如木之身，而枝叶所依以立也。"元"就其理之发端而言，"亨"就其理之聚会而言，"利"就其理之各归分类而言，"贞"就其理之确实而言。名虽有四，其实一理而已，皆天下之至公，而无一毫人欲之私者也。此四句说天德之自然，下"体仁"四句说人事之当然。

君子体仁足以长人，嘉会足以合礼，利物足以和义，贞固足以干事。

"体仁"，所存所发，无不在于仁，能体其仁，则欲立欲达，无所往而莫非其爱，自足以长人矣。"长"者，"克君克长"之长，盖仁者宜在高位也。既足以长人，则善之长在我矣。下三句仿此。

"嘉会"者，嘉美其会，聚于一身也。然其聚会必至善恰好，皆天理人情自然之至，而无不嘉美，此之谓"嘉"。嘉美会聚于一身，则动容周旋，无不中礼，自有以合乎天理之节文、人事之仪则矣。苟少有一毫欠缺，非美会矣，安能合礼？不相妨害之谓"利"，无所乖戾之谓"和"，和则必利，利则必和。盖义公天下之利，本有自然之和也。物者义之体，义者物之用，乃处物得宜之谓也。物虽万有不齐，然各有自然之定理，故能处物得宜，而不相妨害，则上、下、尊、卑之间，自恩义浃洽，无所乖戾，而义无不和矣。

"固"者，坚固不摇，乃"贞"之恒久功夫也。盖事有未正，必欲其正；事之既正，必守其正。此"贞固"二字之义也。贞而又固，故足以"干事"。"干"者，事之干，亦犹木有干而枝叶可依也。凡事或不能贞，或贞而不固，皆知不能及之，是以不能择而守之。故非至灵至明、是非确然不可移易者，决不能贞固，所以"贞固"为智之事。

君子行此四德者，故曰："乾：元、亨、利、贞。"

"故曰"，古语也。"行此四德"，即"体仁"、"嘉会"、"利物"、"贞固"也。"行此四德"，则与"乾元合"其德矣，故曰"乾：元、亨、利、贞"，所以明"君子"即乾也。

初九曰"潜龙勿用"，何谓也？子曰：龙，德而隐者也。不易乎世，不成乎名，遁世无闷，不见是而无闷，乐则行之，忧则违之，确乎其不可拔，潜龙也。

“初九曰‘潜龙勿用，何谓也？’”，此文章问答之祖也。圣人神明不测，故曰“龙德”，隐在下位也。“易”，移也。“不易乎世”者，邪世不能乱，不为世所移也。“不成乎名”者，务实不务名，不求知于世，以成就我之名也。“遁世无闷”者，不见用于世而不闷也。“不见是而无闷”者，不见信于人而不闷也。事有快乐于心者，则奋然而行之，忘食忘忧之类是也。事有拂逆于心者，则顺适而背之，伐木绝粮之类是也。“违”者，背也，言不以拂逆为事，皆置之度外。如困于陈蔡，犹援琴而歌是也。盖“不易乎世”、“不成乎名”，则必遁世而不见信于人矣，而圣人皆“无闷”焉，是以日用之间，莫非此道之游衍。凡一切祸福毁誉，如太虚浮云，皆处之泰然，此所以乐则行、忧则违，忧乐皆无与于己，而安于所遇矣，非“龙德”何以有此？“拔”者，擢也，举而用之也。“不可拔”即“勿用”也，言坚确不可举用也。盖“不易乎世”六句，“龙德”也，确乎其不可拔而隐也。“龙德而隐”，此所以为“潜龙”也。乾卦六爻，《文言》皆以圣人明之有隐显、无浅深。

此只言“潜龙”，后“君子以成德”节言“勿用”。

九二曰“见龙在田，利见大人”，何谓也？子曰：龙德而正中者也。庸言之信，庸行之谨，闲邪存其诚，善世而不伐，德博而化。《易》曰“见龙在田，利见大人”，君德也。

“正中”者，以下卦言。初居下，三居上，二正当其中也。“庸”，常也。邪自外入，故防闲之。诚自我有，故存主之。“庸言”必信者，无一言之不信也。“庸行”必谨者，无一行之不谨也。庸言信，庸行谨，宜无事于闲邪矣，而犹闲邪存诚。“闲邪存其诚”者，无一念之不诚也。念念皆诚，则发之言行愈“信”、“谨”矣。如此，则其德已盛，善盖一世矣。然心不自满，不自以为善，其信谨闲邪存诚，犹夫其初也，皆纯一不已之功也。“德博而化”者，言行为人所取法也。言“君德”者，明其非君位也。

此只言“见龙”，后“君子学以聚之”节言“利见”。

九三曰“君子终日乾乾，夕惕若，厉无咎”，何谓也？子曰：君子进德修业。忠信，所以进德也；修辞立其诚，所以居业也。知至至之，可与几也；知终终之，可与存义也。是故居上位而不骄，在下位而不忧。故乾乾因其时而惕，虽危无咎矣。

“几”与“义”非二事。“几”者，心之初动也。当欲忠信修辞立诚之初，心之萌动，必有其“几”。几微之际，乃义之发源处也。“义”者，事之得宜也。方忠信修辞立诚之后，事之成就必见乎义。允蹈之宜，乃几之结果处也。“与”者，许也。“可与几”者，“几”有善恶，许其几之如此方不差也。“存”者，守而不失也。三爻变，则中爻为巽，有进象，又为兑，有言辞象，又为离明，有知象。以三画卦论，三居上，居上位象；以六画卦论，三居下，在下位象。

“君子终日乾乾，夕惕若”者，非无事而徒动也，勤于进德修业也。然以何者为德业？德业何以用功？盖“德”者即贞实之理，诚之涵于心者也。人不忠信，则此心不实，安能进德？惟忠信而内无一念之不实，则心不外驰，而有以复还其贞实之理，所进之德，自日新而不穷矣。故“所以进德业”者，即贞实之事，诚之发于事者也。言不顾行，则事皆虚伪，安能居业？惟修省其辞以立诚，而外无一言之不实，则言行相顾，有以允蹈其贞实之事，所居之业，自居安而不迁矣，故“所以居业”。夫德业之进修，固在于忠信修辞立诚矣。然其入门用功当何如哉？亦知行并进而已。盖其始也，知德业之所当至，此心必有其"几"。当"几"之初，下此实心而必欲其至，知至即至之，则念念不差，意可得而诚矣。几动不差，此其所以"可与几"也。其终也，知德业之所当终，此事必有其义，见义之时，行此实事，而必欲其终，知终即终之，则事事皆当，身可得而修矣。义守不失，此其所以可与存义也。如此用功，则反身而诚，德崇而业广矣，又焉往而不宜哉！故以之居上，高而不骄，以之在下，卑而不忧，虽危无咎矣，此君子所以"终日乾乾"也。

此只言"乾乾，夕惕"，后"重刚而不中"节言"厉，无咎"。

九四曰"或跃在渊，无咎"，何谓也？子曰：上下无常，非为邪也；进退无恒，非离群也。君子进德修业，欲及时也，故无咎。

在"田"者安于下，在"天"者安于上，有常者也。进而为飞，退而为见，有恒者也。盖"恒"即常字。九四之位逼九五矣，以上进为常，则觊觎而心邪。今或跃或处，上下无常，而非为邪也。以下退为常，则离群而德孤。今去就从宜，进退无常，而非离群也。惟及时以进修，而不干时以行险，此其所以"无咎"也。"上进"释"跃"字义，"下退"释"渊"字义，"无常"、"无恒"释"或"字义，"非为邪"、"非离群"释"无咎"义。

此其言"跃渊"，后"重刚"节言"无咎"。

九五曰"飞龙在天，利见大人"，何谓也？子曰：同声相应，同气相求。水流湿，火就燥，云从龙，风从虎，圣人作而万物睹，本乎天者亲上，本乎地者亲下，则各从其类也。

"同声相应"，如鹤鸣而子和，雄鸣而雌应之类是也。"同气相求"，如"日"火之精，而取火于日，"月"水之精，而取水于月之类是也。"湿"者下地，故水之流趋之。"燥"者干物，故火之燃就之。"云"水气也，龙兴则云生，故"云从龙"。"风"，阴气也，虎啸则风烈，故"风从虎"。然此特一物亲一物。惟圣人以圣人之德居天子之位，则三才之主，而万物之天地矣。是以天下万民莫不瞻仰其德，而快睹其光。所谓"首出庶物，万国咸宁，而万物皆亲矣"，盖不特一物之亲而已也。所以然者，以天地阴阳之理，皆各从其类也。如天，在上轻清者也，凡本乎天，轻清成象者，皆亲之；地在下，重浊者也，凡本乎地，重浊成形者，皆亲之。盖天属阳，故轻清者属阳者，从其类；地属阴，故重浊之属阴者，从其类。阳从其阳，故君子与君子同类而相亲；阴从其阴，故小人与小人同类而相亲。然则以九五之德位，岂不"利见"同类之"大人"？所以"利见"者以此。

此其言"飞龙在天"，后"大人者"节言"利见大人"。

上九曰"亢龙有悔"，何谓也？子曰：贵而无位，高而无民，贤人在下位而无辅，是以动而有悔也。

六龙之"首"，故曰"高"贵。非君非臣，故曰"无位"。纯阳无阴，故曰"无民"。五居九五之位，又有快睹之民，九四以下龙德之贤，皆相从九五以辅相矣，是以上九非不贵也。贵宜乎有位，而无位，非不高也。高宜乎有民，而无民，非不有贤人也。贤人宜辅，而莫为之辅。"无位"、"无民"、"无辅"，则离群孤立，如是而动，其谁我与？有悔必矣。此第二节，申《象传》之意。

"潜龙勿用"，下也。

言在下位也。

"见龙在田"，时舍也。

舍，去声。
"舍"，止息也。出潜离隐，而止息于田也。

"终日乾乾"，行事也。

非徒空存忧惕之心，言行事而"终日乾乾"也。盖心虚而事实，此体用兼养之学也。非空忧惕，乃行所当行之事也，即进德修业也。

"或跃在渊"，自试也。

"试可乃已"之试，非试其德，试其时也。非"自试"，则必妄动矣。

"飞龙在天"，上治也。

居上以治下。此得时则驾，下句则蓬累而行。

"亢龙有悔"，穷之灾也。

"穷"者"亢"，"灾"者"悔"。

乾元"用九"，天下治也。

"用九，见群龙无首，吉。"此周公教占者当如此也。孔子此则专以人君言。"元"者，仁也，即"体仁以长人"也。言人君体乾之"元"，用乾之九，至诚恻怛之爱，常流行于刚果严肃之中，则张弛有则，宽猛得宜，不刚不柔，敷政优优，而天下治矣。此第三节，再申前意。

此一节明六龙总一龙，而因时变化，其见于世者有异也。孔子，乾之德也。

"潜龙勿用"，阳气潜藏。

"阳"在下也，以爻言。"潜龙勿用"，下也，以位言，此则以气言，言阳气潜藏，正阴气极盛之时。"天地闭，贤人隐"，所以"勿用"。此以下，又圣人歌咏乾道之意。

见龙在田，天下文明。

明，叶文。
虽在下位，然天下已被其德化，而成文明之体矣。因此爻变离，故以"文明"言之。

"终日乾乾"，与时偕行。

行，叶杭。

天之健，终日不息，九三之进修，亦与之偕行而不息，故曰"与时偕行"。

"或跃在渊"，乾道乃革。

"革"者，离下内卦之位，升上外卦之位也。

"飞龙在天"，乃位乎天德。

"天德"即天位。有是"天德"，而居是"天位"，故曰"乃位乎天德"。若无德以居之者，可谓之"天位"，不可谓之"天德"之位也。惟圣人在天子之位，斯可言也。

"亢龙有悔"，与时偕极。

当亢极而我不能变通，亦与时运俱极，所以"有悔"。

乾元"用九"，乃见天则。

龙之为物，春分而升于天，秋分而蛰于渊。曰"亢龙"者，言秋分亢举于上，而不能蛰。以春、夏、秋、冬配四德，"元"者，春也，"利"者，秋也。亢龙在此秋之时矣。天之为天，不过生杀而已。春既生矣，至秋又杀，秋既杀矣，至春又生，此天道一定自然之法则也。今为人君者，休春生之元，而用之于秋杀之亢，则是阴惨之后继之以阳舒，肃杀之余继之以生育，一张一弛，一刚一柔，不惟天下可治，而天道之法则，亦于此而见矣，故曰"乃见天则"。此第四节，又申前意。

孔子深味乾德，而歌以咏之也，当叶韵读，可想见圣人玩味之意。

"乾元"者，始而亨者也。"利贞"者，性情也。乾始，能以美利利天下，不言所利，大矣哉。

"始而亨"者，言物方资始之时，已亨通矣。盖出乎震，则必齐乎巽、见乎离，势之必然也。若不亨通，则生意必息，品物不能流形矣。是"始"者"元"也，"亨"之者亦"元"也。"性"者，百物具足之理。"情"者，百物出入之机。春作夏长，百物皆有性情，非必"利贞"而后见。但此时生意未足，实理未完，百物尚共同一性情。至秋冬，则百谷草木"各正性命，保合太和"，一物各具一性情，是收敛归藏，乃见性情之的确。故"利贞"者，即乾元之"性情"也，则"利贞"之未始不为元也。"乾始"者，即"乾元者，始而亨"之始也。"以美利利天下"者，元能始物，能使庶物生成，无物不嘉美，亦无物不利赖也。"不言所利"者，自成其形，自成其性，泯机缄于不露，莫知其所以然也。"大哉"，赞乾元也。

孔子于《文言》，既分"元亨利贞"为四德矣，此义合而为一也。言乾之"元"者，始而即"亨"者也。"利贞"者，则元之性情耳。然何以知其"元始"即"亨"，"利贞"即"元"之性情也？惟自其"乾元"之所能者，则可见矣。盖百物生于春，非"亨利贞"之所能也。惟"元"为生物之始，"以美利利天下"者，则乾元之能也。夫"以美利利天下"，其所能之德业亦盛大矣。使造化可以言焉，则曰"此某之美利也"，庶乎可以各归功于四德矣。今"不言所利"，人不得而测之。既不可得而测，则是四德浑然一理，不可分而言也。"元"本为四德之长，故谓"亨"，乃"元"之"始亨"可也。谓"利贞"，乃"元"之"性情"可也。所以谓"乾元始而亨"、"利贞性情"者以此。乾元之道不其大哉！四德本一理，孔子赞《易》，或分而言之以尽其用，或合而言之以著其体，其实一理而已，所以可分可合也。

大哉乾乎！刚健中正，纯粹精也。六爻发挥，旁通情也。"时乘六龙"，以御天也。"云行雨施"，天下平也。

"刚"以体言；"健"以性言；"中"者，无过不及也；"正"者，不偏。此四者，乾之德也。"纯"者，纯阳而不杂以阴也，"粹"者，不杂而良美也，"精"者，不杂之极至也，总言乾德"刚健中正"之至极。所谓"纯粹精者"，非出于"刚健中正之外也，但乾德之妙，非一言所能尽。故于"刚健中正"之外，复以"纯粹精"赞之。"情"者，事物至赜至动之情也。"发挥"者，每一画有一爻辞以发挥之也。"旁通"者，曲尽也，如初之"潜"，以至上之"亢"。凡事有万殊，物有万类，时有万变，皆该括曲尽其情而无遗也。前"品物流形"，乃乾之"云行雨施"。此言"云行雨施"，乃圣人"乘六龙"而御天之功，德泽流行敷布，所以天下平也。言乾道刚健中正，纯粹以精。乾道固大矣，惟圣人"立六爻"以通乎乾之情，"乘六龙"以行乎乾之道，"云行雨施"以沛乎乾之泽，以至"天下太平"。则乾道之大不在乾，而在圣人矣。此第五节，复申首章之意。

叶，韵读也字，如楚辞之些。

君子以成德为行，日可见之行也。潜之为言也，隐而未见，行而未成，是以君子弗用也。

"德"者时之本，"行"者德之用，故曰"君子以成德为行"。"成德"者，已成之德也；"日可见"者，犹言指日可待之意。此二句泛论其理也。"潜"者，周公爻辞也。"未见"者，"天地闭，贤人隐"，厄于潜之机会而未见也。"未成"者，因其厄而事业未成就也，如伊尹耕于有莘之野是也。

君子以已成之德，举而措之于行，则其事业之所就，指日可见矣。初九其德已成，则"日可见之行"也，而占者，乃曰"勿用"，何也？盖圣人出世，必有德有时。人之所能者德，所不能者时，今初九虽德已成，然时当乎"潜"也。"潜"之为言也，隐而未见也。惟其"隐而未见"，故"行而未成"，时位厄之也。是以占者之君子，亦当如之而勿用也。

君子学以聚之，问以辨之，宽以居之，仁以行之。《易》曰"见龙在田，利见大人"，君德也。

"之"者，正中之理也。龙德正中，虽以爻言，然圣人之德不过此至正大中而已。盖乾道刚健中正，民受天地之中以生，惟中庸不可能。苟非学聚问辨有此致知功夫、宽居仁行有此力行功夫，安能体此龙德之正中乎？"聚"者，多闻多见，以求会聚，此正中之理也；"辨"者，讲学也。亲师取友，辨其理之精粗本末、得失是非，择其正中之善者而从之，即"讲学以耨之"也。"宽"者，优游厌饫，勿忘勿助，俾所聚所辨，此理之畜于我者，融会贯通，渣滓浑化，无强探力索、凌节欲速之患也。盖"宽"字以久远言，有从容不迫之意，非专指包含也。"居"者，守也，据也。仁以行之者，无适而莫非天理正中之公，而无一毫意必固我之私也。盖"辨"者辨其所聚，"居"者居其所辨，"行"者行其所居，故必"宽以居之"，而后方可"仁以行之"。若学聚问辨之余，涵养未久，粗心浮气，而骤欲见之于实践，则居之不安、资之不深，安能左右逢原，而大公以顺应哉！此为学一定之序也。有是四者，宜乎正中之德，博而化矣。曰"君德"者，即前九二之"君德"也。

九三，重刚而不中，上不在天，下不在田，故乾乾因其时而惕，虽危无咎矣。

三居下卦之上，四居上卦之下，交接处以刚接刚，故曰"重刚"。非阳爻居阳位也，以九四居阴位者，亦曰"重刚"。位非二五，故曰"不中"，即下文"上不在天，下不在田"也。九三以时言，九四以位言，故曰"乾乾因其时"。

九三"重刚不中，上不在天，下不在田"，宜"有咎"矣。而乃"无咎"，何哉？盖既"重刚"又"不中"，刚之极矣。以时论之，盖危惧之时也。故九三因其时而兢惕不已，则德日进、业日修，所以虽处危地，亦无咎矣。

九四，重刚而不中，上不在天，下不在田，中不在人，故"或"之。或之者，疑之也，故无咎。

在人谓三也。四三虽皆人位，然四则居人之上，而近君矣，非三之不近君，故曰"不在人"。"重刚不中"之"中"，二五之"中"也。"中不在人"之"中"，六爻中间之"中"也。

九四"重刚不中，上不在天，下不在田，中不在人"，宜"有咎"矣。而乃"无咎"，何哉？盖九四之位，不在天，不在田，虽与九三同，而人位则不如九三之居下卦也，所居之位独近九五，盖"或之"之位也，故"或之"。"或之者，疑之也"，惟其疑，必审时而进矣，所以无咎也。

夫大人者，与天地合其德，与日月合其明，与四时合其序，与鬼神合其吉凶。先天而天弗违，后天而奉天时。天且弗违，而况于人乎？况于鬼神乎？

夫，音扶。

"合德"以下，总言大人所具之德，皆天理之公，而无一毫人欲之私。若少有一毫人欲之私，即不合矣！"天地"者，造化之主。"日月"者，造化之精。"四时"者，造化之功。"鬼神"者，造化之灵。覆载无私之谓"德"，照临无私之谓"明"，生息无私之谓"序"，祸福无私之谓"吉凶"。"合序"者，如赏以春夏、刑以秋冬之类也。"合吉凶"者，福善祸淫也。先天不违，如无制作之类，虽天之所未为，而吾意之所为，默与道契，天亦不能违乎我，是天合大人也。"奉天时"者，奉天理也。"后天奉天时"，谓如"天叙有典，而我惇之；天秩有礼，而我庸之"之类。虽天之所已为，我知理之如是，奉而行之，而我亦不能违乎天，是"大人"合天也。盖以理为主，天即我，我即天，故无后无彼此之可言矣。天且不违于"大人"，而况于人？乃得天地之理以生，鬼神不过天地之功用，虽欲违乎"大人"，自不能违乎天矣。乾之九五，以刚健中正之德与此"大人"相合，所以宜"利见"之，以其同德相应也。

"亢"之为言也，知进而不知退，知存而不知亡，知得而不知丧，其惟圣人乎！知进退存亡而不失其正者，其惟圣人乎！

"进退"者身，"存亡"者位，"得丧"者物，消长之理。知之既明，不失其正，处之又当，故惟圣人能之。再言"其惟圣人"，始若设问，而卒自应之"见"，非圣人不能也。初九"隐而未见"二句，释一"潜"字。而言"君子"者再，盖必"君子"而后能安于"潜"也。上九"亢之为言"三句，释一"亢"字，而言"圣人"者再，盖惟圣人而后能不至于"亢"也。

此第六节。复申前数节未尽之意。

坤上
坤下　坤柔

坤：元、亨，利牝马之贞。君子有攸往，先迷；后得主，利。西南得朋，东北丧朋，安贞吉。

丧，去声。

偶者，阴之数也。坤者，顺也，阴之性也。六画皆偶，则纯阴而顺之至矣，故不言"地"而言"坤"。马象乾，牝马取其为乾之配。牝马属阴，柔顺而从阳者也。马能行顺而健者也，非顺外有健也。坤"利牝马之贞"，与乾不同者，何也？盖乾以刚固为贞、坤以柔顺为贞，言如牝马之顺而不息则正矣。牝马地类，安得同乾之贞？此占辞也。与乾卦"元亨利贞"同，但坤则贞，"利牝马"耳。程子泥于四德，所以将"利"字作句。"迷"者，如迷失其道路也。坤为地，故曰"迷"，言占者"君子"，先乾而行则失其主而迷错，后乾而行则得其主而利矣。盖造化之理，阴从阳以生物，待唱而和者也。君为臣主，夫为妻主，后乾即得所主矣，利孰大焉，其理本如此。观"文言"后得主而有常，此句可见矣。"西南""东北"，以文王圆图卦位而言，阳气始于东北，而盛于东南。阴气始于西南，而盛于西北。"西南"乃坤之本乡，兑、离、巽三女同坤居之，故为"得朋"。震、坎、艮三男同乾居"东北"，则非女之朋矣，故"丧朋"。阴从其阳谓之正，惟丧其三女之朋。从乎其阳，则有生育之功，是能安于正也。安于其正，故"吉"也。

《象》曰：至哉坤元！万物资生，乃顺承天。

"至"者，极也。天包乎地，故以"大"赞其天，而地止以"至"赞之。盖言地之至则与天同，而大则不及乎天也。"元"者，四德之元。非乾有元，而坤复又有一元也。乾以施之，坤则受之，交接之间，一气而已。始者气之始，生者形之始，万物之形皆生于地，然非地之自能为也。天所施之气至，则生矣，故曰"乃顺承天"。"乾健"，故一而施；"坤顺"，故两而承。此释卦辞之"元"。

坤厚载物，德合无疆，含弘光大，品物咸亨。

"坤厚载物"以德言，非以形言。"德"者，载物厚德、"含弘光大"是也。"无疆"者，乾也。"含"者，包容也。"弘"则是其所含者，无物不有，以蕴畜而言也。其静也翕，故曰"含弘"。"光"者，昭明也。"大"，则是其所光者，无远不届，以宣著而言也。其动也辟，故曰"光大"。言"光大"而必曰"含弘"者，不翕聚则不能发散也。"咸亨"者，齐乎巽、相见乎离之时也。此释卦辞之"亨"。

牝马地类，行地无疆，柔顺利贞。

地属阴，牝阴物，故曰"地类"。又"行地"之物也，"行地无疆"则顺而不息矣。此则"柔顺"所利之贞也，故"利牝马之贞"。此释卦辞"牝马之贞"。

君子攸行，先迷失道，后顺得常。西南得朋，乃与类行。东北丧朋，乃终有庆。安贞之吉，应地无疆。

"君子攸行"即文王卦辞"君子有攸往"，言占者君子，有所往也。"失道"者，失其坤顺之道也。坤道主成，成在后，若先乾而动，则迷而失道。"得常"者，得其坤顺之常，后乾而动，则顺而得常。

夫惟坤贞利在"柔顺"，是以君子有所往也。先则迷，后则得。西南虽得朋，不过与巽、离、兑三女同类而行耳，未足以为庆也。若丧乎三女之朋，能从乎阳，则有生物之功矣，终必有庆也。何也？盖柔顺从阳者，乃坤道之安于其正也，能安于其正，则阳施阴受，生物无疆，应乎地之无疆矣，所以"乃终有庆"也。此释卦辞"君子有攸往"至"安贞吉"。

《象》曰：地势坤，君子以厚德载物。

西北高，东南低，顺流而下，地之势，本坤顺者也，故曰"地势坤"。且天地间持重载物，其势力无有厚于地者，故下文曰"厚"。天以气运，故曰"天行"；地以形载，故曰"地势"。"厚德载物"者，以深厚之德，容载庶物也。若以厚德载物，体之身心，岂有他道哉？惟体吾长人之仁也，使一人得其愿，推而人人各得其愿，和吾利物之义也。使一事得其宜，推而事事各得其宜，则我之德厚而物无不载矣。

初六：履霜，坚冰至。

"六"，详见乾卦初九。"霜"，一阴之象。"冰"，六阴之象。方"履霜"而知"坚冰至"者，见占者防微杜渐，图之不可不早也。《易》为君子谋，乾言"勿用"，即复卦"闭关"之义，欲君子之难进也。坤言"坚冰"，即姤卦"女壮"之戒，防小人之易长也。

《象》曰："履霜坚冰"，阴始凝也。驯致其道，至坚冰也。

《易举正》，"履霜"之下无"坚冰"二字。"阴始凝"而为"霜"，渐盛必至于"坚冰"，小人虽微长则渐至于盛。"驯"者，扰也，顺习也。"道"者，"小人道长"之道也，即上六

"其道穷也"之道。驯习因循，渐致其阴道之盛，理势之必然也。

六二：直方大，不习无不利。

"直"字，即"坤至柔而动也刚"之刚也。"方"字即"至静而德方"之方也。"大"字即"含弘光大"之大也。孔子《彖辞》《文言》《小象》皆本于此，前后之言皆可相证。以本爻论，六二得坤道之正则无私曲，故"直"；居坤之中则无偏党，故"方"。"直"者，在内所存之柔顺中正也。"方"者，在外所处之柔顺中正也。惟柔顺中正，在内则为直，在外则为方。内而直，外而方，此其所以大也。不揉而直，不矩而方，不恢而大，此其所以"不习"也。若以人事论，"直"者，内而天理为之主宰，无邪曲也。"方"者，外而天理为之裁制，无偏倚也。"大"者，无一念之不直、无一事之不方也。"不习无不利"者，直者自直，方者自方，大者自大，不思不勉而中道也。"利"者，"利有攸往"之"利"，言不待学习而自然"直方大"也。盖八卦正位，乾在五，坤在二，皆圣人也，故乾刚健中正则"飞龙在天"，坤柔顺中正则"不习无不利"。占者有是德，方应是占矣。

《象》曰：六二之动，直以方也。不习无不利，地道光也。

"以"字即"而"字，言"直""方"之德惟动可见，故曰"坤至柔而动也刚"。此则承天而动，生物之机也。若以人事论，心之动"直"而无私，事之动"方"而当理是也。"地道光"者，六二之柔顺中正，即地道也。地道柔顺中正，光之所发者，自然而然，不俟勉强，故曰"不习无不利"。"光"即"含弘光大"之光。

六三：含章可贞，或从王事，无成有终。

"坤为吝啬"，含之象也。刚柔相杂曰"文"，文之成者曰"章"。阳位而以阴居之，又坤为文章之象也。三居下卦之终，"终"之象也。"或"者，不敢自决之辞。"从"者，不敢造始之意。

三居下卦之上，有位者也，其道当含晦其章美。有美则归之于君，乃可常久而得正。或从王之事，不敢当其成功，惟奉职以终其事而已。爻有此象，故戒占者如此。

《象》曰："含章可贞"，以时发也；"或从王事"，知光大也。

知，平声。

"以时发"者，言非终于韬晦、含藏不出，而有所为也。"或从王事"带下一句说，孔子《小象》多是如此。"知光大"者，正指其无成有终也，盖"含弘光大，无成而代有终"者。盖知地道之光大，当如是也。

六四：括囊，无咎无誉。

"坤为囊"。阴虚能受，囊之象也。"括"者，结囊口也。四变而奇，居下卦之上，结囊上口之象也。四近乎君，居多惧之地，不可妄咎妄誉，戒其作威福也。盖誉则有逼上之嫌，咎则有败事之累，惟晦藏其智，如结囊口，则不害矣。

六四柔顺得正，盖慎密不出者也，故有"括囊"之象、"无咎"之道也。然既不出，则亦尤由称赞其美矢，故其占如此。

《象》曰："括囊无咎"，慎不害也。

"括囊"者，慎也。"无咎"者，不害也。

六五：黄裳，元吉。

"坤为黄"、"为裳"，"黄裳"之象也。"黄"，中色，言其中也。"裳"，下饰，言其顺也。"黄"字从五字来，"裳"字从六字来。

六五以阴居尊，中顺之德充诸内而见诸外，故有是象，而其占则元吉也。刚自有刚德，柔自有柔德，本义是。

《象》曰："黄裳元吉"，文在中也。

坤为文。文也居五之中，在中也。"文在中"，言居坤之中也，所以"黄裳元吉"。

上六：龙战于野，其血玄黄。

六阳为龙，坤之错也，故阴阳皆可以言龙。且变艮综震，亦"龙"之象也。变艮为剥，阴阳相剥，"战"之象也。战于卦外，"野"之象也。"血"者，龙之血也。"坚冰至"者，所以防"龙战"之祸于其始。龙战野者，所以著"坚冰"之至于其终。

上六阴盛之极，其道穷矣。穷则其势必争，至与阳战，两败俱伤，故有此象。凶可知矣。

《象》曰："龙战于野"，其道穷也。

极则必穷，理势之必然也。

用六：利永贞。

"用六"与"用九"同。此则以上六"龙战于野"言之，阴极则变阳矣。但阴柔恐不能固守。既变之后，惟长"永贞固"，不为阴私所用，则亦如乾之"无不利"矣。

《象》曰：用六永贞，以大终也。

此美其善变也。阳大阴小：大者阳明之公，君子之道也；小者阴浊之私，小人之道也。今始阴浊而终阳明，始小人而终君子，何大如之？故曰"以大终"也。

《文言》曰：坤，至柔而动也刚，至静而德方，后得主而有常，含万物而化光。坤道其顺乎？承天而时行。

"动"者，生物所动之机。"德"者，生物所得之质。乾刚坤柔，定体也。坤固至柔矣，然乾之施一至坤，即能翕受而敷施之，其生物之机不可止遏，此又柔中之刚矣。乾动坤静，定体也。坤固至静矣，及其承乾之施，陶镕万类，各有定形，不可移易，此又静中之方矣。柔无为矣，而刚则能动；静无形矣，而方则有体。柔静者，顺也体也；刚方者，健也用也。"后得主而有常"者，后乎乾则得乾为主，乃坤道之常也。"含万物而化光"者，静翕之时，含万物生意于其中，及其动辟，则化生万物而有光显也。"坤道其顺乎"，此句乃赞之也。坤之于乾，犹臣妾之与夫君，亦惟听命而已。一施一受不敢先时而起，亦不敢后时而不应，此所以赞其顺也。此以上申《彖传》之意。

积善之家，必有余庆；积不善之家，必有余殃。臣弑其君，子弑其父，非一朝一夕之故，其所由来者渐矣，由辨之不早辨也。《易》曰"履霜，坚冰至"，盖言顺也。

天下之事，未有不由积而成。家之所积者善，则福庆及于子孙；所积者不善，则灾殃流于后世。其大至于弑逆之祸，皆积累而至，非"朝夕"所能成也。"由来者渐"，言臣子也。"辨之不早"，责君父也。"辨"，察也。在下者不可不察之于己，在上者不可不察之于人，察之早，勿使之渐，则祸不作矣。"顺"字即驯字。"驯致其道"也，言顺习因循以至于"坚冰"也。前言"驯致其道"，此言"盖言顺也"，皆一意也。《程传》是。

直，其正也；方，其义也。君子敬以直内，义以方外，敬义立而德不孤。"直方大，不习无不利"，则不疑其所行也。

"直"者，何也？言此心无邪曲之私，从绳墨而正之之谓也。"方"者何也？言此事无差谬之失，得裁制而宜之之谓也。此六二"直方"之所由名也。下则言求"直方"之功。人心惟有私，所以不直。如知其敬，乃吾性之礼存诸心者，以此敬为之操持，必使此心廓然大公，而无一毫人欲之私，则不期直而自直矣。人事惟有私，所以不方。如知其义，乃吾性之义见诸事者，以此义为之裁制，必使此事物来顺应而无一毫人欲之私，则不期方而自方矣。德之偏者谓之"孤"，不孤则大矣。盖敬之至者外必方，义之至者内必直，不方不直，不足谓之敬义，是德之孤也。今既有敬以涵义之体，又有义以达敬之用，则内外夹持，表里互养，日用之间，莫非天理之流行。德自充满，盛大而不孤矣，何大如之！内而念念皆天理，则内不疑。外而事事皆天理，则外不疑。内外坦然而无疑，则"畅于四支"，不言而喻；"发于事业"，无所处而不当，何利如之！此所以"不习无不利"也。乾言进修，坤言敬义，学圣人者，由于进修，欲进修者，先于敬义，乾坤二卦备矣。

阴虽有美，含之以从王事，弗敢成也。地道也，妻道也，臣道也。地道无成，而代有终也。

"阴虽有美，含之"，可以时发而从王事矣。"以从王事"，不敢有其成者，非其才有所不足，不能成也，乃其分之不敢成也，何也？法象莫大于天地，三纲莫重于夫妻、君臣。天统乎地，夫统乎妻，君统乎臣，故"地道也，妻道也，臣道也"，皆不敢先自主也。皆如地之无成，惟代天之终耳。盖天能始物，不能终物，臣继其后而终之，则地之所以有终者，终天之所未终也。地不敢专其成，而有其终，故曰"无成而代有终"也。六三为臣，故当如此。

天地变化，草木蕃。天地闭，贤人隐。《易》曰"括囊，无咎无誉"，盖言谨也。

"天地变化"二句，乃引下文之辞。言天地变化，世道开泰，则草木之无知者且蕃茂，况于人乎？则贤人之必出，而不隐可知矣。若"天地闭"，则贤人必敛德以避难，此其所以隐也。坤本阴卦，四六重阴又不中，则阴之极矣，正天地闭塞、有阴而无阳、不能变化之时也，故当谨守不出者以此。

君子黄中通理，正位居体，美在其中，而畅于四支，发于事业，美之至也。

"黄"者，中德也。"中"者，内也。"黄中"者，中德之在内也。"通"者，豁然脉络之贯通，无一毫私欲之滞塞也。"理"者，井然文章之条理，无一毫私欲之混淆也。本爻既变坎为通，"通"之象也。本爻未变坤为文，"理"之象也。故六五《小象》曰"文在中"。德之在内者，通而且理。爻之言黄者，以此，正位居尊位也。"体"者，乾坤之定体也，乾阳乃上体，坤阴乃下体。言虽在尊位而居下体，故不曰"衣"而曰"裳"。爻之所以言"裳"者，以此。以人事论，有居尊位而能谦下之意。此二句尽"黄裳"之义矣。又叹而赞之，以见"元吉"之故。言"黄中"，"美在其中"，岂徒美哉？美既在中，则"畅于四支"，为日新之德，四体不言而喻者，此美也。"发于事业"，为富有之业，天下国家无所处而不当者，此美也。不其美之至乎！爻之所以不止言"吉"而言"元吉"者，以此。

阴疑于阳必战，为其嫌于无阳也，故称"龙"焉。犹未离其类也，故称"血"焉。夫玄黄者，天地之杂也，天玄而地黄。

夫，音扶。

"疑"者，似也，似其与己均敌，无大小之差也。阴本不可与阳战，今阴盛，似敢与阳敌，故以战言。阴盛已无阳矣，本不可以称龙，而不知阳不可一日无也。故周公以"龙"言之，以存阳也。虽称为"龙"，犹阴之类也，故称"血"，以别其为阴。"血"，阴物也。曰"其色玄黄"，则天地之色杂矣。而不知"天玄"、"地黄"者，两间之定分也。今曰"其色玄黄"，疑于无分别矣，夫岂可哉！言阴阳皆伤也。以上皆申言周公《爻辞》。

来瞿唐先生易注卷之二

坎上
震下 屯见而不失其居

"屯"者，难也。万物始生，郁结未通，似有险难之意，故其字象"屮"穿地（屮，音彻），始出未申也。《序卦》："有天地然后万物生焉，盈天地之间者唯万物。屯者，盈也。物之始生也，故次乾坤之后。"

屯：元、亨、利、贞。勿用有攸往。利建侯。

初九以贵下贱，大得民也，此利见之侯也。

乾坤始交而遇险陷，故名为"屯"。所以气始交未畅曰"屯"，物勾萌未舒曰"屯"，世多难未泰曰"屯"。震动在下，坎陷在上，险中能动，是有拨乱兴衰之才者，故占者"元亨"。然犹在险中，则宜守正而未可遽进，故"勿用有攸往"。"勿用"者，以震性多动，故戒之也。然大难方殷，无君则乱，故当立君以统治。初九阳在阴下，而为成卦之主，是能以贤下人，得民而可君者也。占者必从人心之所属望，立之为主，斯利矣，故"利建侯"。"建侯"者，立君也。险难在前，中爻艮止，勿用攸往之象。震，一君二民，建侯之象。

《彖》曰：屯，刚柔始交而难生，动乎险中，大亨贞。雷雨之动满盈。天造草昧，宜建侯而不宁。

难，去声。

以二体释卦名，又以卦德、卦象释卦辞。"刚柔"者，乾坤也。"始交"者，震也。一索得震，故为"乾坤始交"。"难生"者，坎也。言万物始生即遇坎难，故名为"屯"。"动乎险中"者，言震动之才足以奋发有为，时当大难，能动则其险可出，故"大亨"。然犹在险中，时犹未易为。必从容以谋，其出险方可，故"利贞"。"雷"，震象。"雨"，坎象。"天造"者，如天所造作也。"草"者，如草不齐。"震为蕃"，草之象也。"昧"者，如天未明。"坎为月"，天尚未明，昧之象也。"坎"，水内景，不明于外，亦昧之象也。雷雨交作，杂乱晦冥，充塞盈满于两间，天下大乱之象也。当此之时，以天下则未定，以名分则未明，正宜立君以统治。君既立矣，未可遽谓安宁之时也，必为君者忧勤兢畏，不遑宁处，方可拨乱反正，以成靖难之功。此则圣人济屯之深戒也。动而雷雨满盈，即"勿用攸往"，"建侯"而不宁，即"利建侯"。然卦言"勿用攸往"，而《彖》言"雷雨之动"者，"勿用攸往"非终不动也，审而后动也。屯之"元亨利贞"，非如乾之四德，故曰"大亨贞"。

更始初立而骄奢，非不宁矣。

《象》曰：云雷屯。君子以经纶。

《彖》言雷雨，《象》言云雷。《彖》言其动，《象》著其体也。上坎为云，故曰"云雷屯"。下坎为雨，故曰"雷雨"解。"经纶"者，皆治丝之事。草昧之时，天下正如乱丝，经以引之，纶以理之，俾大纲皆正，万目毕举，正君子拨乱有为之时也，故曰"君子以经纶"。

初九：磐桓，利居贞，利建侯。

"磐"，大石也，"鸿渐于磐"之磐也。中爻艮石之象也。"桓"，大柱也。震，阳木，桓之象也。八卦正位，震在初，乃爻之极善者。国家屯难，得此刚正之才，乃倚之以为柱石者也。故曰"磐桓"，唐之郭子仪是也。"震为大涂"，柱石在于大涂之上，震本欲动，而艮止不动，有柱石欲动不动之象，所以"居贞"，而又"利建侯"，非"难进之貌"也。故《小象》曰"虽磐桓，志行正"也，曰心志在于行，则欲动不动可知矣。

九当屯难之初，有此刚正大才生于其时，故有"磐桓"之象。然险陷在前，本爻居其正，故占者利于居正以守己。若为民所归，势不可辞，则又宜"建侯"以从民望，救时之屯可也。"居贞"者利在我，"建侯"者利在民，故占者两有所利。

《象》曰：虽"磐桓"，志行正也，以贵下贱，大得民也。

当屯难之时，大才虽磐桓不动，然拳拳有济屯之志。行一不义、杀一不辜而得天下，不为。既有救人之心，而又有守己之节，所以占者"利居贞"而守己也。若贞而不贞则无德，行而不正则无功，周公言"居贞"，孔子言"行正"，然后济屯之功德备矣。阳贵阴贱，以贵下贱者，一阳在二阴之下也。当屯难之时，得一大才，众所归附，更能自处卑下，"大得民"矣。此占者所以又"利建侯"而救民也。

六二：屯如邅如，乘马班如，匪寇婚媾。女子贞，不字，十年乃字。

邅，张连反。

"屯"、"邅"皆不能前进之意。"班"，回环不进之意。震于马为旉足，为作足，"班如"之象也。应爻为坎，坎为盗寇之象也，指"初"也。妇嫁曰"婚"，再嫁曰"媾"。"婚媾"指五也。变兑为少女，"女子"之象也。"字"者，许嫁也。此"女子"则指六二也。"贞"者，正也。"不字"者，不字于初也。"乃字"者，乃字于五也。中爻艮止，不字之象也。中爻坤土，数成于十，十之象也。若以人事论，光武当屯难之时，窦融割据，志在光武，为隗嚣所隔，"乘马班如"也，久之终归于汉，"十年乃字"也。

六二柔顺中正，当屯难之时，上与五应，但乘初之刚，故为所难，有屯邅班如之象，不得进与五合。使非初之寇难，即与五成其婚媾，不至十年之久矣。惟因初之难，六二守其中正，不肯与之苟合，所以"不字"，至于"十年"之久。难久必通，乃反其常而"字"正应矣，故又有此象。占者当如是则可。

《象》曰：六二之难，乘刚也。十年乃字，反常也。

六二居屯之时，而又乘刚，是其患难也。"乘"者，居其上也。故曰"六二之难"。"反常"者，二五阴阳相应，理之常也。为刚所乘，则乖其常矣。难久必通，故"十年乃字"而反其常。

六三：即鹿无虞，惟入于林中。君子几，不如舍，往吝。

舍，音舍。几，音机。

"即"者，就也。"鹿"当作麓为是，旧注亦有作麓者。盖此卦中爻艮为山，山足曰"麓"。三居中爻艮之足，麓之象也。"虞"者，虞人也。三、四为人位，虞人之象也。"无虞"者，无正应之象也。震错巽，巽为入，入之象也。上艮为木，下震为竹，"林中"之象也。言就山足逐兽，无虞人指示，乃陷入于林中也。坎错离明，见几之象也。"舍"者，舍而不逐也，亦艮止之象也。

六三阴柔，不中不正，又无应与，当屯难之时，故有"即麓无虞"、"入于林中"之象。君子见几，不如舍去。若往逐而不舍，必致羞吝。其象如此，戒占者当如是也。

《象》曰："即鹿无虞"，以从禽也。君子舍之，"往吝"穷也。

孔子恐后学不知"即鹿无虞"之句，故解之曰"乃从事于禽"也。舍则不往，往则必吝。"吝穷"者，羞吝穷困也。

六四：乘马班如。求婚媾，往，吉无不利。

"坎为马"，又有马象。"求"者，四求之也。"往"者，初往之也。自内而之外曰"往"，本爻变，中爻成巽，则为长女，震为长男，"婚媾"之象也。非真婚媾也，求贤以济难有此象也。旧说阴无求阳之理，可谓不知象旨者矣。

六四阴柔，居近君之地，当屯难之时，欲进而复止，故有"乘马班如"之象。初能得民，可以有为，四乃阴阳正应，未有蒙大难而不求其初者，故又有求婚媾之象。初于此时，若欣于即往，资其刚正之才，以济其屯，其吉可知矣。而四近其君者，亦无不利也，故其占又如此。

《象》曰：求而往，明也。

"求"者，资济屯之才，有知人之明者也。"往"者，展济屯之才，有自知之明者也。坎错离，有明之象，故曰"明"。

九五：屯其膏，小贞吉，大贞凶。

"膏"者，膏泽也。以坎体有膏泽沾润之象，故曰"膏"。本卦名屯，故曰"屯膏"。阳大阴小，六居二，九居五，皆得其正，故皆称"贞"。"小贞"者，臣也，指二也。"大贞"者，君也，指五也。故六二言"女子贞"，而此亦言贞，六爻惟二五言贞。

九五以阳刚中正居尊，亦有德有位者。但当屯之时，陷于险中，为阴所掩，虽有六二正应，而阴柔不足以济事。且初九得民于下，民皆归之，无臣无民，所以有屯其膏不得施为之象。故占者所居之位，如六二为臣，小贞则吉；如九五为君，大贞则凶也。

《象》曰："屯其膏"，施未光也。

阳德所施本光大，但陷险中，为阴所掩，故"未光"。

上六：乘马班如，泣血涟如。

六爻皆言"马"者，震坎皆为马也。皆言"班如"者，当屯难之时也。坎"为加忧，为血卦，为水"，"泣血涟如"之象也。才柔不足以济屯，去初最远，又无应与，故有此象。

《象》曰："泣血涟如"，何可长也？

既无其才，又无其助，丧亡可必矣，岂能长久？

☶ 艮上 坎下 蒙杂而著

"蒙"，昧也。其卦以坎遇艮。山下有险，艮止在外，坎水在内，水乃必行之物，遇山而止。内既险陷不安，外又行之不去，莫知所往，昏蒙之象也。《序卦》："屯者，物之始生也。物生必蒙，故受之以蒙。"所以次屯。

蒙：亨。匪我求童蒙，童蒙求我。初筮告，再三渎，渎则不告。利贞。

告，古毒反。

"蒙亨"者，言蒙者亨也，不终于蒙也。"匪我求童蒙"二句，正理也。"再"指四。阳一阴二，二再则四矣。"三"指三。"渎"者，烦渎也。"初筮"者，初筮下卦，得刚中也。此卦坎之刚中在上卦，故曰"再筮"。"告"者，二告乎五也。"不告"者，二不告乎三四也。凡阳则明，阴则暗，所以九二发六五之蒙。"利贞"者，教之以正也。

《象》曰：蒙，山下有险，险而止，蒙。"蒙亨"，以亨行，时中也。"匪我求童蒙，童蒙求我"，志应也。"初筮告"，以刚中也。"再三渎，渎则不告"，渎蒙也。蒙以养正，圣功也。

以卦象、卦德释卦名，又以卦体释卦辞。"险而止"，退则困于其险，进则阻于其山，两无所适，所以名"蒙"也。"以"者，用也。"以亨"者，以我之亨通也。"时中"者，当其可之谓。愤悱启发，即"志应"也。言我先知先觉，先以亨通矣，而后以我之亨，行"时中"之教，此蒙者所以亨也。"匪我求童蒙，童蒙求我"，乃教人之正道也，何也？礼："闻来学，不闻往教。""童蒙求我"，则彼之心志应乎我，而相孚契矣，此其所以可教也。"初筮"则告者，以刚中也。我有刚中之德，而五又以中应之，则心志应乎我，而相孚契矣，所以当告之也。"初筮"二字只作下卦二字，指教者而言，观此卦"再筮"可见矣。盖三则应乎其上，四则隔乎其三，与刚中发蒙之二，不相应与。又乘阳不敬，则心志不应乎我，而不相孚契矣。既不相孚契，而强告之，是徒烦渎乎蒙矣，亦何益哉！教之利于正者，幼而学之，学为圣人而已。圣人之所以为圣者，正而已矣。入圣之域虽在后日，作圣之功就在今日。当蒙时养之以正，虽未即至于圣，圣域由此而渐入矣。此其所以"利贞"也。

《象》曰：山中出泉，蒙。君子以果行育德。

行，去声。

"泉"乃必行之物，始出而未通达，犹物始生而未明，蒙之象也。"果行"者，体坎之刚中，以果决其行。见善必迁，闻义必徙，不畏难而苟安也。"育德"者，体艮之静止，以养育其德，不欲速，宽以居之，优游以俟其成也。要之，"果"之、"育"之者，不过蒙养之正而已。

初六：发蒙，利用刑人。用说桎梏以往，吝。

说，吐活反音脱。

"蒙"者，下民之蒙也，非又指童蒙也。"发蒙"者，启发其初之蒙也。"刑人"者，以人刑之也，刑罚立而后教化行。治蒙之初，故"利用刑人"以正其法。"桎梏"者，刑之具也。"坎为桎梏"，桎梏之象也，在足曰"桎"，在手曰"梏"。中爻震为足，外卦艮为手，用桎梏之象也。本卦坎错离、艮综震，有噬嗑"折狱用刑"之象，故丰、旅、贲三卦，有此象，皆言"狱"。"说"者，脱也。"用脱桎梏"，即不用刑人也。变兑为毁折，脱之象也。"往"者，往发其蒙也。"吝"者，利之反。变兑则和悦矣，和悦安能发蒙？故"吝"。

初在下，近比九二刚中之贤，故有启发其蒙之象。然发蒙之初，"利用刑人"以正其法，庶"小惩而大诫"，蒙斯可发矣。若舍脱其刑人，惟和悦以往教之，蒙岂能发哉？吝之道也。故其象占如此，细玩《小象》自见。

《象》曰："利用刑人"，以正法也。

教之法不可不正，故用刑惩戒之，使其有严惮也。

九二：包蒙吉，纳妇吉，子克家。

"包"者，裹也。妇人怀妊，包裹其子，即胞字也。凡《易》中言"包"者，皆外包乎内也。泰曰"包荒"，否曰"包承""包羞"，姤曰"包鱼"，皆外包乎内。"包蒙"者，包容其初之蒙也，则有含宏之量，敷教在宽矣。初曰"刑"者，不中不正也。上曰"击"者，上过刚也。此爻刚中，统治群阴，极善之爻，故于初曰"包"，于三四五曰"纳"，于五曰"克家"。"纳妇吉"者，新纳之妇有谐和之吉也。中爻坤顺在上，一阳在下，纳受坤顺之阴，"纳妇"之象也。"子克家"者，能任父之事也。坎为中男，有刚中之贤能干五母之蛊，"子克家"之象也。"纳妇吉"字，与上"吉"字不同，上"吉"字，占者之吉也，下

"吉"字，夫妇谐和之吉也。坤顺，故吉。

九二以阳刚为内卦之主，统治群阴。当发蒙之任者，其德刚而得中，故有"包蒙"之象。占者得此固吉矣，然所谓"吉"者，非止于包容其初之蒙也。凡三四五之为蒙者，二皆能以刚中之德化之，如新纳之妇有谐和之吉、承考之子，有克家之贤，其吉、其贤皆自然而然，不待勉强谆谆训诲于其间，如此而谓之"吉"也。故其占中之象又如此。

《象》曰："子克家"，刚柔接也。

二刚五柔。二有主蒙之功，五之信任专，所以二得展布其敷教之才，亦如贤子不待训诲，自然而克家也，所以占者有"子克家"之象。周公"爻辞"，以刚中言，孔子《象辞》并应与言。

六三：勿用取女。见金夫，不有躬，无攸利。

取，七具反。

变巽，女之象也。九二，阳刚乾爻也。乾为金，金夫之象，故称"金夫"。"金夫"者，以金略己者也。六三正应在上，然性本阴柔，坎体顺流趋下，应爻艮体常止，不相应于上。

九二为群蒙之主，得时之盛，三近而相比，在纳妇之中者，故舍其正应而从之，此"见金夫不有躬"之象也。且中爻顺体震动，三居顺动之中，比于其阳，亦"不有躬"之象也。若以蒙论，乃自暴自弃，昏迷于人欲，终不可教者，因三变长女，故即以女象之。曰"勿用取"、"无攸利"，皆其象也。

六三阴柔，不中不正，又居艮止坎陷之中，盖蒙昧无知之极者也，故有此象。占者遇此，如有"发蒙"之责者，弃而不教可也。

《象》曰："勿用取女"，行不顺也。

妇人以顺从其夫为正，舍正应之夫而从金夫，安得为顺？

六四：困蒙，吝。

"困蒙"者，困于蒙昧而不能开明也。六四上下既远隔于阳，不得贤明之人以近之，又无正应贤明者以为之辅助，则蒙无自而发，而困于蒙矣，故有"困蒙"之象。占者如是，终于下愚，故可羞。

《象》曰："困蒙"之吝，独远实也。

阳实阴虚，实谓阳也。六四上下皆阴，蒙之甚者也。欲从九二则隔三，欲从上九则隔五，远隔于实者也，故曰"独远实"。"独"者，言本卦之阴，皆近乎阳，而四独远也。

六五：童蒙吉。

"童蒙"者，纯一未散，专心资于人者也。艮为少男，故曰"童"。"匪我求童蒙"，言童之蒙昧也，此则就其纯一未散、专听于人而言。盖中爻为坤顺，五变为巽，有此顺巽之德，所以专心资刚明之贤也。

六五以顺巽居尊，远应乎二，近比乎上，盖专心资刚明之贤者，故有"童蒙"之象。占者如是，则吉也。

《象》曰："童蒙"之吉，顺以巽也。

中爻为顺，变爻为巽。仰承亲比上九者，顺也。俯应听从九二者，巽也。亲比听从乎阳，正远实之反，所以吉。

上九：击蒙，不利为寇，利御寇。

"击蒙"者，击杀之也。应爻坎为盗，错离为戈兵，艮为手，手持戈兵，击杀之象也。三与上九为正应，故击杀之也。"寇"者，即坎之寇盗也。二"寇"字相同。"不利为寇"者，教三爻在下，蒙昧之人也，"利御寇"者，教上九在上，治蒙之人也。六三在本爻为淫乱，在上九为寇乱，蒙昧之极可知矣。

上九与三之寇盗相为正应，过刚不中，治蒙太猛，故有"击蒙"之象。圣人教占者，以占得此爻者，若乃在下蒙昧之人，则"不利为寇"。为寇，则有击杀之凶矣。占得此爻者，若乃在上治蒙之人，惟利御止其寇而已，不可即击杀之。圣人哀矜愚蒙之人，故两有所戒也。

《象》曰：利用御寇，上下顺也。

上九刚，止于"御寇"，上之顺也。六三柔，随其所止，下之顺也。艮有止象，变坤有顺象，渐卦利御寇。《小象》亦曰"顺"，相保可见矣。

☵ 坎上
乾下　需不进也

"需"者，须也，有所待也，理势不得不需者。以卦象论，水在天上，未遽下于地，必待阴阳之交，薰蒸而后成，需之象也。以卦德论，乾性主于必进，乃处坎陷之下，未肯遽进，需之义也。《序卦》："蒙者，物之稚也。物稚，不可不养也。需者，饮食之道也。"养物以饮食，所以次蒙。

需：有孚，光亨贞吉，利涉大川。

需虽有所待，乃我所当待也，非不当待而待也。"孚"者，信之在中者也。坎体诚信克实于中，"孚"之象也。"光"者，此心光明，不为私欲所蔽也。中爻离，光明之象也。"亨"者，此心亨泰，不为私欲所窒也。坎为通，亨通之象也。"贞"者，事之正也。八卦正位，坎在五，阳刚中正，为需之主，正之象也，皆指五也。坎水在前，乾健临之，乾知险"涉大川"之象也。又中爻兑综巽。坎水在前，巽木临之，亦"涉大川"之象。详见颐卦上九。"孚贞"者，尽所需之道。光亨吉利者，得所需之效。需若无实，必无"光亨"之时；需若不正，岂有吉利之理？

言事若有所待，而心能孚信，则光明而事通矣。而事又出于其正，不行险以侥幸，则吉矣，故"利涉大川"。

《彖》曰：需，须也，险在前也。刚健而不陷，其义不困穷矣。"需有孚，光亨贞吉"，位乎天位，以正中也。"利涉大川"，往有功也。

以卦德释卦名，以卦综释卦辞。"需"者，须也，理势之所在，正欲其有所待也，故有需之义。险在前，不易于进，正当需之时也。以乾之刚，毅然有守，不冒险以前进，故不陷于险。既不陷于险，则终能出其险。其义不至于困穷矣，所以名"需"。需讼二卦同体，文王综为一卦，故《杂卦》曰："需不进也，讼不亲也。""位天位以正中"者，讼下卦之坎，往居需之上卦，九五又正又中也。五为天位，因自讼之地位往居之，故曰"位乎天位"。如在讼下卦，止可言中，不可言正矣。正则外无偏倚，中则心无夹杂，所以"有孚，光亨贞吉"者。往有功与渐、蹇、解三卦，《象》辞，"往有功"同。言讼下卦，往而居需之上卦，九五正中，所以有"利涉大川"之功也。

《象》曰：云上于天，需，君子以饮食宴乐。

乐，音洛。

云气蒸而上升，必得阴阳和洽然后成雨，故为需待之义。君子事之当需者，亦不容更有所为，惟内有孚、外守正、饮食以养其气体而已，宴乐以娱其心志而已，此外别无所作为也。曰"饮食宴乐"者，乃居易俟命、涵养待时之象也，非真必饮食宴乐也。

初九：需于郊，利用恒，无咎。

"郊"者，旷远之地，未近于险之象也。"乾为郊"，郊之象也，故同人、小畜皆言"郊"。"需于郊"者，不冒险以前进也。"恒"者，常也。安常守静以待时，变所守之操也。"利用恒，无咎"者，戒之也，言若无恒，犹有咎也。

初九阳刚得正，未近于险，乃不冒险以前进者，故有需郊之象。然需于始者，或不能需于终，故必义命自安，恒于郊而不变，乃其所利也。戒占者能如此，则无咎矣。

《象》曰："需于郊"，不犯难行也。"利用恒，无咎"，未失常也。

难，乃旦反。

"不犯难行"者，超然远去，不冒犯险难以前进也。"未失常"者，不失需之常道也。需之常道，不过以义命自安、不冒险以前进而已。

九二：需于沙，小有言，终吉。

"坎为水"，水近则有沙，沙则近于险矣。渐近于险，虽未至于患害，已"小有言"矣。小言者，众人见讥之言也。避世之士，知前有坎陷之险，责之以洁身。用世之士，知九二刚中之才，责之以拯溺也。中爻为兑口舌，小言之象也。"终吉"者，变爻离明，明哲保身，终不陷于险也。

二以阳刚之才，而居柔守中，盖不冒险而进者，故云有"需于沙"之象。占者如是，虽不免"小有言"，终得其吉也。

《象》曰："需于沙"，衍在中也。虽"小有言"，以吉终也。

水行朝宗曰"衍"，即水字也，言水在中央也。沙在水边，则近于险矣。虽近于险而"小有言"，然以刚中处需，故不陷于险，而"以吉终"也。

九三：需于泥，致寇至。

泥逼于水，将陷于险矣，寇之地也。坎为盗在前，寇之象也。

九三居健体之上，才位俱刚，进不顾前。迫于坎盗，故有需"泥寇至"之象。健体敬慎惕若，故占者不言凶。

《象》曰："需于泥"，灾在外也。自我致寇，敬慎不败也。

"外"谓外卦。"灾在外"者，言灾已切身，而在目前也。"灾在外"而我近之，是致寇自我也。"敬慎不败"者，三得其正，乾乾惕若，敬而且慎，所以不败于寇也。故占者不言"凶"。

六四：需于血，出自穴。

"坎为血"，血之象也。又"为隐伏"，穴之象也。偶居左右，上下皆阳，亦穴之象也。"血"即坎字，非见伤也。"出自穴"者，观上六"入于穴"入字。此言"出"字，即"出入"二字自明矣。言虽需于血，然犹出自穴外，未入于穴之深也。需卦近于坎。"致寇至"及"入于坎"，三爻皆吉者，何也？盖六四顺于初之阳，上六，阳来救援，皆应与有力。九五中正，所以皆吉也。凡看周公爻辞，要玩孔子《小象》。若以血为杀伤之地，失《小象》顺听之旨矣。

四交于坎，已入于险，故有"需于血"之象。然四与初为正应，能顺听乎初，初乃乾刚至健而知险，惟知其险是出自穴外，不冒险以进，虽险而不险矣。故其象占如此。

《象》曰："需于血"，顺以听也。

坎为耳，听之象也。"听"者，听乎初也。六四柔得其正，顺也。顺听乎初，故入险不险。

九五：需于酒食，贞吉。

坎水酒象，中爻兑食象，详见困卦。"酒食"，宴乐之具。"需于酒食"者，安于日用饮食之常，以待之而已。"贞吉"者，正而自吉也，非戒也。

九五阳刚中正，居于尊位，盖优游和平，不多事以自扰，无为而治者也。故有"需于酒食"之象，其"贞吉"可知矣。占者有是贞，亦有是吉也。

《象》曰："酒食贞吉"，以正中也。

即《彖》位乎天位以"正中"也。八卦正位坎在五。

上六：入于穴，有不速之客，三人来，敬之，终吉。

阴居险陷之极，"入于穴"之象也。变巽为入，亦入之象也。下应九三，阳合乎阴，阳主上进，不召请而自来之象也。我为主，应为客，三阳同体，客"三人"之象也。入穴穷困，望人救援之心甚切，喜其来而"敬之"之象也。"终吉"者，以阳至健，知险可以拯溺也。

上六居险之极，下应九三，故其象如此。占者之吉可知矣。

《象》曰：不速之客来，"敬之终吉"。虽不当位，未大失也。

当，去声。

"位"者，爻位也。"三"乃人位，应乎上六，故曰"人来"。初与二皆地位，上六所应者乃人位，非地位，今初与二皆来，故"不当位"也。以一阴而三阳之来，上六敬之，似为失身矣，而不知入于其穴，其时何时也！来救援于我者，犹择其位之当否。而敬有分别，是不知权变者矣。故初与二虽"不当位"，上六敬之，亦未为"大失"也。曰"未大失"者，言虽失而未大也。若不知权变，自经于沟渎，其失愈大矣。《易》中之时正在于此。

☰乾上 ☵坎下 讼不亲也

"讼"者，争辨也。其卦坎下乾上。以二象论，天运乎上，水流乎下，其行相违，所以成讼。以卦德论，上以刚陵乎下，下以险伺乎上。以一人言，内险而外健；以二人言，己险而彼健。险与健相持，皆欲求胜。此必讼之道也。《序卦》："饮食者，人之大欲存焉。"既有所需，必有所争，讼所由起也。所以次需。

讼：有孚，窒惕，中吉。终凶。利见大人，不利涉大川。

"有孚"者，心诚实而不诈伪也。"窒"者，窒塞而能含忍也。"惕"者，戒惧而畏刑罚也。"中"者，中和而不狠愎也。人有此四者，必不与人争讼，所以吉。若可已不已，必求其胜，而终其讼，则凶。"利见大人"者，见九五以决其讼也。"不利涉大川"者，不论事之浅深，冒险入渊，以兴讼也。九二中实，有孚之象。一阳沉溺于二阴之间，窒之象。"坎为加忧"，惕之象。阳刚来居二，中之象。上九过刚，终之象。九五中正以居尊位，"大人"之象。中爻巽木，下坎水，本可以涉大川，但三刚在上，刚实阴虚，遇巽风，危矣。舟危，岂不入渊？故《彖辞》曰"入渊"，不利涉之象也。

《象》曰：讼，上刚下险。险而健，讼。"讼：有孚，窒惕，中吉"，刚来而得中也。终凶，讼不可成也。"利见大人"，尚中正也。"不利涉大川"，入于渊也。

以卦德、卦综、卦体、卦象释卦名。卦辞"险"、"健"详见前卦。下若健而不险，必不生讼，险而不健，必不能讼，所以名"讼"。"刚来得中"者，需、讼相综，需上卦之坎，来居讼之下卦九二，"得中"也。前儒不知《序卦》、《杂卦》，所以依虞翻以为卦变，刚来居柔地得中，故能"有孚"、能"窒"、能"惕"、能"中"。"终"者，极而至于成也。讼已非美事，若讼之不已至于其极，其凶可知矣。"尚"者，好尚之尚，主也。言九五所主，在"中正"也。惟"中正"，所以能辨人是非。"入渊"者，舟重遇风，其舟危矣。故入渊与冒险，兴讼必陷其身者，一而已矣。

《象》曰：天与水违行，讼。君子以作事谋始。

天上蟠，水下润，天西转，水东注，故其行相违。谋之于始，则讼端绝矣。"作事谋始"，工夫不在讼之时，而在于未讼之时也。故曰：曹刘共饭，地分于匕筋之间；苏史灭宗，忿起于谈笑之顷。

初六：不永所事，小有言，终吉。

"不永所事"者，不能永终其讼之事也。"小有言"者，但小有言语之辨白而已。变兑为口舌，言之象也。应爻乾为言，亦言之象也。因居初，故曰"小"。"终吉"者，得辨明也。

初六才柔位下，不能永终其讼之事。虽在我不免小有言语之辨，然温柔和平，自能释人之忿怨，所以得以辨明。故其象如此，而占者终得吉也。

《象》曰："不永所事"，讼不可长也。虽"小有言"，其辩明也。

讼不可长，以理言也。言虽是初六阴柔之故，然其理亦如此。"长""永"二字相同。虽不免小有言语之辩，然终因此言辩明。

九二：不克讼，归而逋。其邑人三百户，无眚。

"克"，胜也。自下讼上，不克而还，故曰"归"。"逋"，逃避也。"坎为隐伏"，逋之象也。邑人详见谦卦。中爻为离，坎错离，离居三，三百之象也。二变下卦为坤，坤则阖户之象也。"三百"，言其邑之小也。言以下讼上，归而逋窜是矣。然使所逋窜之邑为大邑，则犹有据邑之意，迹尚可疑；必如此小邑藏避，不敢与五为敌，方可免眚。需、讼相综，讼之九二即需之九五。曰"刚来而得中"，曰"归而逋"，皆因自上而下，故曰"来"曰"归"。其字皆有所本，如此玄妙，岂粗心者所能解。"坎为眚"，变坤则"无眚"矣。

九二阳刚，为险之主，本欲讼者也，然以刚居柔之中，既知其理之不当讼，而上应九五之尊，又知其势不可讼，故自处卑小以免灾患，故其象如此。占者如是，则"无眚"矣。

羑里之囚文王，其有一毫不是之处，只是不辩不争，而曰天王圣明，所以为内文明，而外柔顺。

《象》曰："不克讼"，归逋窜也。自下讼上，患至掇也。

掇，都活反。

"归逋窜"者，不与之讼也。"掇"者，拾取也。自下讼上，义乖势屈，祸患犹拾而自取，此言"不克讼"之故。

六三：食旧德，贞厉，终吉。或从王事，无成。

"德"，乃恶德。"往日之事也"，故以"旧"字言之。凡人与人争讼，必旧日有怀恨不平之事。有此怀恨其人之恶德，藏畜于胸中，必欲报复，所以讼也。"食"者，吞声不言之意。中爻巽综兑口，"食"之象也。"王事"者，王家敌国忿争之事。如宋之与金是也。变巽不果，"或"之象也。中爻离日，"王"之象也。应爻乾君，亦王之象也。"无成"者，不能成功也。下民之争讼主于怯，王家之争讼主于才。以此"食旧德"之柔，处下民之刚强私敌则可，若以此处王家之刚强敌国，是即宋之于金，柔弱极矣，南朝无人稽首称臣，安得有成？

六三上有刚强之应敌，阴柔自卑，故有食人"旧德"、不与争辩之象。然应与刚猛，常受侵凌，虽正亦不免危厉矣。但六三含忍不报，从其上九，与之相好，所以终不为己害而吉也。如此之人，柔顺有余，而刚果不足，安能成王事哉！故占者乃下民之应敌则吉，或王事之应敌，则无成而凶。

《象》曰："食旧德"，从上吉也。

"从上"者，从上九也，上九刚猛。六三，食其旧日刚猛侵凌之恶德，相从乎彼，与之相好，则吉矣。

九四：不克讼，复即命，渝安贞，吉。

"即"，就也。"命"者，天命之正理也。不曰"理"而曰"命"者，有此象也。中爻巽四变亦为巽，命之象也。"渝"，变也。四变中爻为震，变动之象也，故随卦初爻曰"渝"。"安贞"者，安处于正也。"复即于命"者，外而去其忿争之事也。变而"安贞"者，内而变其忿争之心也。心变，则事正矣。"吉"者，虽不能作事于谋始之先，亦能改图于有讼之后也。

九二、九四皆"不克讼"，既不克矣，何以讼哉！盖二之讼者，险之使然也。其"不克"者，势也。知势之不可敌，故归而逋逃。曰"归"者，识时势也。四之讼者，刚之使然也，其不克者理也。知理之不可违，故复即于命。曰"复"者，明理义也。九四之复，即九二之归，皆以刚居柔，故能如此。人能明理义，识时势，处天下之事无难矣。学者宜细玩之。

九四刚而不中。既有讼之象，以其居柔，故又有"复即命渝安贞"之象。占者如是，则吉也。

《象》曰："复即命，渝安贞"，不失也。

始而欲讼，不免有失；今既复"渝"，则改图而不失矣。

九五：讼，元吉。

九五为讼之主，阳刚中正以居尊位，听讼而得其平者也。凡讼，占者遇之则"利见大人"，讼得其理而"元吉"矣。

《象》曰："讼元吉"，以中正也。

中则听不偏，正则断合理，所以"利见大人"而元吉。

上九：或锡鞶带，终朝三褫之。

鞶，音盘。

"或"者，设或也，未必然之辞。"鞶带"，大带，命服之饰，又绅也。男鞶革，女鞶丝。乾为衣，又为圜带之象也。乾君在上，变为兑口，中爻为巽命令，锡服之象也，故九四曰"复即命"。中爻离日，朝日之象也。离日居下卦，终之象也。又居三，三之象也。"褫"，夺也。"坎为盗"，褫夺之象也。命服以锡有德，岂有赏讼之理？乃设言也，极言讼不可终之意。

上九有刚猛之才，处讼之终，穷极于讼者也。故圣人言人肆其刚强，穷极于讼，取祸丧身，乃其理也。设若能胜，至于受命服之赏，是亦仇争所得，岂能长保？故终一朝而三见褫夺也。即象而占之，凶可知矣。

《象》曰：以讼受服，亦不足敬也。

纵受亦不足敬，况褫夺随至？其不可终讼也明矣。

来瞿唐先生易注卷之三

**☷ 坤上
☵ 坎下　师忧**

"师"者，众也。其卦坎下坤上。以卦象论，地中有水，为众聚之象。以卦德论，内险而外顺，险道以顺行，师之义也。以爻论，一阳居下卦之中，上下五阴从之，将统兵之象也。二以刚居下，五柔居上而任之，人君命将出师之象也。《序卦》："讼必有众起。"师兴由争，故次于讼。

师：贞，丈人吉，无咎。

以三画卦论，二为人位，故称"丈人"。

"贞"者，正也。"丈人"者，老成持重、练达时务者也。凡人君用师之道，在得正与择将而已。不得其正，则师出无名。不择其将，则将不知兵。故用兵之道，利于得正，又任老成之人。则以事言，有战胜攻取之吉。以理言，无穷兵厉民之咎矣。戒占者当如是也。

《彖曰》：师，众也。贞，正也。能以众正，可以王矣。刚中而应，行险而顺，以此毒天下而民从之，吉，又何咎矣？

王，去声。

以卦体、卦德释卦辞。"众"者，即《周官》自五人为伍，积而至于二千五百人为师也。"正"者，即"王者之兵，行一不义，杀一不辜，而得天下，不为"，如此之正也。"以"者，谓能左右之也。一阳在中，而五阴皆所左右也。左右之使众人皆正，则足以宣布人君之威德，即王者仁义之师矣，故可以王。"以众正"言为将者，"可以王"言命将者。能正即可以王，故师贵贞也。刚中而应者，为将不刚则怯，过刚则猛。九二刚中，乃将才之善者。有此将才，五应之。又信任之专，则可以展布其才矣。"行险"者，兵危事也，谓坎也。"顺"者，顺人心也，谓坤也。"兵"足以戡乱而顺人心，则为将有其德矣。有是才德，所以名"丈人"也。"毒"者，犹既济"惫"字，时久师老之意。噬嗑中爻为坎，故亦曰"遇毒"，乃陈久之事。文案繁杂，难于听断，故以"腊毒"象之，非毒害也。言出师固未免毒于天下，然毒之者，实所以安之，乃民所深愿而悦从者也。民悦而从，所以言而无咎。"毒天下"句与"民从之"句意正相应。若毒天下而民不从，岂不凶而有咎？

《象》曰：地中有水，师，君子以容民畜众。

水不外于地，兵不外于民。地中有水，水聚地中，为聚众之象，故为"师"。"容"者，容保其民，养之教之也。"畜"者，积畜也。古者寓兵于农，故容保其民者，正所以畜聚其兵也。常时民即兵，变时兵即民。兵不外乎民，即水不外乎地也。

初六：师出以律，否臧凶。

初与九二相近，亦偏裨之雄者，故戒以失律，专以将言。"律"者，法也。号令严明，部伍整肃，坐作、进退、攻杀、击刺皆有法则是也。"否"者，塞也，兵败也。"臧"者，善也，兵成功也。若不以律，不论成败，成亦凶，败亦凶，二者皆凶，故曰"否臧凶"。观《小象》"失律凶"之句，可见矣。

初六才柔，当出师之始，师道当守其法则，故戒占者"师出以律"，失律则不论"否"、"臧"皆凶矣。臧，善也，以律者臧也。否，不也，失律者否臧也。

《象》曰："师出以律"，失律凶也。

《小象》正释否臧之为失律也，失律未有能成功者。《左传》云，执事顺成为臧，逆为否。"失律"，"否"固凶，"臧"亦凶。

九二：在师中吉，无咎，王三锡命。

"师中"者，在师而得其中也。此爻正《彖辞》之"刚中而应"，六五《小象》之"以中行"，皆此中也。"在师中"者，"刚中"也。"锡命"者，正应也。盖为将之道，不刚则怯，过刚则猛，惟"刚中"则"吉"。而"无咎"者，恩威并著，出师远讨，足以靖内安外也。"锡命"者，乃宠任其将，非褒其成功也。曰"锡命"，则六五信任之专可知矣。本卦错同人，乾在上"王"之象，离在下"三"之象，中爻巽"锡命"之象。全以错卦取象，亦如睽卦上九之"见豕负涂"也。

九二为众阴所归，有刚中之德，上应六五而为之宠任，故其象如此，而占可知矣。

《象》曰："在师中吉"，承天宠也。"王三锡命"，怀万邦也。

意在万邦故宠任将，非为将一人也。"天"谓王也。"在师中吉"者，以其承天之宠，委任之专也。"王三锡命"者，以其存心于天下，惟恐民之不安，故任将伐暴安民也。下二句皆推原二五之辞。

将握重兵，主易猜疑，王翦请美田宅是也。

六三：师或舆尸，凶。

"或"者，未必之辞。变巽，进退不果，"或"之象也，言设或也。"舆"者，多也，众人之意，即今"舆论"之舆。以坤、坎二卦皆有"舆"象，故言"舆"也。"尸"者，主也。言为将者，不主而众人主之也。《观·六五》"弟子舆尸"可见矣。《程传》是。

六三阴柔，不中不正，位居大将九二之上，才柔志刚，故有出师大将不主而三或主之之象，不能成功也必矣。故其占凶。

《象》曰："师或舆尸"，大无功也。

陆逊按剑戒诸老将，穰苴诛庄贾，孙膑诛宫嫔皆然。

曰"大"者，甚言其不可舆尸也。

六四：师左次，无咎。

师三宿为"次"，右为前，左为后。盖乾先坤后，乾右坤左，故明夷六四阴也，曰"左腹"。丰卦九三阳也，曰"右肱"。"左次"，谓退舍也。

六四居阴得正，故有出师，度不能胜，完师以退之象。然知难而退，兵家之常，故其占"无咎"。

《象》曰："左次无咎"，未失常也。

士会劝荀林，父不渡河是也。曹操曰，孙权不欺我，遂还。

知难而退，师之常也，圣人恐人以退为怯，故言当退而退，亦师之常，故曰"未失常"。

六五：田有禽，利执言，无咎。长子帅师，弟子舆尸，贞凶。

"田"乃地之有水者，应爻为地道，居于初之上，田之象也，故乾二爻曰在"田"。禽者，上下皆阴，与小过同，禽之象也。"坎为豕"，错离为雉，皆"禽"象也。禽害禾稼，寇盗之象也。"坎为盗"，亦有此象。"执"者，兴师以执获也。"坤为众"，中爻震综艮。"为手"，众手俱动，执获之象也。"言"者，声罪以致讨也。坤错乾为言，言之象也。"无咎"者，师出有名也。"长子"，九二也。中爻震，"长子"之象也。"长子"即"丈人"，自众尊之曰"丈人"，自爻象之曰"长子"。"弟子"，六三也。坎为中男，震之弟也，"弟子"之象也。

六五用师之主，柔顺得中，不为兵端者也。敌加于己，不得已而应之，故为"田有禽"之象。应敌兴兵，利于执言，占者固无咎矣。然任将又不可不专。若专于委任，使老成帅师以任事可也。苟参之以新进之小人，俾为"弟子"者参谋"舆尸"于其间，使"长子"之才有所牵制而不得自主，则虽曰"有禽"，乃应敌之兵，其事固贞，然所任不得其人，虽贞亦凶矣。因六五阴柔，故许以"无咎"，而又戒之以此。

《象》曰："长子帅师"，以中行也。"弟子舆尸"，使不当也。

当，去声。

言所以用"长子"帅师者，以其有刚中之德。使之师以行，使之当矣。若"弟子"，则使之不当也。"以中行"，推原其二之辞，"使不当"，归咎于五之辞。

《庞籍》篇，狄青为大将，征依智高曰："愿勿置监军，必能成功。"

上六：大君有命，开国承家，小人勿用。

坤错乾，"大君"之象也。"乾为言"，"有命"之象也。"命"者，命之以开国承家也。

"坤为地"、"为方"，国之象也，故曰"开国"。变艮"为门阙"，家之象也，故曰"承家"。损卦艮变坤，故曰"无家"。师卦坤变艮，故曰"承家"。周公爻象其精至此。"开"者，封也。"承"者，受也。功之大者开国，功之小者承家也。"小人"，开承中之小人也。阳大阴小，阴土重叠，小人之象也。"勿用"者，不因其功劳，而遂任用以政事也。变艮为止，"勿用"之象也。

上六师终功成，正论功行赏之时矣，故有"大君有命，开国承家"之象。然师旅之兴，效劳之人其才不一，不必皆正人君子。惟计其一时得功之大小，此正王者封建之公心也。至于封建之后，则惟贤是用。而前日诸将功臣中之小人，惟享其封建之爵土，再不得干预乎庶政矣。故又戒之以"小人勿用"也。"弟子舆尸"，戒之于师始，"小人勿用"，戒之于师终，圣人之情见矣。

《象》曰："大君有命"，以正功也。"小人勿用"，必乱邦也。

"正功"者，正功之大小也。"乱邦"者，小人挟功倚势，暴虐其民，必乱其邦。"王三锡命"，命于行师之始，惟在于怀邦。"怀邦"者，怀其邦。"大君有命"，命于行师之终，惟恐其乱邦。圣人行师，惟救其民而已，岂得已哉！

命则止论功，用则必得人。

䷇ 坎上 坤下　比乐

"比"，亲辅也。其卦坤下坎上。以卦象论，水在地上，最相亲切，比之象也。以爻论，五居尊位，众阴比而从之，有一人辅万邦、四海仰一人之象，故为比也。《序卦》："众必有所比，故受之以比。"所以次师。

比：吉，原筮，元永贞，无咎。不宁方来，后夫凶。

比，毗意反。

"原"者，再也。蒙之刚中在下卦，故曰"初筮"，比之刚中在上卦，故曰"原筮"。下卦名"初筮"，上卦名"原筮"，孔子于二卦《象辞》皆曰"以刚中言"。蒙刚中在下，故能发人之蒙；比刚中在上，故有君德，而人来亲辅也，非旧注所谓"再筮"以自审也。"元"者，元善也，即仁也。"永"，恒也。"贞"，正也，言元善长永贞固也。"无咎"者，有此"元永贞"之三德也。"不宁"者，不遑也。四方归附，方新来者不遑也，犹言四方归附之不暇也。"坤为方"，故曰方。"后夫凶"者，如万国朝禹而防风后至，天下归汉而田横不来也。下画为前，上画为后，凡卦画，阳在前者为夫，如睽卦"遇元夫"是也。此"夫"指九五也。阳刚当五，乃位天德"元"之象也。四阴在下，相率而来，"不宁方来"之象也。一阴高亢于上，负固不服，"后夫"之象也。

言筮得此卦，为人所亲辅，占者固吉矣。然何以吉哉？盖因上卦阳刚得中，而有"元永贞"三者之德，则在我已无咎，而四方之归附于我者，且不遑。后来者，自蹈迷复之凶矣。此所以吉也。

《彖》曰：比，吉也。比，辅也，下顺从也。"原筮，元永贞，无咎"，以刚中也。"不宁方来"，上下应也。"后夫凶"，其道穷也。

释卦名义，又以卦体释卦辞。"比"，吉也。乃渐卦"女归吉也"之例，皆止添一"也"字。"比辅"者，言阳居尊位，群下顺从以亲辅之也。盖辅者比之义，顺从者又辅之义，顺者情不容己，从者分不可逃。"以"者，因也，因有此"刚中"之德也。"刚中"则私欲无所留，所以为善者此也。"刚中"则健而不息，所以为永者此也。"刚中"则正固而不偏，所以为贞者此也。盖八卦正位，坎在五，所以有此三德而无咎。九五居上，群阴应于下，上下相应，所以"不宁方来"。"道穷"者理势穷蹙，无所归附也。

《象》曰：地上有水，比。先王以建万国，亲诸侯。

物相亲比而无间者，莫如水在地上。先王观比之象，建公、侯、伯、子、男之国，上而巡狩，下而述职，朝聘往来以亲诸侯，诸侯承流宣化以亲其民，则视天下犹一家、万民犹一身，而天下比于一矣。《彖》则人来比我，《象》与诸爻则我去比人。师之畜众，井田法也。比之"亲侯"，封建法也。

初六：有孚比之，无咎。有孚盈缶，终来有他吉。

缶，音否。

"有孚"者，诚信也。"比"之者，比于人也。诚信比人，则无咎矣。"缶"，瓦器也，以土为之，而中虚。坤土，阴虚之象也。"盈"者，充满也。"缶"，坤土之器。坎，下流之物，初变成屯，屯者盈也，水流盈缶之象也。若以人事论，乃自一念，而念念皆诚，自一事而事事皆诚，即"盈缶"也。"有孚"即孟子所谓"信人"。"盈缶"则"充实"之谓美矣。来者，自外而来也。他对我言，终对始言。

初六乃比之始。相比之道，以诚信为本。故"无咎"。若由今积累，自始至终皆其诚信充实于中，若缶之盈满、孚之至于极矣，则不但"无咎"，更有他吉也。

《象》曰：比之初六，"有他吉"也。

言比不但"无咎"，而即"有他吉"，见比贵诚实也。

六二：比之自内，贞吉。

二在内卦，故曰"内"。"自内"者，由己涵养有素，因之得君，如伊尹乐尧舜之道，而应成汤之聘也。八卦正位，坤在二，故曰"贞"。

六二柔顺中正，上应九五，皆以中正之道相比，盖贞而吉者也。占者有是德，则应是占矣。

《象》曰："比之自内"，不自失也。

中正，故"不自失"。

六三：比之匪人。

唐河朔藩镇，互相朋党比匪也。

三不中不正，己不能择人而比之矣，又承乘应皆阴，故为"比之匪人"。若以刚中处之，则虽匪人，安能为我比哉！

《象》曰："比之匪人"，不亦伤乎？

"伤"，哀伤也，即孟子哀哉之意。不言其凶，而曰伤乎者，盖恻然而痛悯也。

六四：外比之，贞吉。

九五外卦，故曰"外"，谓从五也。"之"字指五。本卦独九五为贤，六二以正应而比之，修乎己而贞吉也。六四以相近而"比之"，从乎人而"贞吉"也。于此见《易》之时。

六四柔顺得正，舍正应之阴柔，而外比九五刚明中正之贤，得所比之正者矣，吉之道也，故占者"贞吉"。

《象》曰：外比于贤，以从上也。

五，阳刚中正故言"贤"，居尊位故言"上"。言六四"外比"，岂徒以其贤哉？君臣大分，亦以安其"从上"之分也。

九五：显比。王用三驱，失前禽。邑人不诫，吉。

"显"者，显然光明正大无私也。言比我者无私，而我亦非违道以求比乎我也。下三句，"显比"之象也。"三驱"者，设三面之纲，即天子不合围。坎错离为日，王之象也，又居三，三之象也。坎马驾坤车，"驱"之象也。综师用兵，驱逐禽兽之象也。前后坤土两开，开一面之象也。故同人初九前坤土两开，曰同人于门。一阳在众阴之中，与小过同，"禽"之象也。故师卦亦曰"禽"。"前禽"指初。下卦在前，初在应爻之外，"失前禽"之象也。坤为邑，又为众，又三四为人位，居应爻二之上、五之下，"邑人"之象也。"不诫"者，禽之去者听其自去，邑人不相警诫以求必得也。"不诫"者，在下之无私，"不合围"者，在上之无私，所以为"显"。

九五刚健中正以居尊位，群阴求比于己，显其比而无私，其不比者，亦听其自去。来者不拒，去者不追，故有此象。占者比人无私，则吉矣。

《象》曰："显比"之吉，位正中也。舍逆取顺，"失前禽"也。"邑人不诫"，上使中也。

"显"、"比"岂宜有失？唯但取顺而舍逆，故有失也。猎者，以鹿龟为上杀，用首者为下杀，舍逆不杀，迎降也。

"位正中"即刚健中正，居尊位也。用命，不入网而去者为逆，不我比者也。不用其命，入网而来者为顺，比我者也。人中正则不贪得。"邑人不诫"者，以王者有中德，故下化之亦中，亦不贪得，犹上有以使之也，所以"失前禽，邑人不诫"。

上六：比之无首，凶。

"乾为首"。九五乾刚之君，乃"首"也。九五已与四阴相为"显比"，至上六则不能与君比，是"比之无首"，其道穷矣，故蹈"后夫之凶"。

师比相综，本是一卦体，在师则专论刚柔，在比则专论阴阳。

《象》曰："比之无首"，无所终也。

"无所终"即"后夫凶"。

䷈ 巽上 乾下　小畜寡也

"小"者，阴也。"畜"者，止也。乾下巽上，以阴畜阳。又一阴居四，上下五阳皆其所畜，以小畜大，故为"小畜"。又畜之未极，阳犹尚往，亦"小畜"也。《序卦》："比必有畜，故受之以小畜。"所以次比。

小畜：亨。密云不雨，自我西郊。

畜，音初。大畜同。

中爻离错坎，云之象。中爻兑，西之象。下卦乾，郊之象。详见需卦。凡云自西而来东者，水生木，泄其气，故"无雨"。

"小畜亨"。然其所以亨者，以畜未极，而施未行也，故有"密云不雨，自我西郊"之象。故占者亨。

《象》曰：小畜，柔得位而上下应之，曰"小畜"。健而巽，刚中而志行，乃亨。"密云不雨"，尚往也。"自我西郊"，施未行也。

施，始豉反。

以卦综、卦德释卦名、卦辞。"得位"者，八卦正位，巽在四也。本卦与履相综，故孔子《杂卦》曰："小畜寡也，履不处也。"履之三爻，阴居阳位，不得其位，往而为小畜之四，则"得位"矣，故曰"柔得位而上下应之"。"上下"者，五阳也。以"柔得位而上下应之"，则五阳皆四所畜矣。以小畜大，故曰"小畜"。内健则此心果决，而能胜其私。外巽则见事详审，而不至躁妄。又二五刚居中位，则阳有可为之势，可以伸其必为之志矣。阳性上行，故曰"志行"。"乃亨"者，言阳为阴所畜，宜不亨矣。以健而巽，刚居中而志行，则阳犹可亨也。"往"者，阳往。"施"者，阴施。言畜之未极，阳气犹上往，而阴不能止也。惟阳上往，所以阴泽不能施行而成雨。

《象》曰：风行天上，小畜。君子以懿文德。

"懿"，美也。巽顺，懿美之象。下乾，阳德之象。中爻离，文之象。以道而见诸躬行曰"道德"，见诸威仪文辞曰"文德"。风行天上，有气而无质，能畜而不能久，曰"小畜"。君子大则道德，小则文德，故体之以美其文德之小。曰"文"而必曰"德"者，见文乃德之辉也。

当小人畜君子之时，君子但染文翰，弄柔毛自晦其才德，以示无用，故不被小人所忌也。

初九：复自道，何其咎？吉。

自下升上曰复，归还之意。阳本在上之物，志欲上进而为阴所畜止，故曰"复"。"自"者，由也。"道"者，以正道也。言进于上，乃阳之正道也。"何其咎"，见其本无咎也。复卦"不达复"、"休复"者，乃六阴已极之时，喜阳之复生于下，此卦之"复自道"。"牵复"者，乃一阴得位之时，喜阳之复升于上。

初九乾体居下得正，为四所畜，故有"复自道"之象。占者如是，则无咎而吉矣。

《象》曰："复自道"，其义吉也。

"自道"，所以当复，不论利害、祸福，止论理也。不谋于姊，几不得于义，辛害知义矣。

在下而畜于上之阴者，"势"也。不为阴所畜而复于上者，"理"也。阳不为阴畜，乃理之自吉者，故曰"其义吉"。

九二：牵复，吉。

九二渐近于阴，若不能"复"矣。然九二刚中，则不过刚，而能守己相时，故亦"复"。与初二爻并复，有牵连而复之象。占者如是，则吉矣。三阳同体，故曰"牵"。故夬卦亦曰"牵"。《程传》谓二五牵复，本义谓初，观《小象》亦字，则《本义》是。

《象》曰："牵复"在中，亦不自失也。

在"中"者，言阳刚居中也。"亦"者，承初爻之辞。言初九之复自道者，以其刚正，不为阴所畜，固"不自失"也。九二刚中"牵复"，亦"不自失"也。言与初九同也。

九三：舆说辐，夫妻反目。

说，音脱。

"舆"脱去其辐则不能行。乾错坤，舆之象也。变兑为毁折，脱辐之象也。脱辐非恶意，彼此相脱不肯行也。"乾为夫"，长女为妻。"反目"者，反转其目不相对视也。中爻离"为目"，巽"多白眼"，反目之象也。三四初时阴阳相比而悦，及变兑"为口舌"，巽性"进退不果"，又妻乘其夫，妻居其外，夫反在内，则三反见制于四，不能正室而反目矣。且阳性终不可畜，所以小畜止能畜得九三一爻，诸爻皆不能畜，然亦三之自取也，九三比阴，阴阳相悦，必苟合矣。为四畜止不行，故有"舆脱辐"之象，然三过刚不中，锐于前进，四性入坚于畜止，不许前进，三反见制于四，不能正室矣，故又有"反目"之象。其象如此，而占者之凶可知矣。

《象》曰："夫妻反目"，不能正室也。

"室"者，闺门也。"正"者，男正位乎外，女正位乎内也。三四苟合，岂能"正室"？所以"反目"。故归妹《大象》曰："君子以永终知敝。"

六四：有孚，血去惕出，无咎。

去，上声。

五阳皆实，一阴中虚，"孚"信，虚中之象也。中爻离错坎，"坎为血"，血之象也。"血去"者，去其体之见伤也。又为"加忧"，惕之象也。"惕出"者，出其心之见惧也。曰"去"曰"出"者，以变爻言也。盖本爻未变，错坎，有"血惕"之象，既变则成纯乾矣，岂有"血惕"？所以"血去惕出"也。本卦以小畜大，四为畜之主，近乎其五，盖畜君者也。畜止其君之欲，岂不伤害忧惧？盖畜有二义：畜之不善者，小人而羁縻君子是也；畜之善者，此爻是也。

六四近五，当畜其五者也。五居尊位，以阴畜之，未免伤害忧惧。四柔顺得正，乃能有孚诚信，以上合乎五之志，故有"血去惕出"之象。占者能如是诚信，斯"无咎"矣。

《象》曰：有孚惕出，上合志也。

上合志者，以其有孚诚信也。

九五：有孚挛如，富以其邻。

本卦《大象》"中虚"，而九五"中正"，故"有孚"诚信。"挛"者挛缀也，"缀"者缉也，"缉"者续也，皆相连之意，即九二之牵也。谓其皆阳之类，所以牵连相从也。"巽为绳"，挛之象也。又为"近市利三倍"，富之象也。故家人亦曰"富家大吉"。五居尊位，如富者有财，可与邻共之也。"以"者，左右之也。"以其邻"者，援挽同德，与之相济也。君子为小人所困，正人为邪党所厄，则在下者必攀挽于上，期于同进，在上者必援引于下，与之协力，故二"牵"而五"挛"。本卦虽以阴畜阳，初二皆"牵复吉"，不为阴所畜，《象》曰"刚中而志行"乃亨，"刚中志行"正在此爻，故"亨"。若旧注以三爻同力畜乾，则助小人以畜君子，阳岂得亨？非圣人作《易》之意矣。一阴五阳，君子多于小人，所以初二五皆不能畜。

九五居尊，势有可为。以九二同德为辅佐，当小人畜止之时，刚中志行，故有"有孚挛如，富以其邻"，小人不得畜止之象。占者"有孚"，亦如是也。

《象》曰："有孚挛如"，不独富也。

言"有孚"则人皆牵挛而从之矣，不必有其富也。今五居尊位，既富矣，而又有孚，故曰"不独富"。

上九：既雨既处，尚德载，妇贞厉，月几望，君子征凶。

上九变，"坎为雨"，雨之象也。"处"者止也，巽性既进而退，巽风吹散其雨，"既雨既止"之象也。雨既止，可尚往矣。"尚德载"者，下三阳为德，坎为舆，成需，即需上六"不速之客三人来"也。"载"者，积三阳而载之也，故曰"积德载"，此言阳尚往也。水火乃相错之卦。火天大有曰"大车以载"，《象》曰"积中不败"，则坎车积三阳载之上往也明矣。巽妇畜乾之夫，以顺为正。巽本顺而正者也，今变坎，失巽顺，而为险陷危厉之道也，故始贞而今厉矣。"坎为月"，中爻"离为日"，日月之象也。巽错震，中爻兑，震东兑西，日月相望之象也，言阴盛也。《易》中言"月几望"者三，皆对阳而言。中孚言从乎阳，归妹言应乎阳。此则抗乎阳也，三阳有乾德，故曰"君子"，巽性进退不果，本疑惑之人，今变坎陷，终必疑君子之进，畜止而陷之，故"征凶"。

畜已终矣，阴终不能畜阳，故有雨止阳往之象。畜者虽贞，亦厉之道也，然阴既盛抗阳，则君子亦不可往矣。两有所成也，故其象占如此，阳终不为阴所畜。故《杂卦》曰："小畜，寡也。"观"寡"字可知矣。

汉桓、灵之世，岂无君子。上九"即雨即处，尚德载。妇贞厉，月几望，君子征凶"。上九出九五之上，六四安得而畜之？是雨止之时，可与三阳同德共载而往矣。但六四之阴，虽不畜阳而贞，然犹危厉，其所以危厉者，以其居君之侧，如月与日相望，借日以为光。"君子征凶"，宋之章惇，终借哲宗以肆报复，君子岂可曰：庆而轻进乎？戒君子之轻进。《象》曰："既雨既处，德积载也，君子征凶，有所疑也。"阳多阴少，阳盛阴衰，所以雨止。然终疑一阴在君侧，征必凶也，宋之绍圣是也。

畜阳者，必恃近君之位，可以困厄君子，故顺九五刚中之君，乃可无患。然终是近君之阴，不可不防。疑小人难保，正以君心难保也。而况司马君实，恃元祐之女主乎？

上九阳也，而处乎上，乃退休老臣之象。卦辞曰"不雨"，爻辞曰"即雨"，则"即雨"二字，岂可轻作"雨止"，当是经雨而休息者，故曰"君子征凶"。

《象》曰："既雨既处"，德积载也。"君子征凶"，有所疑也。

阳德积而尚往，故"贞厉"；阴终疑阳之进而畜之，故"征凶"。

䷉ 乾上 兑下 履不处也

"履"者，礼也，以礼人所践履也。其卦兑下乾上。天尊于上，泽卑于下，履之象也。内和悦而外刚健，礼严而和之象也。《序卦》："物畜然后有礼，故受之以履。"因次小畜。

履尾者，履帝位之象也。心之尤危，若蹈虎尾，凛于春水是也。初与二非上也，故在其所履而无害。三则上矣，稍刚即暴矣。五中正而厉者，刚也。上九不中不正而元吉者，以理自治也。

履：虎尾，不咥人，亨。

咥，直结反，经经。

"履"者，足践履也。中爻巽错震，"震为足"，有履之象，乃自上而履下也。"咥"者，啮也。下卦兑错艮，"艮为虎"，虎之象也，乃"兑为虎"，非"乾为虎"也。先儒不知象，所以以乾为虎。周公因文王取此象，故革卦上体兑亦取虎象。曰"尾"者，因下卦错虎，所履在下，故言"尾"也。故遁卦下体艮，亦曰"尾"。兑口乃悦体，中爻又巽顺，虎口和悦，巽顺不猛，故"不咥人"。

《象》曰：履，柔履刚也。说而应乎乾，是以"履虎尾，不咥人，亨"。刚中正，履帝位而不疚，光明也。

说，音悦。

以卦德释卦名、卦辞，而又言卦体之善。"柔履刚"者，以三之柔履二之刚也，此就下体自上履下而言也，释卦名也。悦而应乎乾者，此就二体自下应上而言也。曰"应"者，明其非履。三与五同功，故曰"应"。此释卦辞之所以亨也。帝指五。九五刚健中正，德与位称，故"不疚"。不疚则功业显于四方，巍然焕然，故"光明"。中爻离，"光明"之象。此又卦体所履之善，非圣人不足以当之，故文王言"履虎尾"，孔子言"履帝位"。

《象》曰：上天下泽，履。君子以辩上下，定民志。

君子观履之象，辩上下之分。上下之分既辩，则民志自定，上自安其上之分，下自安其下之分矣。

初九：素履，往，无咎。

"素"者，白也，空也，无私欲污浊之意。"素履"即《中庸》"素位而行"。舜饭糗茹草若将终身，颜子陋巷不改其乐是也。"往"者，进也。阳主于进，故曰"往"。

初九阳刚正下，本无阴私，当履之初，又无外物所诱，盖素位而行者也，故有"素履"之象。以是而往，必能守其所愿之志而不变，履之善者也，故占者"无咎"。

《象》曰：素履之往，独行愿也。

独有人所不行，而己"独行"之意愿，即《中庸》"不愿乎外"之愿，言初九素位而行，独行己之所愿，而不愿乎其外也。

九二：履道坦坦，幽人贞吉。

"履道坦坦"，依乎中庸，不索隐行怪也。幽独之人多是贤者，所以能履道坦平，不过乎高而惊世骇俗，则"贞吉"矣。变震为足，履之象也；又为"大涂"，道坦坦之象也。"幽"对明言。中爻离明在上，则下爻为幽矣。三画卦，二为人位，幽人之象也。故归妹中爻离九二亦以幽人言之。履以和行，礼之用，和为贵，所以本卦阳爻处阴位，如上九，则"元吉"者，以严而有和也。二与四同。二"坦坦"，而四"愬愬"者，二得中而四不得中也。二与五皆得中位，二贞吉而五贞厉者，二以刚居柔，五以刚居刚也。

九二刚中居柔，上无应与，故有"履道坦坦"之象。幽人如此，正而且吉之道也。故占者贞吉。

《象》曰："幽人贞吉"，中不自乱也。

有此中德，心志不自杂乱，所以依《中庸》而贞吉。世之富贵外物，又岂得而动之？

六三：眇能视，跛能履。履虎尾，咥人凶。武人为于大君。

中爻巽错震足，下离为目，皆为兑之"毁折"，"眇"、"跛"之象也。六画卦，三为人位，正居兑口，人在虎口之中，虎咥人之象也。三变则六画皆乾矣。以悦体而有文明，乃变为刚猛武勇，武之象也。三人位，"武人"之象也。曰"武"者，对前未变离之文而言也。阳大阴小，阴变为阳，大之象也，故坤卦"用六，以大终"。变为乾君，大君之象也。"咥人"，不咥人之反；为"大君"，履帝位之反。

六三不中不正，柔而志刚，本无才德而自用自专，不能明而强以为明，不能行而强以为行，以此履虎，必见伤害，故有是象。占者之凶可知矣。亦犹履帝位者，必德称其位而不疚，"武人"乃强暴之夫，岂可为"大君"哉！徒自杀其躯而已。"武人为大君"，又占中之象也。

《象》曰："眇能视"，不足以有明也；"跛能履"，不足以与行也。咥人之凶，位不当也。武人为于大君，志刚也。

"不足有明与行"，以阴柔之才言。"位不当"者，以柔居刚也。爻以位为志。六三，阴柔才弱而志刚，亦如师卦之六三，所以武人而欲为大君。

九四：履虎尾，愬愬，终吉。

四应初，故"履虎尾"。"愬愬"，畏惧貌。四多惧，"愬愬"之象也。三以柔暗之才，而其志刚猛，所以触祸。四以刚明之才，而其志恐惧，所以免祸。天下之理原是如此，不独象故然也。

九四亦以不中不正，履其虎尾，然以刚居柔，故能"愬愬"戒惧，其初虽不得即吉，而终则吉也。

《象》曰："愬愬终吉"，志行也。

初曰独行，远君也。四曰"志行"，近君也。"志行"者，柔顺以事刚决之君，而得行其志也。始虽危，而终则不危，所谓"终吉"者此也。盖危者始平，《易》之道原是如此，故三之志徒刚，而四之志则行。

九五：夬履，贞厉。

"夬"者，决也，慨然以天下之事为可为，主张太过之意。盖夬与履皆乾兑上下相易之卦，曰"夬履"者，在履而当夬位。然《象辞》与《爻辞》不同，何也？盖《象辞》以履之成卦言，六爻皆未动也，见其刚中正，故善之。《爻辞》则专主九五一爻而言，以变爻而言也。变离则又明燥而愈夬矣，故不同。在下位者，不患其不忧，患其不能乐，故喜其"履坦"。在上位者，不患其不乐，患其不能忧，故戒其"夬履"。二之坦，则正而吉者，喜之也。五之夬，则正而危者，戒之也。

九五"以刚中"而"履帝位"，则有可夬之资，而挟可夬之势矣。又下应巽体，为臣下者皆容悦承顺，故有"夬履"之象。虽有所恃必有所害，虽使得正，亦危道也。故其占为"贞厉"，其戒深矣。

《象》曰："夬履，贞厉"，位正当也。

有中正之德而又当尊位，伤于所恃。又下卦悦体。因悦方成其夬，所以兑之九五亦言"位正当"。

上九：视履考祥，其旋元吉。

"视履"作一句，与"素履"、"夬履"同例。"视"者，回视而详审也。中爻离，目视之象也。"祥"者，善也。三凶五厉，皆非善也。考其履之善，必皆天理之节文、人事之仪则，下文其旋是也。"旋"者，周旋、折旋。凡《礼》，以义合，而截然不可犯者谓之方，犹人之步履折旋也。以天合而怡然不可解者，谓之圆，犹人之步履周旋也。《礼》虽有三千三百之多，不过周旋、折旋而已。考其善于周旋、折旋之间，则中规、中矩矣。岂不"元吉"？

上九当履之终，前无所履，可以回视其履矣，故有"视履"之象。能视其履，则可以考其善矣。考其善而中规、中矩，履之至善者也。占者如是，不惟吉，而且大吉也。

《象》曰："元吉"在上，大有庆也。

大即"元"，"庆"即"吉"，非"元吉"之外，别有"大庆"。

坤上
乾下　泰

"泰"者，通也。天地阴阳相交而和，万物生成，故为"泰"。小人在外，君子在内，泰之象也。《序卦》："履而泰，然后安，故受之以泰。"所以次履。此正月之卦。

泰：小往大来，吉，亨。

小谓"阴"，大谓"阳"，"往"、"来"以内外之卦言之。由内而之外曰"往"，由外而之内曰"来"。否泰二卦同体，文王相综为一卦，故《杂卦》曰："否泰，反其类也。""小往大来"者，言否内卦之阴，往而居泰卦之外，外卦之阳，来而居泰卦之内也。

《象》曰："泰：小往大来，吉，亨"，则是天地交而万物通也，上下交而其志同也。内阳而外阴，内健而外顺，内君子而外小人。君子道长，小人道消也。

"则是"二字直管至"消也"。天地以气交，气交而物通者，天地之泰也。上下以心交，心交而志同者，上下之泰也。阴阳以气言，健顺以德言，此二句，造化之"小往大来"也。君子小人以类言，此三句，人事之"小往大来"也。"内外"释"往来"之义，"阴阳健顺"、"君子小人"释"大小"之义。

《象》曰：天地交，泰。后以财成天地之道，辅相天地之宜，以左右民。

"后"，元后也。道就共体之自然而言，宜就其用之当然而言。"财成"者，因其全体而裁制使不过。如气化流行，笼统相续，圣人则为之裁制，以分春夏秋冬之节；地势广邈，圣人则为之分东西南北之限。此裁成"天地之道"也。"辅相"者，随其所宜，而赞助其不及。如春生秋杀，此时运之自然；高黍下稻，亦地势之所宜。圣人则使之春耕秋敛，高黍下稻，此"辅相天地之直"也。"左右"者，扶植之意。扶植以遂其生，俾其亦如天地之通泰也。阳左阴右，有此象，故曰"左右"。

初九：拔茅茹，以其汇，征吉。

变巽为阴木，草茅之象也。"茹"者，根也。初在下，根之象也。"汇"者，类也。"拔茅茹以其汇"者，言拔一茅，则其根茹牵连同类而起也。"征"者，仕进之意。

当泰之时，三阳同体，有"拔茅茹以其汇"之象，占者同德牵连而往，则吉矣。

《象》曰："拔茅"、"征吉"，志在外也。

志在外卦之君，故"征吉"。

九二：包荒，用冯河，不遐遗，朋亡。得尚于中行。

冯，音凭。

"包"字详见蒙卦。"包荒"者，包乎"初"也，"初"为草茅荒秽之象也。因本卦"小往大来"，阳来乎下，故"包初"。"冯河"者，二变则中爻成坎水矣，河之象也。河水在前，乾健"利涉大川"，"冯"之象也。用"冯河"者，用冯河之勇往也。二居柔位，故教之以勇。二变与五隔河，若"冯河"而往，则能就乎五矣。二与初为迩，隔三四与五为遐。"不遐遗"者，不遗乎五也。"朋"者，初也。三阳同体，牵连而进，二居其中，"朋"之象也。故咸卦中爻成乾，四居乾之中，亦曰"朋从"。"朋亡"者，亡乎初而事五也。"尚"者，尚往而事五也。"中行"，指六五。六五，《小象》曰"中以行愿"是也。卦以上下交为泰，故以"尚中行"为辞。曰"得尚"者，庆幸之辞也。若惟知包乎荒，则必不能"冯河"而就五矣，必"遐遗"乎五矣，必不能"亡朋矣"。"用冯河"以下，圣人教占者之辞。阳来居内，不向乎外，有惟知包乎内卦之初，遐遗乎外卦君上之象，故圣人于初教之以征，于二教之以尚。旧注不识象，所以失此爻之旨。

当泰之时，阳来于下，不知有上，故九二有包初之象。然二五君臣同德，天下太平，贤人君子，正当观国用宾之时，故圣人教占者用"冯河"之勇，以奋其必为之志，不可因迩而忘远。若能忘其所迩之朋，"得尚"往于"中行"之君，以共济其泰，则"上下交而其志同"，可以收光大之事业，而泰道成矣。故其象占如此。

《象》曰："包荒"、"得尚于中行"，以光大也。

曰"包荒"，兼下三句而言也。孔子《小象》多是如此。舍相比溺爱之朋，而尚往以事中德之君，岂不能光明正大！乾阳，大之象也。变离，光之象也。

九三：无平不陂，无往不复。艰贞无咎。勿恤其孚，于食有福。

陂，碑为反。

"陂"，倾邪也。"无平不陂"，以上卦地形险夷之理言。"无往不复"，以下卦天气往来之理言。"艰"者，劳心焦思、不敢慢易之意。"贞"者，谨守法度、不敢邪僻般乐之意。"恤"者，忧也。"孚"者，信也。"勿恤其孚"者，不忧此理之可信。食者，吞于口而不见也。"福"者，福禄也。"有福"者，我自有之福也。"食有福"者，天禄水终之意。乾之三爻，"乾乾惕若厉，艰贞无咎"之象也。变兑为口，食之象也。

三当泰将极而否将来之时，圣人戒占者曰：居今泰之世者，承平既久，可谓平矣，无谓平而不陂也。阴往阳来，可谓往矣，无谓往而不复也。今三阳既盛，正将陂将复之时矣，故必艰贞而守正，庶可保泰而无咎。若或不忧此理之可信，不能艰贞以保之，是自食尽其所有之福禄矣，可畏之甚。故戒占者以此。

《象》曰："无往不复"，天地际也。

"际"者，交际也。外卦地，内卦天，天地否泰之交会，正在九三、六四之际也。

六四：翩翩，不富以其邻。不戒以孚。

此爻正是阴阳交泰。"翩翩"，飞貌，言三阴群飞而来也。《小畜》曰"富"者，乃阳爻也。此曰"不富"者，乃阴爻也。泰、否相综，中爻巽，巽为"市利三倍"，富之象也。又为"命令"，戒之象也。言不待倚之以富，而其邻从者，甚于从富不待戒之以令，而其类信之者，速于命令也。"从"者，从乎阳也。信者，信乎阳也。言阴交泰乎阳也，阳欲交泰乎阴，故初曰"征"，二曰"尚"。阴欲交泰乎阳，故四曰"不富以邻，不戒以孚"，言乃中心愿乎阳也。五曰"帝乙归妹"，言行愿乎阳也。此四爻正阴阳交泰，所以说两个"愿"字。《彖辞》"上下交而其志同"，正在于此。若三与上虽正应，然阴阳之极，不成交泰矣。故三阳之极则曰"无往不复"，所以防"城复于隍"于其始；六阴之极则曰"城复于隍"，所以表"无往不复"于其终，二"复"字相应。

六四柔顺得正，当泰之时，阴向乎内，已交泰乎阳矣，故有三阴"翩翩"、"不富"、"不戒"之象。不言"吉凶"者，阴方向内，其势虽微，然小人已来于内矣，固不可以言吉。然上有"以祉元吉"之君，"上下交而其志同"，未见世道之否，又不可以言凶也。

《象》曰："翩翩"、"不富"，皆失实也。"不戒以孚"，中心愿也。

"皆失实"者，阴虚阳实，阴往于外已久。三阴皆失其阳矣，今来与阳交泰，乃中心之至愿也，故"不戒"而自孚。

六五：帝乙归妹，以祉元吉。

中爻三五为雷，二四为泽，有"归妹"之象，故曰"归妹"。因本卦阴阳交泰，阴居尊位而阳反在下，故象以此也。"帝乙"，即高宗箕子之例。"祉"者，福也。"以祉"者，以此得祉也，即泰道成也。

泰已成矣，阴阳交会，五以柔中而下应二之刚中，"上下交而其志同"，故有王姬下嫁之象，盖享太平之福祉而元吉者。占者如是，亦祉而元吉矣。

《象》曰："以祉元吉"，中以行愿也。

"中"者，中德也。阴阳交泰，乃其所愿，故二曰"尚"，五曰"归"，一往一来之意也。二曰"中行"，五曰"中行愿"，上下皆中正，所谓"上下交而其志同"也。四与阳心相孚契，故曰"中心愿"。五下嫁于阳，则见诸行事矣，故曰"行愿"。惟得行其愿，则泰道成矣，所以"元吉"。

上六：城复于隍，勿用师。自邑告命，贞吝。

"坤"为土，变艮亦土，但有离象，中虚外围，城之象也。既变为艮，则为"径路"、"为门阙"、"为果蓏"。城上有径路如门阙，又生草木，则城倾圮不成其城矣，"复于隍"之象也。程子言"掘隍土积累以成城"，如治道积累以成泰，及泰之终将复于否，如城土倾圮"复于隍"是也。此"复"字正应"无往不复"复字。"师"者，兴兵动众，以平服之也。"坤"为众，中爻为震，变爻象离，"为戈兵"，众动戈兵，师之象也。与复上六同。中爻兑口，"告"之象也。兑综巽，命之象也。"自"者，自近以及远也。"邑"字，详见谦卦。

上六，当泰之终，承平既久，泰极而否，故有"城复于隍"之象。然当人心离散之时，若复用师以平服之，则劳民伤财，民益散乱，故戒占者不可用师远讨。惟可自一邑亲近之民播告之，渐及于远，以论其利害可也。此收拾人心之举，虽亦正固，然不能保邦于未危之先，而罪己下诏于既危之后，亦可羞矣，故其占者如此。

《象》曰："城复于隍"，其命乱也。

"命"即"可以寄百里"之命。"命"字谓政令也。盖泰极而否，虽天运之自然，亦人事之致然，惟其命乱，所以复否。圣人于泰终而归咎于人事，其戒深矣。

乾上
坤下　否泰反其类也

"否"者，闭塞不通也。卦象、卦德皆与"泰"反。《序卦》："物不可以终通，故受之以否。"所以次泰。此七月之卦。

否之匪人，不利君子贞。大往小来。

"否之匪人"，与"履虎尾"、"同人于野"、"艮其背"同例，卦辞惟此四卦与卦名相连。"否之匪人"者，言"否"者非人也，乃天也，即"大往小来"也。"不利"者，即《彖辞》"万物不通"、"天下无邦"、"道长"、"道消"也。"君子贞"者，即"俭德避难，不可荣以禄"也。不言"小人"者,《易》为"君子谋"也。"大往小来"者,否泰相综,泰内卦之阳往而居否之外,外卦之阴来而居否之内也。文王当殷之末世,亲见世道之否,所以发"匪人"之句。后来孔子居春秋之否,乃曰:"道之将行也,与命也;道之将废也,与命也。"孟子居战国之否,乃曰:"莫之为而为者,天也。莫之致而至者,命也。"皆宗文王"否之匪人"之句。"否之匪人"者,天数也。"君子贞"者,人事也。所以孔、孟进以礼,退以义,惟守君子之贞;程、朱以为非人道也,似无道字意;诚斋以为用非其人,似无用字意。不如只就"大往小来"说。

言"否之"者,"非人"也,乃天也。否由于天,所以占者不利。丁否运之君子,欲济其否,岂容智力于间哉!惟当守其正而已。

《彖》曰:"否之匪人,不利君子贞,大往小来",则是天地不交,而万物不通也,上下不交而天下无邦也。内阴而外阳,内柔而外刚,内小人而外君子,小人道长,君子道消也。

释"大往小来"四字与泰卦同。上自为上,下自为下,则虽有国,实与无邦国同矣。故"天下无邦"。

《象》曰:天地不交,否。君子以俭德辟难,不可荣以禄。

辟,音避。难,去声。

"俭"者,俭约其德,敛其道德之光也。坤"为吝啬",俭之象也。"辟难"者,避小人之祸也。三阳出居在外,避难之象也。"不可荣以禄"者,人不可得而荣之以禄也,非戒辞也。言若不"俭德",则人因德而荣禄,小人忌之,祸即至矣,今既"俭德",人不知我,则"不荣以禄"。故"不荣以禄"者,正所以"避难"也。

初六:拔茅茹,以其汇,贞吉,亨。

变震为蓄,"茅茹"之象也。否综泰,故初爻辞同。"贞"者,上有九五刚健中正之君,三阴能牵连,而志在于君,则贞矣。盖否之时能从乎阳,是小人而能从君子,岂不贞?

初在下,去阳甚远,三阴同体,故有"拔茅茹以其汇"之象。当否之时,能正而志在于"休否"之君,吉而且亨之道也。故教占者以此。

《象》曰:"拔茅"、"贞吉",志在君也。

"贞"者,以其志在于君也,故"吉"。泰初九曰"志在外",此变外为君者,泰六五之"君",不如否之"刚健中正"得称"君"也。

六二:包承,小人吉,大人否,亨。

"包承"者,包乎初也。二乃初之承。曰"包承"者,犹言将承包之也。大来乎下,故曰"包荒";小来乎下,故曰"包承"。既包乎承,则小人与小人为群矣。小人与小人为群,大人与大人为群,不相干涉,不相伤害矣。"否"者,不荣以禄也。

当否之时，小来乎下，故六二有"包承"之象。既包乎承，则小人为群，不上害乎大人矣，故占者在小人则有不害正之吉，在大人则身否而道亨也。

《象》曰："大人否，亨"，不乱群也。

阴来乎下，阳往乎上，两不相交，故"不乱群"。

六三：包羞。

"包"者，包乎二也。三见二包乎其初，三即包乎二。殊不知二隔乎阳，故包同类。若三则亲比乎阳矣，从阳可也。乃不从阳，非正道矣，可羞者也，故曰"包羞"。

六三不中不正，亲比乎阳。当小来于下之时，止知包乎其下矣，而不知上有阳刚之大人在也。乃舍四之大人，而包二之小人，羞孰甚焉，故有是象。占者之羞可知矣。

《象》曰："包羞"，位不当也。

位不当者，柔而志刚，不能顺从乎君子，故可"羞"。

九四：有命无咎。畴离祉。

变巽为命，命之象也。"有命"者，受九五之命也。四近君，居多惧之地，易于获咎，今变巽，顺则能从乎五矣，故"有命无咎"。"畴"者，同类之三阳也。"离"者，丽也。"离祉"者，附丽其福祉也。

九四当否过中之时。刚居乎柔，能从"休否"之君，同济乎否，则因"大君之命"，而济否之志行矣。故不惟在我无咎，获一身之庆，而同类亦并受其福也。故其象占如此。

《象》曰："有命无咎"，志行也。

济否之"志行"。

九五：休否，大人吉。其亡其亡，系于苞桑。

"休否"者，休息其否也。"其亡其亡"者，念念不忘其亡，惟恐其亡也。人依木息曰"休"。中爻巽木，五居木之上，"休"之象也。巽为阴木，二居巽之下，阴木柔，"桑"之象也。巽为绳，"系"之象也。丛生曰"苞"，丛者聚也，柔条细弱，群聚而成丛者也。此爻变离合坎，为丛棘，"苞"之象也。桑，非樟、楠、松、柏之大矣，又况丛聚而生，则至小而至柔者也。以国家之大，不系于"磐石"坚固，而系于"苞桑"之柔小，危之甚也，即危如累卵之意。

九五阳刚中正，能休时之否，"大人"之事也，故大人遇之则吉。然下应乎否，惟"休否"而已，未"倾否"也。故必勿恃其否之可休，勿安其休之为吉，兢业戒惧，念念惟恐其亡。若国家系于"苞桑"之柔小，常畏其亡而不自安之象，如此则否休而渐倾矣。故教占者必儆戒如此。"系于苞桑"，又"其亡其亡"之象也。

《象》曰：大人之吉，位正当也。

有中正之德而又居尊位，与夬、履同者。亦恐有所恃，故爻辞有"其亡其亡"之句。

上九：倾否，先否后喜。

上文言休息其否，则其否犹未尽也。"倾"者，倒也，与鼎之"颠趾"同，言颠倒也。本在下，而今反在上也。否泰乃上下相综之卦，泰阴上阳下，泰终则复隍，阳反在上而否矣。否阳上阴下，否终则倾倒，阴反在上而泰矣，此"倾"字之意也。"复隍"，"复"字应"无往不复""复"字。"倾否"，"倾"字应"无平不陂""陂"字。"陂"者，倾邪也。周公爻辞，其精极矣。变兑成悦，喜之象也。

上九以阳刚之才，居否之终。倾时之否，乃其优为者，故其占为"先否后喜"。

《象》曰：否终则倾，何可长也？

言无久否之理。

来瞿唐先生易注卷之四

☰ 乾上 离下 同人亲也

"同人"者，与人同也。天在上，火性炎上，上与天同，"同人"之象也。二五皆居正位，以中正相同，"同人"之义也。又一阴而五阳欲同之，亦"同人"也。《序卦》："物不可以终否，故受之以同人。"所以次否。

同人于野，亨。利涉大川，利君子贞。

《彖辞》明。

《彖》曰：同人，柔得位得中而应乎乾，曰"同人"。同人曰："同人于野，亨。利涉大川。"乾，行也。文明以健，中正而应，君子正也。唯君子为能通天下之志。

以卦综释卦名，以卦德、卦体释卦辞。同人、大有二卦同体，文王综为一卦，故《杂卦》曰："大有众也，同人亲也。""柔得位得中"者，八卦正位，离在二，今大有上卦之离，来居同人之下卦，则不惟得八卦之正位，又得其中，而应乾九五之中正者也。下与上相同，故名"同人"。卦辞"同人于野"者，六二应乎乾，乾在外卦，乃野外也，故曰"于野"。"乾行"指"利涉大川"一句。盖乾刚健中正，且居九五之位，有德有位，故可以济险难。"同人于野"，虽六二得位得中所能同，至于济险难，则非六二阴柔所能也，故曰"乾行"，犹言乾之能事也。本卦错师，有震木坎水象，所以"利涉大川"。曰"乾行"者，不言象而言理也。内文明，则能察于理。外刚健，则能勇于义。中正，则内无人欲之私。应乾，则外合天德之公。"文明以健"，以德言。"中正而应"，以爻言。此四者，皆君子之正道也。惟君子能通天下之志者，君子即正也。"同人于野"者，六二也。"利涉大川"者，乾也。"君子贞"则总六二、九五言之。

六二应乎九五之乾，固名"同人"矣。然同人卦辞乃曰"同人于野亨，利涉大川"，何也？盖六二应乾固亨矣。至于"利涉大川"，非六二也，乃乾也。曰"利君子贞"者，何也？盖内外卦皆君子之正，所以利君子正，天下之理正而已矣。人同此心，心同此理，亿兆之众志虽不同，惟此正理方可通之，方可大同人心。若私邪不正，安能有于野之亨，而利涉哉？此所以"利君子贞"也。

《象》曰：天与火，同人。君子以类族辨物。

"类族"者，于其族而类之。"辨物"者，于其物而辨之，如是则同轨、同伦，道德可一，风俗可同，亦如天与火不同而同也。凡《大象》皆有功夫，故曰"君子以"。"以"者，用也。若以"类族"为人，士为士族，农为农族；以"辨物"为物，蜾为蜾物，羽为羽物，则"君子以"三字无安顿而托空矣。

初九：同人于门，无咎。

变艮"为门"，门之象也。"于门"者，谓于门外也。门外虽非野之可比，然亦在外，则所同者广而无私昵矣。

初九以刚正居下，当同人之初，而上无系应，故有"同人于门"之象。占者如是，则无咎也。

《象》曰：出门同人，又谁咎也？

"谁"对二、三、四、五而言也。宗之吝也，戎之伏也，墉之乘，师之遇也，皆咎也。初同于门，既欲咎之，又谁得而咎之。

所同者广，而无偏党之私，又谁有咎我者？

六二：同人于宗，吝。

凡离变乾而应乎阳者，皆谓之"宗"。盖乾乃六十四卦阳爻之祖，有祖则有宗，故所应者为宗。若原是乾卦，则本然之祖，见阳不言宗。惟新变之乾，则新成祖矣，所以见阳言宗也，故睽卦六五亦曰"宗"。统论一卦，则二五中正相应，所以"亨"；若论二之一爻，则是阴欲同乎阳矣，所以可"羞"。如履卦《彖辞》"履帝位而不疚"，至本爻则"贞厉"，皆此意。

同人贵无私。六二中正，所应之五亦中正，然卦取同人，阴欲同乎阳。臣妾顺从之道也，溺于私而非公矣，岂不羞？故其象占如此。

《象》曰："同人于宗"，吝道也。

阴欲同乎阳，所私在一人，可羞之道也。

九三：伏戎于莽，升其高陵，三岁不兴。

离错坎，为"隐伏"，伏之象也。中爻巽，为"人"，亦伏之象也。离为"戈兵"，戎之象也。"莽"，草也，中爻巽，为"阴木"，草之象也。中爻巽，为"股"，三变为震足，股足齐动，升之象也。巽为"高"，高之象也。三变中爻艮，"陵"之象也。离居三，"三"之象也。"兴"，发也。"伏戎于莽"者，俟其五之兵也。"升其高陵"者，窥其二之动也。对五而言，三在五之下，故曰"伏"。对二而言，三在二之上，故曰"升"。

九三，刚而不中，上无应与，欲同于二。而二乃五之正应，应九五之见攻，故伏兵于草，升高盼望，将以敌五而攘二。然以理言，二非正应，理不直。以势言，五居尊位，势不敌。故至"三年"之久，而终不发。其象如此，以其未发，故占者不言"凶"。

《象》曰："伏戎于莽"，敌刚也。"三岁不兴"，安行也。

所敌者既刚且正，故伏藏。"三岁不兴"者，以理与势俱屈，故不能行。盖"行"者即兴动而行也，"安"者，安于理势而不兴也。故曰"安行"。"安行"即四"困则"之意。

九四：乘其墉，弗克攻，吉。

"墉"，墙也。离中虚外围，"墉"之象也。解卦上六变离，亦曰"墉"。泰卦上六变艮，大象离曰城，皆以中空外围也，此则九三为六二之"墉"。九四在上，故曰"乘"。二四皆争夺，非同人矣，故不言"同人"。三恶五之亲二，故有犯上之心。四恶二之比三，故有陵下之志。

四不中正，当同人之时无应与，亦欲同于六二。三为二之"墉"，故有乘墉攻二之象。然以刚居柔，故又有自反而"弗克攻"之象。能如是，则能改过矣，故占者"吉"。

《象》曰："乘其墉"，义弗克也。其吉，则困而反则也。

"义"者，理也。"则"者，理之法则也。义理不可移易，故谓之"则"。"困"者，困穷也，即"困而知之"之困。四刚强，本欲攻二，然其志柔，又思二乃五之正应，义不可攻。欲攻，不可攻，二者交战，往来于此心，故曰"困"。若知之其不可攻，则此心不困矣。言"乘其墉"矣，岂其力之不足哉？特以义不可同，故"弗克攻"耳。其"吉"者，则因困于心，而反于义理之法则也，因困则改过矣，故"吉"。"义弗克"，正理也。"困而反则"，九四功夫也。

九五：同人先号咷而后笑，大师克相遇。

号，平声。

火无定体，曰"鼓缶而歌"，而"嗟"，"出涕沱若"。中孚象离，曰"或泣或歌"。九五又变离，故有此象。"先号咷后笑"者，本卦六爻未变，离错坎为加忧，九五隔于三四，故忧而号咷。及九五变，则中爻为兑悦，故"后笑"。旅"先笑后号咷"者，本卦未变，中爻兑悦，故"先笑"；及上九变，则兑悦体。震动成小过，"灾眚"之凶矣，故"后号咷"。必用"大师"者，三伏莽、四乘墉，非"大师"岂能克？此爻变离，中爻错震。戈兵震动，师之象也。九五阳刚之君，阳大阴小，大师之象也。且本卦错师，亦有师象。

九五、六二以刚柔中正相应，本同心者也。但为三、四强暴所隔，虽同矣，不得遽与之同。故有未同时不胜号咷、既同后不胜喜笑之象。故圣人教占者曰：君臣大分也，以臣隔君，大逆也。当此之时，为君者，宜兴大师克乎强暴后，方过乎正应而后可。若号咷，则失其君之威矣。故教占者：占中之象又如此。

《象》曰：同人之先，以中直也。大师相遇，言相克也。

"先"者，"先号咷"也。"以"者，因也。"中直"与困卦九五中直同，即"中正"也。言九五所以"先号咷"者，以中正相应，必欲同之也。"相克"者，九五克三、四也。

刘穆之为葛长民所制，刘裕必杀葛长民。

上九：同人于郊，无悔。

乾"为郊"，郊之象也，详见需卦。国外曰"郊"，郊外曰"野"，皆旷远之地。但"同人于野"，以卦之全体而言，言大同则能亨也，故"于野"取旷远大同之象，此爻则取旷远无所与同之象，各有所取也。

上九居同人之终，又无应与，则无人可同矣，故有"同人于郊"之象。既无所同，则亦无所悔，故其占如此。

《象》曰："同人于郊"，志未得也。

无人可同，则不能通天下之志矣。"志未得"，正与通天下之志相反。

≡≡ 离上
≡≡ 乾下　大有 众也

"大有"者，所有之大也。火在天上，万物毕照，所照皆其所有，大有之象也。一柔居尊，众阳并从，诸爻皆六五之所有，大有之义也。《序卦》："与人同者，物必归焉，故受之以大有。"所以次同人。

大有：元亨。

《彖辞》明。

《彖》曰：大有，柔得尊位大中，而上下应之，曰"大有"。其德刚健而文明，应乎天而时行，是以"元亨"。

以卦综释卦名，以卦德、卦体释卦辞。大有综同人，"柔得尊位而大中"者，同人下卦之离往于大有之上卦，得五之尊位，居大有之中，而上下五阳皆从之也。上下从之，则五阳皆其所有矣。阳大阴小，所有者皆阳，故曰"大有"。内刚健则克胜其私，自诚而明也。外文明则灼见其理，自明而诚也。上下应之者，众阳应乎六五也。应天时行者，六五应乎九二也。"时"者，当其可之谓。"天"即理也。天之道不外时而已。"应天时行"如天命有德、天讨有罪，皆应天而时用之是也。乾"为天"，因"应乾"，故发此句。"时行"即应天之实，非"时行"之外别有应天也。"刚健文明"者德之体，"应天时行"者德之用，有是德之体用，则能享其大有矣，是以"元亨"。

《象》曰：火在天上，"大有"。君子以遏恶扬善，顺天休命。

火在天上，无所不照，则善恶毕照矣。"遏恶"者，五刑五用是也。"扬善"者，五服五章是也，休美也。天命之性有善无恶，故"遏恶扬善"者，正所以顺天之美命也。

当大有时，宜旌别淑慝也。

初九：无交害。匪咎，艰则无咎。

"害"者，害我之大有也。离为"戈兵"，应爻戈兵在前，恶人伤害之象也。故睽卦离在前亦曰"见恶人"。夬乃同体之卦，二爻变离，亦曰"莫夜有戎"。初居下位，以凡民而大有家，肥屋润人，岂无害之理？离火克乾金，其受害也必矣。"无交害"者，去离尚远，未交离之境也。九三交离境，故曰"小人害"也。九三"害"字从此"害"字来。"匪咎"者，人来害我，非我之咎也。"艰"者，艰难以保其大有，如夬之"惕号"也。

初九居卑，当大有之初，应乎离火，必有害我之乾金者。然阳刚得正，去离尚远，故有"无交害，匪咎"之象。然或以"匪咎"而以易心处之，则必受其害矣。惟"艰"，则可保其大有而"无咎"也。故又教占者以此。

《象》曰：大有初九，无交害也。

时大有而当其初，所以去离远而"无交害"。

九二：大车以载，有攸往，无咎。

乾错坤，为"大舆"、"大车"之象也。阳上行之物，车行之象也。"以"者，用也，用之以载也。变离错坎，坎中满，"以载"之象也。大车以载之重，九二能任重之象也。二变中爻成巽，巽为股，巽错震为足，股足震动，"有攸往"之象也。

九二当大有之时，中德蓄积，充实富有，乃应六五之交孚，故有"大车以载"之象。有所往而如是，则可以负荷其任，佐六五虚中之君，共济大有之盛，而"无咎"矣。故其占如此。

《象》曰："大车以载"，积中不败也。

乾三连，阳多之卦皆曰"积"，积聚之意。小畜、夬皆五阳一阴同体之卦，故小畜曰"积德载"，此曰"以载"。而又曰"积中"者，言积阳德而居中也，则小畜之"积德载"愈明矣。夬九二《小象》曰"得中道"也，小畜九二《小象》曰"牵复在中"，皆此中之意。"败"字在车上来，乾金遇离火，必受克而败坏。故初曰"无交害"，三曰"小人害"，则"败"字虽从车上来，亦"害"字之意。曰"中德"，所以不败坏也。曰"积中不败"，则离火不烧金。六五"厥孚交如"，与九二共济大有之太平矣。

九三：公用亨于天子，小人弗克。

亨，《程传》如字，本义读享。

三居下卦之上，故曰"公"。五虽阴爻，然居天位，三非正应，故称"天子"。"亨"者，阳刚居正，不以大有自私，亨之象也。卦本元亨，故曰"亨"。"用亨于天子"者，欲出而有为，以亨六五大有之治也。九二中德，止曰"大车以载"，不言"亨于天子"，而九三反欲"亨于天子"，何也？盖九三才刚志刚，所以用亨天子也。同人大有相综之卦，同人三四皆欲同乎二，所以大有，二、三皆欲共济五之大有也。小人指四也。"弗克"者，不能也。三欲亨于天子，四持戈兵阻而害之，因此小人所以弗亨于天子也。盖大有之四，即同人之三，四持戈兵即三之"伏戎"也。二三变为睽，"舆曳"、"牛掣"，即小人之阻不得用亨也。旧注作"享"者非。"用亨天子"，犹言出而使天子亨大有之"亨"也。

九三当大有之时，亦欲济亨通之会，亨于天子，而共保大有之治者也。但当离乾交会之间，金受火制。小人在前，不能遽达，故有“弗克亨于天子”之象。占者得此，不当如九二之“有攸往”也，可知矣。

《象》曰："公用亨于天子"，小人害也。

因"小人害"，所以"弗克"。"亨于天子"，周公之"无交害"者，初之远于四也；孔子之"小人害"者，三之近于四也。

九四：匪其彭，无咎。

彭，音旁。

"彭"，鼓声，又盛也，言声势之盛也。四变中爻为震，震为"鼓"，彭之象也。变艮止，其盛之象也。

九四居大有之时，时过中矣，乃大有之极盛者也。近君岂可极盛？然以刚居柔，故有不极其声势之盛之象，"无咎"之道也。故其占如此。

伊之冈居成功，周公吐握是也，梁冀则不明矣。

《象》曰："匪其彭，无咎"，明辩晢也。

晢，音析。

"晢"，明貌，晢然其明辩也。"离"，明之象也。"明辩"者，辩其所居之地，乃别嫌多惧之地；辩其所遇之时，乃盛极将衰之时也。

六五：厥孚交如，威如，吉。

"威如"者，恭己无为，特有人君之威而已。因六五其体文明，其德中顺，又有阳刚群贤辅之，即舜之无为而治矣，所以有此象。

六五当大有之世，文明中顺以居尊位，虚己诚信以任九二之贤。不惟九二有孚于五，而上下之阳亦皆以诚信归之。是其孚信之交，无一毫之伪者也；是以为六五者，赖群贤以辅治，惟威如而已。此则不言而信，不怒而民威于铁钺，盖享大有太平之福者也。何吉如之！故其象占如此。

《象》曰："厥孚交如"，信以发志也。"威如"之吉，易而无备也。

诚能动物，一人之信，足以发上下相信之志也。"易而无备"者，如"厥孚交如"矣。惟平易而不防备，则任贤勿贰，去邪勿疑，方可享无为之治矣。"威如"即"恭己"，"易而无备"即"无为"。若依旧注作戒辞，则《小象》止当曰"威如则吉"，不应曰"威如之吉"也。"易而无备"，明非尊严也，将不为隋炀乎？

上九：自天佑之，吉，无不利。

上九以刚明之德，当大有之盛。既有崇高之富贵，而下有六五柔顺之君，刚明之群贤辅之，上九盖无所作为，惟享自天祐助之福吉，而"无不利"者也。占者有是德，居是位，斯应是占矣。

《象》曰：大有上吉，自天祐也。

言皆天之祐助，人不可得而为也。上居天位，故曰"天"。此爻止有"天祐"之意，若《系辞》，又别发未尽之意也。如"公用射隼"，止有"解悖"之意，若成器而动，又未尽之意也。言各不同，皆发未尽之意。旧注泥于《系辞》者非。

坤上
艮下　谦^轻

"谦"者，有而不居之义。山之高，乃屈而居地之下，谦之象也。止于其内而收敛不伐，顺乎其外而卑以下人，谦之义也。《序卦》："有大者不可以盈，故受之以谦。"故次大有。

谦：亨。君子有终。

"君子"，三也。详见乾卦三爻。艮终万物，故曰有终。《彖辞》明。

《彖》曰："谦亨"，天道下济而光明，地道卑而上行；天道亏盈而益谦，地道变盈而流谦；鬼神害盈而福谦，人道恶盈而好谦。谦尊而光，卑而不可踰，君子之终也。

上，时掌反。

"济"者，施也，天位乎上，而气则施于下也。"光明"者，往成万物，化育昭著而不可掩也。"卑"者，地位乎下也。"上行"者，地气上行，而交乎天也。天尊而下济，谦也，而光明则亨矣。地卑，谦也，而上行，则亨矣。此言谦之必亨也。"亏盈"、"益谦"以气言。"变盈"、"流谦"以形言。"变"者，倾坏。"流"者，流注卑下之地而增高也。"害盈"、"福谦"以理言。"恶盈"、"好谦"以情言。此四句统言天地、鬼神、人三才皆好其谦，见谦之所以亨也。"踰"者，过也，言不可久也。尊者有功有德，谦而不居，愈见其不可及，亦如天之光明也。卑者有功有德，谦而不居，愈见其不可及，亦如地之上行也。夫以尊卑之谦，皆自屈于其始，而光而不可踰，皆自伸于其终，此"君子"之所以"有终"也。

《象》曰：地中有山，谦。君子以衰多益寡，称物平施。

衰，步尤切。

上下五阴，"地"之象也。一阳居中，"地中有山"之象也。五阴之多，人欲也。一阳之寡，天理也。君子观此象，衰其人欲之多，益其天理之寡，则廓然大公，物来顺应，物物皆天理，自可以"称物平施"，无所处而不当矣。"衰"者，减也。

初六：谦谦君子，用涉大川，吉。

凡《易》中有此象，而无此事、无此理者，于此又"涉大川"见之，盖"金车"、"玉铉"之类也。周公立爻辞，止因中爻震木在坎水之上，故有此句。而今就文依理，只得说能谦险亦可济也。

"六"柔，谦德也。"初"，卑位也。以谦德而居卑位，谦而又谦也。君子有此谦德，以之济险亦吉矣。故占者"用涉大川"，"吉"。

《象》曰："谦谦君子"，卑以自牧也。

"牧"，养也。"谦谦"而成"其君子"，何哉？盖九三"劳谦君子"，万民所归服者也。二并上与三俱"鸣"其"谦"，四则捣裂其"谦"，五因"谦"而"利侵伐"，初居谦之下位，已卑矣，何所作为哉？惟自养其谦德而已。

六二：鸣谦，贞吉。

本卦与小过同有"飞鸟遗音"之象，故曰"鸣"。豫卦亦有小过之象，亦曰"鸣"，又中爻震为"善鸣"。"鸣"者，阳唱而阴和也。《荀九家》以"阴阳相应，故鸣"得之矣。故中孚错小过，九二曰"鸣鹤在阴"，又曰"翰音登于天"，皆有鸣之意。"鹤鸣"，《小象》曰"中心愿"也，此曰"中心得"也，言二与三中心相得，所以相唱和而鸣也。若旧注以谦有闻，则非"鸣谦"，乃"谦鸣"矣。若《传》以德充积于中，见于声音，则上六"鸣谦"其志未得，与"鸣豫"之凶皆说不去矣。

六二柔顺中正，相比于三，三盖"劳谦君子"也。三谦而二和之，与之相从，故有"鸣谦"之象，正而且吉者也。故其占如此。

《象》曰："鸣谦，贞吉"，中心得也。

言六二与三"中心相得"，非勉强唱和也。

九三：劳谦君子，有终吉。

"劳"者，勤也，即"劳之来之"之"劳"。中爻坎为"劳卦"，虽《系辞》去声读，然同此"劳"字也。又中爻水，水有井象，君子以"劳民劝相"，此"劳"字之象也。艮"终万物"，三居艮之终，故以文王卦辞"君子有终"归之。八卦正位，艮在三，所以此爻极善，"有终"即万民服。旧注因《系辞》有"而功不德"句，遂以为功劳，殊不知劳乎民后方有功，此爻止有劳而不伐意，故"万民服"。

九三当谦之时，以一阳而居五阴之中，阳刚得正，盖能劳乎民而谦者也。然虽不伐其劳，而终不能掩其劳，万民归服，岂不"有终"？故占者吉。

《象》曰："劳谦君子"，万民服也。

阴为民，五阴故曰"万民"。众阴归之，故曰"服"。

六四：无不利，捣谦。

"捣"者，裂也，两开之意。六四当上下之际，开裂之象也。"捣谦"者，以捣为谦也。凡一阳五阴之卦，其阳不论位之当否，皆尊其阳而卑其阴。如复之"元吉"，师之"锡命"，豫之"大有得"，比之"显比"，剥之"得舆"，皆尊其阳不论其位也。六四才位皆阴，九三劳谦之贤，正万民归服之时，故开裂退避而去，非旧注"更当发挥其谦"也。

六四当谦之时，柔而得正，能谦者也，故"无不利"矣。但"劳谦"之贤在下，不敢当阳之承，乃避三而去之，故有以拔为谦之象。占者能此，可谓不违阴阳之则者矣。

《象》曰："无不利，拔谦"，不违则也。

则者，阳尊阴卑之法则也。拔而去之，不违尊卑之则矣。

六五：不富以其邻，利用侵伐，无不利。

阳称"富"，小畜五阳，故《小象》曰"不蚀富"也。阴皆"不富"，故泰六四亦曰"不富"。"富"与"邻"皆指三。"以"者，用也。中爻震为长子，三非正应，故称"邻"。言不用富厚之力，但用"长子帅师"，而自"利用侵伐"也。坤为"众"，中爻震，此爻变离为"戈兵"，众动戈兵，侵伐之象。此象亦同初六"用涉大川"，但此则以变爻言也，上六"利用行师"，亦此象。

五以柔居尊，在上而能谦者也。上能谦，则从之者众矣，故有"不富以邻"而自"利用侵伐"之象。然"用侵伐"者，因其不服而已，若他事亦无不利也。占者有此谦德，斯应是占矣。

《象》曰："利用侵伐"，征不服也。

侵伐非黩武，以其不服，不得已而征之也。

上六：鸣谦，利用行师，征邑国。

凡《易》中言"邑国"者，皆"坤上"也。升卦坤在外，故曰"升虚邑"。晋卦坤在内，故曰"维用伐邑"。泰之上六曰"自邑告命"。师上六曰"开国承家"。复之上六曰"以其国君凶"。讼九二变坤曰"邑人三百户"。益之中爻坤曰"为依迁国"。夬下体错坤曰"告自邑"。涣九五变坤曰"涣王居"。此曰"征邑国"，皆因"坤土"也。

上六当谦之终，与二为正应，见三之劳谦，亦相从而和之，故亦有"鸣谦"之象。然六二中正，既与三中心相得，结亲比之好，则三之心志不在上六，而"不相得"矣，故止可为将行师"征邑国"而已，岂能与"劳谦君子"之贤相为唱和其谦哉！

《象》曰："鸣谦"，志未得也。可用行师，"征邑国"也。

"志未得"者，上六与九三心志不相得也。六二与上六皆"鸣谦"，然六二"中心得"，上六"志未得"，所以六二"贞吉"，而上六止"利用行师"也。

震上
坤下　豫 ䷏

"豫"者，和乐也。阳始潜闭于地中，及其动而出地，奋发其声，通畅和豫，豫之象也。内顺外动，豫之由也。《序卦》："有大而能谦，必豫，故受之以豫。"所以次谦。

豫：利建侯行师。

震"长子"，主器，震惊百里，"建侯"之象。中爻坎陷，一阳统众阴，"行师"之象也。屯有震无坤，则言"建侯"。谦有坤无震，则言"行师"。此震坤合，故兼言也。

《彖》曰：豫，刚应而志行，顺以动，豫。豫顺以动，故天地如之，而况建侯行师乎？天地以顺动，故日月不过而四时不忒。圣人以顺动，则刑罚清而民服。豫之时义大矣哉！

以卦体、卦德释卦名、卦辞而极言之。"刚"，九四也。"刚应"者，一阳而众阴从之也。"志行"者，阳之志得行也。"刚应志行"，豫也。内顺外动，所以成其豫也，故名"豫"。人事合乎天理则顺，背乎天理则逆。"顺以动"，则一念一事皆天理矣。"天地如之"者，言天地亦不过如人之顺动也。天地且不之违，而况于人之"建侯行师"乎！此其所以利也。"天地以顺动"者，顺其自然之气。"圣人以顺动"者，顺其当然之理。"不过"者，不差过也。"不忒"者，不愆忒也。刑罚不合乎理，惟乘一人喜怒之私，故民不服。若顺动则合乎天理之公，纵有刑罚，亦天刑也，故"民服"。"时义"者，豫中事理之时宜也，即顺动也。此极言而赞之也。六十四卦，时而已矣。事若浅而有深意，曰"时义大矣哉"，欲人思之也。非美事有时或用之，曰"时用大矣哉"，欲人则之也。大事大变，曰"时大矣哉"，欲人谨之也。

《象》曰：雷出地奋，豫。先王以作乐崇德，殷荐之上帝，以配祖考。

"奋"者，奋发而成声也。"作"，乃制礼作乐之作。"作乐"以"崇德"，故闻乐知德。"殷"，盛也。"作乐"乃朝廷邦国之常典，各有所主，其乐不同。惟万物本乎天，故有郊。人本乎祖，故有庙，是其用乐之最大者，故曰"殷荐"。故冬至祀上帝于圜丘，而配之以祖，必以是乐荐之。季秋祀上帝于明堂，而配之以考，必以是乐荐之也。中爻坎为乐律，"乐"之象。五阴而崇一阳德，"崇德"之象。帝出于震，"上帝"之象。中爻艮为门阙，坎为"隐伏"，宗庙祖宗之象。

初六：鸣豫，凶。

"鸣"详见"鸣谦"。谦、豫二卦同体，文王综为一卦，故《杂卦》曰："谦轻而豫怠也。"谦之上六即豫之初六，故二爻皆言"鸣"。震性动又决躁，所以"浚恒凶"、"飞鸟凶"。

初六与九四为正应，九四"由豫"，初据其应与之常，欲相从乎四而和之，故有"鸣豫"之象。然初位卑，四近君，乃权臣也，正其志大行之时。上下既悬绝，且初又不中，正应与之情乖矣，岂能与四彼此唱和？其豫不能唱和，初之志穷矣，凶之道也。故占者凶。

《象》曰：初六"鸣豫"，志穷，凶也。

惟"志穷"，所以"凶"。中孚"鹤鸣子和"曰"中心愿也"，六二"鸣谦"曰"中心得也"，此心志相孚者也。上六"鸣谦"曰"志未得也"，初六"鸣豫"曰"志穷凶也"，此心志不相孚者也。相孚者皆曰"心"，不相孚者皆曰"志"，此所以为圣人之言。

六二：介于石，不终日，贞吉。

凡物分为两间者曰"介"。二变刚分坤为两间，介之象也。"介于石"者，言操守之坚如石不可移易。中爻艮，石之象也。"不终日"者，不溺于豫，见几而作，不待其日之晚也。二变中爻离，且居下卦之上，"不终日"之象。八卦正位，坤在二，故"贞吉"。

豫易以溺人，诸爻皆溺于豫，独六二中正自守，安静坚确，故有此象。正而且吉之道也，故其占如此。

《象》曰："不终日，贞吉"，以中正也。

惟中正，故"不终日，贞吉"。

六三：盱豫悔，迟有悔。

"盱"者，张目也。中爻错离，目之象也。盱目以为豫者，九四当权，三与亲比，幸其权势之足凭，而自纵其所欲也。"盱"与"介"相反，"迟"与"不终日"相反，二中正、三不中正故也。

四为豫之主六三阴柔，不中不正而近于四，上视于四而溺于豫，宜有悔者也，故有此象。而其占为事当速悔，若悔之迟，则过而不改，是谓过矣。此圣人为占者开迁善之门，而勉之以速改也。

《象》曰：盱豫有悔，位不当也。

六三不中不正，故"位不当"。

九四：由豫，大有得。勿疑，朋盍簪。

"由豫"者，言人心之和豫，由四而致也。本卦，一阳为动之主，动而众阴悦从，故曰"由豫"。"大有得"者，言得大行其志，以致天下之豫也。四多疑惧，故曰"疑"。又中爻坎亦为"狐疑"。"勿疑"者，中爻艮止，止而不疑之象也。因九四才刚明，故教之以"勿疑"也。"盍"者，合也。"簪"者，首笄也，妇人冠上之饰，所以总聚其发者也。下坤，妇人之象也。一阳横于三阴之首，"簪"之象也。"勿疑，朋盍簪"者，勿疑朋合于我者，皆簪冠之妇人也。

九四一阳居五阴之中，众所由以为豫，故有"由豫"之象。占者遇此，故为"大有得"。然人既乐从，正当得志之时，必展其大行之志，俾人人皆享其和平豫大之福。"勿疑"、"由豫"于我者，无同德之阳明，而所以朋合于上下内外者，皆阴柔之群小可也。故又教占者必不可疑如此。

《象》曰："由豫，大有得"，志大行也。

刚应而无他爻以分其权，故曰"志大行"。

六五：贞疾，恒不死。

中爻为坎，坎为心病，疾之象也。曰"贞疾"者，言非假疾，疾之在外而可以药石者也。九四"由豫"，人心通归于四，危之极矣，下卦坤"为腹"，九四居卦之中为心，即咸卦"憧憧往来"之爻也。此正腹中心疾，故谓之"贞疾"。"恒"者，常也，言"贞疾"而常不死也。周室衰微，此爻近之。

六五当豫之时，柔不能立，而又乘九四之刚，权之所主，众之所归，皆在于四，衰弱极矣。故有"贞疾"之象。然以其得中，故又有"恒不死"之象。即象而占可知矣。

《象》曰：六五"贞疾"，乘刚也。"恒不死"，中未亡也。

虽乘四为刚所逼，然柔而得中，犹存虚位不死。

上六：冥豫成，有渝无咎。

"冥"者，幽也，暗也。上六以阴柔居豫极，为昏冥于豫之象。"成"者，五阴同豫，至上六已成矣。然以动体变刚成离，则前之"冥冥"者，今反昭昭矣，故又为其事虽成，然乐极哀生，不免有悔心之萌，而能改变之象。占者如是，则能补过矣，故"无咎"。

《象》曰："冥豫"在上，何可长也？

豫已极矣，宜当速改，何可长溺于豫而不反也？

☱ 兑上　随 无故也
☳ 震下

随者，从也。少女随长男，随之象也。曰：随综蛊，以艮下而为震，以巽上而为兑，随之义也。此动彼悦，亦随之义也。《序卦》："豫必有随，故受之以随。"所以次豫。

随：元亨，利贞，无咎。

"随元亨"，然动而悦，易至于诡随，故必利于贞，方得"无咎"。若所随不贞，则虽大亨亦有咎矣，不可依穆姜作"四德"。

《象》曰：刚来而下柔，动而说。随，大亨，贞无咎，而天下随时。随时之义大矣哉！

以卦综、卦德释卦名，又释卦辞而赞之。"刚来而下柔"者，随、蛊二卦同体，文王综为一卦，故《杂卦》曰："随无故也，蛊则饬也。"言蛊下卦原是柔，今艮刚来居于下，而为震，是刚来而下于柔也。"动而悦"者，下动而上悦也。"时"者，正而当其可也。言"大亨贞"而"无咎"者，以其时也。"时"者，随其理之所在。理在于上之随下则随其下，理在于下之随上则随其上，泰则随其时之泰，否则随其时之否。惟其时则通变宜民，邦家无怨，近悦远来，故"天下随时"。故即赞之曰："随时之义大矣哉！"此与艮卦"时"字同，不可依王肃本"时"字作"之"字观。尾句不曰"随之时义"，而曰"随时之义"，文意自见。

《象》曰：泽中有雷，随。君子以嚮晦入宴息。

嚮与"向"同。"晦"者，日没而昏也。"宴息"者，宴安休息，即日入而息也。"雷"二月出地，八月入地。造化之理，有昼必有夜，有明必有晦，故人生天地，有出必有入，有作必有息。其在人心，有感必有寂，有动必有静，此造化之自然，亦人事之当然也，故"雷在地上"则作乐荐帝，"雷在地中"则闭关不省方，"雷在泽下"则向晦宴息，无非所以法天也。震，东方卦也，日出旸谷。兑，西方卦也，日入昧谷。八月正兑之时，雷藏于泽，此"向晦"之象也。泽亦是地，不可执泥"泽"字。中爻巽为入，艮为止，入而止，息之象也。

初九：官有渝，贞吉。出门交有功。

随卦，初随二、二随三、三随四、四随五、五随六，不论应与。"官"者，主也。震长子主器，官象也。"渝"者，变而随乎二也。初为震，主性变动，"渝"之象也。故讼卦四变，中爻为震，亦曰"渝"。中爻艮，门之象也。二与四同功。二多誉，功之象也，故九四《小象》亦曰"功"。

初九阳刚得正，当随之时，变而随乎其二。二居中得正，不失其所随矣，从正而吉者也。故占者"贞吉"。然其所以"贞吉"者，何哉？盖方出门，随人之始，即交有功之人，何"贞吉"如之！故又言所以"贞吉"之故。

《象》曰："官有渝"，从正吉也。"出门交有功"，不失也。

二中正，所以"从正吉"。"交有功"，则不失其所随矣。旧注不知八卦正位，震在初，乃极美之爻，所以通作戒辞看。

六二：系小子，失丈夫。

中爻巽为绳，系之象也。阴爻称"小子"，阳爻称"丈夫"，阳大阴小之意。"小子"者，三也；"丈夫"者，初也。

六二中正，当随之时，义当随乎其三。然三下正，初得正，故有"系小子失丈夫"之象。不言"凶咎"者，二中正，所随之时不能兼与也。

《象》曰："系小子"，弗兼与也。

既随乎三，不能兼乎其初。

六三：系丈夫，失小子。随有求得，利居贞。

"丈夫"者，九四也。小子者，六二也。"得"者，四近君为大臣，求乎其贵可以得其贵也。中爻巽，"近市利三倍"，求乎其富可以得其富也。

六三当随之时，义当随乎其四。然四不中正，六二中正，故有"系丈夫失小子"之象。若有所求，必有所得，但利乎其正耳。三不中正，故又戒占者以此。

《象》曰："系丈夫"，志舍下也。

舍，音捨。

时当从四，故心志舍乎下之二也。

九四：随有获，贞凶。有孚在道以明，何咎？

"有获"者，得天下之心随于己也。四近君为大臣，大臣之道，当使恩威一出于上，众心皆随于君。若人心随己，危疑之道也，故"凶"。"孚"以心言，内有孚信之心也。道以事言，凡事合乎道理也。"明"者，识保身之几也。"有"字、"在"字、"以"字，虽字义稍异，然皆有功夫。若以象论，变坎，"有孚"之象也。震为大涂，"道"之象也。变坎错离，"明"之象也；又中爻艮有光辉，亦"明"之象也。

四当随之时义，当随乎其五。然四为大臣，虽"随有获"而势凌于五，故有"有获贞凶"之象，所以占者凶。然当居此地之时，何以处此哉？惟诚以结之，而道以事之，明哲以保其身，则上安而下随，即"无咎"而不凶矣。故又教占者以此。

《象》曰："随有获"，其义凶也。"有孚在道"，明功也。

"义凶"者，有凶之理也。"有孚在道明功"者，言"有孚在道"皆明哲之功也。盖明哲则知心不可欺而内竭其诚，知事不可苟而外合于道，所以"无咎"也。周公《爻辞》三者并言，孔子《象辞》推原而归功于明。何以验人臣明哲为先？昔汉之萧何韩信皆高帝功臣，信既求封齐，复求王楚，可谓"有获"矣，然无明哲，不知"有获贞凶"之义，卒及大祸。何则不然。帝在军中遣使劳何，何悉遣子弟从军，帝大悦。及击陈豨，遣使拜何相国，封五千户，何让不受，悉以家财佐军用，帝又悦。卒为汉第一功臣，身荣名显，若何者？可谓知明功臣者矣。孔子明功之言不其验哉！

九五：孚于嘉，吉。

八卦正位，兑在六，乃爻之嘉美者。且上六归山，乃"嘉遁"矣，故曰"孚于嘉"。

九五阳刚中正，当随之时，义当随乎其六，故有"孚嘉"之象，盖随之美者也。占者得此，吉可知矣。

《象》曰："孚于嘉，吉"，位正中也。

惟中正，故"孚于嘉"。

上六：拘系之，乃从。维之，王用亨于西山。

"系"即六二、六三之系。"维"亦系也。"系"之又"维"之，言系而又系也，《诗》"絷之维之，于焉嘉客"是也。言五孚于六，如此"系维"，其相随之心，固结而不可解也。

如七十子之随孔子，五百人之随田横，此爻足以当之。变乾，"王"之象也，指五也。兑居西，"西"之象也。兑错艮，"山"之象也。六不能随于世人，见九五维系之极，则必归之山矣。随、蛊相综，故蛊卦上九"不事王侯"，亦有归山之象。"亨"者，通也。"王用亨于西山"者，用通于西山以求之也。"亨西山"与谦卦"用涉大川"同，皆因有此象，正所谓无此事此理而有此象也。

上六居随之终，无所随从，见九五相随之极，则遁而归山矣，故有此象，盖随之至者也。占者得此，吉可知矣。

《象》曰："拘系之"，上穷也。

"上"者，六也。"穷"者，居卦之终，无所随也，非凶也。

䷑艮上巽下 蛊则饬也

"蛊"者，物久败坏而蛊生也。以卦德论，在上者止息而不动作，在下者巽顺而无违忤，彼此委靡因循，此其所以蛊也。《序卦》："以喜随人者，必有事，故受之以蛊。"所以次随。

蛊：元亨，利涉大川。先甲三日，后甲三日。

"利涉大川"者，中爻震木在兑泽之上也。"先甲"、"后甲"者，本卦艮上巽下，文王圆图艮、巽夹震木于东之中，故曰"先甲"、"后甲"，言巽先于甲、艮后于甲也。巽卦言"先庚"、"后庚"者，伏羲圆图艮、巽夹兑方于西之中，故曰"先庚"、"后庚"，言巽先于庚、艮后于庚也。分"甲"于蛊者，本卦未变，上体中爻震木、下体巽木也。分"庚"于巽者，本卦未变，上体综兑金，下体综兑金也。十干独言"甲"、"庚"者，乾坤乃六十四卦之祖，甲居于寅，坤在上乾在下为泰；庚居于申，乾在上坤在下为否。"大往小来"，"小往大来"，天地之道不过如此。"物不可以终通"，"物不可以终否"，《易》之为道亦不过如此。所以独言"甲"、"庚"也。曰"先三"、"后三"者，六爻也。"先三"者，下三爻也，巽也；"后三"者，上三爻也，艮也。不曰"爻"而曰"日"者，本卦综随，日出震东，日没兑西，原有此象，故少不言一日二日，多不言九日十日，而独言"先三"、"后三"者，则知其为下三爻上三爻也明矣。以"先甲"用辛，取自新，"后甲"用丁，取丁宁，此说始乎郑玄，谬矣。

当蛊之时，乱极必治，占者固元亨矣，然岂静以俟其治哉？必历涉艰难险阻，以拨乱反正。知其先之三爻，乃巽之柔懦，所以成其蛊也，则因其柔懦，而矫之以刚果；知其后之三爻乃艮之止息，所以成其蛊也，则因其止息，而矫之以奋发，斯可以"元亨"，而天下治矣。

《象》曰：蛊刚上而柔下，巽而止，蛊。蛊，元亨，而天下治也。"利涉大川"，往有事

也。"先甲三日，后甲三日"，终则有始，天行也。

以卦综、卦德释卦名、卦辞。刚上而柔下者，蛊综随，随初震之刚上而为艮，上六兑之柔下而为巽也。刚上则太尊而情不下达，柔下则太卑而情难上通。巽则诎，止则惰，皆致蛊之由，所以名"蛊"。既"蛊"矣，而又"元亨"，何也？盖造化之与人事，穷则变矣。治必因乱，乱则将治。故蛊而乱之终，乃治之始也，如五胡之后生唐太宗、五季之末生宋太祖是也。治蛊者当斯时，则天下治矣，故占者"元亨"。"往有事"犹言往有"为"。方天下坏乱，当勇往以济难，若复巽懦止息，则终于蛊矣，岂能"元亨"？终始即先后。"成言乎艮"者，终也。"齐乎巽"者，始也。"终则有始"者，如昼之终矣，而又有夜之始。夜之终矣，而又有昼之始，故乱不终乱，乱之终乃其治之始。治乱相仍，乃天运之自然也。故治蛊者必原其始，必推其终，知其蛊之为始为先者乃巽也，则矫之以刚果；知其蛊之为终为后乃艮也，则矫之以奋发，则蛊治而元亨矣。恒卦上体震综艮，下体巽，故亦曰"终则有始"。

《象》曰：山下有风，蛊。君子以振民育德。

"山下有风"，则物坏而有事更新矣。"振民"者，鼓舞作兴，以振起之，使之日趋于善，非巽之柔弱也，此新民之事也。"育德"者，操存省察以涵育之，非艮之止息也，此明德之事也。当蛊之时，风俗颓败，由于民德之不新。民德不新，由于己德之不明。故救时之急在于"振民"，"振民"又在于"育德"，盖相因之辞也。

初六：干父之蛊，有子，考无咎，厉终吉。

艮止于上，犹父道之无为而尊于上也。巽顺于下，犹子道之服劳而顺于下也，故蛊多言"干父"之事。"干"者，木之茎干也。中爻震木，下体巽木，干之象也。木有干，方能附其繁茂之枝叶，人有才能，方能振作其既坠之家声，故曰"干蛊"。"有子"者，即《礼记》之"幸哉有子"也。

初六当蛊之时，才柔志刚，故有能"干父蛊"之象。占者如是，则能克盖前愆，喜其今日之维新，忘其前日之废坠。因子而考，亦可以无咎矣。但谓之蛊，未免危厉，知其危厉，不以易心处之，则终得吉矣。因六柔，故又戒之以此。

《象》曰："干父之蛊"，意承考也。

"意承考"者，心之志意，在于承当父事，克盖前愆，所以考无咎。

九二：干母之蛊，不可贞。

艮性止，止而又柔。止则惰，柔则暗。又当家事败坏之时，子欲干其蛊，若以我阳刚中直之性，直遂干之，则不惟不堪，亦且难入，即伤恩矣，其害不小。惟当屈己下意，巽顺将承，使之身正事治，则亦已矣，故曰"不可贞"、"事父母几谏"是也。若以君臣论，周公之事成王，成王有过则挞伯禽，皆此意也。《易》之"时"，正在于此。

九二当蛊之时，上应六五。六五阴柔，故有"干母蛊"之象。然九二刚中，以刚承柔，恐其过于直遂也，故戒占者不可贞，委曲巽顺以干之可也。

《象》曰："干母之蛊"，得中道也。

得中道而不太过，即"不可贞"也。

九三：干父之蛊，小有悔，无大咎。

悔以心言。"悔"者，因九三过刚，则干蛊之事，更张措置之间，未免先后缓急失其次序，所以"悔"也。"咎"以理言，然巽体得正，能制其刚，则其干蛊必非私意妄行矣，所以"无大咎"。

九三，以阳刚之才，能"干父之蛊"者，故有干蛊之象。然过刚，自用其心，不免"小有悔"，但为父干蛊，其咎亦不大矣，故其占如此。

《象》曰："干父之蛊"，终无咎也。

有阳刚之才方能干蛊，故周公仅许之，而孔子深许之也。

六四：裕父之蛊，往见吝。

"裕"，宽裕也。强以立事为干，怠而委事为裕，正干之反也。"往"者，以此而往治其蛊也。"见吝"者，立见其羞吝也。治蛊如拯溺救焚，犹恐缓不及事，岂可裕？

六四，以阴居阴，又当艮止，柔而且怠，不能有为，故有"裕蛊"之象。如是则蛊将日深，故往则见吝。戒占者不可如是也。

《象》曰："裕父之蛊"，往未得也。

"未得"者，未得治其蛊也。九三之刚失之过，故"悔"；悔者渐趋于吉，故"终无咎"。六四之柔失之不及，故"吝"；吝者渐趋于凶，故"往未得"。宁为"悔"，不可为"吝"。

六五：干父之蛊，用誉。

卓吾云：上九不事事，而六五犹誉，以悦之，使其欢然，顺从蛊，斯可干。

"用"者，用人也。"用誉"者，因用人而得誉也。"二多誉"，誉之象。周公曰"用誉"、孔子"二多誉"之言盖本于此。九二以五为母，六五又取子道，可见《易》不可典要。宋仁宗仁柔之主，得韩、范、富、欧，卒为宋令主，此爻近之。

六五以柔居尊，下应九二，二以刚中之才而居巽体，则所以承顺乎五者，莫非刚健大中之德矣。以此治蛊，可得闻誉，然非自能誉也，用人而得其誉也。故其象占如此。

《象》曰："干父用誉"，承以德也。

"承"者，承顺也。因巽体又居下，故曰"承"，言九二承顺以刚中之德也。

上九：不事王侯，高尚其事。

上"事"字，"事王侯"以治蛊也。下"事"字，以"高尚"为"事"也。耕下有莘之野，而乐尧舜之道是也。上与五二爻，以家事言，则上为父、五为母、众爻为子，观诸爻以干父母言，可知矣。以国事言，则五为君、下四爻为用事之臣、上一爻为不事之臣，观上一爻以王侯言可知矣。盖当蛊之世，任其事而干蛊者，则操巽之权，而行其所当行；不任其事而高尚者，则体艮止之义，而止其所当止。如邓禹诸臣皆相光武，以干汉室之蛊，独子陵钓于富春是也。艮止，"不事"之象。变坤错乾，"王侯"之象。巽为高，"高尚"之象。

初至五，皆干蛊。上有"用誉"之君，下有"刚中"之臣，家国天下之事已毕矣。上九居蛊之终，无系应于下，在事之外。以刚明之才，无应援而处无事之地，盖贤人君子不偶于时而高洁自守者也，故有此象。占者有是德，斯应是占矣。

《象》曰："不事王侯"，志可则也。

高尚之志足以起顽立懦，故可则。

李卓吾"上九"论其意义，尽于不可贞内，看来"用誉"亦是顺承也好。

来瞿唐先生易注卷之五

坤上
兑下　临观之义或与或求

"临"者，进而临，逼于阴也。二阳浸长以逼于阴，故为"临"，十二月之卦也。天下之物，密近相临者，莫如地与水，故"地上有水"则为比，"泽上有水"则为临。《序卦》："有事而后可大。临者，大也。蛊者，事也。"韩康伯云："可大之业，由事而生。"二阳方长而盛大，所以次蛊。

临：元亨，利贞。至于八月，有凶。

临综观，二卦同体，文王综为一卦，故《杂卦》曰："临，观之义，或与或求。"言至建酉，则二阳又在上，阴又逼迫阳矣。"至于八月"，非临数至观八个月也，言至建酉之月为观，见阴之消不久也。专以综卦言。

《彖》曰：临，刚浸而长，说而顺，刚中而应，大亨以正，天之道也。"至于八月有凶"，消不久也。

以卦体、卦德释卦名、卦辞。"浸"者，渐也，言自复一阳生至临，则阳渐长矣。此释卦名。"说而顺"者，内说而外顺也。说则阳之进也不逼，顺则阴之从也不逆。"刚中而应"者，九二刚中，应乎六五之柔中也。言虽刚浸长逼迫乎阴，然非倚刚之强暴而逼迫也，乃彼此和顺相应也，此言临有此善也。刚浸长而悦顺者，大亨也。刚中而应柔中者，以正也。"天之道"者，天道之自然也，言大道阳长阴消，原是如此"大亨以正"也。一诚通复，岂不"大亨以正"？故文王卦辞曰"元亨利贞"者，此也。然阴之消岂长消哉？至酉曰"观"，阴复长而凶矣。

《象》曰：泽上有地，临。君子以教思无穷。容保民无疆。

"教"者，劳来匡直之谓也。"恩"者，教之至诚恻怛出于心思也。"无穷"者，教之心思不至厌战而穷尽也。"容"者，民皆在统驭之中也。"保"者，民皆得其所也。"无疆"者，无疆域之限也。"无穷"与兑泽同其渊深，"无疆"与坤土同其博大，二者皆"临民"之事，故君子观临民之象以之。

初九：咸临，贞吉。

"咸"，皆也，同也。以大临小者初九、九二，临乎四阴也；以上临下者，上三爻临乎其下也。彼临乎此，此忙乎彼，皆同乎临，故曰"咸临"。卦惟二阳，故此二爻皆称"咸临"。九刚而得正，故占者"贞吉"。

以上临下，似未是，如云非阳能临，乃二阳"咸临"似妥。

《象》曰："咸临贞吉"，志行正也。

初"正"，应四亦"正"，故曰"正"。中爻震足，故初"行"，五亦"行"。

九二：咸临，吉，无不利。

"咸临"与初同而占不同者，九二有刚中之德，而又有上进之势，所以"吉无不利"。

《象》曰："咸临，吉，无不利"，未顺命也。

"未顺命"者，未顺五之命也。五，君位，故曰"命"。且兑综巽，亦有"命"字之象。本卦《彖辞》悦而顺，孔子恐人疑此爻之"吉，无不利"者，乃悦而顺五之命也。故于《小象》曰：二之吉利者，乃有刚中之德，阳势上进，所以吉利也，未顺五之命也。

"未顺命"者，四阴方盛，为顺阳之命也，所以必二阳"咸临"。周公之吉利坚二阳上进之心也。孔子"未顺命"者，坚二阳合德之心也。围成弗克，三家岂皆顺命乎？孔子尚不能以一阳服群阴，而况其他？

六三：甘临，无攸利。既忧之，无咎。

"甘临"者，以甘悦人，而无实德也。坤土具味甘。兑为口，甘之象也。故节卦九五"变临"，亦曰"甘节"。"无攸利"者，不诚不能动物也。变乾，乾三爻"惕若"，忧之象也。

三居下之上，临人者也。阴柔悦体又不中正，故有以甘悦临人之象，此占者所以"无攸利"也。能忧而改之，斯"无咎"矣。

《象》曰："甘临"，位不当也。"既忧之"，咎不长也。

"位不当"者，阴柔不中正也。"咎不长"者，改过也。

六四：至临，无咎。

六四当坤兑之交，地泽相比，盖临亲切之至者，所以占者"无咎"。
以阴临阳，宜有咎，然阴阳相应之至者，故无咎。

《象》曰："至临，无咎"，位当也。

以阴居阴，故"位当"。
"位当"者，居坤顺之位，下临乎初阳而相应也。其得"无咎"者，以其位，非以其阴也。"位当"，阴亦当矣。

六五：知临，大君之宜，吉。

知，音智。

变坎，坎为"通"，智之象也。"知临"者，明四目，达四聪，不自用而任人也。应乾阳，故曰"大君"。"知临"之"知"，原生于九二，故即曰"大君"。"知"者，觉也，智也。六五非九二不能至此。"宜"者，得人君之统体也。

六五柔中居尊，下任九二刚中之贤，兼众智以临天下，盖得"大君之宜"者，吉可知矣。占者有是德，亦如是占也。

《象》曰："大君之宜"，行中之谓也。

与初行正同。六五中，九二亦中，故曰"行中"。"行中"即用中。中爻震足，行之象也。

上六：敦临，吉，无咎。

"敦"，厚也。爻本坤土，又变艮土，敦厚之象。初与二虽非正应，然志在二阳，尊而应卑，高而从下，盖敦厚之至者。

上六居临之终，坤土敦厚，有"敦临"之象，吉而无咎之道也。故其象占如此。

《象》曰："敦临"之吉，志在内也。

志在内卦二阳，曰"志"者，非正应也。

巽上坤下　观

"观"者，有象以示人，而为人所观仰也。风行地上，遍触万类，周观之象也。二阳尊上，为下四阴所观仰，观之义也。《序卦》："临者大也，物大然后可观，故受之以观。"所以次临。

观：盥而不荐，有孚颙若。

盥，音贯。

"盥"者，将祭而洁手也。"荐"者，奉酒食以荐也。"有孚"者，信也。"颙"者，大头也，仰也。《尔雅》："颙颙，君之德也。"大头在上之意，仰观君德之意，言祭祀者方洁手而未荐，人皆信而仰之矣。观者必当如是也。自上示下曰"观"，去声；自下观上曰"观"，平声。

《象》曰：大观在上，顺而巽，中正以观天下，观。"盥而不荐，有孚颙若"，下观而化也。观天之神道，而四时不忒，圣人以神道设教，而天下服矣。

观皆去声，惟下观而化平声。
以卦体、卦德释卦名，又释卦辞，而极言之。"顺"者，心于理无所乖。"巽"者，事于理无所拂。中正即九五。阳大阴小，故曰"大观"在上。"中正"则所观之道也。言人君欲为观于天下，必所居者九五"大观"之位，所具者慎顺巽之德，而后以我所居之中，观天下之不中，所居之正，观天下之不正，斯可以为观矣，所以名"观"。"下观而化"，故人信而仰之，所以有孚颙若者此也。"盥而不荐"者，神感也。"有孚颙若"者，神应也。此观之所以神也。故以天道圣人之神道，极言而赞之。"神"者，妙不可测，莫知其然之谓。"天之神道"非有声色，而四时代谢无少差忒；"圣人神道设教"亦非有声色，而民自服从，观之神一而已矣。

《象》曰：风行地上，观。先王以省方，观民设教。

上观，去声。下观，平声。

"省方"者，巡狩省视四方也。"观民"者，观民俗也，即《陈诗》"以观民风"，"纳价""以观好恶"也。"设教"者，因俗以设教也，如齐之未业教以农桑，卫之淫风教以有别是也。风行地上，周及庶物，有历览周遍之象，故以"省方"体之。"坤为方"，"方"之象；"巽以申命"，"设教"之象。

初六：童观，小人无咎，君子吝。

观，平声。

"童"者，童稚也。"观"者，观乎五也。中爻艮为少男，"童"之象也。初居阳，亦童之象，故二居阴，"取女"之象也。"小人"者，下民也。本卦，阴取下民，阳取君子。"无咎"者，"百姓日用而不知"，所以"无咎"也。"君子吝"一句乃足上句之意，故《小象》不言"君子"。

初六当大观在上之时，阴柔在下，去五最远，不能观五中正之德辉，犹童子之识见不能及远，故有"童观"之象。然其占在小人，则无咎。若君子岂无咎哉！亦可羞吝矣。

《象》曰：初六"童观"，小人道也。

不能"观国之光"，小人之道自是如此。

六二：阚观，利女贞。

观，平声。

"阚"与"窥"同，门内窥视也。不出户庭，仅窥一隙之狭者也。曰"利女贞"，则丈夫非所利矣。中爻艮，门之象也。变坎为"隐伏"，坎错离为"目"，目在门内隐伏处，窥视之象也。二本与五相应，但二之前即门，所以"窥观"。

六二阴柔，当观之时，居内而观外，"不出户庭"而欲观中正之道，不可得矣，故有"窥观"之象。惟女子，则得其正也。故其占如此。

《象》曰："阚观"、"女贞"，亦可丑也。

妇无外事，则"窥观"乃女子之正道。丈夫志在四方，宇宙内事乃吾分内事。以丈夫而为女子之观，亦可丑矣。

六三：观我生进退。

子路对丈人之辞："明君在上，可出而仕矣"。观，平声。

下爻皆观乎五。三隔四，四已"观国之光"，三惟观我生而已。"我生"者，我阴阳相生之正应也，即上九也。为"进退"为"不果"者，巽也。巽有"进退"之象，故曰"观我生进退"。

六三当观之时，隔四不能"观国"，故有"观我生进退"之人之象。不言占之凶咎者，阴阳正应，未为失道，所当观者也。

《象》曰：观我生进退，未失道也。

"道"者，阴阳相应之正道也。

六四：观国之光，利用宾于王。

观，平声。

"光"者，九五阳明在上，被四表，光四方者也。下坤土，国之象。中爻艮，辉光之象。四承五，宾主之象。九五，王之象。"观国光"者，亲炙其休，光也。"宾"者，已仕者朝观于君，君则宾礼之，未仕者仕进于君，君则宾兴之也。观卦利近不利远。六二中正，义乃正应。乃曰"窥观"，则不利于远可知矣。

六四柔顺得正，最近于五，有"观光"之象，故占者"利用宾于王"。

《象》曰："观国之光"，尚宾也。

"尚"谓心志之所尚，言其志意，愿宾于王朝。

九五：观我生，君子无咎。

观，去声。

九五，上九。"生"字，亦如六三"生"字，皆我相生之阴阳也。"观我生"作句，观孔子《小象》可见矣。"观我生"者，观示乎我所生之四阴也，即"中正以观天下"也。"君子无咎"对初爻"小人无咎"言。下四阴爻皆"小人"，上二阳爻皆"君子"。小人当仰观乎上，故"无咎"；君子当观示乎下，故"无咎"。

九五为观之主，阳刚中正以居尊位，下之四阴皆其所观示者也，故有"观我生"之象。"大观在上"，君子无咎之道也。故其象占如此。

《象》曰："观我生"，观民也。

二观字，皆去声。

"民"即下四阴。阴为民，民之象也。故姤九四曰"远民"，以初六阴爻也。内卦三阴远于五，草莽之"民"也。六四之阴近于五，仕进之"民"也。九五虽与六二正应，然初三、四与九五皆阴阳相生，故曰"观我生，观民也"，即"中正以观天下之民"也。

"生"曰，我生，则关于我者切矣。孔子释以"民"字，不曰"生"，而曰"民"，非独同焉？皆生己也。人君俯临万民，不有以观之，不惟负我，并负民也。

上九：观其生，君子无咎。

观，去声。

上九虽在观示之上，然本卦九五有天下国家之责。所以九五观示乎诸爻，诸爻仰观乎九五。曰"我生"者，即大有六五"五阳皆其所有"之意。言下四阴惟我可以观示，他爻不可得而观示之也。若上九不在其位，不任其事，则无观示之责。止因在上位，阴阳相生，义当观其生，是空有观生之位而已，故不曰"观我生"，而曰"观其生"者，避五也。是"我"字甚重，而"其"字甚轻也。"君子无咎"者，九五与上九皆阳刚在上，故并"君子"之"无咎"也。

上九以阳刚居观之极，故有"观其牛"之象，亦君子之无咎者。故其象占如此。

《象》曰："观其生"，志未平也。

"志"者，上九之心志也。"平"者，均平也，与九五平分，相同一般之意。言周公爻辞，九五"观我生"，而上九则以其字易我字者，何哉？以上九之心志，不敢与九五同观其民也，故曰"志未平"也，盖观示乎民乃人君之事。若上九亦观示乎民，则人臣之权与人君之权，相为均平而无二矣，岂其理哉！故上九阳刚虽与五同，不过有观生之位而已，不敢以四阴为我之民，与九五平观示之也。

☲ 离上 噬嗑食也
☳ 震下

"噬"，啮也；"嗑"，合也。颐中有物间之，啮而后合也。上下两阳而中虚，颐之象也。四一阳间于其中，"颐中有物"之象也。"颐中有物"必啮而后合，噬嗑之象也。《序卦》："嗑者合也，可观而后有所合"，所以次观。

噬嗑：亨。利用狱。

"噬嗑亨"卦，自有亨义也。天下之事，所以不得亨者，以其有间也。噬而嗑，则物不得而间之，自亨通矣。此概举天下之事而言也。"利用狱"者，噬嗑中之一事也。

《象》曰：颐中有物，曰"噬嗑"。噬嗑而亨。刚柔分动而明，雷电台而章，柔得中而上行，虽不当位，"利用狱"也。

以卦体、卦德、二象、卦综释卦名、卦辞。"颐中有物"，则其物作梗。以人事论，如寇盗奸宄，治化之梗；蛮彝猾夏，疆场之梗；以至君臣父子、亲戚朋友离贰谗谤，间于其中者，皆颐中之梗也。《易》卦命名立象，各有所取。鼎也，井也，大过之栋也，小过之飞鸟也，"远取诸物"者也；艮之背也，颐之头也，噬嗑颐中之物也，"近取诸身"者也。刚柔分者，震刚离柔，分居内外，内刚者齿也，外柔者辅也。"动而明"者，震动、离明也。"雷电合"者，卦二象也。盖动不如雷，则不能断，明不如电，则不能察，唯雷电合，则雷震电耀威明相济，所谓动而明者，愈昭彰矣。此已前言"噬嗑亨，柔得中而上行"者。本卦综贲，二卦同体，文王综为一卦，故《杂卦》曰："噬嗑食也，贲无色也。"言以贲下卦离之，"柔得中上行"，而居于噬嗑之上卦也。盖不柔则失之暴，柔不中则失之纵，柔得中，则宽猛得宜，有哀矜之念，而又不流于姑息，此其所以"利用狱"也。若依旧注，自益卦来，则非"柔得中而上行"，乃上行而柔得中矣。"不当位"者，以阴居阳也。

"颐中有物，名噬嗑"矣，而曰"亨"者，何也？盖凡噬物，噬则颐分，嗑则颐合。今未噬之先内刚外柔，将噬之际动而明，正噬之时合而章，先分后合，又何拘得以间之？此所以噬嗑而亨也。然以噬嗑之亨，何事不利，而独"用狱"者，盖六五以柔在上，本不当位，不足以致诸事之利。独以"柔得中"，所以"利用狱"也。

《象》曰："雷电"、"噬嗑"，先王以明罚敕法。

"罚"者，一时所用之法。"法"者，平日所定之罚。"明"者，辨也，辨其轻重，效电之明。"敕"者，正也，正其国法。效雷之威，明辨敕正，以振"敕"法度，使人知所畏避也。

初九：屦校灭趾，无咎。

校，音教。

"校"，足械也。"屦"者，以械加于足，如纳屦于足也。中爻坎，坎为"桎梏"，校之象也。故上九亦言"校"。"趾"者，足趾也，震为足趾之象也。"灭"者，没也，遮没其趾也。变坤，不见其震之足，"灭其趾"之象也。"无咎"者，因其刑而惩创以为善也。"屦校"不惩，必至"荷校"；"灭趾"不惩，必至"灭耳"。不因其刑而惩创，必至上九之恶积罪大矣，安得无咎？初九、上九，受刑之人，中四爻则用刑者。

九居初无位，下民之象也。以阳刚而不柔顺，未有不犯刑者，故有"屦校灭趾"之象。"趾"乃人之所用以行者，惩之于初，使不得行其恶，小人之福也。故占者"无咎"。

《象》曰："屦校灭趾"，不行也。

震性动。"灭其趾"，则不得动而行以为恶矣。

六二：噬肤灭鼻，无咎。

"肤"者，肉外皮也。凡卦中次序相近者言肤：剥卦言"肤"者，艮七坤八也。睽卦言"肤"者，兑二离三也；此卦言"肤"者，离三震四也。六爻二言"肤"者，皮也。三言"肉"者，皮中之肉也。四言"胏"者，肉中连骨也，以阳刚也。五阴柔，又言肉矣。爻位以次渐深，噬肉以次渐难。祭有肤鼎，盖柔脆而无骨、噬而易嗑者也。中四爻有上下齿噬啮之象，故四爻皆言"噬"。此爻变兑，兑为口，"噬"之象也。二乃治狱之人，居其中，初在下，外为肤，"噬其肤"之象也，故《杂卦》曰"噬嗑食也"，正言此四爻之噬也。中爻艮，艮为"鼻"，"鼻"之象也。二变则中爻为离，不见其艮之鼻，灭其鼻之象也。

"灭"字与"灭趾"、"灭耳"同例，即《朱子语录》所谓"噬肤而没其鼻于器中"是也，言噬易嗑而深噬之也。

六二柔顺中正，听断以理，故其治狱有"噬肤灭鼻"之易之象，"无咎"之道也。故其占如此。

《象》曰："噬肤灭鼻"，乘刚也。

"刚"者，初之刚也。人刚则性直。狱内委曲皆不隐藏，已易于听断矣。六二，又以中正乘其刚，以听断，必得其情，故有"噬肤灭鼻"之易。

六三：噬腊肉，遇毒，小吝，无咎。

腊，音昔。

"腊肉"者，即六五之干肉也。离火在前，三变又成离，上火下火，干其肉之象也。九四、六五，离有乾象，故二爻皆言乾，而此言腊也。"遇"者，逢也。凡《易》中言遇者，皆雷与火也。睽九二变震曰"遇主于巷"，"遇元夫"者亦变震也。丰"遇配主"、"遇夷主"，小过大象坎错离"遇其妣"、"遇其臣"，此雷火，故言"遇毒"。"毒"者，腊肉之陈久太肥者也。《说文》云"毒"者厚也，"味厚者为毒久"。"噬腊遇毒"者，言噬干肉，而遇陈久太肥厚味之肉也。中爻坎，所以曰"毒"。故师卦有此"毒"字。

六三阴柔，不中不正，治狱而遇多年陈久烦琐之事，一时难于断理，故有噬腊遇毒之象，亦小有吝矣，然时当噬嗑，于义亦无咎，故其占又如此。

《象》曰："遇毒"，位不当也。

以阴居阳。

阴居阳位，故见为"遇毒"。若阳居阳位，则遇事立断，何毒之有？盖此爻若变，则为离，是动而明也，故惜其位不当。

九四：噬乾胏，得金矢，利艰贞，吉。

乾，音干。胏，音滓。

"胏"，乾肉之有骨者。离为干，干之象也。六五亦同此象。三肉居卦之中，乃狱情之难服者，故皆以坚物象之。"金"者，刚也。此爻，正颐中之物，阳爻居二阴之间，金之象也。变坤错乾，亦金之象也。"矢"者，直也，中爻坎，矢之象也。盖九四正居坎之中，坎得乾之中爻，为中男，故此爻有金象，有"矢象"。若六五变为乾，止有金象，无矢象矣，故止曰"得黄金"。且九四刚而不正，故戒之以"刚直"。六五柔中，故戒之以"刚中"。二爻皆曰"得"者，教人必如此也。"艰"者，凛凛然惟恐一毫之少忽，以心言也。"贞"者，兢兢然惟恐一毫之不正，以事言也。狱情难明，故必如金之刚、矢之直，而又艰难正固，则吉矣。因九四不中正，故教占者占中之象又如此。

《象》曰："利艰贞，吉"，未光也。

"未光"即屯九五、夬九五之类。

六五：噬乾肉，得黄金，贞厉无咎。

"噬乾肉"，难于肤，而易于乾胏者也，乃所治之狱，匪难匪易之象。"黄"者，中也。金者，刚也，变乾，金之象也。乾错坤，黄之象也。离得坤之中爻为中女，则离之中，乃坤土也，故曰"黄金"。"贞"者，纯乎天理之公而无私也。"厉"者，存乎危惧之心，而无忽也。"无咎"者，刑罚当而民不冤也。

六五居尊，用刑于人，人无不服，故有"噬乾肉易嗑"之象。然恐其柔顺而不断也，故必如"黄"之中、"金"之刚，而又"贞厉"，乃得无咎。因六五柔中，故戒占者占中之象又如此。

《象》曰："贞厉无咎"，得当也。

当，去声。
言必如此治狱，方得当也。

上九：何校灭耳，凶。

何，音荷。

"何"者，负也，谓在颈也。中爻坎为"桎梏"。初则曰"屦"，上则曰"负"，以人身分上下而言也。"灭"者，遮灭其耳也。坎为"耳痛"，"灭耳"之象也。又离为戈兵，中爻艮为手，手持戈兵，加于耳之上，亦"灭耳"之象也。

上九居卦之上，当狱之终，盖恶极罪大，怙终不悛者也，故有"何校灭耳"之象。占者如此，凶可知矣。

《象》曰："何校灭耳"，聪不明也。

"聪"者，闻也，听也。上九未变，离明在上，坎耳在下，故听之明。今上九既变，则不成离明矣，所以听之不明也。困卦坎有言不信，夬四变坎闻言不信，今既听之不明，则不信人言矣。坎既心险，又不信好言，所以犯大罪。

▤ 艮上
离下　**贲无色也**

"贲"，饰也。为卦山下有火。"山"者，百物草木之所聚，下有火，则照见其上，品汇皆被光彩，贲之象也。《序卦》："嗑者，合也，物不可以苟合也，故受之以贲。"所以次噬嗑。

贲：亨。小利有攸往。

贲，彼为反。
"小利攸往"亦为亨，但亨之不大耳。

《彖》曰："贲亨"，柔来而文刚，故亨。分刚上而文柔，故"小利有攸往"。天文也，文明以止。人文也，观乎天文，以察时变。观乎人文，以化成天下。

以卦综、卦德释卦辞，而极言之。本卦综噬嗑。"柔来文刚"者，噬嗑上卦之柔来文贲之刚也。柔指离之阴卦，刚则艮之阳卦也。"柔来文刚"以成离明，内而离明则足以照物。动罔不臧，所以"亨"。"分"者，又分下卦也。"分刚上而文柔"者，分噬嗑下卦之刚，上而为艮，以文柔也；刚指震之阳卦，柔则离之阴卦也；刚上而文柔，以成艮止；外而艮止，则内而能知之，外而不能行之，仅可"小利有而已攸往"，不能建大功业也。故以其卦综观之，"柔来文刚，刚上文柔"，是即天之文也，何也？盖在于成象。日月五星之运行，不过此一刚一柔、一往一来而已。今本卦刚柔交错，是"贲"之文，即"天"之文也。以其卦德观之，是即"人"之文也，何也？盖人之所谓文者，不过文之明也，而灿然有礼以相接，文之止也，而截然有分以相守。今本卦内而离明，外而艮止，是"贲"之文，即"人"之文也。"观天文以察时变，观人文以化成天下"，贲之文不其大哉！"变"者，四时寒暑代谢之变也。"化"者，变而为新。"成"者，久而成俗。

《象》曰：山下有火，贲。君子以明庶政，无敢折狱。

"明"，离象。"无敢"，艮象。"庶"者，众也。繁庶小事，如钱谷出纳之类。"折狱"则一轻重出入之间，民命之死生所系，乃大事也。曰"无敢"者，非不折狱也，不敢轻折狱也，再三详审，而后发之意，此即"小利有攸往"之理。因内明外止，其取象如此。贲与噬嗑相综，噬嗑"利用狱"者，明因雷而动也；贲"不敢折狱"者，明因艮而止也。

初九：贲其趾，舍车而徒。

舍，音捨。

"贲其趾"者，道义以文饰其足趾也。"舍"者，弃也。"徒"者，徒行也。"舍车而徒"，即贲其趾也。言"舍车"之荣而徒行，是不以徒行为辱，而自以道义为荣也。中爻震与坎。震，"趾"之象也；坎，"车之象也。变艮止而又止，舍之象也。初比二而应四，比二则从乎坎车矣，应四则从乎震趾矣。然升乎车者，必在上方可乘。《易》中言"乘"者，皆在上也，言"承"者，皆在下也。初在下无"乘"之理，故有"舍"坎"车"而从震"趾"之象。观《小象》"乘"字可见。

初九刚德明体，盖内重外轻，自贲于下而隐者也，故有舍非义之车，而安于徒步之象。占者得此，当以此自处也。

《象》曰："舍车而徒"，义弗乘也。

初在下，无可乘之理。

六二：贲其须。

在颐曰"须"，在口曰"髭"，在颊曰"髯"。须不能以自动，随颐而动，则须虽美，乃附于颐以为文者也。本卦综噬嗑，原有颐象，今变阳则中爻为兑口矣，口旁之文莫如须，故以"须"象之。

六二以阴柔居中正，三以阳刚得正，皆无应与，故二附三而动，犹须附颐而动也，故有"贲其须"之象。占者附其君子，斯无愧于贲矣。

《象》曰："贲其须"，与上兴也。

"与"者，相从也。"兴"者，兴起也。二阴柔从三阳，兴起者也。

九三：贲如濡如，永贞吉。

如，助语辞。"濡"，沾濡也。离文自饰，"贲如"之象也。中爻坎水自润，"濡如"之象也。"永贞"者，长永其贞也。九三本贞，教之以永其贞也，"吉"者，阴终不能凌也。

九三以一阳居二阴之间，当贲之时，阴来比己为之左右先后，盖得其贲而润泽者也，故有"贲如濡如"之象。然不可溺于所安也，占者能守"永贞"之戒，斯吉矣。

《象》曰：永贞之吉，终莫之陵也。

"凌"者，侮也。能永其贞，则不陷溺于阴柔之中。有所严惮，终莫之凌侮矣。

六四：贲如皤如，白马翰如。匪寇，婚媾。

皤，白波反。

"皤"，白也。四变中爻为巽，白之象也。"贲如皤如"者，言未成其贲而成其皤也，非贲如而又皤如也。中爻震为"旉足"，为"的颡"。旉，白足，颡，白颠，白马之象也。旧注不知象，故言人白则马亦白，无是理矣。"翰如"者，马如翰之飞也。中爻坎，坎为亟心之马、"翰如"之象也。寇指三，婚媾指初。

六四与初为正应，盖相为贲者也。乃为九三所隔而不得遂，故未成其贲，而成其皤。然四往求于初之心，如飞翰之疾，不以三之隔而遂已也。使非三之寇，则与初成婚媾，而相为贲矣。是以始虽相隔，而终则相亲也。即象而占可知矣，与屯六二同。

《象》曰：六四当位，疑也。"匪寇，婚媾"，终无尤也。

以阴居阴，故"当位"。"疑"者，疑惧其三之亲比也。六四守正，三不能求，故终无过尤。

六五：贲于丘园，束帛戋戋。吝，终吉。

戋，音残。

艮为"山"，丘之象也。故颐卦指上九为"丘"，涣卦中爻艮，故六四"涣其丘"。艮为"果蓏"，又居中爻震木之上。果蓏林木，园之象也。此丘园指上九。上九贲白贲贱肆志，乃山林高蹈之贤。蛊乃同体之卦，上九"不事王侯"。随卦上六错艮，亦曰"西山"，则上九乃山林之贤无疑矣。两爿为"束"。阴爻两坼，"束"之象也。坤为帛，此坤土，"帛"之象也。"戋"与残同，伤也。艮错兑为"毁折"，戋之象也。束帛伤戋，即今人之礼缀也。本卦上体下体皆外阳中虚，有礼缀之象。上戈下戈，故曰"戈戈"。阴吝啬，故曰"吝"。

六五文明以止之主，当贲之时，下无应与，乃上比上九高蹈之贤，故有光贲丘园、束帛以聘之象。然贲道将终，文反于质，故又有"戈戈"之象。以此为礼，有似于吝，然礼薄意勤，礼贤下士乃人君可喜之事。占者得此，吉可知矣。

《象》曰：六五之"吉"，有喜也。

艮错兑为悦，故曰"有喜"。得上九高贤而文之，岂不喜？

上九：白贲，无咎。

"贲"，文也。"白"，质也，故曰"白受采"。上九居贲之极，物极则反，有色复于无色，所以有"白贲"之象。文胜而反于质，"无咎"之道也。故其象占如此。

《象》曰："白贲，无咎"，上得志也。

文胜而反于质，退居山林之地，六五之君以束帛聘之，岂不得志？此以人事言者也。若以卦综论之，此文原是噬嗑初爻，刚上文柔，以下居上，所以得志。

艮上
坤下　剥烂也

"剥"者，落也，九月之卦也。五阴在下，一阳在上，阴盛阳孤，势将剥落，而尽剥之义也。至高之山，附著于地，有倾颓之势，剥之象也。《序卦》："贲者，饰也，致饰然后亨，则尽矣，故受之以剥"所以次贲。

剥：不利有攸往。

"不利有攸往"，言不可有所往，当俭德避难，所以为君子谋也。

《象》曰：剥，剥也。柔变刚也。"不利有攸往"。小人长也。顺而止之，观象也。君子尚消息盈虚，天行也。

长，丁丈反。

以卦体、卦德释卦名、卦辞。"剥"者，阳剥也。所以剥之者，险也。五之阴，上进而欲变乎上之一阳也。以卦体言之，"小人长"也，阴邪之声势方张也。以卦象言之，内顺外止，有顺时而止之象，人当观此象也。观小人之时，时不可往，观一卦之象，象自不往，所以"不利有攸往"。"消息"者，"盈虚"之方始；"盈虚"者，"消息"之已成。"消息盈虚"四字，皆以阳言。复者阳之息，姤者阳之消，乾者阳之盈，坤者阳之虚，此正阳消而将虚之时也。"天行"者，天道自然之运也。天运之使然，君子亦惟以是为尚，与天时行而已，既不可往，又岂可往哉！"君子"二句，又推原"不利有攸往"之故。

《象》曰：山附于地，剥。上以厚下安宅。

"上"谓居民之上，一阳在上之象也。"厚下"者，厚民之生，省刑罚、薄税敛之类也。"宅"者，上所居之位，非定舍也。因艮体一阳覆帱于上，有宅舍之象，故以"宅"言之。所以上九亦以庐言者，以有庐之象也。"厚下安宅"者，言厚下而不剥下者，正所以自安其宅也，民惟邦本、本固邦宁之意。卦以下剥上取义，乃小人剥君子，成剥之义；象以上厚下取义，乃人君厚生民，则治剥之道也。

初六：剥床以足，蔑贞，凶。

剥床以足者，剥落其床之足也。变震，足之象也。剥自下起，故以足言之。一阳在上，五阴列下，有宅象、庐象、床象。"蔑"者，灭也。"蔑贞"者，灭其正道也，指上九也。方剥足而即言"蔑贞"，如"履霜"而知"坚冰至"也。

初阴剥在下，有"剥床以足"之象。"剥床以足"，犹未见其凶，然其"剥足"之势，不至"蔑贞"而不已，故戒占者如此。此圣人为君子危，而欲其自防于始也。

《象》曰："剥床以足"，以灭下也。

以灭下，则渐而上矣。见其端甚微，知其必有"蔑贞"之祸。

六二：剥床以辨，蔑贞，凶。

"辨"者，床之干也。不曰"干"而曰"辨"者，谓床之下、足之上，分辨处也。"蔑贞"同初。

《象》曰："剥床以辨"，未有与也。

"与"者，阳也。凡爻中，阳以应阴、阴以应阳方谓之应，相比亦然。二本阴爻，有阳爻之应，或有阳爻之比，则有与矣。今比乎二者初也，初，阴也。应乎二者五也，五亦阴也。前后左右，皆无应与之阳，则上九乃孤阳矣，岂不"蔑贞"！故初知其"蔑贞"，而二亦知其必有此"凶"也。

六三：剥之无咎。

三虽与上九为正应，不可言"剥"，然在剥卦之中，犹不能离乎剥之名。"之"，语助辞。众阴方剥阳，而三独与之为应，是小人中之君子也。去其党而从正，虽得罪于私党，而见取于公论，其义"无咎"矣。占者如此，故"无咎"。剥以近阳者为善，应阳者次之。近阳者六五是也，故"无不利"。应阳者此爻是也，故"无咎"。

吕氏家贱，恶莫大焉。

《象》曰：剥之无咎，失上下也。

"上"、"下"谓四阴。三居四阴之中，不与之同党，而独与一阳为应与，是所失者上下之阴，而所得者上九之阳也。惟其失四小人，所以得一君子。

六四：剥床以肤，凶。

初"足"、二"辨"、三"床"之上四，乃上体。居"床"之上，乃床上人之肤也。剥床而及其肌肤，祸切身矣，故不言"蔑贞"，而直曰"凶"。

《象》曰："剥床以肤"，切近灾也。

言祸已及身，而不可免也。

六五：贯鱼，以宫人宠，无不利。

此正《彖辞》所谓顺而止之也。鱼贯者，鱼之贯串而相次以序，五阴列两旁之象也。本卦大象巽，此爻变巽，巽有鱼象，详见中孚，巽为绳贯之象也。"以"者，后妃以之也。五，君位，为众阴之长，故可以以之。"鱼"，阴物；"宫人"，众妾，乃阴之美，而受制于阳者。艮错兑为"少女"，"宫人"之象也。"以宫人宠"者，统领宫人，以次上行，进御而获其宠也。一阳在上，五率其众阴，本卦原有此象。且内顺外止，本卦原有此德。阴顺则能从乎阳，艮止则必不剥阳矣。"无不利"者，阴听命于阳，乃小人听命于君子也，故"无不利"。非《程传》别设义之说。

六四，以剥其肤而凶，至六五阴长阳消之极矣。然本卦顺而且止，故阴不剥阳，有"贯鱼，以宫人宠"，反听命于阳之象。此小人之福，而君子之幸也。故占者"无不利"。

《象》曰："以宫人宠"，终无尤也。

五以阴剥阳，今率其类以听命于阳，有何过尤？

上九：硕果不食，君子得舆，小人剥庐。

"硕果"者，硕大之果。阳大阴小，硕之象也。艮为果，果之象也。"不食"者，在枝间未食也。诸阳皆消，一阳在上，硕果在枝上之象也。此爻未变，艮错兑为口，犹有可食之象。此爻一变则为坤，而无口矣，不食之象也。果硕大不食，必剥落朽烂矣，故孔子曰"剥者烂也"。果剥落朽烂于外，其中之核又复生仁，犹阳无可尽之理，穷上反下，又复生于下也。"舆"者，拘赖之以载，犹地之能载物也。变坤，坤为大舆，舆之象也。一阳复生于地之下，则万物皆赖之以生，此"得舆"之象也。"庐"者，人赖之以覆，犹天之能覆物也。五阴为庐，一阳盖上，为庐之椽瓦。今一阳既剥于上，则国破家亡，人无所覆庇以安其身，此剥庐之象也。上一画变，此穷上也，故曰"剥"。剥则阴矣，故曰"小人"。下一画新生，此反下也，故曰"得"。得则阳矣，故曰君子。盖阳剥于上，则必生于下，生之既终，则必剥于上。未剥之先，阳一画在上，故其象似"庐"；既剥之后，阳生于下，则上一画又在下矣，故其象似"舆"。

诸阳消剥已尽，独上九一爻，故有"硕果不食"之象。今上九一爻既变，则纯阴矣，然阳无可尽之理，既剥于上，必生于下，故生于下者，有"君子得舆"而为民所载之象。剥于上者，有"小人剥庐"终无所用之象。占者得此，君子小人当自审矣。

《象》曰："君子得舆"，民所载也。"小人剥庐"，终不可用也。

"民所载"者，民赖之以承载也，庐所赖以安身者也。今既剥矣，终何用哉！必不能安其身矣。国破家亡，小人无独存之理。"载"字，从"舆"字上来，"不可用"从"剥"字上来。

坤上 震下 **复** 反也

"复"者，来复也。自五月一阴生后，阳一向在外，至十月变坤，今冬至复来，反还于内，所以名"复"也。《序卦》："物不可以终尽。剥穷上反下，故受之以复。"所以次剥。

复：亨。出入无疾，朋来无咎。反复其道，七日来复，利有攸往。

先言"出"而后言"入"者，《程子》言"语顺"是也。"出"者，刚长也。入者，刚反也。"疾"者，遽迫也。言出而刚长之时，自一阳至五阳，以渐而长，是出之时未当遽迫也。入而刚反之时，五月一阴生，九月之剥犹有一阳，至十月阳变，十一月阳反，以渐而反，是入之时未当遽迫也。"朋"者，阴牵连于前，朋之象也。故豫卦、损卦、益卦、泰卦、咸卦皆因中爻三阳三阴牵连，皆得称"朋"也。自外而之内曰"来"，言阴自六爻之二爻，虽成朋党而来，然当阳复之时，阳气上行以渐而长，亦无咎病也。"复"之得亨者以此。"道"犹言路，言刚反而复之道路也。"七日来复"者，自姤而遁、否、观、剥、坤、复凡七也，即七日得之意。盖阳极于六，阴极于六，极则反矣，故"七日来复"也。"无疾咎"者，复之亨也。"七日来复"，复之期也。"利有攸往"，复之占也。大抵姤、复之理，五月一阴生为姤，一阴生于内，则阳气浮而在外矣。至于十月坤，阴气虽盛，而阳气未当息也，但在外耳。譬之妻虽为主，而夫未尝亡。故十一月一阳生，曰"刚反"。反者，言反而归之于内也。十一月一阳生而复，一阳生于内，则阴气浮而在外矣。至于四月，乾阳气虽盛，而阴气未尝息也，但在外耳。譬之夫虽为主，而妻未尝亡，故五月一阴复生。天地虽分阴阳，止是一气，不过一内一外而已。一内一外即一升一沉、一盛一衰、一代一谢也。消息盈虚，循环无端，所以言"剥"言"复"。

《象》曰："复亨"，刚反，动而以顺行，是以"出入无疾，朋来无咎"。"反复其道，七日来复"，天行也。"利有攸往"，刚长也。复，其见天地之心乎！

以卦德、卦体释卦辞而赞之。刚反对刚长。"反"者，言剥之刚"穷上反下"而为复也。"长"者，言复之刚自下进上，历临泰而至于乾也，以其既去而来反也，故"亨"，以其既反而长也，故"利有攸往"。刚反，言方复之初，刚长，言已复之后。行亦动也。言下体虽震动，然上体乃坤顺，以顺而动，所以"出入往来，无疾无咎"。"天行"者，阴阳消息，天运之自然也，故"反复其道，七日来复"。阳刚用事，君子道长，所以"利有攸往"。"见天地之心"者，天地无心，生之不息者乃其心也。剥落之时，天地之心几于灭息矣。今一阳来复，可见天地生物之心，无一息之间断也。

《象》曰：雷在地中，复。先王以至日闭关，商旅不行，后不省方。

一阳初复，万物将发生之时，当上下安静以养微阳。"商旅不行"者，下之安静也。"后不省方"者，上之安静也。人身亦然，《月令》"斋戒掩身"是也。以卦体论，阴爻"贯鱼"，"商旅"之象。阳爻横亘于下，"闭关"之象。阳君不居五而居初，潜居深宫，"不省方"之象。以卦象论，震为"大涂"，中开大路，"旅"之象。坤为"众"，商旅之象。震综艮，艮止不行之象。阖户为坤，"闭关"之象。坤为"方"，方之象。

初九：不远复，无祗悔，元吉。

"不远"者，失之不远也。"祗"者，适所以之辞。"适"者，往也，至也。人有过失，必至征色，发声而后悔悟，此则困心衡虑者也。惟自此心而失之，又自此心而知之；自此心而知之，又自此心而改之。此则不远即复，不至于悔者也。

初九，一阳初生于下，复之主也。居于事初，其失不远，故有不远能复于善，无至于悔之象，大善而吉之道也。故其占如此。

《象》曰："不远之复"，以修身也。

为学之道无他，惟知不善则速改以从善而已。复则人欲去而天理远，修身之要，何以加此。

六二：休复，吉。

"休"者，休而有容也。人之有善，若己有之者也。以其才位皆柔，又变悦体，所以能下其初之贤而复。

六二柔顺中正，近于初九，见初九之复，而能下之，故有"休复"之象，吉之道也。故其占如此。

《象》曰："休复"之"吉"，以下仁也。

复初爻，本"硕果不食"，穷上反下，其核又生仁，所以取此"仁"字。复礼为仁。初阳复即复于仁也，故曰"以下仁"。

六三：频复，厉无咎。

"频"者，数也。三居两卦之间，一复既尽，一复又来，有"频"之象，与"频巽"同。"频复"者，频失而频复也。"厉"者，人心之危也。"无咎"者，能改过也。"不远之复"者，颜子也；"频复"，则日月一至诸子也。

六三以阴居阳，不中不正，又处动极，复之不固，故有频失频复之象。然当复之时，既失而能知其复，较之迷复者远矣。故当频失之时，虽不免危厉，而至于复，则"无咎"也。故其占如此。

《象》曰："频复"之"厉"，义无咎也。

此言"频复"而又频失，虽不免于厉，然能改过，是能补过矣。揆之于义，故"无咎"。

六四：中行，独复。

"中行"者，在中行也。五阴而四居其中，中之象也。凡卦，三、四皆可言中。益卦三、四皆言中行是也。此爻变震，应爻亦震，震为足，行之象也。"独复"者，不从其类而从阳也，故孔子以"从道"象之。

六四中而得正，在群阴之中，而独能下应于阳刚，故有"中行独复"之象。曰"独复"，则与休者等矣，盖二比而四应也。

《象》曰："中行，独复"，以从道也。

初之《象》曰"以修身也"，二曰"仁"，四曰"道"。修身以道，修道以仁，仁与道皆修身之事。二比而近，故曰"仁"；四应而远，故曰"道"。《小象》之精极矣。

六五：敦复，无悔。

"敦"者，厚也。有一毫人欲之杂，非复；有一毫人欲之间，非复。"敦复"者，信道之笃，执德之坚，不以久暂而或变者也。"不远复"者，善心之萌。"敦复"者，善行之固。"无悔"者，反身而诚也。"敦临"、"敦复"皆因坤土。

六五以中德居尊位，当复之时，故有敦厚其复之象。如是，则心与理一，无可悔之事矣。故占者无悔。

《象》曰："敦复，无悔"，中以自考也。

"考"者，成也。言有中德，自我而成其"敦复"也，不由于人之意。初乃复之主，二以下仁而成"休复"，四以从道而成"独复"，皆有资于初以成其复，惟五以中德而自成，不资于初，故曰"自"。"无祗悔"者，入德之事。"无悔"者，成德之事，故曰"考"。

上六：迷复，凶。有灾眚，用行师，终有大败，以其国君凶。至于十年，不克征。

坤为"迷"，迷之象也。"迷复"者，迷其复而不知复也。坤本先迷，今居其极，则迷之甚矣。"以"者，与也，并及之意。因师败而并及其君，有倾危之忧也。坤为"众"，师之象也。变艮，大象离，离为"戈兵"，众人以戈兵而震动，"行师"之象也。"国"者，坤之象也。详见谦卦。"十"者，土数成于十也。"不克征"者，不能雪其耻也。"灾眚"者，凶也。"用师"以下，则"灾眚"之甚，又凶之大者也。复卦何以言行师？以其敌阳也。剥、复相综，阳初复，阴极盛，正"龙战于野"之时。曰"终有大败"者，阳上进，知其终之时必至于夬之"无号"也。

上六阴柔，居复之终，故有"迷复"之象。占者得此，凶可知矣。是以天灾人眚杂然并至，天下之事无一可为者。若"行师"则丧师辱君，至于"十年"之久，犹不能雪其耻。其凶如此。

《象》曰："迷复"之"凶"，反君道也。

"反君道"者，反其五之君道也。六五有中德，"敦复无悔"，六居坤土之极，又无中顺之德，所以"反君道"而"凶"。

来瞿唐先生易注卷之六

☰乾上
☷震下 **无妄**灾也

"无妄"者，至诚无虚妄也。《史记》作"无所期望"。盖惟本无妄，所以凡事尽其在我，而于吉凶祸福皆委之自然，未尝有所期望，所以"无妄"也。以天道言，实理之自然也。以圣人言，实心之自然。故有正不正之分。盖震者动也，动以天为无妄，动以人则妄矣。《序卦》："复则不妄，故受之以无妄。"所以次复。

无妄：元，亨，利，贞。其匪正有眚，不利有攸往。

惟其无妄，所以不期望。若处心未免于妄而匪正，则无道以致福，而妄欲微福，非所谓"无妄之福"；有过以召灾，而妄欲免灾，非所谓"无妄之灾"。此皆未免容心于祸福之间，非所谓无妄也，岂不"有眚"？若真实无妄之人，则纯乎正理，祸福一付之天，而无苟得幸免之心也。

《彖》曰：无妄，刚自外来而为主于内。动而健，刚中而应，大亨以正，天之命也。"其匪正有眚，不利有攸往"，无妄之往，何之矣？天命不祐，行矣哉！

注以"刚自外来"为匪正，以动健中应为正。"大"是缠扰于白文不顺，若以自外来为主，都是正反，是即为匪正，岂不明白？

本卦综大畜，二卦同体，文王综为一卦，故《杂卦》曰："大畜，时也。无妄，灾也。"刚自外来者，大畜上卦之艮，来居无妄之下卦而为震也。刚自外来，作主于内，又性震动，又自外来，则动以人，不动以天，非至诚无虚妄矣。所以有人之眚，而"不利有攸往"也。内动而外健，故"大亨"。刚中而应，故"正"。"天命"者，至诚乃天命之实理，反身而诚者也。若自外来，岂得为"天命"？

以卦综、卦德、卦体释卦辞。言文王卦辞"元亨利贞"之外，而又言"其匪正有眚，不利有攸往"者，以"刚自外来而为主于内"也。若本卦，动而健，以刚中而应柔中，则大亨以正矣。大亨以正，实天之命也。天命实理，无一毫人欲之私，此文王卦辞，所以言"元亨"也。若以外来者为主，则有人欲之私，非反身而诚，天命之实理，即"匪正"矣。欲往也，将何之哉？是以"天命不祐，有眚而不利"也。此所以文王卦辞言"元亨"而又"利贞"也。若旧注以"刚自外来"为自讼来，则非"自外来"，乃"自内来"矣。

《象》曰：天下雷行，物与无妄。先王以茂对时育万物。

"茂"者，盛也。物物皆对时而育之，所育者极其盛大，非止一物也，即如雷地豫之殷也。"对时"者，因雷发生，万物对其所育之时也，如孟春牺牲毋用牝之类是也。"天下雷行"，震动发生，一物各具一太极，是物物而与之。"无妄"者，天道之自然也。"茂对时育物"，搏节爱养，辅相裁成，使物物各遂其无妄之性者，圣人之当然也。

初九：无妄往，吉。

《爻》与《象辞》不同者，《爻》以一爻之定体而言，《象》以全体相综大畜而言。

九以阳刚之德，居无妄之初，有所动，所谓动以天也。且应爻亦刚，无系恋之私，是一感一应，纯乎其诚矣。何吉如之！故占者往则吉。

《象》曰："无妄"之"往"，得志也。

诚能动物，何往而不遂其心志？

六二：不耕获，不菑畬，则利有攸往。

"耕"者，春耕也。"获"者，秋敛也。"菑"者，田之一岁垦而方成者。"畬"者，田之三岁垦而已熟者。农家始而耕，终而获；始而菑，终而畬。"不耕获"者，不方耕而即望其获也。"不菑畬"者，不方菑而即望成其畬也。"耕"也，"菑"也，即明其道也。"获"也，"畬"也，即功也。曰"不耕获，不菑畬"，即明其道不计其功也，观《小象》"未富"可见矣。若《程传》不首造其事，《本义》无所为于前、无所冀于后，将道理通讲空了，乃禅学也。吾儒圣人之学，进德修业尽其理之当然，穷通得丧，听其天之自然，修身俟命，此正所谓无妄也。岂一点道理不进，空空寂寂谓之无妄哉！初为地位，二为田，故九二曰"见龙在田"。震居东，二三皆阴土，水临土上，春耕之象。震为"禾稼"，中爻艮为"手"，禾在手，"获"之象也。中爻巽，下卦震，上入下动，"菑畬"之象也。故禾耨取诸益。

六二，柔顺中正，当无妄之时，无私意期望之心，故有"不耕获，不菑畬"之象。言虽为于前，无所望于后。占者必如此，则"利有攸往"矣。

《象》曰："不耕获"，未富也。

言未有富之心也。此"富"字虽曰来有此心，然亦本于象，盖巽为市利，小畜上体乃巽，《小象》曰"不独富也"。此卦中爻巽，曰"未富"者，未入巽之位也。

六三：无妄之灾，或系之牛。行人之得，邑人之灾。

本卦大象离，此爻又变离。离为"牛"，牛之象也。中文巽为"绳"，又艮为"鼻"，绳系牛鼻之象也。震为"足"，行之象也。三为人位，人在震之大涂，"行人"之象也；三居坤土，得称邑，又居人位，"邑人"之象也。此爻居震动之极，牛失之象也。又变离错坎，坎为盗，亦牛失之象也。"或"者，"假如"二字。假牛以明无妄之灾，乃六三也，即"邑人"也。

六三阴柔不正，故有此象。言或系牛于此，乃邑人之牛也。牛有所系，本不期望其失。偶脱所系，而为"行人"所得。"邑人"有失牛之象，亦适然不幸，其非自己有以致之，故为"无妄之灾"。即象而占可知矣。

《象》曰："行人"得"牛"，"邑人"灾也。

行人得牛而去，邑人不期望其失牛而失牛，故为"无妄之灾"。

得牛，无妄之福也。邑人灾，无妄之祸也。爻辞单言"无妄之灾"，《小象》言"邑人"之灾，言行人得牛来，彼得此失，祸福本相因也。"也"字可味。

九四：可贞，无咎。

"可"者，当也。九阳刚健，体其才亦可以有为者。但下无应与，无所系恋而无妄者也。占者得此，但可守此无妄之正道，即"无咎"矣。若妄动，又不免有咎也。

《象》曰："可贞，无咎"，固有之也。

"固有"者，本有也。无应与，则无系恋而无妄，则无妄乃九四之本有也。

九五：无妄之疾，勿药有喜。

五变则中爻成坎，坎为"心病"，疾之象也。中爻巽木艮石，"药"之象也。中爻巽综兑，悦喜之象也。意外之变，虽圣人亦不能无。但圣人廓然大公，物来顺应，来则照，而去不留，无意必固我之私，是以意外之来，犹无妄之疾。

九五阳刚中正，以居尊位，而下应亦中正，无妄之至也。如是而犹有疾，乃"无妄之疾"，不当得而得者，故勿药自愈。其象占如此。

《象》曰：无妄之药，不可试也。

"试"者，少尝之也。"无妄之疾勿药"者，以"无妄之药"不可尝也。若尝而攻治，则反为妄，而生疾矣。故不可轻试其药，止可听其自愈。

九五刚中，中刚则外物不得而伤之。禹征有苗，犹为多事。

上九：无妄，行有眚，无攸利。

下应震足，行之象也。九非有妄，但时位穷极，不可行耳。故其象占如此。

《象》曰：无妄之"行"，穷之灾也。

无妄未有不可行者，以时位耳。与"亢龙"同，故二《小象》亦同。穷指上言。

☷ 艮上
乾下　**大畜**时也

"大"者，阳也。其卦乾下艮上，以阳畜阳，所畜之力大。非如巽以阴畜阳，所畜之力小，故曰"大畜"。又有蕴畜，畜止之义。《序卦》："有无妄然后可畜，故受之以大畜。"所以次无妄。

大畜：利贞。不家食，吉。利涉大川。

中爻兑口在外，四近于五之君，当食禄于朝，不家食之象也。何以言食？本卦大象离，故《彖辞》曰"辉光日新"者，因大象离也。离错坎，又象颐，有饮食自养之象。因错坎水，中爻震木，所以有"涉大川"之象。又本卦错萃，萃大象坎。若以卦体论，四、五中空，有舟象。乾健，应四、五上进，有舟行而前之象。应乎天者，以卦德论其理也。《彖辞》《爻辞》皆各取义不同。"贞"者，正也。利于正道，如多识前言往行，以畜其德是也。"吉"者，吾道之大行也。言所蕴畜者皆正，则畜极而通，当食禄于朝，大有作为，以济天下之险也。

《彖》曰：大畜，刚健笃实，辉光，日新其德，刚上而尚贤，能止健，大正也。"不家食吉"，养贤也。"利涉大川"，应乎天也。

以卦德、卦综、卦体释卦名、卦辞。"刚健"者，内而存主也。"笃实"者，外而践履也。"刚健"无一毫人欲之阴私，"笃实"无一毫人欲之虚假，则黯然日章，光辉宣著，其德自日新又新，所以积小高大，以成其畜也。名"大畜"者，以此。"刚健"，乾象。"笃实"，艮象。二体相合离象，故又言"辉光日新"。"刚上"者，大畜综无妄，无妄下卦之震，上而为大畜之艮也。上而为艮，则阳刚之贤在上矣，是尚其贤也。"止健"者，止居上而健居下，禁民之强暴也。此二者皆大正之事，所以"利贞"。若以止健为止阳刚君子，则又非大正矣。"养贤"者，食禄以养贤也。"应天"者，下应乎乾也。"天"者，时而已矣。既负蕴畜之才，又有乾健之力，所以当乘时而出，以济天下之险难也。惟刚上则贤人在上，故能"尚贤"，故能成艮而"止健"，故能兑口在外卦而"食禄于外"，故能六五得中而应乎乾。此四者，皆卦综刚上之功也。

《象》曰：天在山中，大畜。君子以多识前言往行，以畜其德。

"天"者，一气而已。气贯乎地中。天依乎地，地附乎天，云雷皆自地出，故凡地下空处深处皆是天，故曰"天在山中"。"多识"即大畜之意，乃知之功夫也。古圣贤之嘉言善行，皆理之所在，皆古人之德也。君子多识之，考迹以观其用，察言以求其心，则万理会通于我，而我之德大矣。此君子体大畜之功也。中爻震足，行之象。兑口，言之象。

初九：有厉，利已。

已，夷止反。

乾三阳为艮所畜，故内外之卦各具其义。内卦受畜，以自止为义。以阴阳论，若君子之受畜于小人也。外卦能畜，以止人为义。以上下论，若在位之禁止强暴也。《易》主于变易，所以取义不同。"已"者，止也。"厉"者，不相援而反相挤排，危厉之道也。

初九阳刚乾体，志于必进。然当大畜之时，为六四所畜止，而不得自伸，故往则有危,惟止则不取祸矣。故教占者必利于<u>止</u>也。

《象》曰:"有厉,利已",不犯灾也。

"灾"即厉也。止而不行,则不犯灾矣。

九二:舆说辐。

说,音脱。辐,音服。

乾错坤为舆,舆之象也。中爻兑为毁折,"脱辐"之象也。"舆"赖"辐"以行,脱则止而不行矣。

九二亦为六五所畜,以有中德,能自止而不进,故有"舆说辐"之象也。占者凡事不冒进,斯无尤矣。

《象》曰:"舆说辐",中无尤也。

惟有中德,故无妄进之尤。

九三:良马逐,利艰贞。曰闲舆卫,利有攸往。

此爻取蕴畜之义。乾为"良马"之象。中爻震,为"作足"之马。乾马在后追逐震马之象也。两马因震动而追逐,遇艮止不得驰上,"利艰贞"之象也。中爻兑口,乾为言,"曰"之象也。乾错坤,"舆"之象也。阴爻两列在前,"卫"之象也。《考工记》:车有六等——戈也、人也、殳也、戟也、矛也、轸也,皆卫名。"良马逐"者,用功如良马追逐之速也,即九三"终日乾乾夕惕若"之意。"艰"者,艰难其思虑,恐其失于太易也。"贞"者,贞固其作为,恐其失于助长也。"闲"者,习也。习其车舆,舆其防卫。闲习有优游自得之意。"曰"者,自叹其当"闲舆卫"也。言当此大畜之时,为人所畜止摧抑,果何所事哉!亦惟自"闲舆卫",以求往乎天衢耳。"舆"者任重之物,"卫"者应变之物。以人事论,君子不当家食,以一身而任天下之重者,"舆"也;当涉大川,以一身而应天下之变者,"卫"也。必多识前言往行之理,畜其刚健笃实之德。以德为车,以乐为御,忠信以为甲胄,仁义以为干橹,涵养于未用之时,以待时而动,此"闲舆卫"之意也。"闲舆卫"又"利艰贞"之象也。旧注以不相畜而俱进,殊不知卦名大畜,下体非自止,则蕴畜也,无进之意。盖观"童牛之牿",则知当"有厉利已"矣。观"豮豕之牙",则知当"舆说辐"矣。观"何天之衢",则知用功当"良马逐"矣。所以《小象》言"上合志",所以当取蕴畜之义,惟蕴畜,方能畜极而通"何天之衢"。

九三以阳居健极,当大畜之时,正多识前言往行、用功不已之时也,故有良马追逐之象。然扰恐其遇刚锐进,惟当艰贞,从容以待时,故又有"曰闲舆卫"之象。如是自然畜极而通,"利有攸往"矣。故教戒占者必当如此。

《象》曰:"利有攸往",上合志也。

"上合志"者,谓上九之志与之相合也。三与上九情虽不相孚,然皆居二体之上,其志皆欲畜极而通,应与之志相合,所以"利有攸往"。

六四：童牛之牿，元吉。

"童"者，未角之称。"牿"者，施横木于牛角以防其触。此爻变离，离为牛，牛之象也。艮本少又应初，"童牛"之象也。变离错坎，"牿"之象也。艮手，中爻震木，手持木而施之角，亦"牿"之象也。

六四艮体居上，当畜乾之时，与初相应，畜初者也。初以阳刚居卦之下，其势甚微，于此止之。为力甚易，故有"牿童牛"之象。占者如此，则止恶于未形，用力少而成功多，大善而吉之道也，故"元吉"。

《象》曰：六四"元吉"，有喜也。

上不劳于禁制，下不伤于刑诛，故"可喜"。四正当兑口之悦，"喜"之象也。

六五：豮豕之牙，吉。

豮，音焚。

本卦大象离，离错坎，豕之象也。五变中爻又成离矣。"豮"者，犗也，腾也，乃走豕也。与"童牛之牿"一句同例。"童"字与"豮"字同，"牿"字与"牙"字同。中爻震足性动，"豮"之象也。"牙"者，《埤雅》云"以杙系豕也"，乃杙牙，非齿牙也。《杜》诗"凫雏入桨牙"，《坡》诗"置酒看君中戟牙"，《荆公》"礮牙死树鸣老乌"，《阿房赋》"檐牙高啄"，又将军之旗曰"牙"，立于帐前谓之"牙帐"，所以蜀人呼掉牙、凳牙、床牙，则"牙"字乃古今通用，非齿牙也。《诗》："椓之丁丁。"丁丁，杙声也。以木入土，所以有声也。今船家系缆桩谓之橛，亦曰杙。"牙"者，桩上杈牙也。盖以丝系矢曰杙，故从弋。所以绳系木曰杙。变巽为绳，系之象也。巽木，杙之象也。言以绳系走豕于杙牙也。旧注因宫刑或曰犗刑，遂以为去其势，但天下无啮入之豕，所以此"豮"字止有腾字意，无犗字意。牛、马、豕皆人之所畜者，故大畜并言之。

六五，以柔中居尊位，当蓄乾之时，畜乎其二者也，故有"豮豕之牙"之象。占者如此，则强暴梗化者，自屈服矣，故吉。

《象》曰：六五之"吉"，有庆也。

"庆"即喜。但五君位，所畜者大，故曰"庆"，即一人有庆也。

上九：何天之衢，亨。

此畜极而通之义。"何"，胡可切，音荷，儋也，负也。儋即擔字，杨子儋石是也。《诗》"何蓑何笠"，皆音荷。《灵光赋》"荷天衢以元亨"，《庄子》"背负青天"，皆此意。郑康成亦言"肩荷"是也。上阳一画象担，二阴垂弹于两边，有担挑之象，言一担挑起天衢也，即陈白沙所谓"明月清风作两头，一挑挑到鲁尼丘"也。因卦体取此象，上为天位，天之象也。四达谓之衢。艮综震为"大涂"，衢之象也。以人事论，天衢乃朝廷政事之大道也。观《小象》曰"道大行"，可知矣。

畜之既久，其道大行，正"不家食"，担负庙廊之重任，"涉大川"，担当国家之险阻，此其时矣，故有"何天之衢"之象。占者得此，亨可知矣。

《象》曰："何天之衢"，道大行也。

"道大行"者，"不家食"，"涉大川"，无往而莫非亨也。"道"字即"衢"字。

艮上
震下　颐养正也

"颐"，口旁也。口食物以自养，故取养义为卦。上下二阳内含四阴，外实内虚，上止下动，故名为"颐"。《序卦》："物畜然后可养，故受之以颐。"所以次大畜。

颐：贞吉。观颐，自求口实。

本卦大象离目，观之象也。阳实阴虚，实者养人，虚者求人之养。"自求口实"者，自求养于阳之实也。震不求艮，艮不求震，惟自求同体之阳，故曰"自求"。爻辞见之。

《象》曰：颐"贞吉"，养正则吉也。"观颐"，观其所养也。"自求口实"，观其自养也。天地养万物，圣人养贤，以及万民，颐之时大矣哉！

释卦辞，极言养道而赞之。"观其所养"者，观其所以养人之道正不正也，指上下二阳也。"观其自养"者，观其求口实，以自养之正不正也，指中间四阴也。本卦颐原从口，无养德之意，惟颐养得正，则养德即在其中矣。不但养人、自养，以至天地圣人，养万物、养万民，无非养之所在。故曰"颐之时大矣哉"。与大过、解、革同。

《象》曰：山下有雷，颐。君子以慎言语，节饮食。

"帝出乎震"，万物得养而生。"成言乎艮"，万物得养而成。君子"慎言语"以养其德，"节饮食"以养其体。言语饮食，动之象；慎也，节也，止之象。此处方说出养德。

初九：舍尔灵龟，观我朵颐，凶。

舍，音捨。

大象离，龟之象也。应爻艮止，中空"灵龟"，止而不食，服气空腹之象也。"朵"者，垂朵也。震反生，朵之象也。垂下其颐以垂涎，乃欲食之貌也。"尔"者，四也。"我"者，初也。"灵龟"以静止为养，"朵颐"以震动为养，故尔四而我初。大象离目，又观之象也。

初九阳刚，乃养人者也。但其位卑下，不能养人及民，又乃动体，当颐养之初，正上止下动之时，惟知有口体之欲，舍六四而不养，故有"舍尔灵龟观我朵颐"之象。饮食人贱，凶之道也。故其占如此。

《象》曰："观我朵颐"，亦不足贵也。

饮食之人，则人贱之，故"不足贵"。

六二：颠颐，拂经于丘颐，征凶。

"颠"者，顶也，指外卦也。"拂"者，除也，去也，违悖之意。诸爻皆求养于同体之阳，不从应与，故有"颠拂"之象。"颠颐"者，求养于上也。"拂经"者，违悖养于同体之常经也。山阜曰丘，土之高者，艮之象也。"于丘颐"者，求养于外，即颠颐也。"凶"者，求食于权门，必见拒而取羞也。

六二阴柔不能自养，必待养于阳刚。然震性妄动，不求养于初，而求养于外，则违养道之常理，而行失其类矣。故教占者，当求养于初。若"于丘颐"，不惟不得其养，而往则凶也。故其象占如此。

《象》曰：六二"征凶"，行失类也。

不重"失类"，"行"重凡行。而求食者，止为口腹计，自然不慎失类矣。

养道各从其类。二、三养于初，四、五养于上，今二颠颐，往失其类矣，故曰"失类"。曰"行"者，震足之象也。

六三：拂颐，贞凶。十年勿用，无攸利。

"拂颐"者，违拂所养之道，不求养于初，而求养于上之正应也。"贞"者，正也，上乃正应，亦非不正也。"十年"者，中爻坤土之成数也。口容止，所以下三爻养于动者皆凶，上三爻养于止者皆吉。

六三阴柔不中正，本乃动体，至三则动极而妄动矣，故有"拂颐"之象。占者得此，虽正亦凶，至于"十年"之久，理极数穷，亦不可往，其凶至此。

《象》曰："十年勿用"，道大悖也。

震为"大涂"，"道"之象也。"大悖"即"拂颐"。

六四：颠颐，吉。虎视眈眈，其欲逐逐，无咎。

眈，都含切。

"颠"者，顶也，与六二同。"颠颐"者，求养于上也。"吉"者，得养道之常经也。艮为虎，虎之象也。天下之物，自养于内者莫如龟，求养于外者莫如虎。龟自养于内，内卦初舍之，故凶；虎求养于外，外卦上施之，故吉。爻辞之精至此。"眈"者，视近而志远也。变离目，视之象也。应爻初为地位，虎行垂首，下视于地，视近也，而心志乃求养于天位之上，志远也，故以"眈"字言之。视下卦，"眈"也；志上卦，"眈"也，故曰"眈眈"。阴者，"人欲"之象也。下卦二阴，欲也；上卦二阴，欲也。人欲重叠追逐而来，故曰"逐逐"。"眈"者，四求养于上也；"逐"者，上施养于四也。

六四当颐养之时，求养于上，故有"颠颐"之象，吉之道也，故占者吉。然四求养于上，上施养于四，四得所养矣，故又有视眈欲逐之象。以求养而得逐逐之欲，似有过咎矣，然养得其正，故占者不惟吉，而又"无咎"也。

《象》曰："颠颐之吉"，上施光也。

施，去声。

"施"，及也，布散惠与之义。详见乾卦"云行雨施"，言上养及于四也。"光"者，艮笃实光辉，其道光明也。变离日，亦光之象也。

六五：拂经，居贞，吉。不可涉大川。

"拂经"者，五与内卦为正应，亦如二之求养于上，违悖养于同体之常道也，故二五皆言拂经。"居"者，静以守之也。"贞"者，求养于同体之阳，乃任贤养民之正道也。"吉"者，恩不自出，而又能养人也。"不可涉大川"者，言不可自用以济人也。涉川，必乾刚。五柔，故"不可涉"。

六五居尊，能自养人者也。但阴柔不正，无养人之才，又与内卦为正应，故亦有"拂经"之象。然养贤及民，君道之正，故教占者顺以从上，守此正道则吉。不可不量己之力而当济人之任也。

五，君也，上臣也。六柔而九刚，必待养于同体之阳，以君而待养于臣，故曰"拂经"，如唐德宗待韩滉之粟以养之也。

《象》曰："居贞"之"吉"，顺以从上也。

中爻坤顺，故曰"顺"，言顺从上而养人也。

上九：由颐，厉吉，利涉大川。

"由"者，从也。九以阳刚居上位，是天下之养，皆从上九以养之也。"厉"者，上而知君赖我以养也，则恐专权僭逼，而此心无一事之或忽。下而知民由我以养也，则常握发吐哺，而此心无一时之或宁，此上九之所谓厉也。故戒之以厉，而后许之以吉也。凡《易》言涉大川，取乾者，以卦德也，以乾天下至健，德行恒易以知险也，需、同人、大畜是也。取水、木者以卦体也，涣、蛊、未济、谦，或取中爻，或取卦变是也。取中虚者以卦象也，益、中孚、颐是也。五"不可涉大川"，上九"利涉大川"，方见五赖上九以养人。

上九以阳刚之德居尊位，六五贤其贤以养人，故有"由颐"之象。然位高任重，必厉而后吉，即天下有险阻，亦可以济之而不失其养也。其占又如此。

《象》曰："由颐，厉吉"，大有庆也。

得所养下之庆，亦君上之庆，故"大"。

䷛ 兑上 巽下 大过颠也

"大过"，"大"者，阳也，阳过于险也。乾坤也，坎离也，山雷也，泽风也，此八卦也。乾与坤错，坎与离错，泽风与山雷相错，风泽与雷山相错，六十四卦唯此八卦相错，其余皆相综。泽本润木之物，今乃灭没其木，是"大过"矣。又四阳居中，过盛，此所以名"大过"也。不然，四阳之卦亦多，何以不名"过"？因其居中，相聚而盛，所以得名也。《序卦》："颐者，养也。不养则不可动，故受之以大过。"所以次颐。

大过：栋桡，利有攸往，亨。

桡，乃教反。

梁上屋脊之木曰"栋"，所以乘椽瓦者也。木曲曰"桡"，本末弱而栋不正，有如水之曲也。椽垂弹以渐而下曰宇。此卦大象坎，坎为栋。坎主险陷，桡之象也。又为矫揉，亦桡曲之象也。若以理论，本弱则无所承，末弱则无所寄附，此卦上缺下短，亦有桡之象。既"栋桡"矣，而又"利有攸往"，何也？盖桡以成卦之象，言"利有攸事往"，则以卦体、卦德之占言。

《彖》曰：大过，大者过也。"栋桡"，本末弱也。刚过而中，巽而说行，"利有攸往"，乃亨。大过之时大矣哉！

说，音悦。

以卦体、卦德释卦名、卦辞而叹其大。阳大阴小，本卦大者过，故名"大过"。本谓初，末谓上，弱者阴柔也。古人作字，本末皆从木来：木下加一画阳，取根株向荣，故为"本"；木上加一画阳，取枝叶向荣，故为"末"。"刚过"者，四阳也。"而中"者，二、五也。三、四亦可言中，故复卦四曰"中行"，益卦三、四皆曰"中行"也。巽而悦行者，内巽而外行之以悦也。若以人事论，体质本是刚毅，足以奋发有为，而又用之以中，不过于刚德。性本是巽顺，足以深入乎义理，而又行之以和，不拂乎人情，所以"利有攸往乃亨"。大过之时者，言人于"大过之时"，行大过之事，适其时、当其事也。如尧舜禅受，汤武放伐，虽过其事，而不过乎理是也。盖无其时不可过，有其时无其才亦不可过，故叹其大，与颐、解、革同。

《象》曰：泽灭木，大过。君子以独立不惧，遁世无闷。

上一句大过之象，下二句大过之行，非达则不惧，穷则无闷也。穷亦有"独立不惧"之时。"不惧"者，不求同俗，而求同理，天下非之而不顾也。"无闷"者，不求人知，而求天知，举世不见知而不悔也。此必有大过人学问，义理见得明，有大过人操守，脚根立得定，方干得此事。

初六：藉用白茅，无咎。

"藉"者，荐也，承荐其物也。因上承四刚，故曰"藉"。"茅"者，草也。巽阴木为茅，故泰卦变巽曰"茅"。否卦大象巽亦曰"茅"。巽为白，"白茅"之象也。"无咎"者，敬慎不败也。

初六当大过之时，阴柔已能慎矣。又居巽体之下，则慎而又慎者也。亦如物不错诸地而有所藉，可谓慎矣。而又藉之以茅，茅又用大白，白则至洁之物矣，是慎之大过者也。故有此象。然慎虽大过，以其居大过之初，虽大过而不过，故占者无咎。

《象》曰："藉用白茅"，柔在下也。

阴柔居巽之下。

九二：枯杨生稊，老夫得其女妻，无不利。

巽为"杨"，杨之象也。木生于泽下者杨独多，故取此象。杨乃木之弱者。四阳之刚皆同为木，但二五近本末之弱，故以"杨"言。曰"枯"者，取大过乎时之义，故二、五皆言枯也。至三、四则成乾之坚刚，故言栋。"稊"，木稚也。二得阴在下，故言"生稊"。"稊"者，下之根生也。五得阴在上，故言生华。"生华"者，上之枝生也。根生则生生不息，枝生则无生意矣。下卦巽错震，长男也，老夫之象，故称"老夫"。"老夫"者，再之夫也。应爻兑，兑乃少女也，女妻之象，故称"女妻"。"女妻"者，未嫁而幼者也。九五兑错艮，少男也，"士夫"之象。"士夫"乃未娶者。应爻巽为长女，"老妇"之象也，故称"老妇"。"老妇"者，已嫁而老者也。周公爻辞其精至此。旧注但以二、五皆比于阴为言，则九二近初而称老，九五近上反称少，说不通矣。

九二阳刚得中，当大过之时，而应于少女，故取诸物，有"枯杨生稊"；取诸身，有"老夫得其女妻"之象，可以成生育之功矣。故占者"无不利"。

《象》曰："老夫"、"女妻"，过以相与也。

此庆幸之辞。言阳方大过之始，得少阴以之相与，则刚柔相济，过而不过，可以成生育之功矣。故占者"无不利"。

九三：栋桡，凶。

变坎为栋，又木坚多心，栋之象也。因坎，三、四皆以栋言；因巽，二、五皆以杨言。文王"栋桡"，本末皆弱。周公"栋桡"，因初之弱。

九三居内卦，下阴虚弱，下虚弱则上不正，故有"栋桡"之象，占者之凶可知矣。

《象》曰："栋桡"之"凶"，不可以有辅也。

同体之初，虚弱无辅助也。

九四：栋隆，吉。有它吝。

变坎亦有栋象。"隆"者，隆然而高起也。"它"者，初也。三、四皆栋。四居外卦，阴虚在上，非如三之阴虚在下也。上虚下实，则有所承载，故有"栋隆"之象。占者固吉矣。然下应乎初，若以柔济之，则过于柔矣，其栋决不能隆，吝之道也。故又戒占者以此。

《象》曰："栋隆"之"吉"，不桡乎下也。

因外卦，虚在上实在下，所以不桡，故曰"不桡乎下"也。"不可以有辅"者，下虚故也。"不桡乎下"者，下实故也。

九五：枯杨生华，老妇得其士夫，无咎，无誉。

兑综巽，又杨之象也。"生华"者，杨开花则散漫，终无益于枯也。老妇、士夫详见九二爻下。

九五以阳刚应乎过极之长女，乃时之大过，而不能生育者也，故有"枯杨生华"，老妇得其士夫之象。占者得此，揆之于理，虽无罪名，而老妇反得士夫，亦非配合之美矣，安得又有誉哉！故其象占如此。

《象》曰："枯杨生华"，何可久也？老妇士夫，亦可丑也。

"何可久"言终散漫，"亦可丑"言非配合。不惟不能成生育之功，而配合非宜，亦可丑也。

上六：过涉灭顶，凶，无咎。

"顶"者，首也。变乾为首，"顶"之象也。当过之时，遇兑泽之水，"过涉"之象也。泽水在首，灭没其顶之象也。以二阴爻论之，初"藉用白茅"，大过于慎者也。以其居卦之初，故不凶而无咎。上"过涉灭顶"，大过于济者也，以其居卦之终，故有凶而无咎。

上六处大过已极之时，勇于必济，有冒险过涉之象。然才弱不能以济，故又有"灭顶"之象。"过涉灭顶"，必杀身矣，故占者必凶。然不避艰险，慷慨赴死，杀身成仁之事也，故其义"无咎"。

《象》曰："过涉"之凶，不可咎也。

"无咎"者，上六本无咎也。"不可咎"者，人不得而咎之也。以人事论，过涉之凶，虽不量其浅深以取祸，然有死难之节，而无苟免之羞，论其心不论其功，论是非不论利害，人恶得而咎之？

䷜ 坎上 坎下 坎

"习"，重习也；"坎"，坎陷也。其卦一阳陷于二阴之中，此坎陷之义也。坎为水者，四阴，土坎也，二阳，坎中之水也。天一生水，所以象水也。上坎下坎，故曰"重险"。《序卦》："物不可以终过，故受之以坎。"所以次大过。

习坎：有孚，维心亨，行有尚。

"维"者，系也。"尚"者，有功可嘉尚也。身在坎中，所可自主者，独此心耳。人之处险，占得此者，能诚信以维系于其心，安于义命而不侥幸苟免，则此心有主，利害祸福不能摇动，是以脱然无累，而心亨矣。由是洞察时势，惟取必于理而行之，故可出险有功，所以"行有尚"。九二、九五，中实有孚之象。陷于坎中而刚中之德自若，"维心亨"之象。

《象》曰："习坎"，重险也。水流而不盈，行险而不失其信。"维心亨"，乃以刚中也。"行有尚"，往有功也。天险不可升也，地险山川丘陵也，王公设险以守其国。险之时用大矣哉！

以卦象、卦德、卦体释卦名、卦辞而极言之。上险下险，故曰"习坎"。"水流不盈"者，足此通彼，未尝泛滥而盈满也。行险即水流，以其专赴于壑，故曰"行险"。行此险陷，未尝失其不盈之信，是天下之有孚者，莫过于水矣，故教占者"有孚"。"刚中"者，二、五阳刚在内，则以理为主，光明正大，而无一毫行险侥幸之私，所以"亨"也。故蒙卦、比卦皆坎，皆曰"以刚中"。"心亨"则洞见乎事机之变，自可以拯溺亨屯、出险而有功也。盖存主乎内者，理不足以胜私，则推行于外者，诚必不能动物，故刚中则心亨，心亨则往有功，而出险矣，此内外功效之自然。"天险"者，无形之险也。"地险"者，有形之险也。"设"，置也。"设险"者，置险也，无形而欲其有形。大而京师都会，则披山带河，据其形胜以为险也；小而一郡一邑，则筑城凿池，据其高深以为险也。此则在人之险，因无形而成有形，欲其与天地同其险者也。坎，月之象；错离，日之象；中爻震，雷之象；错巽，风之象。日月风雷，故曰"天险"。不然，天苍然而已，何处有险？因卦中有天象，所以言天险也。四坤土，地之象也；中爻艮土，"山丘陵"之象也；本卦坎，"川"之象也；九五居尊，王公之象也；中爻艮止，"守"之象也；坤土中空，"国"之象也。故益卦三阳三阴而曰"为依迁国"。"时用"者，时有用也。险之为用，上极于天，下极于地，中极于人，故以"大矣哉"赞之，与睽、蹇卦同。

《象》曰：水洊至，习坎。君子以常德行，习教事。

行，下孟反。

"洊"，再至也。下坎，内水之方至也；外坎，外水之洊至也。水洊习则恒久而不已，是天下之有恒者莫如水也。君子体之，"常德行"者，以此进德也。"习教事"者，以此教民也。德行常则德可久，教事习则教不倦矣。

初六："习坎"，入于坎窞，凶。

窞，徒览切，淡上声，音胆。

"窞"者，坎中小坎，傍人者也。水性本下，而又居卦之下；坎体本陷，而又入于窞，则陷中之陷矣。

初六阴柔居重险之下，其陷益深，故有在"习坎"而又"入坎窞"之象。占者如是，则终于沦没，而无出险之期，凶可知矣。

《象》曰："习坎"入"坎"，失道凶也。

刚中维心亨，出险之道也。今阴居重险之下，则与刚中维心亨相反，失出险之道矣，所以凶。

九二：坎有险，求小得。

曰有险则止于有险而已，非初与三"入坎窞"之甚矣。中爻震错巽，巽为"近市利"，求得之象也。故随卦中爻巽，亦曰"随有求得"。变坤，阳大阴小，"求小得"之象也。

九二处于险中，欲出险而未能，故为坎，有险之象。然刚虽得中，虽亦"有孚维心"，但在险中，仅可求小得而已，若出险之大事，则未能矣，故其象占如此。

《象》曰："求小得"，未出中也。

未出险中。

六三：来之坎坎，险且枕。"入于坎窞"，勿用。

"之"者，往也。"来之"者，来往也。内外皆坎，"来往"之象也。下坎终而上坎继，"坎坎"之象也。故乾九三，曰"乾乾"。中爻震木横于内，而艮止不动，"枕"之象也。"险且枕"者，言面临乎险而头枕乎险也。初与三，皆入"坎窞"，而二止言有险者，二中正，初与三不中正。"勿用"者，言终无出险之功，无所用也。

六三阴柔，又不中正，而履重险之间，故其来也亦坎，往也亦坎。盖往则上坎在前，是前遇乎险矣；来则下坎在后，是后又枕乎险矣。前后皆险，将入于坎之窞，而不能复出，故有此象。占者得此，勿用可知矣。

《象》曰："来之坎坎"，终无功也。

处险者以出险为功，故曰"终无功"，与往有功相反。

六四：樽酒簋贰，用缶，纳约自牖，终无咎。

四变中爻离、巽。巽木，离中虚，樽之象也。坎水，酒之象也。中爻震竹，簋乃竹器，簋之象也。缶，瓦器。比卦坤土中虚，初变震有离象，故曰"缶"。离卦鼓缶，此变离，故曰"缶"。《汉书》："击缶而歌乌乌。""贰"者，副也。言一樽之酒，贰簋之食，乐用瓦缶，皆菲薄至约之物也。"纳约自牖"者，自进于牖下，陈列此至约之物而纳进之也。在墙曰"牖"，在屋曰"囱"，牖乃受明之处。变离，牖之象也。此与遇主于巷同意，皆其坎陷艰难之时，故不由正道也。盖"樽酒簋贰，用缶"，见无繁文之设；"纳约"曰"自"，见无傧介之仪。世故多艰，非但君择臣，臣亦择君，所以进麦饭者不以为简，而雪夜幸其家；以嫂呼臣妻者，不以为渎也。修边幅之公孙述，宜乎为井底蛙矣。

六四柔顺得正，当国家险难之时，近九五刚中之君，刚柔相济，其势易合，故有简约相见之象。占者如此，庶能共谋出险之计，始虽险陷，终得无咎矣。

《象》曰："樽酒簋贰"，刚柔际也。

"刚"，五；"柔"，四。际者，相接际也。五思出险，而下求，四思出险而上交，此其情易合，而礼薄亦可以自通也。

九五：坎不盈，祗既平，无咎。

祗，作坻。

"祗"，水中小渚也，《诗》"宛在水中坻"是也。"坎不盈"者，坎水犹不盈满，尚有坎也。"平"者，水盈而平也。"祗既平"，则将盈而出险矣。"坎不盈"者，见在之辞。"祗既平"者，逆料之辞，言一时虽未平，将来必平也。"无咎"者，言由险而太平也。

九五犹在险中，以地位言，故有"坎不盈"之象。然阳刚中正，其上止有一阴，计其时亦将出险矣，故又有"祗既平"之象。若未平，未免有咎，既平则无咎矣，故占者"无咎"也。

《象》曰："坎不盈"，中未大也。

"中"者，中德也。"未大"者，时也。中德虽具，而值时之艰，未大其显施而出险也。

上六：系用徽纆，寘于丛棘，三岁不得，凶。

纆，音墨。

"系"，缚也。徽、纆皆索名，三股曰"徽"，二股曰"纆"。此爻变巽，其为绳，又为长，"徽纆"之象也。"寘"者，置也，囚禁之意。坎为丛棘，"丛棘"之象也。今囚罪人之处，以棘刺围墙是也。言缚之以"徽纆"，而又囚之于"丛棘"之中也。三岁不得者，言时之久，而不得脱离者。坎错离，三之象也。

上六以阴柔居险之极，所陷益深，终无出险之期，故有此象。占者如此，死亡之祸不能免矣，故凶。

《象》曰：上六失道，凶三岁也。

"道"者，济险之道，即有孚维心，以刚中也。今阴柔失此道，所以有"三岁不得"之凶。

䷝ 离上\
离下　离上而坎下也

"离"者，丽也，明也。一阴附丽于上下之阳，丽之象也。"离"者，明之义也。离为火，火无常形，附物而明，所谓以薪传火也。《序卦》："坎者陷也，陷必有所丽，故受之以离。"火中虚而暗，以其阴也；水中实而明，以其阳也。有明必有暗，有昼必有夜，理之常也，所以次坎。

离：利贞，亨。畜牝牛，吉。

六二居下离之中则正，六五居上离之中则不正，故利于正而后亨。"牛"，顺物，"牝牛"则顺之至也。"畜牝牛"者，养顺德也。养顺德于中者，正所以消其炎上之燥性也，故"吉"。

《彖》曰：离，丽也。日月丽乎天，百谷草木丽乎土。重明以丽乎正，乃化成天下。柔丽乎中正，故亨。是以"畜牝牛，吉"也。

释卦名、义并卦辞。五为天位，故上离有"日月丽天"之象，此以气丽气者也。二为地位，故下离有"百谷草木丽土"之象，此以形丽形者也。离附物，故有气有形。重明者，上离明，下离明也。上下君臣皆丽乎正，则可以化成天下而成文明之俗矣。柔丽乎中正者，分言之，六五丽乎中，六二丽乎中正也；总言之，柔皆丽乎中正也。惟其中正，所以利贞而后亨。惟柔中正而后亨，所以当"畜牝牛"，养其柔顺中正之德而后吉也。

《象》曰：明两作，离。大人以继明照于四方。

"作"者，起也。"两作"者，一明而两作也。言今日明，明日又明也。"继明"，如云圣继圣也。以人事论，乃日新又新，缉熙不已也。"照于四方"者，光被四表也。大人以德言则圣人，以位言则王者。其所谓明者，内而一心，外而应事接物皆明也，是以达事理辨民情，天下之邪正得失皆得而见之，不必以察为明而明照于四方矣。"重明"者，上下明也。"继明"者，前后明也。《彖》言二、五"君臣"，故以"重明"言之。《象》言"明两作"皆君也，故以"继明"言之。

初九：履错然，敬之，无咎。

"履"者，行也，进也。错者，杂也，交错也。《诗传》云："东西为交，邪行为错。"本爻阳刚，阳性上进；本卦离火，火性炎上，皆有行之之象，故曰"履"。又变艮综震足，亦履之象也。艮为径路，交错之象也。"然"者，助语辞。"错然"者，刚则躁，明则察，二者交错于胸中，未免东驰西走。惟敬以直内，则安静而不躁妄，主一而不过察。则敬者，医错之药也，故"无咎"。"无咎"者，刚非躁、明非察也。

初九以刚居下而处明体，刚明交错，故有"履错然"之象。惟敬则无此咎矣。故教占者以此。

《象》曰："履错"之敬，以辟咎也。

辟，音避。

"避"者，回也。敬，则履错之咎皆回避矣。

六二：黄离，元吉。

"黄"，中色。坤为黄，离中爻乃坤土，黄之象也。"离"者，附丽也。"黄离"者，言丽乎中也，即柔丽乎中正也。以人事论，乃顺以存心，而不邪侧，顺以处事，而不偏倚是也。"吉"者，无所处而不当也。八卦正位，离在二，故"元吉"。

六二柔丽乎中而得其正，故有"黄离"之象。占者得此，大吉之道也，故"元吉"。

《象》曰："黄离，元吉"，得中道也。

得中道以成中德，所以凡事无过不及而元吉。

九三：日昃之离，不鼓缶而歌，则大耋之嗟，凶。

变震为鼓，鼓之象也。离为大腹，又中虚，缶之象也。中爻兑口，歌与嗟之象也。"缶"乃常用之物，"鼓缶"者，乐其常也。人寿八十曰"耋"。喜则歌，忧则嗟，嗟者歌之反。

重离之间，前明将尽、后明当继之时也，故有"日昃"之象。然盛衰倚伏，天运之常。人生至此，乐天知命，"鼓缶而歌"，以安其日用之常分可也。此则达者之事也。若不能安常以自乐，徒戚戚于"大耋之嗟"，则非为无益，适自速其死矣，何凶如之！故又戒占者不当如此。

《象》曰："日昃之离"，何可久也？

日既倾昃，明岂能久？

九四：突如其来如，焚如，死如，弃如。

"突"者，灶突也。离中虚，灶突之象也。"突如，其来如"者，下体之火，如灶突而炎上也。火性炎上，三之旧火既上于四，而不能回于其三，四之新火又发，五得中居尊，四之火又不敢犯乎其五，上下两无所容，则火止于四而已。故必至于"焚如、死如"，成灰"弃如"而后已也。如者，助语辞。坎性下，三在下卦之上，故曰"来"，此来而下者也。火性上，四在上卦之下，故曰"来"，此来而上者也。来而下，必至坎窞而后已，来而上，必至死弃而后已。

四不中正，当两火相接之时，不能容于其中，故有此象。占者之凶可知矣。

《象》曰："突如其来如"，无所容也。

三炎上而不能反，三不能容也。五中尊而不敢犯，五不能容也。

六五：出涕沱若，戚嗟若，吉。

"涕"，沱貌。离错坎，涕若之象也，又加忧戚之象也。中爻兑口，嗟之象也。"出涕沱若"者，忧惧之征于色也。"戚嗟若"者，忧惧之发于声也。二五皆以柔丽乎刚，二之辞安，五之辞危者，二中正，五不正故也。

六五以柔居尊而守中，有文明之德，然附丽于强刚之间，必不恃其文明与其中德，能忧惧如此，然后能吉。戒占者当如此。

《象》曰：六五之吉，离王公也。

离，音丽。

王指五，公指上九。"离王公"者，言附丽于王之公也。王与公相丽，阴阳相资，故"吉"。不言四者，四无所容，而上九能正邦也。

上九：王用出征，有嘉折首，获匪其丑，无咎。

"王"指五。离为日，王之象也。"用"者，用上九也。五附丽于上九，用之之象也。"有嘉"者，嘉上九也，即王三锡命也。"折首获匪其丑"，即可嘉之事也。离为戈兵，变为震动，戈兵震动，"出征"之象也。王用上九专征，可谓宠之至矣。为上九者，若不分其首从而俱戮之，是火炎崑冈，安得可嘉？又安得无咎？"折首"者，折取其丑首，即歼厥渠丑也。"获匪其丑"者，执获不及其小丑，即"胁从罔治"也。乾为首，首象阳，丑象阴，明夷外卦错乾，故曰"大首"。本爻乾阳，且离为"上槁"，"折其首"之象也。本卦阳多阴少，阴乃二五，君臣无群小之丑，"获匪其丑"之象也。"无咎"者，勇足以折首而仁及于小丑也。"王用出征有嘉"一句，"折首"一句，"获匪其丑"一句。

上九以阳刚之才，故有"王用出征有嘉"之象，又当至明之极，首从毕照，故又有出征唯折其首，不及于丑之象，乃"无咎"之道也。故其象占如此。

《象》曰："王用出征"，以正邦也。

"征"之为言，正也。寇贼乱邦，故"正"之。

六五明于用人，上九明于人之罪恶。若非上九之明，则玉石俱焚矣。若非六五之明，上九有故纵反者之咎矣，故正邦也。言五之用九，非穷兵黩武，但取正邦多杀何为？

来瞿唐先生易注卷之七

周易下经

䷞ 兑上 艮下　咸速也

"咸"者，感也。不曰感者，咸有皆义，男女皆相感也。艮为"少男"，兑为"少女"，男女相感之深，莫如少者。盖艮止则感之至，兑悦则应之至，此咸之义也。《序卦》"有天地"至"然后礼义有所错"："天地"，万物之本；"男女"，人伦之始。《上经》首乾坤者，天地定位也。《下经》首咸恒者，山泽通气也。位欲其对待而分。《系辞》"天地定位"，一条是也，故天地分为二卦；气欲其流行而合，《系辞》"刚柔相摩"一条是也，故山泽合为一卦。

咸：亨，利贞，取女吉。

取，七具反。

《彖辞》明。盖八卦正位，艮在三，兑在六；艮属阳，三则以阳居阳；兑属阴，六则以阴居阴；三为艮之主，六为兑之主。男女皆得其正，所以"亨、贞、吉"。

《象》曰：咸，感也。柔上而刚下，二气感应以相与。止而说，男下女，是以"亨，利贞，取女吉"也。天地感而万物化生，圣人感人心，而天下和平。观其所感，而天地万物之情可见矣。

释卦名、义，又以卦综、卦德、卦象释卦辞而极言之。感者，感而应也，无应不为感矣。本卦二体，初阴四阳，二阴五阳，三阳六阴，皆阳感而阴应，阴感而阳应，故曰"感"也。取其交相感之义也。凡天下之事，无心以感之者，寂也。有心以感之者，私也，非所感也。惟感之至公，无所容心于其间，则无所不感矣。故卦去其心，而《象》加其心。"柔上而刚下"者，本卦综恒，二卦同体，文王综为一卦，故《杂卦》曰："咸，速也。恒，久也。""柔上"者，恒下卦之巽，上而为咸之兑也。"刚下"者，恒上卦之震，下而为咸之艮也。"二气"者，山泽之气也。因二气刚柔，一上一下，刚感而柔应之，柔感而刚应之，即"山泽通气"，故恒卦亦曰"上下相与"。此感之所以亨也。"止而说"者，人心之说易失其正，惟止而说，则无徇情纵欲之私，此所以"利贞"也。"男下女"者，以艮之少男下于兑之少女也。凡婚姻之道，无女先男者，必女守贞静，男先下之，则为得男女之正，此所以"取女吉"也。化者气化，生者形生。"万物化生"者，天地以气感万物，而万物无不通也。和者无乖戾，平者无反侧，圣人以德感天下，而天下无不通也。"观其所感"者，由感通之道引而伸之也。"寂然不动"者性，感而遂通者情。天地万物之情可见者，见天地万物之情不过此感通也。

《象》曰：山上有泽，咸。君子以虚受人。

泽性润下，土性受润，泽之润有以感乎山，山之虚有以受乎泽，"咸"之象也。"虚"者，未有私以实之也。"受"者，受人之善也。人之一心寂然不动，感而遂通者，虚故也。中无私主则无感不通，闻一善言，见一善行，沛然若决江河矣。苟有私意以实之，则先入者为主，而感通之机室，虽有至者，将拒而不受矣。故山以虚，则能受泽，心以虚，则能受人。

初六：咸其拇。

拇，茂后反。

"拇"，足大指也。艮综震，足之象也，故以"拇"言之。以理论，初在下亦拇之象。"咸其拇"，犹言咸以其拇也。拇岂能感人，特以人身形体上下之位，象所感之浅深耳。六爻皆然。

初六阴柔，又居在下，当感人之时，志虽在外，然九四说之，初六止之，特有感人之心而无感人之事，故有"感其拇"之象，所以占无吉凶。

《象》曰："咸其拇"，志在外也。

"外"者，外卦也。初与四为正应，所感虽浅，然观其拇之动，则知其心志，已在外卦之九四矣。

六二：咸其腓，凶。居吉。

"腓"，足肚也。拇乃枝体之末，离拇升腓，渐进于上，则较之咸其拇者，其感不甚浅矣。"凶"者，以上应九五而凶也。感皆生于动，但九五君位，岂可妄动以感之？故凶。居者非寂然不动也，但不妄动耳。盖此爻变巽为进退，且性人，上体兑悦，情悦性人，必不待其求而感。若居则不感矣，不感则不变，尚为艮体之止，故设此居吉之戒。

六二阴柔，当感人之时，咸之渐进，故有"咸其腓"之象。然上应九五，不待其求而感之，故占者不免于凶。若安其居以待上之求，则得进退之道而吉矣。故义教占者以此。

《象》曰：虽凶居吉，顺不害也。

"顺"者，中正柔顺之德也。"不害"者，不害其感也。言"居"者，非戒之以不得相感也。盖柔顺之中德，本静而不动，能居而守是德，则不至有私感之害也。

九三：咸其股，执其随，往吝。

"股"者髀也，居足之上、股之下，不能自由随身而动者也。中爻为巽，股之象也。"执"者，固执也，专主也。执其随者，股乃硬执之物，固执而唯主于随也。以阳而从阴，乃以君子而悦小人之象，故不无羞吝。

九三以阳刚之才而居下之上，是宜自得其正道，以感于物矣。然所居之位，应于上六，阳好上而悦，阴上居悦体之极，三往而从之，故有咸股执随之象。占者以是而往，羞吝不必言矣。

《象》曰："咸其股"，亦不处也。志在随人，所执下也。

"处"者，居也，即六二居吉之居。因艮止，故言居言处。处则不随，随则不处。曰"亦"者，承二爻而言。言六二阴柔以不处而凶，处而吉，阴柔随人，不足怪矣。今九三刚明，宜乎卓然自立，则所执主者，乃高明自重之事，有何可羞？今乃亦不处而志在随人，则所执者卑下之甚，不其可羞乎？"亦不处"，惜之之辞。"所执下"，鄙之之辞。

九四：贞吉，悔亡。憧憧往来，朋从尔思。

"贞"者，正而固也。此心不思乎正应之阴柔，则廓然大公，物来顺应，正而固矣。"吉"者，诚无不动也。"悔亡"者，内省不疚也。"憧憧"，往来貌。"往来"者，初感乎四，二感乎五，三感乎六者，往也。六感乎三，五感乎二，四感乎初者，来也。四变上下成坎，中爻成离，"来之坎坎""突如来如"者，往来之象也。"朋"者，中爻三阳牵连也，故曰"朋"。泰三阳牵连亦曰"朋"。损六五，三阴也。益六二，三阴也。复九四，三阴也。故皆以"朋"称之也。"思"者，四应乎初之阴，初乃四之所思也。五应乎二之阴，二乃五之所思也。三应乎六之阴，六乃三之所思也。"尔"者，呼其心而名之也。"朋从尔思"者，言四与三、五共从乎心之所思也。四居股之上脢之下，乃心也。心之官则思，思之象也。心统乎百体，则三与五皆四之所属矣，故可以兼三五而称朋也。

九四乃心，为咸之主，以阳居阴而失正，又应乎初之阴柔，不免悔矣。故戒占者：此心能正而固，则吉而悔亡，所不感矣；若此心"憧憧往来"，惟相从乎尔心之所思，则溺于阴柔，不能正大光明，而感应之机窒矣，又岂能吉而悔亡？故戒占者以此。

《象》曰："贞吉，悔亡"，未感害也。"憧憧往来"，未光大也。

不正而感，则有害，贞则未为，感之害也。往来于心者皆阴私，又岂能正大光明？

九五：咸其脢，无悔。

脢，音梅。《礼记》作"脄"。

"脢"，背脊肉不动者也。脢虽在背，然居口之下心之上，盖由拇而腓、而股、而心、而脢、而口，六爻以渐而上也。初与四应，故拇与心，皆在人身之前。二与五应，故"腓"与"脢"皆在人身之后。三与上应，故"股"与"辅颊"皆在两旁，而"舌"则居中焉。虽由拇以渐而上，然对待之精至此。诸爻动而无静，非所感者也；此爻静而不动，不能感者也。

九五以阳居悦体之中，比于上六。上六悦体之极。阴阳相悦，则九五之心志唯在此末而已，所以不能感物。不能感物则亦犹脢之不动也，故有"咸其脢"之象。悔生于动，既不能动而感，则亦无悔矣。故占者"无悔"。

《象》曰："咸其脢"，志末也。

"末"者，上六也。大过上体亦兑卦，《象辞》"本末弱"，末指上六可见矣。九五，应二而比六，《小象》独言"志末"，何也？二乃艮体，止而不动；六乃悦体，又悦之极，则九五之心志惟在此末，而不在二矣，所以言"志末"。亦如谦卦九三比二，六二"鸣谦"则"中心得"，上六正应"鸣谦"则"志未得"是也。人君感人心而天下和平者，以其廓然大公、物来顺应也。今志在末，岂能感人？所以仅得无悔。

上六：咸其辅、颊、舌。

"辅"者，口辅也，近牙之皮肤，与牙相依，所以辅相颊舌之物，故曰"辅"。"颊"，两旁也。辅在内，颊在外，舌动则辅应而颊从之，三者相须用事，皆所用以言者，故周公兼举之。兑为口舌，"辅颊舌"之象也。咸卦有人身象，上阴爻为口，中三阳为腹背，下有腿脚象，故周公爻自"拇"而"舌"。

上六以阴居悦之终，处咸之极，感人以言而无其实，故其象如此，盖小人女子之态、苏秦张仪之流也。

《象》曰："咸其辅、颊、舌"，滕口说也。

"滕"，张口骋辞貌，见《说文》。"口说"岂能感人？

☳震上 **恒久也**
☴巽下

"恒"，久也。男在女上，男动乎外，女顺乎内，人理之常，故曰"恒"。又见《象辞》，皆恒之义也。《序卦》："夫妇之道不可以不久也，故受之以恒。"言夫妇偕老，终身不变者也。盖咸少男在少女之下，以男下女，乃男女交感之义。恒，长男在长女之上，男尊女卑，乃夫妇居室之常。论交感之情，则少为亲切，论尊卑之序，则长当谨严，所以次咸。

恒：亨，无咎，利贞。利有攸往。

恒之道，可以亨通，恒而能亨，乃"无咎"也。恒而不可以亨，非可恒之道也，为"有咎"矣。如君子恒于善，故"无咎"，小人恒于恶，焉得无咎！然"恒亨"而后无咎，何也？盖恒必利于正，若不正，岂能恒？如孝，置之而塞乎天地，溥之而横乎四海，如此正，方得恒，故"利贞"。恒必"利有攸往"，达之家邦万古不穷。如孝，施之后世而无朝夕，方谓之恒，如不可攸往，不谓之恒矣。"利贞"，不易之恒也，恒之利者也。"利有攸往"，不已之恒也，亦恒之利者也。故恒必两利。

《象》曰：恒，久也。刚上而柔下，雷风相与，巽而动，刚柔皆应，恒。"恒，无咎，利贞"，久于其道也，天地之道，恒久而不已也。"利有攸往"，终则有始也。日月得天而能久照，四时变化而能久成，圣人久于其道而天下化成。观其所恒，而天地万物之情可见矣。

释卦字义，又以卦综、卦象、卦德释卦名、卦辞而极言之。"恒"者，长久也。若以恒字论，左旁从立心，右旁从一日，言立心如一日，久而不变也。"刚上而柔下"者，本卦综咸。刚上者，咸下卦之艮上而为恒之震也。"柔下"者，咸上卦之兑下而为恒之巽也。"恒、亨、无咎、利贞"者，以久于其道也。盖道者，天下古今共由之路，天地之正道也。惟久于其道，故"亨"，故"无咎"，故"利贞"。若久非其道，亦不能恒矣。且恒久莫过于天地，天地之道，恒久而不已者也。惟其恒久不已，所以攸往不穷。盖凡人事之攸往而不能恒久者，以其终而不能又始也。终而不能始，则自终而止。有止息间断，非恒久不已者矣，安能攸往？惟天地之道，昼之终矣，而又有夜之始，夜之终矣，而又有昼之始，寒之终矣，而又有暑之始，暑之终矣，而又有寒之始。终则有始，循环无端，此天地所以恒久也。此恒所以必"利有攸往"，而后谓之恒也。"得天"者，附丽于天也。"变化"者，寒暑迭更，阴阳互换也。"久成"者，成其岁功也。"久于其道"者，仁渐义摩也。"化成"者，化之而成其美俗也。此极言恒久之道。言观其所恒，可见万古此天地，万古此恒也；万古此万物，万古此恒也。若当春时为夏，当秋时为冬，当生物时不生，当成物时不成，此之谓变怪，安得谓之恒？

《象》曰：雷风，恒。君子以立不易方。

"立"者，正于此而不迁也。"方"者，大中至正之理，理之不可易者也，如为人君止于仁，为人臣止于敬是也。"不易方"者，非胶于一定也，理在于此则止而不迁，如冬寒衣裘、夏暑衣葛是也。巽性入，入而在内；震性动，出而在外，二物各居其位，不易方之象也，故曰"不易方"。

初六：浚恒，贞凶，无攸利。

"浚"，深也。"浚井"之"浚"，"浚"字生于"巽"性入之"入"字来。初六为长女之主，九四为长男之主，乃夫妇也。巽性入，始与夫交之时，即深求以夫妇之常道。四动而决躁，安能始交之时，即能从其所求？"贞"者，初与四为正应，所求非不正也。"凶"者，骤而求之深，彼此不相契合也。"无攸利"者，有所往则夫妇反目矣。盖初阴居阳位，四阳居阴位，夫妇皆不正，皆有气质之性，所以此爻不善。下三爻皆以"妻"言。初爻"凶"者，妻求大之深而凶也。三"贞吝"者，妻改节而见黜也。上三爻皆以"夫"言。四"无禽"者，夫失其刚而无中馈之具也。五"凶"者，夫顺从其妻而凶也。

初与四为正应，妇责备夫以夫妇之常道，亦人情之所有者。然必夫妇居室之久，情事孚契，而后可以深求其常道也。但巽性务入，方交四之始即深以夫妇之常道求之，则彼此之情未免乖戾，故有"浚恒"之象。占者如此，则虽"贞"亦"凶"，而"无攸利"也。

贾谊初见汉文，辄欲改制度。

《象》曰："浚恒"之凶，始求深也。

贾谊少年，痛哭流涕，望汉文改制度，卒傅长沙，浚恒之深也。

"求"者，中馈之酒浆、器皿、衣服、首饰之类也。

九二：悔亡。

以阳居阴，本有悔矣。以其久中，故其"悔亡"。"亡"者，失之于初，而改之于终也。

《象》曰：九二"悔亡"，能久中也。

可久之道中焉止矣。人能恒久于中，岂止悔亡？孔子之言，盖就周公之爻辞而美之也。

九三：不恒其德，或承之羞，贞吝。

阳德居正，故得称德。"不恒其德"者，改节也，居巽之极为进退、为"不果"，改节之象也。以变坎为狐疑，此心不定，亦改节之象也。长女为长男之妇，不恒其德而改节，则失其妇之职矣。既失其职，则夫不能容，而妇被黜矣。"或"者，外人也。"承"者，进也。"羞"者，致滋味也。变坎有饮食之象，"羞"之象也。因妇见黜，外人与夫进其羞也。"贞"者，九三位正也。若依旧注"羞"作羞耻，则下"吝"字重言羞矣。

九三位虽得正，然过刚不中，当雷风交接之际，雷动而风从，不能自守，故有"不恒其德，或承之羞"之象，虽正亦可羞矣。故戒占者如此。

《象》曰："不恒其德"，无所容也。

"无所容"者，夫不能容其妇而见黜也，所以使外人进其羞也。

九四：田无禽。

应爻为地道，又震为"大涂"，故曰"田"。与师卦"田有禽"之田同。本卦《大象》与师卦《大象》皆与小过同，故皆曰"禽"。应爻巽为鹳，亦禽之象也。应爻深入，与井下卦同巽，故皆曰"无禽"也。师卦所应刚实，故"有禽"，本卦所应阴虚，故"无禽"。

九四以阳居阴，久非其位，且应爻深入，故有"田无禽"之象。既"无禽"，则不能与妻备中馈之具，夫非其大矣。故其象占如此。

《象》曰：久非其位，安得禽也？

久非其位，则非所久而久矣，故不得禽。

六五：恒其德，贞。妇人吉，夫子凶。

丈夫用刚用柔，各适其宜，以柔顺为常，是因人成事矣，所以凶。此爻变兑，兑为少女，又为妾，妇人之象也。妇人以顺为正，故"吉"。

六五恒其中德，正矣，故有"恒其德贞"之象。但刚而中可恒也，柔而中，妇人之常，非夫子之所当常也，故占者有吉有凶又如此。

《象》曰：妇人贞吉，从一而终也。夫子制义，从妇凶也。

"从一"者，从夫也。妇人无专制之义，惟在从夫，顺从乃其宜也。"制"者，裁制也。"从妇"者，从妇人顺从之道也。夫子刚果独断，以义制事，若如妇人之顺从，委靡甚矣，岂其所宜？故"凶"。

上六：振恒，凶。

振，去声。

"振"者，奋也，举也，整也。"振恒"者，振动其恒也。如宋时祖宗本有恒久法度以远，安石乃纷更旧制，正所谓"振恒"也。"凶"者，不惟不能成事，而反偾事也。在下入乃巽之性，"浚恒"也。在上动，乃震之性，"振恒"也。方恒之始不可浚而乃浚，既恒之终，不可振而乃振，故两爻皆凶。

上六阴柔，本不能固守其恒者也，且居恒之极，处震之终，恒极则反常，震终则过动，故有"振恒"之象。占者之凶可知矣。

《象》曰："振恒"在上，大无功也。

"大无功"者，不惟"无功"，而"大无功"也。曰"大"者，上而无益于国家，下而不利于生民，安石、靖康之祸是也。

䷠ 乾上 艮下 遁则退也

"遁"者，退避也，六月之卦。不言退而曰"遁"者，退止有退后之义，无避祸之义，所以不言退也。为卦，天下有山，山虽高，其惟本止。天之阳，性上进，远避而去，故有遁去之义。且二阴生于下，阴渐长，小人渐盛，君子退而避之，故为遁。《序卦》："恒者，久也。物不可以久居其所。"久则变，变则去，此理之常，所以次恒。

遁：亨，小利贞。

"亨"为君子言也。君子能遁，则身虽遁而道亨。"小"者，阴柔之小人也，指下二阴也。利贞者，小者利于正，而不害君子也。若害君子，小人亦不利也。

《象》曰："遁，亨"，遁而亨也。刚当位而应，与时行也。"小利贞"，浸而长也。遁之时义大矣哉！

以九五一爻释"亨"，以下二阴爻释"利贞"而赞之。遁而亨者，惟遁乃亨，见其不可不遁也。刚指五。"当位"者，当中正之位。"而应"者，下与六二相应也。"时行"言顺时而行。身虽在位，而心则遁，此所以谓之时行也。九五有中正之德，六二能承顺之，似亦可以不必于遁，然二阴浸而长，时不可以不遁。知时之当遁，与时偕行，此其所以亨也。"浸"者，渐也。浸而长，其势必至于害君子，故戒以利贞。"时义大"者，阴虽浸长，尚未盛大，且九五与二相应，其阳渐消之意，皆人之所未见而忽略者，是以苟且留连，而不能决去也。当此之时，使不审时度势，则不知遁。若眷恋禄位，又不能遁，惟有明哲保身之智，又有介石见机之勇，方能鸿冥凤举，所以叹其时义之大。汉元、成之时，弘恭、石显得志于内，而萧望之、刘向、朱云皆得巨祸；桓灵之际，曹节、王甫得志于内，而李膺、陈蕃、窦武皆被诛戮者，均不知遁之时义者也。《易》中"大矣哉"有二：有赞美其所系之大者，豫、革之类是也；有称叹其所处之难者，大过、遁之类是也。

《象》曰：天下有山，遁。君子以远小人，不恶而严。

远，去声。

"恶"者，恶声厉色，疾之已甚也。"严"者，以礼律身，无可议之隙，而凛然不可犯也。"不恶"者，待彼之礼。"严"者，守己之节。"天下有山"，天虽无意于绝山，而山自不能以及乎天，遁之象也。故"君子以远小人，不恶而严"。则君子无心于远小人，而小人自远，与天之无心于远山，而山自绝于天者同矣。"远小人"，艮止象。"不恶而严"，乾刚象。

初六：遁尾，厉，勿用有攸往。

阴初在下，乃遁之尾，然一阴初萌，已危虑矣。"勿用有攸往"，《易》为君子谋，非为阴谋也。教初不往，似不通。

"遁"者，居当遁之时也。"尾"者，初也，因在下，故曰"尾"。"厉"者，天下贤人君子，皆以遁去时。何时也？岂不危厉！"往"者，往而遁去也。本卦遁乃阳刚，与阴不相干涉，故不可往。且初在下，无位。又阴柔，所居不正，无德，无位，无闻，不过凡民耳。与遁去之贤人君子不同，遁之何益？

初六居下，当遁之时，亦危厉矣。但时虽危厉，而当遁者非初之人，故教占者勿用遁去，但晦处以俟时可也。阴柔小人如何晦处俟时?！

《象》曰："遁尾"之厉，不往何灾也？

"厉"，即灾也。君子不往，何厉之有，不遁，有何灾咎？所以"勿用有攸往"。

六二：执之用黄牛之革，莫之胜说。

胜，音升。说，音脱。

"执"者，执缚也。艮性止，执之象也。"黄"，中色，指二。应爻错坤，牛之象也。"胜"者，任也。"脱"者，解脱也。能胜其脱，欲脱即脱矣，莫之胜脱者，不能脱也，言执缚之以黄牛之皮，与九五相交之志，坚固不可脱。本卦遁者乃阳，初与二阴爻皆未遁，故此爻不言"遁"字。

二阴浸长，近于上体之四阴，已凌迫于阳矣。然二与五为正应，二以中正顺应乎五，五以中正亲合乎二，正所谓"刚当位而应"，不凌迫乎阳可知矣，故有"执之用黄牛之革，莫之胜说"之象。占者当是时，亦当如是也。

《象》曰：执用"黄牛"，固志也。

"坚固"者，欲固执五之遁志也。盖"小利贞"，小人亦如君子之遁，非小人之利也。惟固执之极而能遁，所以不恶也。所以遁之时义大也，若不合则去，亦人之得者。

坚固其二五中正，相合之志也。

九三：系遁，有疾厉。畜臣妾，吉。

"系"者，心维系而眷恋也。中爻为巽，巽为绳，系之象也。"系遁"者，怀禄徇私，隐忍而不去也。"疾"者，利欲为缠魔困苦之疾也。"厉"者，祸伏于此而危厉也。"臣"者，仆也。"妾"者，女子也，指下二阴也，乃三所系恋之类也。盖臣妾也，宫室也，利禄也，凡不出于天理之公，而出于人欲之私者，皆阴之类也，皆人之所系恋者也。本卦止言臣妾者，因二阴居下位故也。"畜"者，止也，与剥卦顺而止之同。止之使制于阳而不凌上也。艮，畜止象。又为阍寺，臣之象。又错兑，妾之象。

九三当阴长凌阳之界，与初、二二爻同体。下比于阴，故有当遁而系恋之象。既有所系，则不能遁矣，盖疾而厉之道也。然艮性能止，惟刚正自守，畜止同体在下二阴，驭之以臣妾之正道，使制于阳而不凌上，斯吉矣。故又教占者必如此。

《象》曰："系遁"之厉，有疾惫也。"畜臣妾，吉"，不可大事也。

"疾惫"者，疲惫于私欲，困而危矣。"不可大事"者，出处去就乃大夫之大事，知其所事，方知其遁。若畜止臣妾，不过以在我艮止之性，禁令之尔，乃小事也。九三系遁，能此小事，亦即吉矣，岂能决断其出处，去就之大事哉！

九四：好遁，君子吉，小人否。

好，呼报反。否，方有反。

三比二，故曰"系"。四应初，故曰"好"。"好"者，爱也。"系"者，缚也。爱者必眷恋而缚，缚者因喜悦而爱，其实一也。"好遁"者，又好而又遁也。"好"者，爵位利禄爱慕之事也。"遁"者，审时度势，见几之事也。"好"者，四也。"遁"者，九也。阳居阴位，阳可为"君子"，阴可为"小人"，故可"好"可"遁"也，所以圣人设小人之戒。"否"者，不也。

九四以刚居柔，下应初六，故有好而不遁之象。然乾体刚健，又有遁而不好之象。占者顾其人何如耳：若刚果之君子，则有以胜其人欲之私，止知其遁不知其好，得以遂其洁身之美，故吉矣；若小人则徇欲忘反，止知其好不知其遁，遁岂所能哉！故在小人则否也。

《象》曰：君子"好遁"，"小人否"也。

君子刚果，故"好"而知"遁"，必于其"遁"。小人阴柔，故"好"而不知其"遁"，唯知其"好"矣。

九五：嘉遯，贞吉。

"嘉遯"者，嘉美乎六二也。当二阴浸长之时，二以艮体执之以黄牛之革，不凌犯乎阳，其志可谓坚固矣。为君者不嘉美以正其志，安能治遯？故"贞吉"。若人君，无逃遯之理。玄宗幸蜀，安得为嘉？

九五阳刚中正，有治遯之才者也。当天下贤人君子，遯去之时，下应六二之中正，见六二之志固，乃褒嘉之，表正其志，以成其不害贤人君子之美、正而且吉之道也。故其象占如此。

《象》曰："嘉遯，贞吉"，以正志也。

二之固志者，坚固其事上之志、臣道中正之心也。五之正志者，表正其臣下之志、君道中正之心也。二五《小象》皆同言"志"字，所以知五褒嘉乎二。

上九：肥遯，无不利。

"肥"者，疾瘵之反。"遯"字从豚，故初六言"尾"，上九言"肥"，皆象豚也。以阳刚之贤，而居霄汉之上，睟面盎背，莫非道德之丰腴，手舞足蹈，一皆仁义之膏泽，心广体胖，何肥如之！"无不利"者，天子不得臣，诸侯不得友。尧虽则天，不屈饮犊之高；武既应人，终全孤竹之节。理乱不闻，宠辱不惊，何利如之！

诸爻皆疑二阴之浸长，心既有所疑而戚，戚则身亦随之而疾瘵矣，安能"肥"乎？惟上九以阳刚而居卦外，去柔最远，无所系应，独无所疑。盖此心超然于物外者也，故有"肥遯"之象。占者无不利，可知矣。

《象》曰："肥遯，无不利"，无所疑也。

"无所疑"者，不疑二阴之浸长而消阳也。"无所疑"，所以逍遥物外，不至于愁苦而瘵。

郭林宗似之。

䷡ 震上 乾下 大壮则止

"大壮"者，大者壮也。"大"谓阳也。四阳盛长，故为"大壮"。二月之卦也。为卦震上乾下，乾刚而震动，大壮之义也。又雷之威震于天上，声势壮大，亦大壮之义也。《序卦》："遯者，退也。物不可以终遯，故受之以大壮。"遯者，阳衰而遯也。壮者，阳盛而壮也。衰则必盛，消长循环之理，所以次遯。

大壮：利贞。

大壮不言"吉亨"，而言"利贞"者，圣人尤盛危明也，警戒无虞。

阳壮，则占者"吉亨"，不必言矣。然君子之所谓壮者，非徒以其势之盛，乃其理之正也，故利于正。阴之进不正，则小人得以凌君子，故遁言"小者利于贞"。阳之进不正，则君子不能胜小人，故大壮言大者利于贞。大壮综遁，二卦本是一卦，故卦下之辞如此。

《彖》曰：大壮，大者壮也。刚以动，故壮。大壮，"利贞"，大者正也，正大而天地之情可见矣。

以卦体、卦德释卦名，又释"利贞"之义而极言之。阳长过中，大者壮也。盖正月泰阳虽长而未盛，三月夬阳已盛而将衰，皆不可以言壮。惟四阳则壮矣。且乾刚震动，刚则能胜其人欲之私，动则能奋其必为之志，何事不可行哉！此其所以壮也。卦体则势壮，卦德则理壮，所以名壮。大者正也，言大者自无不正也。凡阳明则正，阴浊则邪，自然之理，故利于贞。若不贞，则非大矣。"正大"者，正则无不大也。天地之情者，覆载生成，所发之情也。一通一复，皆一诚之贯彻，岂不正？既正，岂不大？故曰"正大"。盖"大"者壮，以气言，乃壮之本体也。"大"者正，以理言，所以运壮之道也。"正大而天地之情可见"，又推极上天下地，莫非此正大之理，非特人为然也。一阳来复，见天地之心，四阳见其情。仁者天地之心，情则其所发也。

《象》曰：雷在天上，大壮。君子以非礼弗履。

"非礼"者，人欲之私也。"履"者，践履也。"非礼弗履"，则有以克胜其人欲之私矣。此惟刚健以动者可能。矫哉其强，何壮如之！"雷在天上，大壮"者，以声势而见其壮也。"君子非礼弗履大壮"者，以克胜其私而见其壮也。

初九：壮于趾，征凶有孚。

震为足，又初在下，"趾"之象也。"征凶"者，往则必裁抑摈斥也。"孚"者，自信其阳刚之正德也。初以阳居阳，乾之刚未盛也，故"有孚"，至三则乾刚极矣。

初九阳刚处下，当壮之时，壮于进者也，故有壮趾之象。以是而往，凶之道也。然阳刚居正，本有其德，故教占者，惟自信其德，以甘穷困，不可有所往，往则凶矣。

《象》曰："壮于趾"，其孚穷也。

既无应援，又卑下无位，故曰"穷"。当壮进之时，有其德而不能进，进则必凶，乃处穷之时矣，故惟自信其德以自守可也。是"其孚"者，不得已也，因"穷"也，故曰"其孚穷"。贤人君子，不偶于时，栖止山林者，多是如此。

九二：贞吉。

《爻》辞无中字，九阳正也。二阳居阴位，柔正也。壮不过壮，以柔济刚也。象之"利贞"者，此贞也，戒过刚也。《小象》补出中字，中则刚柔相得矣。

中则无太过，不恃其强而猛于必进，所以此爻"贞吉"。

九二以阳刚当大壮之时，居中而不过于壮，盖正而吉者也。故其占如此。

《象》曰："九二贞吉"，以中也。

"以中"者，居中位也。与解卦"得中道"、未济"中以行"正同。中立而不倚，强哉矫，九二有焉。

九三：小人用壮，君子用罔，贞厉。羝羊触藩，羸其角。

羸，力为切。

"罔"者，无也，言不用也。君子以义理为勇，以"非礼弗履"为大壮，故"不用壮"也。"羝羊"，壮羊也。"羸"者，瘦也，病也。羝羊恃其强壮乃触其藩，其角出于藩之外，易去而难反，不能用其力，是角之壮者，反为藩所困制而弱病矣，故曰"羸其角"也。本卦大象兑，中爻为兑，皆羊之象，故诸爻皆以羊言之。震为"竹"、为"苇"，"藩"之象也。"触藩"者，"用壮"之象也。阳居阳位，故曰"贞"。"羸角"者，又"贞厉"之象也。

九三过刚不中，又当乾体之终，交震动之际，乃纯用血气之强，过于壮者也。然"用壮"为小人之事，君子以义理为主，岂其所用哉？故圣人戒占者曰：惟小人则用壮，君子则不用也。苟用其壮，虽正亦厉。亦如羊之触藩羸角也，壮其可恃哉？戒之之严，故占中之象又如此。

《象》曰："小人用壮"，君子罔也。

言"用壮"者小人之事，君子则无此也。

九四：贞吉，悔亡。藩决不羸，壮于大舆之輹。

"贞吉，悔亡"者，惟正则吉而悔亡也。"决"，破也。"藩决不羸"，承上文而言也。三前有四之阻隔，犹有藩焉。四前二阴，则藩决而可前进矣。震为"大涂"，兑为"附决"，藩决之象也。"輹"与辐同，车轮之中干也。车之败常在折輹，輹壮则车强矣。四变坤，"大舆"之象也。"壮于大舆之輹"，言尚往而可进也。此二句又"贞吉，悔亡"之象也。

九四当大壮之时，以阳居阴，不极其刚，前无困阻而可以尚往矣。故其占中之象如此者。

《象》曰："藩决不羸"，尚往也。

"尚往"者，前无困阻而可以上进也。

六五：丧羊于易，无悔。

易，音亦。

"易"即场，田畔地也。震为"大涂"，场之象也。

本卦四阳在下，故名"大壮"。至六五无阳，则丧失其所谓大壮矣，故有"丧羊于易"

之象。既失其壮，则不能前进，仅得无悔而已，故其象占如此。

《象》曰："丧羊于易"，位不当也。

"位不当"者，以柔居五位也。

上六：羝羊触藩，不能退，不能遂。无攸利，艰则吉。

震错巽为进退，退遂之象也。"艰"者，处之艰难而不忽慢也。"吉"者，"无攸利"者终得攸利也。六五已"丧羊"矣，而上六又"羝羊触藩"者，盖六五以一爻言也，上六则合一卦而言也。三则刚之极，上则动之极，所以爻象皆同。

上六壮终动极，所以"触藩"而不能退，然其质本柔，又不能遂其进也，故有"触藩不能退遂"之象。占者之"无攸利"可知矣。然犹幸其不刚，而不妄进也。若占者能"艰"以处之，则得以遂其进而吉矣。

《象》曰："不能退，不能遂"，不详也。"艰则吉"，咎不长也。

"详"者，慎密也。"不详"者，当壮终动极之时，不能度势而行、审机而进也。既详，则能艰矣。"咎"者，"不能退、不能遂"之咎也。惟艰则能详，而"咎不长"矣。心思之艰难，所以能详；识见之详明，所以方艰。

离上 坤下 晋昼也

"晋"者，进也，以日出地上，前进而明。不言进而言晋者，进止有前进之义、无明之义，晋则有进而光明之义，所以不言进也。《序卦》："物不可以终壮，故受之以晋。"盖物既盛壮则必前晋，所以次大壮。

晋：康侯用锡马蕃庶，昼日三接。

"康侯"，安国之侯也。"锡"者，赐与也。"蕃庶"见其恩之者隆。"三接"，见其礼之者频。坤错乾，"马"之象。中爻艮综震，震为蕃，"蕃"之象。"庶"者，众也，坤为众，庶之象。"蕃庶"者，言所锡之马众多也。"昼日"，离之象。离居三，三之象。艮为"手"，相接之象。"日"者，君也。坤者，臣也。坤为"邑国"，日在地上，照临其邑国之侯，有宠而"锡马三接"之象。《易》止有是象，无是事，如"栋桡"、"金车"、"玉铉"之类皆是也。诸儒不知象，乃以《周官》"校人"、"大行人"实之，失象旨矣。

《象》曰：晋，进也。明出地上，顺而丽乎大明，柔进而上行。是以"康侯用锡马蕃庶，昼日三接也"。

释卦名，又以卦象、卦德、卦综释卦辞。"明出地上"者，离日出于地之上也。"顺而丽乎大明"者，坤顺而附丽乎大明也。"柔进而上行"者，晋综明夷，因二卦同体，文王综为一卦，故《杂卦》曰："晋，昼也。明夷诛也。"言明夷下卦之离，进而为晋上卦之离也。若以人事论，"明出地上"，乃世道维新，治教休明之时也。"顺"以臣言，"大明"以君言。"顺"者，小心承顺也。"丽"者，犹言攀龙鳞附凤翼也。柔进而上行则成虚中矣，是虚中下贤之君，而居于五之位也。上句以时言，中句以臣之德言，下句以君言。言为"康侯"者，必际是时、备是德、遇是君，方得是宠也。

《象》曰："明出地上"，晋。君子以自昭明德。

地乃阴土，譬之人欲之私。"自"者，我所本有也。日本明，入于地则暗矣，犹人之德本明，但溺于人欲之私，则暗矣，故自昭其明德，亦犹日之出地也。"自昭"者，格物致知，以去其蔽明之私；诚意正心修身，以践其自昭之实也。"明德"者，即行道而有得于我者也。天下无道外之德，即五伦体之于身也。此德塞乎天地，横乎四海，如昊日当空，人人得而见之，故曰"明"。至健莫如天，故君子以之"自强"。至明莫如日，故君子以之"自昭"。所以二象皆以"自"字言之。

初六：晋如，摧如，贞吉。罔孚，裕，无咎。

摧，音崔。

"晋如"者，升进也。"崔"者，崔嵬之崔，高也。中爻艮山在坤土之上，"崔"之象也。四近君，又阳爻，故有"崔如"之象。若以为"摧如"，则与《小象》"独行正"不相合矣。依郑为"南山崔崔"之"崔"是也。"贞"者，尽其在我，不畔援苟且，汲汲以求进也。"吉"者，终得遂其进也。"罔孚"者，二三不信之也。中爻坎为狐疑，不信之象也。当升进之时，众人通欲进，初卑下，故二三不见信。观《小象》曰"独行正"，六三曰"众允"，可知矣。"裕"者，不以进退为欣戚，从容以处之，而我之自修者犹夫初也。"无咎"者，不失其身也。"贞"，即下文"罔孚，裕，无咎"。

初六以阴居下，当升进之时，而应近君之四，故有"晋如崔如"之象，占者守正则吉矣。设或不见见信，不可急于求信，惟宽裕以处之，则可以"无咎"矣。若求信之心切，则不免枉道失身，安得无咎？此所以利贞则吉也。

《象》曰："晋如，摧如"，独行正也。"裕，无咎"，未受命也。

"独行"者，独进也。中爻艮综震，足行之象也。"正"者，应与之正道也。言升进之时，四阳在上，近乎其君，赫赫崔嵬，初又卑下，众人不进而初独进之，似不可进矣。然四与初为正应，进之亦正道也，未害其为进也。"未受命"者，离日在上，未受君王之命也。未受命，则无官守，所以得绰绰有余裕。应四未应五，故曰"未受命"。六二曰"受兹介福于"王母，二受字相同。中爻艮为手，有授受之象。故文王卦辞曰"接"，初二爻皆言"受"，皆有手象。

六二：晋如，愁如，贞吉。受兹介福，于其王母。

"愁"当专指四、二，与五同德。乃受福之人，原不必愁也。

中爻坎为加忧，为心病，愁之象也。其所以愁者，四乃大臣中"鼫鼠"之小人也，近君而据下三爻升进之路，二欲升进无应援。五阴柔，二愁五之不断；四邪僻，二愁四之陷害，此其所以愁也。"贞"者，中正之德也。初六之贞，未有贞而勉之也；六二之"贞"，因其本有而教以守之也。"吉"者，中正之德，久而必彰，上之人自当求之，下文所言"受介福于王母"是也。"介"者，大也。"受介福"者，应六五大明之君，因其同德而任用之，加之以宠禄也。"王母"者，六五也。离为日，"王"之象也。离为中女，"母"之象也。

六二中正，上无应援，故有欲进而愁之象。占者如是而能守正，则吉而受福矣。于其"王母"，则不于四可知。

《象》曰："受兹介福"，以中正也。

"以中正"者，以六二有此中正之德也。八卦正位，坤在二，所以"受介福"，详见《杂说》。

六三：众允，悔亡。

坤为"众"，"众"之象也。"允"者，信也。初"罔孚"，未允也。二"愁如"，犹恐未允也；三则"允"矣。"悔亡"者，"亡"其不中正之"悔"也。

六三不中正，当欲进之时，宜众所不信而有悔矣。然所居之地近乎离明，又顺体之极，有顺上向明之志，则所谓"不中正"者，皆因亲近其大明而中正矣，是以众皆信之。同下二阴上进，故有"众允"之象，而占者则"悔亡"也。

《象》曰："众允"之志，上行也。

"上"者，大明也。"上行"者，上顺丽于大明也。上从大明之君，众志之所同也。

九四：晋如鼫鼠，贞厉。

鼫，音石。

"鼫鼠"，"鼫"字与"硕"字同一类，二字从石，皆音"石"。《诗·硕鼠》刺贪。"硕"，大也，阳大阴小，此爻阳，故为"大鼠"，即《诗》之"硕鼠"无疑矣。中爻艮，变爻亦艮，鼠之象也。鼠昼伏藏夜，则走动，盖不敢见日而畏人者也。离为日，晋者昼也，鼠岂能见之哉！但当进之时，见众人俱进，彼亦同进不复畏其昼矣。"贞"者，当进之时，九四"晋如"，非不正也。

九四，不中不正，当晋之时，窃近君之位，居三阴之上，上而畏六五大明之知，下而畏三阴群小之忌，故有"鼫鼠"日下，惟恐人见之象。占者如是，虽正亦危矣。

《象》曰："鼫鼠，贞厉"，位不当也。

"位不当"者，不中不正也。

六五：悔亡，失得勿恤，往，吉，无不利。

"恤"者，忧也。中爻坎，为"加忧"，"恤"之象也。五变，则中爻不成坎，故不忧，而"勿恤"矣。火无定体，倏然而活，倏然而没，失得其常。凡《易》中遇离，或错离，或中爻离，皆言"失得"二字。如比卦九五错离曰"失前禽"。随卦，六三变离曰"失小子"，随有求得。噬嗑九四曰"得金矢"，六五曰"得黄金"。坎卦错离六二曰"求小得"。明夷九三曰"得其大首"。解卦九二错离曰"得黄矢"。鼎卦初六曰"得妾"。震卦六二变中爻为离曰"七日得"。渐卦中爻离六四曰"得只桷"。丰卦六二曰"得疑疾"。旅九四曰"得资斧"。巽上九变坎错离曰"丧其资斧"。"得失"、"得丧"，皆一意也。既济六二曰"七日得"，未济上九曰"失"，是则或失或得，乃离之本有也，非戒辞也。本卦以象论，日出地上，乃朝日也，非日中之昃。以德论，居大明之中而下顺从之。以卦变论，为飞龙在天之君。六爻独此爻善，所以《小象》曰"往有庆也"。"悔亡"者，中以行正也。"失得勿恤"者，虚中则廓然大公，不以失得累其心也。故"吉，无不利"。

六五柔中，为自昭明德之主，天下臣民，莫不顺而丽之，是以事皆悔亡，而心则不累于得失，持此以往，盖"吉"而"无不利"者也。占者有是德，斯应是占矣。

《象》曰："失得勿恤"，往有庆也。

"往有庆"，即"吉无不利"。

上九：晋其角，维用伐邑，厉吉无咎，贞吝。

"晋其角"，与"姤其角"同。晋极明终，日已晚矣。角在首之上，"晋其角"，言欲进而前无其地矣，甚言其前无所进也。"维"者，维系也，系恋其三之阴私也。阳系恋乎阴私，皆不光明之事，所以孔子《小象》但阳比于阴者，皆曰"未光"。离为戈兵，坤为众，此爻变震，众人戈兵震动，"伐邑"之象也。故离卦上九变震，亦曰"王用出征"。邑即内卦坤之阴土也。谦见谦卦。"伐邑"即同人"伏戎于莽"之意。凡《易经》爻辞，无此事而有此象，如此类者甚多。"厉吉无咎"者，言其理也。言邑若理可以伐，虽"危厉"亦"吉而无咎"也。"吉无咎"即下文之"贞"也。"贞吝"者，言虽当伐亦可羞也。

上九明已极矣，又当晋之终，前无所进，此心维系恋乎三爻所应之阴私而已，故有"晋其角，维用伐邑"之象。夫系恋其私以伐邑，其道本不光明，然理若可伐而伐之，事虽"危厉"亦"吉"而"无咎"。但前无所进，既不能成康侯光明之业，反系恋其私以伐邑，虽邑所当伐，其事故贞，亦可羞矣，安得"吉而无咎"哉！故戒占者以此。

《象》曰："维用伐邑"，道未光也。

此爻变震，下乃顺体，阴阳相应，性顺情动，岂有光明之事？

☷ 坤上
☲ 离下　**明夷诛也**

"夷"者，伤也，为卦坤上离下，日入地中，明见其伤，与晋相综，故曰"明夷"。《序卦》："晋者，进也。"进而不已，必有所伤，理之常也，所以次晋。

明夷：利艰贞。

"艰贞"者，艰难委曲以守其贞也。盖暗主在上，去之则忘国，又有宗国同姓不可去者；比之则失身，又当守正。然明白直遂，守正又不免取祸，所以占者"利艰贞"，以守正而自晦其明也。

《彖》曰：明入地中，明夷。内文明而外柔顺，以蒙大难，文王以之。"利艰贞"，晦其明也。内难而能正其志，箕子以之。

难，乃旦反。

以卦象释卦名，又以文王释卦德，以箕子释卦辞。"内文明"者，离也；外柔顺者，坤也。此本卦之德也。"蒙"者，遭也。"以蒙大难"者，言以此德，而遭此明伤之时也。"文王以之"者，言文王遭纣之囚，用此卦之德，所以内不失己、外得免祸也。"晦其明"者，晦其明而不露也。"大难"，关天下之难。"内难"，一家之难。"正其志"者，不失其正也。不失其正又不显其正，是谓"晦其明而利艰贞"之义也。箕子为纣近亲，外而佯狂，内而明哲，是即"晦其明"也，故曰"箕子以之"。大抵箕子之难虽与文王同其艰贞，然文王为西伯，散宜生之徒以珍物美女献于纣，而西伯即出羑里矣。若箕子佯狂，则必要君知其真狂，左右国人亦知其真狂，再不识其佯狂，至牧野之师诛君吊民，方释箕子之囚，箕子逃之朝鲜，武王以朝鲜封之，因以《洪范》授于武王，人方知其不狂，则箕子"艰贞"难于文王多矣。故以"艰贞"系箕子之下。要之，天命与周，故文王之明夷处之易；天命废殷，故箕子之明夷处之难。虽人为，实天意也。文王箕子，一而已矣。

《象》曰：明入地中，明夷。君子以莅众，用晦而明。

坤为众，故言"莅众"。"用晦而明"者，不用明为明，用晦为明也。言我本聪明睿知，乃不显其明，若似不明者。以晦为明，此之谓用晦而明也。若以晋、明夷相综并论之，地在下，日在上，明在外也。君子以之，则绝去其人欲之私，以"自昭明德"。亦如日之极其高明，常升于万物之上，此修己之道当如是也。地在上，日在下，明在内也。君子以之，则存其宽厚浑含之德，去其刻薄残忍之私，以之"莅众"，如小过必赦，使人不求备之类皆是也。古之帝王，冕旒以蔽明，黈纩以蔽聪，亦此意。此则居上之宽，治人者当如是也。故明夷之《大象》曰"莅众，用晦而明"。修己治人，二卦之象尽之矣。

初九：明夷于飞，垂其翼。君子于行，三日不食。有攸往，主人有言。

"明夷于飞"者，伤其飞之翼也。"垂其翼"者，其翼见伤而垂弹也。离为雉，鸟之象也。此爻变艮，独一阳在中，卦之中为鸟身，初与六上下为翼，故小过初六曰"飞"，上六亦曰"飞"，皆以翼言也。此爻居初，故曰"垂翼"也。垂其翼而犹能飞，则伤亦未太重矣。"三日不食"者，离居三，三之象也。离为日，"三日"之象也。离中虚，又为大腹。空腹，"不食"之象也。"于行"者，方见机而欲行也。"不食"者，自悲其见伤而不食也。"有攸往"者，于行而长往也。中爻震足，行而长往之象也。"主人"者，所适之主人对君子之言也。"有言"者，主人不相合，言语讥伤其君子也。外卦错乾，乾为言，有言之象也。象为"飞"，占为"行"，为往；象为"垂翼"，占为"不食"有言。象、占，俱分明。

初九阳明在下，当伤之时，故有"飞而垂翼"之象。占者不惟方行而有不食之厄，及长往而犹有言语之讥。此其时之所遭，不可得而避者，安其义命可也。

《象》曰："君子于行"，义不食也。

"义"之所在见机而作，"不食"可也。

六二：明夷，夷于左股，用拯马壮，吉。

六二中正为离明之主，文明君子伤于暗，君死于暗亦无谓，岂其拯溺犹待规行乎？

"夷于左股"，言伤之犹未在上体也。以去暗君，虽不如初之远，然亦不得言近，故以足之上股象之。中爻为震，震错巽，股之象也。此爻变中爻为兑，兑综巽，亦股之象也。明夷象人身。故初二为股，三、四为腹，五上为首。股居下体，盖以人身上下为前后也。凡《易》中言"左"者皆后字，详见师卦并本卦六四。"拯"者，救也。此爻变乾为健，为良马。马，健壮之象也，言用健壮之马以救之则吉矣。文王囚于羑里，"夷于左股"也。散宜生之徒献珍物美女，"用拯马壮"也。脱羑里之囚，得专征伐，吉也。

六二去暗主稍远，故有伤下体左股之象。然二有中正之德，能速以救之，则吉矣。故其象占如此。

《象》曰：六二之吉，顺以则也。

六二，臣也，臣受伤于君，岂宜粥狱略免？六二之吉者，内文明而外柔顺。其顺于外者，有中正之则也，不可止见其顺、不见其则也。

"顺"者，外柔顺也。"则"者，法则也。言外虽柔顺，而内实文明有法则也，所以"用拯马壮"也。因六二中正，故言"顺以则"。

九三：明夷于南狩，得其大首，不可疾贞。

"南狩"者，去南方狩也。离为火，居南方，南之象也。离为戈兵，中爻震动，戈兵震动，出征远讨之象也。"大首"者，元恶也。坤错乾，乾为首，首之象也。居天位，"大首"之象也。"不可疾"者，不可亟亟也。九三虽刚明，臣也。上六虽昏暗，君也。必迟迟以俟之，出于万一不得已。如天命未绝，人心尚在，则一日之间犹为君臣也。"征"者，伐暴救民，其事正也，故"不可疾"，惟在于贞。若亟亟以富天下为心，是疾而不贞矣。

九三，以阳刚居明体之上，而居于至暗之下，正与上六暗主为应，故有向明除害、得其大首之象。然不可亟也，故有"不可疾"、惟主于贞之戒。占者有成汤文武之德，斯应是占矣。

《象》曰:"南狩"之志,乃大得也。

"志",与"有伊尹之志则可"之"志"同。得天下有道,得其民也。得其民者,得其心也。故除残去暴,必大得民心。不然,以暴易暴,安能行南狩之志?

六四:入于左腹,获明夷之心,于出门庭。

此爻指微子言。盖初爻指伯夷,二爻指文王,三爻指武王,五爻指箕子,上六指纣,则此爻乃指微子无疑矣。"左腹"者,微子乃纣同姓,左右腹心之臣也。坤为腹,腹之象也。此爻变中爻为巽,巽为入,入之象也。因六四与上六同体,故以"腹心"言之。然必曰"左腹"者,右为前,左为后,今人言"左迁",师卦六四"左次"是也。六四虽与上六同体,然六五近上六在前,六四又隔六五在后,是六五当入其右,而六四当入其左矣,故以"左"言之。坤为黑,腹中乃黑暗幽隐之地也。"心"者,心意也。"明夷"者,纣也。明夷之心者,纣之心意也。"出门庭"者,遁去也。中爻震综艮,艮为门,门之象也。震足动,"出门庭"之象也。言微子终日在腹里左边黑暗幽隐之中,已得明夷之心意,知其暴虐无道,必亡天下,不可辅矣,于是出门庭而归周。《书》云"吾家耄逊于荒",又曰"吾不顾行遁",正此爻之意也。

六四阴柔得正,与上六同体,已于幽暗之中,得其暴虐之心意,故有"入腹获心"之象,于是出门庭而遁去矣。占者得此,亦当远去也。

《象》曰:"入于左腹",获心意也。

凡人腹中心事,难以知之。今"入于左腹",已得其心意,知其不可辅矣,微子所以去也。

六五:箕子之明夷,利贞。

六五居至暗之地,近至暗之君,然有柔中之德,晦其明而正其志,所以佯狂受辱也。居明夷如箕子,乃贞之至矣,故占者利于贞。诸爻以五为君位,故周公以"箕子"明之,上六以"登天"明之。九三与上六为正应,曰"得其大首",皆欲人知上六之为君也。然周公爻辞必以上六为君者,何也?盖九三明之极,惟武王可以当之。上六暗之极,惟纣可以当之。若六五有柔中之德,又非纣之所能当也。

《象》曰:箕子之贞,明不可息也。

"不可息"者,耿耿不昧、常存而不息也。"明不可息"者,言明可晦不可息,以其在内不露,所以为贞也。

上六:不明晦,初登于天,后入于地。

"不明晦"者,日落不明而晦也。"初登于天"者,日在地上也。"后入于地"者,日在地下也。本卦原是日在地下,伤其明者,为"明夷"。上六为明夷之主,至此则明夷成矣,故复以明夷之本象言之。

上六以阴居坤土之极，昏暗之至者。惟其昏暗之至，不明而晦，是以初则尊为天子，居可伤人之势，专以伤人之明为事，终则自伤，而坠厥命，欲为匹夫而不可得矣，故有日落不明而晦、初虽登天而后入地之象。其象如此，而占者可知矣。

《象》曰："初登于天"，照四国也。"后入于地"，失则也。

"照四国"以位言，言日居天上，能照四国，亦如人君高位得伤人之势也。"失则"以德言，言为人君止于仁，视民如伤者也，岂可以伤人为事哉？君以伤人为事，失其君之则矣。是以始而登天以伤人，而终于自伤也。文王之"顺以则"者，外柔顺而内实文明，凡事有法则所以兴。纣之"失则"者，居坤顺之极，而内实昏暗。凡事失法则，所以亡。故二六皆言则字。

来瞿唐先生易注卷之八

䷤ 巽上
　　离下　**家人**内也

"家人"者，一家之人也。八卦正位，巽在四，离在二，此卦巽以长女而位四，离以中女而位二，二四皆得八卦正位。又九五、六二内外各得其正，皆家人之义也。《序卦》："夷者，伤也。伤于外者，必反于家，故受之以家人。"所以次明夷。

家人：利女贞。

言占者利于先正其内也。以占者之身而言也，非女之自贞也。盖女贞乃家人之本，治家者之先务。正虽在女，而所以正之者则在丈夫，故曰"利女贞"。

《彖》曰：家人。女正位乎内，男正位乎外。男女正，天地之大义也。家人有严君焉，父母之谓也。父父子子，兄兄弟弟，夫夫妇妇，而家道正。正家而天下定矣。

释卦名、卦辞而推言之。"男女"二字，一家之人尽之矣。父母亦男女也，曰"男女"即卦名也。"女正位乎内，男正位乎外"，正即卦辞之"贞"也。《本义》上"父初子"之说非也。吴幼清以五为巽女之夫，三为离女之夫，亦非也。惟依《彖辞》"女正"、"男正"二句，则卦名、卦辞皆在其中矣。言"女正位乎内，男正位乎外，男女正"，乃天地间大道理原是如此，所以"利女贞"。"严"乃尊严，非严厉之严也，尊无二上之意。言一家父母为尊，必父母尊严，内外整肃，如臣民之听命于君，然后父尊子卑，兄友弟恭，夫制妇顺，各尽其道，而后家道正，正家而天下定矣。定天下系于一家，岂可不"利女贞"？此推原所以当"女贞"之故。

《象》曰：风自火出，家人。君子以言有物而行有恒。

"风自火出"者，火炽则炎上而风生也，自内而及外之意。知"风自火出"之象，则知风化之本，自家而出，而家之本又自身出也。"有物"者，言之不虚也，言孝则实能孝，言弟则实能弟也。"有恒"者，行之不变也。孝则终身孝，弟则终身弟也。言有物则言顾行，行有恒则行顾言，如此则身修家齐，风化自此出矣。

初九：闲有家，悔亡。

"闲"者，防也。闲也，其字从门，从木。木设于门，所以防闲也。又变艮，艮为门，又为止，亦门闲止防之意也。"闲有家"者，闲一家之众，使其父父子子、兄兄弟弟、夫夫妇妇也。

初九以离明阳刚，处有家之始，离明则有豫防先见之明，阳刚则有整肃威如之吉，故有"闲其家"之象。以是而处家，则有以潜消其一家之渎乱而悔亡矣。故其象占如此。

《象》曰："闲有家"，志未变也。

九五为男，刚健得正；六二为女，柔顺得正。在初之时，正志未变，故易防闲也。

六二：无攸遂，在中馈，贞吉。

"攸"者，所也。"遂"者，专成也。"无攸遂"者，言凡阃外之事皆听命于夫，无所专成也。"馈"者，饷也，以所治之饮食而与人饮食也。馈食内事，故曰"中馈"。中爻坎，饮食之象也。又六二无所专成，惟"中馈"之事而已，自"中馈"之外，一无所专成也。

六二柔顺中正，女之"正位乎内"者也，故有此象。占者如是，贞则吉矣。

《象》曰：六二之"吉"，顺以巽也。

"顺以巽"者，顺从而卑巽乎，九五之正应也。《易·小象》言顺以巽者三；蒙六五中爻为"顺"，变爻为巽；渐六四变乾错坤为"顺"，未变为巽；本卦亦变乾错坤为"顺"，应爻为巽。三"顺"以巽，皆同。

九三：家人嗃嗃，悔厉吉。妇子嘻嘻，终吝。

嗃，呼落反。

"家人"者，主乎一家之人也。惟此爻独称家人者，三当一卦之中，又介乎二阴之间，有夫道焉。盖一家之主，方敢"嗃嗃"也。"嗃嗃"，严大之声。"嘻嘻"，叹声。"妇"者，儿妇也；"子"者，儿子也。

九三过刚不中，为众人之主，故有"嗃嗃"之象。占者如是，不免近于伤恩，一时至于悔厉。然家道严肃，伦叙整齐，故渐趋于吉。夫曰"嗃嗃"者，以齐家之严而言也。若专以"嗃嗃"为主，而无恻怛联属之情，使妇子不能堪，而至有嘻叹悲怨之声，则一家乖离，反失处家之节，不惟悔厉，而终至于吝矣。因九三过刚，故又戒占者以此。

《象》曰："家人嗃嗃"，未失也。"妇子嘻嘻"，失家节也。

"节"者，不过之意，不过于威，不过于爱也。处家之道，当威爱并行。"家人嗃嗃"者，威也，未失处家之节也。若主于威而无爱，使妇子不能容，则反失处家之节矣。

六四：富家大吉。

巽为"近利市三倍"，富之象也。又变乾，为金为玉，亦富之象也。承乘应皆阳，则上下内外皆富矣。《记》曰："父子笃，兄弟睦，夫妇和，家之肥也。""肥"字即"富"字。因本卦六爻皆中正而吉，所以说此"富"字，亦因本爻有此象也。若家庭之间不孝不弟，无仁无义，纵金玉满堂，将何为哉！然则周公之所谓富者，必有所指归。观孔子《小象》之顺在位，可知矣。

六以柔顺之体而居四得正，下三爻乃一家之人，皆所管摄者也。初能闲家，二位乎内而主中馈，三位乎外而治家之严，家岂不富？而四又以巽顺保其所有，惟享其富而已，岂不大吉！是以有"富家"之象，而占者"大吉"也。

《象》曰："富家大吉"，顺在位也。

以柔顺居八卦之正位，故"富"。"顺在位"，见前《八卦正位图》。

九五：王假有家，勿恤，吉。

假，音格。

"假"，至也。自古圣王，未有不以修身正家为本者，所谓"刑于寡妻，至于兄弟，以御于家邦"是也。"有家"，即初之"有家"也。然初之"有家"，家道之始；五之"有家"，家道之成。大意谓初"闲有家"，二"主中馈"，三"治家严"，四"巽顺以保其家"，故皆"吉"。然不免有忧恤而后吉也。若王者至于有家，不恤而知其吉矣。盖中爻坎，忧恤之象，此爻出于坎之外，故"勿恤"。

九五刚健中正，临于有家之上，盖身修家齐，家正而天下治者也，不忧而吉，可知矣。故其占如此。

《象》曰："王假有家"，交相爱也。

"交相爱"者，彼此交爱其德也。五爱二之柔顺中正足以助乎五，二爱五之刚健中正足以刑乎二，非如常人情欲之爱而已。以周家论之，以文王为君，以太姒为妃，以王季为父，以大任为母，以武王为子，以邑姜为妇，以周公为武王之弟，正所谓父父子子兄兄弟弟夫夫妇妇也。彼此皆有德，故交爱其德，非止二五之爱而已。孔子曰："无忧者，其惟文王乎！"惟其"交相爱"，所以无忧恤。

上九：有孚，威如，终吉。

一家之中，礼胜则离，寡恩者也；乐胜则流，寡威者也。"有孚"则至诚恻怛，联属一家之心而不至乖离。"威如"则整齐严肃，振作一家之事而不至渎乱。"终吉"者，长久得吉也。

上九以刚居上，当家人之终，故言正家长久之道，不过此二者而已。若论其整肃威严，则终吉矣。

《象》曰："威如"之吉，反身之谓也。

"反身"，修身也。如言有物，行有恒，正伦理，笃恩义，正衣冠，尊瞻视，凡反身整齐之类皆是也。如是则不恶而严，一家之人有不威之畏矣。

离上
兑下　　睽外也

"睽"字从目，目少睛也。目主见，故周公爻辞，初曰"见恶人"，三曰"见舆曳"，上曰"见豕负涂"，皆"见"字之意。若从耳，亦曰"睽"，盖耳聋之甚也。"睽"，乖异也。为卦，上离下兑，火炎上，泽润下，二体相违，睽之义也。又中少二女同居，志不同，亦睽之义也。《序卦》："家道穷必乖，故受之以睽。""家道穷"者，教家之道理穷绝也。无教家之道理，则乖异矣，所以次家人。睽综家人。家人离之阴在二，巽之阴在四，皆得其正；睽则兑之阴居三，离之阴居五，皆居阳位，不得其正。不正则家道穷，故曰"家道穷必乖，故受之以睽"。

睽：小事吉。

《彖辞》明。

《彖》曰：睽，火动而上，泽动而下。二女同居，其志不同行。说而丽乎明，柔进而上行，得中而应乎刚，是以"小事吉"。天地睽，而其事同也。男女睽，而其志通也。万物睽，而其事类也。睽之时用大矣哉！

以卦象、卦德、卦综、卦体释卦名、卦辞，极言其理而赞之。火燥炎上，泽湿就下，物性本然之睽。中女配坎，少女配艮，人情必然之睽。故名"睽"。兑，说。离，明。说丽乎明也。"柔进而上行"者，睽综家人，二卦同体，文王综为一卦，故《杂卦》曰："睽外也，家人内也。"言家人下卦之离，进而为睽之上卦，六得乎五之中，而下应乎九二之刚也。三者皆柔之所为。柔本不能济事，又当睽乖之时，何由得"小事吉"？然说丽明则有德，进乎五则有位，应乎刚则有辅，因有此三者，是以"小事吉"也。"事同"者，知始作成，化育之事同也。"志通"者，夫唱妇随，交感之情通也。"事类"者，声应气求，感应之机类也。天地不睽不能成造化，男女不睽不能成人道，万物不睽不能成物类，此其时用所以大也。与坎、蹇同。

《象》曰：上火下泽，睽。君子以同而异。

"同"者理，异者事。天下无不同之理，而有不同之事，异其事而同其理，所以同而异。如禹、稷、颜回同道，而出处异。微子、比干、箕子同仁，而去就死生异是也。《彖辞》言异而同，《象辞》言同而异，此所以为圣人之言也。

初九：悔亡。丧马，勿逐，自复。见恶人，无咎。

丧，息浪反。

"丧"者，丧去也。中爻坎为亟心之马，马亟心倏然丧去，"丧马"之象也。"勿逐自复"者，不追逐而自还。兑为悦体，凡《易》中言兑者皆"勿逐自复"。如震之六二变兑，亦"勿逐七日得"；既济六二变兑，亦"勿逐七日得"是也。坎为盗，"恶人"之象也。中爻应爻离持戈兵，亦"恶人"之象也。故大有初爻曰"无交害"，三爻曰"小人害"也。曰"小人"，则指离矣。见"恶人"者，恶人来而我即见之，不以恶人而拒绝也。离为目，见之象也。

初九当睽乖之时，上无应与相援，若有悔矣。然阳刚得正，故占者"悔亡"。但时正当睽，不可强求人之必合，故必去者不追，惟听其自还，来者不拒，虽恶人亦见之，此善于处睽者也。能如是，则"悔亡"而"无咎"矣。故又教占者，占中之象如此。

《象》曰："见恶人"，以辟咎也。

辟，音避。

当睽之时，行动即有咎病，故恶人亦不拒绝，而见之者，所以"避咎"也。"咎"即睽乖之咎。

九二：遇主于巷，无咎。

"遇"者，相逢也，详见噬嗑六三"遇毒"。"巷"有二：街巷也，里巷也。兑错艮，艮为径路，里巷之象也。应爻离中虚，街巷之象也。离为日，主之象也。当睽之时，君臣相求，必欲拘堂陛之常分，则贤者无自而进矣。"遇主于巷"者，言不在廊庙之上，而在于巷道之中，如邓禹诸臣之遇光武是也。

九二以刚中而居悦体，上应六五。六五正当人心睽乖之时，柔弱已甚，欲思贤明之人以辅之，二以悦体两情相合，正所谓"得中而应乎刚"也，故有"遇主于巷"之象。占者得此，睽而得合矣，故"无咎"。

《象》曰："遇主于巷"，未失道也。

本卦离为戈兵，中爻离亦为戈兵，兑为毁折，中爻又为坎陷，言君臣相遇于巷，岂不失道哉？然当天下睽乖之时，外而前有戈兵，后有戈兵，中原坎陷，内而主又柔弱，国势毁折，分崩离析，正危迫之秋，非但君择臣，臣亦择君之时也。得一豪杰之士，即足以济睽矣，况又正应乎？圣人见得有此象，所以周公许其"无咎"，孔子许其"未失道"也。所以《易经》要玩象。

六三：见舆曳，其牛掣。其人天且劓，无初有终。

掣，音彻。劓，鱼器反。

上卦离为目，"见"之象也。"见"者，六三与上九并见之也。又为牛，"牛"之象也。中爻坎，"舆"之象也。"曳"之象也。"曳"者，拖也，引也。"掣"者，挽也。兑错艮为手，挽之象也。"其人天"者，指六三与上九也。六三阴也，居人位，故曰"人"。上九阳也，居天位，故曰"天"。周公爻辞之玄至此。错艮又为鼻，鼻之象也。刑，割去鼻曰"劓"。鼻之上有戈兵，"劓"之象也。艮又为"阍寺"。刑人不曰"阍寺"而曰"劓"者，戈兵之刑，在卦之上体也，若阍寺则在下体矣。然非真割鼻也。鼻者，通气出入之物，六三上九本乃正应，见其曳掣，怒气之发如割鼻然，故取此象。"且"者，未定之辞，言非真割鼻也。大意言车前必有牛，六三在车中，后二曳其车，前四掣其牛，所以上九见之而发怒也。此正所谓无初也。此皆本爻自有之象，《易》惟有此象，无此事，如"入于左腹"之类是也。后儒不悟象，所以将此等险辞，通鹘突放过去了。

六三不中不正，上应上九，欲与之合。然当睽乖之时，承乘皆不正之阳，亦欲与之相合，曳掣不能行，上下正应，见其曳掣，不胜其怒，故有此象。然阴阳正应，初虽睽乖，而终得合也，故其象占如此。

《象》曰："见舆曳"，位不当也。"无初有终"，遇刚也。

阴居阳位，故"不当"。遇刚者，遇上九也。

九四：睽孤，遇元夫，交孚，厉无咎。

"元"者，大也。"夫"者，人也。阳为大人，阴为小人，指初为"大人"也。"交孚"者，同德相信也。"厉"者，兢兢然危心以处之，惟恐"交孚"之不至也。

九四，以阳刚当睽之时，左右之邻皆阴柔之小人，孤立而无助者也，故有"睽孤"之象。然性本离明，知初九为大人君子，与之同德相信，故又有"遇元夫，交孚"之象。然必危心以处之，方可"无咎"。故又教占者如此。

《象》曰："交孚"、"无咎"，志行也。

"志行"者，二阳同德而相与济睽之志行也。盖"睽"者乖之极，"孤"者睽之极，二德交孚则睽者合。孤者有朋，志可行而难可济，不特"无咎"而已也。

六五：悔亡。厥宗噬肤，往何咎？

"宗"字，详见同人六二。"噬肤"，详见噬嗑六二。言相合甚易，如噬肤之柔脆也。九二"遇主于巷"，曰"主"者，尊之也。六五"厥宗噬肤"，曰"宗"者，亲之也。臣尊其君，君亲其臣，岂不足以济天下之睽？

六五当睽之时，以柔居尊，宜有悔矣。然质本文明，柔进上行，有柔中之德，下应刚中之贤，而虚己下贤之心甚笃，故悔可亡，有"厥宗噬肤"之象。惟其合之甚易，所以悔亡也。占者以是而往，睽可济矣，故"无咎"也。

《象》曰："厥宗噬肤"，往有庆也。

往则可以济睽，故"有庆"。

上九：睽孤。见豕负涂，载鬼一车。先张之弧，后说之弧。匪寇，婚媾。往，遇雨则吉。

说，吐活反。

九四之"孤"，以人而孤也，因左右皆阴爻也。上九之"孤"，自孤也，因猜疑而孤也。"见"者，上九自见之而疑也。"负"者，背也。"涂"者，泥也。离错坎，坎为豕，又为水，"豕负涂"之象也。坎为隐伏，"载鬼"之象也。又为"弓"，又为"狐疑"，张弓说弓，心狐疑不定之象也。变震为归妹，男悦女，女悦男，"婚媾"之象也。"寇"指九二、九四。又坎为雨，"雨"之象也。"遇雨"者，遇六三也。"雨"则三之象也。三居泽之上，乃"雨"也。

上九以阳刚处明，终睽极之地，猜疑难合，故为"睽孤"。与六三本为正应，始见六三"舆曳牛掣"，乃疑其为豕，又疑其非豕而乃鬼。方欲张弓射之，又疑其非鬼，乃脱弓而近于前，乃六三也。使非二四之"寇"难，则早与六三成其"婚媾"矣。始虽"睽孤"，终而"群疑亡"，又复相合，故有此象。"往遇雨"，又"婚媾"之象也。占者凡事必如是，则"吉"。

《象》曰："遇雨"之吉，群疑亡也。

惟群疑亡，所以"遇雨吉"。

坎上
艮下　蹇难也

"蹇"，难也。为卦艮下坎上，坎险艮止，险在前，见险而止，不能前进，蹇之义也。《序卦》："睽者乖也，乖必有难，故受之以蹇。"所以次睽。

蹇：利西南，不利东北。利见大人，贞吉。

蹇难在东北，文王圆图，艮、坎皆在东北也。若西南则无难矣，所以"利西南"。"大人"者，九五也。旧注"坤方体顺而易，艮方体止而险"，又云"西南平易，东北险阻"，皆始于王弼。弼曰"西南为地，东北为山"，后儒从之，遂生此说，而不知文王卦辞，乃与解卦相综也。

《象》曰：蹇，难也，险在前也。见险而能止，知矣哉！蹇"利西南"，往得中也。"不利东北"，其道穷也。"利见大人"，往有功也。当位"贞吉"，以正邦也。蹇之时用大矣哉！

睽、蹇皆曰"时用"，解止曰"时"，可见"用"字有别义。此略过了。
难，乃旦反。知，音智。
以卦德、卦综、卦体释卦名、卦辞而赞之。"难"者，行不进之义也。坎之德为险，居卦之前，不可前进，此所以名为蹇也。然艮止在后，止之而不冒其险，明哲保身者也。不其智哉！"往得中"者，蹇综解，二卦同体，文王综为一卦，故《杂卦》曰："解，缓也；蹇，难也。"言解下卦之坎，往而为蹇上卦之坎，所以九五得其中也。讼卦"刚来而得中"者，坎自需上卦来，故曰"来"。此卦解自下卦往，故曰"往"。"其道穷"者，解上卦之震下而为蹇下卦之艮也。蹇难在东北，今下于东北，又艮止不行，所以其道穷。文王圆图，东北居圆图之下，西南居圆图之上，故往而上者，则入西南之境矣，故"往得中"。来而下者，则入东北之境矣，故"其道穷"。"往有功"之"往"，即"往得中"之"往"，故"利见"九五之"大人"，则"往有功"。"当位"者，阳刚皆当其位也。八卦正位，坎在五，艮在三，今二卦阳刚皆得正位，有贞之义，故"贞吉"。渐卦巽、艮男女皆得正位，故《彖辞》同。若以人事论，"往得中"者，是所往得其地、据形胜而得所安也，若非其地，其道穷矣。"往有功"者，所依得其人也。盖阳刚中正以居尊位，则其德足以联属天下之心，其势足以汲引天下之士，故"往有功"。"正邦"者，所处得其正，正则行一不义、杀一不辜而不为，所以能明信义于天下，而邦其底定矣。有此二者，方可济蹇，故叹其时用之大，与坎、睽同。

《象》曰：山上有水，蹇。君子以反身修德。

山上有水，为山所阻，不得流行，蹇之象也。君子以行有不得者，乃此身之蹇也。若怨天尤人，安能济其蹇？惟"反身修德"，则诚能动物，家邦必达矣。此善于济此身之蹇者也。

初六：往蹇，来誉。

四皓。

"往来"者，进退二字也。本卦蹇字从足，艮综震，震为足，故诸爻皆以"往来"言之。"誉"者，有智矣哉之誉也。"往"以坎言，上进则为往，入于坎矣；"来"以艮言，不进则为来，艮而止矣。

六非济蹇之才，初非济蹇之位，故有进而往，则冒其蹇，退而来，则来其誉之象。占者遇此，亦当有待也。

《象》曰："往蹇，来誉"，宜待也。

"待"者，待其时之可进也。

六二：王臣蹇蹇，匪躬之故。

萧何。

"王"者，五也。"臣"者，二也。外卦之坎，王之"蹇"也。中爻之坎，臣之"蹇"也。因二五在两坎之中，故以两"蹇"字言之。六二艮体有"不获其身"之象，故言"匪躬"。"匪躬"者，不有其身也。言王臣皆在坎陷之中，蹇而又蹇，不能济其蹇。六二不有其身者，因此"蹇蹇"之故也。张巡、许远，此爻近之。

六二当国家蹇难之时，主忧臣辱，故有"王臣蹇蹇"之象。然六二柔顺中正，盖事君能致其身者也，故又有"匪躬"之象。占者得此，成败利钝非所论矣。

《象》曰："王臣蹇蹇"，终无尤也。

力虽不济，心已捐生，有何所尤？初六以"不往"为"有誉"，六二以"匪躬"为"无尤"，有位无位之间耳。

九三：往蹇，来反。

韩信。

"来反"者，来反而比于二也。此爻变坤，为水地比来反者，亲比于人之象也。六二忠贞之臣，但其才柔不能济蹇，蹇而又蹇，思刚明之人以协助之，乃其本心，所以喜其反也。

九三阳刚得正，当蹇之时，与上六为正应，但为五所隔，故来反而比于同体之二。三则资其二之巽顺，二则资其三之刚明，可以成济蹇之功矣。故有往则蹇而来反之象。

占者得此，亦宜反也。

《象》曰："往蹇，来反"，内喜之也。

"内"者，内卦之二也。二之阴乐于从阳，故"喜"之。

六四：往蹇，来连。

张耳。

"连"者，相连也。许远当禄山之乱，乃对张巡曰："君才十倍于远。"由是帷帐之谋一断于巡。此六四之"来连"者也。六二"喜"之者，内之兄弟喜其己之有助也。六四"连"之者，外之朋友喜其人之有才也。

六四近君，当济蹇矣。但六四以阴柔之才，无拨乱兴衰之略，于是来连于九三，合力以济，故其象如此。占者凡事亲贤而后可。

《象》曰："往蹇，来连"，当位实也。

阳实阴虚，实指九三，与"独远实"之实同。"当位实"者，言九三得八卦之正位，实当其位也。阳刚得其正位，则才足以有为，可以济蹇矣。

九五：大蹇，朋来。

汉高。

阳大阴小，大者阳也，即九五也，言九五之君蹇也。"朋"指三，即九五同德之阳。三与五，"同功异位"者也。上六来硕，应乎三者也。六四"来连"，比乎三者也。三有刚实之才，惟三可以济蹇，然三与五非比非应，不能从乎其五，惟二与五应，乃君臣同其患难者，余四爻则不当其责者也。"朋来"合乎二，以济蹇，则诸爻皆共济其蹇矣。自下而上曰"往"，自上而下曰"来"，今曰"朋来"，则知六四三皆来合乎二也。"朋来"之来，即"来反"之来。此爻变坤，坤为众，"朋"之象也。自本爻言之，所谓"当位贞吉以正邦也"。自上下诸爻言之，所谓"利见大人往有功也"。所以"大蹇，朋来"。

九五居尊，有阳刚中正之德，当蹇难之时，下应六二。六二固"匪躬"矣，而为三者又"来反"乎二而济蹇，三之"朋"既"来"，则凡应乎朋而"来硕"，比乎朋而"来连"者，皆翕然并至，以共济其蹇矣，故有"大蹇，朋来"之象。占者有是德，方应是占也。

《象》曰："大蹇，朋来"，以中节也。

"中"者，中德也，即刚健中正之德也。"节"者，节制也。言为五者，有刚健之中德，足以联属之；有九五之尊位，足以节制之，所以"大蹇，朋来"也。

上六：往蹇，来硕，吉。利见大人。

彭越。

"硕"者，大也。阳大阴小，故言"大"。不言"大"而言"硕"者，九五已有"大"字矣。"来硕"者，来就三也。"吉"者，诸爻皆未能济蹇，此独能济也。"见大人"者，见上六才柔，未能济蹇且居卦极，往无所之，益以蹇耳。九三乃阳刚当位，众志之所乐从者，反而就之，则可以共济其蹇矣，何吉如之！若此者，非因人成事也。以九五大人之君，方在蹇中，上与三利见之，共济其蹇，则"往有功"矣，此其所以吉也。故占者"来硕"则"吉"，而"见大人"则"利"也。若旧注来就九五，则见大人为重复矣。且《小象》曰"志在内也"，若就九五，则志在外卦，不在内卦矣。

上六与九三正应，而三则阳刚得位，众之所归，故得三即得众矣。然以利在见五者，五君也，三臣也。

《象》曰："往蹇，来硕"，志在内也。"利见大人"，以从贵也。

内指九三，对外卦而言则曰"内"。贵指九五，对下贱而言则曰"贵"。志内所以尚贤，从贵所以严分。

非独严分，亦以尊贵，可以号召也。

䷧ 震上 坎下　解 缓也

"解"者，难之散也。居险能动则出于险之外矣，解之象也。又雷雨交作，阴阳和畅，百物解散，亦解之象也。《序卦》："蹇者，难也。物不可以终难，故受之以解。"所以次蹇。

解：利西南。无所往，其来复，吉。有攸往，夙吉。

解，佳买反。

"夙"，早也。此教占者之辞。言解"利西南"，当往西南，若不往，"来复"于东北之地，亦吉。但往西南则早得吉。不然，"来复"于东北之地，虽吉，不若西南之早矣。解与蹇相综，解即解蹇难，故文王有此辞。"无所往"者，蹇下卦乃艮止，止则不往，所以无所往也。前儒不知文王《序卦》，所以注蹇解二卦，不成其说。

《象》曰：解，险以动，动而免乎险，解。"解，利西南"，往得众也。"其来复吉"，乃得中也。"有攸往，夙吉"，往有功也。天地解而雷雨作，雷雨作而百果草木皆甲坼。解之时大矣哉！

以卦德、卦综释卦名、卦辞，又极言而赞之。险之为物，见天则讼，见泽则困，见山则蹇。在外卦则屯，惟坎险在内，震动在外，是动而出乎险之外，得以免于险难，所以名"解"也。自下而上曰"往"，自上而下曰"来"。"往得众"者，解综蹇，蹇下卦之艮，往而为解上卦之震也，震二爻皆坤土，坤为众，故得众也。"得中"者，蹇上卦之坎，来而为解下卦之坎也。九二"得中"，与讼卦"刚来而得中"同，故蹇坎往上曰"得中"，解坎来下曰"得中"也。"往有功"即上文"得众"也，"得众"故"有功"。来复东北止"得中"而已，往西南则"得众"有功，所以早吉也。"天地解"者，雨出于天，雷出于地也。穷冬之时，阴阳固结不通，所以雷不随雨。及至阴阳交泰，则气解而雷雨交作，由是形随气解，而"百果草木皆甲坼"矣。"甲"者，萌甲；"坼"者，坼开。解之时既至，天地不能闭之而使不解，则天地之所以成化功者，此解也。皆此解之时也，所以为"大"。

《象》曰：雷雨作，解。君子以赦过宥罪。

"赦过宥罪"，君子之用刑原当如此。非因大难方解之后，当如此也。无心失理之谓过，恕其不及，而"赦"之不问。有心为恶之谓罪，矜其无知而"宥"之从轻。"雷雨交作"，天地以之解万物之屯；"赦过宥罪"，君子以之解万民之难。此正《杂卦》"解缓"之意。

初六：无咎。

"难"，既解矣。六以柔在下，而上有刚明者为正，应以济其不及，"无咎"之道也。故其占如此。

《象》曰：刚柔之际，义无咎也。

"刚柔际"者，刚柔相交际也。方解之初，宜安静以休息。六之柔，四之刚交相为用，则不过刚不过柔，而所事皆得宜矣，故于义"无咎"。

九二：田获三狐，得黄矢，贞吉。

坎为狐，"狐"之象也。坎为弓，"矢"之象也。中爻离，离居三，"三"之象也。又为戈兵，戈兵震动，"田"之象也。变坤，坤为黄，"黄"之象也。"狐"媚物，小人之象。黄中色，矢直物，中直者，君子之象，即六五爻所言君子小人。

九二阳刚得中，上应六五，为之信任。于国家大难方解之后，盖有举直错枉之权，退小人而进君子者也，故能去邪媚得中直，有"田获三狐，得黄矢"之象。正而且吉之道也。故其占如此。

《象》曰：九二"贞吉"，得中道也。

居中而"得中道"也。

六三：负且乘，致寇至，贞吝。

坎为舆，三居上，"乘"之象也。又为盗，"寇"之象也。"负"者，小人之事。"舆"者，君子之器。此二句虽孔子据理之言，然亦本卦象之所有者。盖三负，四乘二，四不中不正，乃小人也；二得中，乃君子也。"贞"者位，乃君所与，故正也。负且乘，固无以正得之之理。如汉文帝宠邓通，擢为太中大夫，此"负且乘"也。天子所擢，岂不为正？后景帝时下吏，是寇之至也。此之谓贞而吝。

六三阴柔，不中不正，而乃居下之上，是小人窃高位而终必失之者也，故有负乘致寇之象。占者得此，虽正亦可羞也。

《象》曰："负且乘"，亦可丑也。自我致戎，又谁咎也？

"谁咎"者，言我之咎也，非人之咎也。同人"又谁咎也"，言人谁有咎我者也。节，"又谁咎也"，言无所归咎于人也。与节小异。

九四：解而拇，朋至斯孚。

"而"者，汝也。震为足，拇居足下，三居震之下，"拇"之象也。二与四同功，皆有阳刚之德，故曰"朋"。"解而拇"，占中之象也。若旧注以初为拇，则刚柔之际，义无咎，不当解者也。惟负乘之小人，则当解之矣。

二与四为同德之朋，当国家解难之时，四居近君之位，当大臣之任，而二为五之正应，则四与二皆同朝君子之朋也。但四比于三，间于负乘之小人，则君子之朋，安得而至？惟解去其小人，则君子之朋自至而孚信矣。故戒占者必如此。

《象》曰："解而拇"，未当位也。

以阳居阴，故"未当位"。惟未当位，故有解拇之戒。

六五：君子维有解，吉，有孚于小人。

"维"者，系也。文王坎卦"有孚维心"，此卦上坎下坎，故亦用此"维"字"孚"字。"君子"者，四与二也。"吉"者，君子用事，小人远退，何吉如之！"孚"者，信也，言信于小人，而小人自退也。

本卦四阴，六五以阴居尊，而三阴从之，乃宦官宫妾外戚之类也。然六五近比于四，又与九二为正应，皆阳刚之君子也。六五若虚中下贤，此心能维系之，则凡同类之阴，皆其所解矣，所以吉也，何也？盖君子用事，自能孚信于小人，而小人自退矣，此其所以有解而吉也。故教占者必如此。

《象》曰：君子有解，小人退也。

君子维而有解，则小人不必逐之而自退矣。

上六：公用射隼于高墉之上，获之，无不利。

隼，思尹反。

上高而五位，"公"也。"隼"，鹞属，鸷鸟之害物者也。震为鹄，变爻为雉，鸟之象也。坎为弓居下卦，自下射上之象也。震错巽，高之象也。"墉"者，墙也。"高墉"者，王宫之墙也。变离，外闱中空，近于六五之君，"高墉"之象也，故泰卦上六亦曰"城"。九二地位，故曰"田"，狐则地之走者也。上六天位，故曰"高"，隼则天之飞者也。"获之"者，获其隼也。隼栖于山林，人皆得而射之，惟栖于王宫高墉之上，则如城狐社鼠，有所凭依，人不敢射矣。盖六五之"小人"乃宦官宫妾，上六之"隼"则外戚之小人，王莽之类是也。

上六柔顺得正，而居尊位，当动极解终之时，盖能去有所凭依之小人者也。故有"公用射隼于高墉"而"获之"象。占者得此，则小人悖逆之大患，解之已尽矣，故"无不利"。

《象》曰："公用射隼"，以解悖也。

以下叛上谓之悖，王莽是也。《系辞》别是孔子发未尽之意，与此不同。

䷨ 艮上 兑下 损

"损"者，灭损也。其卦损下刚卦，益上柔卦，此损之义也。又泽深山高，损其深以增其高，此损之象也。《序卦》："解者，缓也，缓必有所失，故受之以损。"所以次解。

损：有孚，元吉，无咎，可贞，利有攸往。曷之用？二簋可用享。

"有孚"者，言损不可声音笑貌为之，必当主诚也。凡曰"损"，本拂人情之事，或过或不及，或不当其时，皆非合正理，而有咎也。非有孚则不吉，有咎。非可贞之道，不能攸往矣。惟"有孚"则"元吉"也，"无咎"也，"可贞"也，"利有攸往"也，有是四善矣。"曷之用"者，言何以用损也，若问辞也。"二簋"至薄，亦可享于鬼神，若答辞也。享鬼神，当丰不当损，曰"可用享"，言当损时，至薄亦无害也。

《象》曰："损"，损下益上，其道上行。损而"有孚，元吉，无咎，可贞，利有攸往，曷之用？二簋可用享"，二簋应有时，损刚益柔有时。损益盈虚，与时偕行。

以卦综释卦名、卦辞。本卦综益卦，二卦同体，文王综为一卦，故《杂卦》曰："损益，盛衰之始也。"益卦柔卦居上，刚卦居下。损下益上者，益下卦之震，上行居损卦之上，而为艮也，故"其道上行"，如言"柔进而上行"也。"时"者，理之当然，势之不得不然者也。言文王之所谓"二簋可用享"者，非常道也，以其时当于损，所以"二簋"也。本卦损下卦之刚，益上卦之柔，亦非常道也，以时当损下益上，所以损刚益柔也。盖天下之理，不过"损益盈虚"而已。物之盈者，盈而不已，其势必至于消，消则损矣。物之虚者，虚而不已，其势必至于息，息则益矣。是以时当盈而损也，不能逆时而使之益。时当虚而益也，不能逆时而使之损。此皆物理之常，亦因时而有损益耳。文王之"二簋可用享"者，亦时而已，不然致孝鬼神，当盈岂可损乎？

《象》曰：山下有泽，损。君子以惩忿窒欲。

泽深山高，损下以增高，损之象也。"惩"者，戒也。"窒"者，塞也。"忿"多生于怒，心刚恶也。突兀而出，其高如山，况多忿如少男乎？故当戒。欲多生于喜，心柔恶也。浸淫而流，其深如水，况多欲如少女乎？故当塞。忿不惩必迁怒，欲不窒必贰过。君子修身，所当损者，莫切于此。

初九：己事遄往，无咎，酌损之。

"己"者，我也。本卦损刚益柔、损下益上，乃我之事也。"遄"者，速也。"酌"即"损刚益柔有时"时字之意。

本卦初刚四柔，当损初以益四，故有"己事遄往"之象。占者得此固无咎矣。然"损刚益柔有时"，不可以骤损，必斟酌而后损也，故许其"无咎"，而又戒之以此。

《象》曰："己事遄往"，尚合志也。

尚与上通，指四也。阴阳正应，故"合志"。四之志欲损其疾，而初"遄往"，合其志也。

九二：利贞，征凶，弗损，益之。

"贞"者，即九二之刚中也。中则正矣。"利"者，安中德以自守，未有不利者也。"征"者，不守其刚中之德，而有所往也。"凶"者，六五君位，本卦性悦，此爻变震，以悦而动，必容悦以媚上，则流于不中不正矣，所以凶也。"弗损"者，弗损其刚中之德，即贞也。"益"者，即利也。五虽柔而居刚，非不足，二虽刚而居柔，非有余，所以损刚不能益柔也。初以刚居刚，且欲酌损，况二居柔乎？何以弗损而能益？二乃五之正应，为臣者能为正人君子，岂不有益于君？所以损则不益，弗损则能益也。

九二刚中，当损刚之时，志在自守"弗损"，贞之道也，故占者利于此贞。若失此贞而有所往，则凶矣。盖不变其所守，正以益上，故贞则利，而征则凶也。

《象》曰：九二"利贞"，中以为志也。

德以中为美，志定则守斯定矣。二中以为志，所以"弗损，益之"。

六三：三人行，则损一人，一人行，则得其友。

本卦综益，二卦原是阴阳相配之卦，因损下益上正在此爻，所以发此爻辞也。益卦下震，三为人位，人之象也。震为足，"行"之象也。又为大涂，行人之象也。中爻坤为众，"友"之象也。"三人行"者，益下卦三爻，居于损之上三爻也，即《彖辞》"其道上行"也。"损一人"者，损六三也。"一人行"即六三也，六三行上而居四也。三行上而居四，即损下之三而益上之四也。益卦下三爻乃一阳二阴，今损一阴以居四，则阴阳两相配矣。居四以初为正应，则"得其友"也。两相得则专，三则杂乱。三损其一者，损有余也，两也。一人得友者，益不足也，两也。天地间阴阳刚柔，不过此两而已。故孔子《系辞》复以"天地男女"发之。

本卦综益，损下益上，此爻正损益上下交接之爻，故有此象。占者得此，凡事当致一，不可参以三而杂乱也。

《象》曰："一人行"，三则疑也。

疑乱杂，故损一阴于上，不论六爻，具分上下也。

"一人行"，得友而成两，则阴阳配合而专一，若三则杂乱而疑矣，所以损其一也。

六四：损其疾，使遄有喜，无咎。

四变中爻为坎，坎为"心病"，"疾"之象也。"遄"，即初"遄往"之"遄"。初与四阴阳相合，当损下之时，初即以为己之事而"遄往"矣。使其初果得"遄往"，则有喜矣，所以加一喜字。兑悦在下，喜之象也。

六四阴柔得正，与初九为正应，赖其阳刚益己，而损其疾，故有"损其疾"之象。使初能遄往，则四得损其疾，而有喜矣，"无咎"之道也。故其象占如此。

《象》曰："损其疾"，亦可喜也。

赖初损疾，亦可喜矣，而况初之"遄往"哉！

六五：或益之，十朋之龟，弗克违，元吉。

两龟为一"朋"。"十朋之龟"，大宝也。大象离，龟之象也。"十"者，土之成数，中爻坤，"十"之象也。坤土两两相比，"朋"之象也。本卦错咸，故咸九四亦曰"朋从"；综益，益之六二，即损之六五，特颠倒耳，故亦曰"十朋"。两象相同，或者不期而至，不知所从来也。"弗克违"者，虽欲违之而不可得也。

六五当损之时，柔顺虚中以应九二，盖有下贤之实心，受天下之益者也，故有此象。占者得此，"元吉"可知。然必有是德，方有是应也。

《象》曰：六五"元吉"，自上祐也。

与大有"天祐"、旅"上逮"同，盖皆五之虚中也。

上九：弗损益之，无咎，贞吉，利有攸往。得臣无家。

居损之时，若用刚以损下，非为上之道矣，安得无咎，安得正而吉，又安能行之而得人心也？今不损下而自益，是即益其下也。九二"弗损益之"益其上，上九"弗损益之"益其下，所以大得志如此。"得臣"者，阳为君，阴为臣，三为正应，"得臣"之象也。"无家"者，此爻变坤，有国无家之象也。故师卦上六坤变艮则曰"承家"，此爻艮变坤则曰"无家"，可见矣。若以理论，乃国尔忘家，无自私家之心也。若用刚以损下，是自私而有家矣。

上九居损之终，则必变之以不损；居艮之极，则必止之以不损。当损下益上之时，而能弗损以益下，所以"无咎"也，正而吉也，"利有攸往"也，"得臣无家"也。占者有是德，方应是占矣。

《象》曰："弗损益之"，大得志也。

"无咎，贞吉，利有攸往，得臣无家"，岂不"大得志"？

益 损益盛衰之始出

益与损相综，益之震上而为艮，则损下以益上，所以名损；损之艮下而为震，则损上以益下，所以名益。《序卦》："损而不已必益，故受之以益。"所以次损。

益正位在四，初应四，五比四。

益：利有攸往，利涉大川。

"利有攸往"者，凡事无不利也。"利涉大川"者，言不惟利所往，可以处常，亦可以济变。

《彖》曰：益，损上益下，民说，无疆。自上下下，其道大光。"利有攸往"，中正有庆。"利涉大川"，木道乃行。益动而巽，日进无疆。天施地生，其益无方。凡益之道，与时偕行。

下下二字，上遏嫁反，下如字。

以卦综释卦名，以卦体、卦象、卦德释卦辞而赞之。"损"，损上卦之艮；"益"，益下卦而为震也。"民说无疆"，就损益所及之泽而言也，益在民也。"其道大光"，就损益所行之事而言也，益在君也。人君居九重之上，而能膏泽及于闾阎之民，则"其道"与乾坤同其广大，与日月同其光明，何"大光"如之！卦本损上，然能损上以益下，则并上亦益矣。民益君益，所以名"益"。九五，以中正位乎上，而六二以中正应之，是圣主得贤臣，而庆泽自流于天下矣，所以"利有攸往"也。木道乃行者，亦如中孚之舟虚，乃风中之木，故"木道乃行"。中孚、涣皆风水，且本卦象离错坎，亦有水象。"动而巽"者，动则有奋发之勇而不柔弱，巽则有顺入之渐而不卤莽，所以德崇业广，日进无疆。此以卦德言也。震乃刚卦为天，"天施"者，初之阳也。巽乃柔卦为地，"地生"者，四之阴也。天以一阳施于下，则天道下济，而资其始；地以一阴升于上，则地道上行，而资其生，所以"品物咸亨"，而"其益无方"。此以卦体言也。"时"者，理之当其可也，言凡益之道，非理之本无，而勉强增益之也，乃理之当其可，而后增益也。如曰"日进无疆"者，以人事当然之理，而益也。曰"其益无方"者，以造化自然之理而益也。理之所在，当益而益，是以自我益之，改过迁善，不嫌其多；自人益之，十朋之龟，愈见其吉矣。

《象》曰：风雷，益。君子以见善则迁，有过则改。

风雷之势，交相助益，益之道也。"善"者，天理也，吾性之本有也。"过"者，人欲也，吾性之本无也。理欲相为乘除，去得一分人欲，则存得一分天理。人有善而速从，则过益寡；已有过而速改，则善益增，即风雷之交相助益矣。

初九：利用为大作，元吉，无咎。

"大作"者，厚事也，如迁国大事之类是也，故曰"益以兴利"。阳大阴小，此爻阳，故以"大"言之。"元吉"以功言，非诸爻以效言也。

初刚在下为动之主，当益之时，受上之益者也。六四近君，与初为正应，而为六四所信任，以其有刚明之才，故占者"利用为大作"。然位卑任重则有所不堪者，必其所作之事，周悉万全，为经久之良图，至于元善，方可无咎。苟轻用败事，必负六四之信任矣。故戒占者以此。

《象》曰："元吉，无咎"，下不厚事也。

"下"者，下位也。"厚事"者，大作也。初位卑，本不可以任厚事，岂能"无咎"？故必大善而后"无咎"也。

六二：或益之，十朋之龟，弗克违，永贞吉。王用享于帝，吉。

损之六五，即益之六二，以其相综，特倒转耳，故其象同。损受下之益，此则受上之益。"十朋之龟"者，宠锡优渥之象也。"永贞吉"者，必长永贞固，守其虚中之德，而后可以常保其优渥之宠锡也。"王用享于帝"者，言永贞虚中之心，必如人君之对越在天，小心翼翼也。此一句又"永贞"之象，乃占中之象也。帝出震齐巽，本卦下震上巽，帝之象也。

六二，当益之时，虚中处下，盖精白一心以事君，本无求益之心，而自得君之宠，益者也。故有"或益十朋之龟，弗克违"之象。然爻位皆阴，又戒以永贞，必事君如事天，而后可以受此益也。故又有"王用享于帝"之象。占者必如是，方吉也。

《象》曰："或益之"，自外来也。

言不知所从来也，与上九"自外来"同。二则"吉"来，上则"凶"来。

六三：益之用凶事，无咎。有孚，中行，告公用圭。

"凶"者，险阻盘错也。如使大将出师，及使至海外之国，岂不是凶！三之爻位本凶。《说文》云：凶象地穿，交陷其中。中爻坤地，震极未有不陷者，"凶"之象也。"无咎"者，凶事乃上之所益，三不得与焉，所以"无咎"也。"有孚"者，诚信也。"中行"者，中道可行之事也。"凶事"乃太过之事，故以"中"言之。"告公"者，告于四也，故六四曰"中行告公从"。"圭"乃通信之物，祭祀朝聘用之，所以达诚信也。六爻中虚，"有孚"之象也。巽综兑，兑为口，告之象也。故夬外卦兑，亦曰"告自邑"；泰卦中爻兑，亦曰"自邑告命"。震为玉，圭之象也。"用圭"乃"有孚"之象，又占中之象也。"有孚"以下，乃圣人教占者开凶事之路也。

六三阴柔，不中不正，又居益下之极，然当益下之时，故有受上之益，而用行"凶事"之象。占者得此，可以"无咎"。若以阴柔不堪此凶事，必当有孚诚信，以中道可行之事，告于公，如"用圭"通诚信焉，庶乎凶事或可免也，故又有"中行告公用圭"之象。

教占者必如此。

《象》曰：益用凶事，固有之也。

"固有之"者，本有之也。言三之爻位多凶，则凶事乃三之本有也。孔子"三多凶"之句，本原于周公之爻辞，六十四卦惟谦卦三爻有"吉"字，余皆无，故"三多凶"。

六四：中行告公从，利用为依迁国。

为字去声。

"中行告公"者，即三爻以中道可行之事，而告于四也。"从"者，巽性顺从之象也。"为"字，去声，凡迁国安民，必为其依而后迁。"依"者，依其形胜也。依形胜，即所以依民也。如汉高祖之徙长安，以其地阻，三面可守，独以一面束制诸侯，依其险而迁者也。国有所依，则不费其兵，不费其财，而民有所依矣。宋太祖亦欲徙长安，因晋王固谏，乃叹曰："不出百年，天下民力殚矣。"以四面受敌无所依也。故周公不曰"利用迁国"，而曰"为依迁国"。中爻坤，"国"之象也。损益相综，损卦艮之一阳，下而迁为益之初，兑三之阴，上而迁为益之四，"迁"之象也。九五坐于上，而三阴两列，中空如天府，前后一阳为之藩屏，有所凭依，一统之象也，故"利用为依迁国"。盖迁国安民，乃益下中行之大事，则非凶事矣，故三"告"而四"从"也。

四阴得正，有益下之志，而又有益下之权者也。三乃受四之益者。若以中道可行之事，告于四而四从之，上下协谋，则"利用为依迁国"，而凡事之可迁移者，亦无不利也。故其象如此，占可知矣。

《象》曰："告公从"，以益志也。

八卦正位，巽在四，四以益下为志，故"告公从"。

九五：有孚惠心，勿问元吉，有孚惠我德。

"惠"者，即益下之惠也。"心"者，益下之心也。"德"者，益下之政也。二、三皆受上之益者也，则益之权在四矣。三比四，有孚于四，以中行告四，四从之。五比四，有孚于四，四不必告五，五亦不必问四矣。下于上曰"告"，上于下曰"问"。盖正位在四，知其必能惠下也，所以"勿问"也。故《小象》曰"勿问之矣"。巽为命，综兑为口，中爻坤错乾为言，皆"告问"之象也。故三爻、四爻、五爻曰"告"曰"问"，五爻变成艮矣。艮止，"勿问"之象也。"我"者，五自谓也。"元吉"即有孚，惠德也。言四之惠者，皆五之德也。

九五阳德中正，为益下之主，当益之时，以益下之惠心，有孚于四，不必问而知其"元吉"矣，何也？盖五孚于四，五之心知四必能惠我之德也，故有"勿问"之象，而占者"元吉"。

《象》曰："有孚惠心"，勿问之矣。"惠我德"，大得志也。

四之《小象》曰"告公从"，五曰"勿问之矣"，见"告"、"问"二字为重上下相联属也。四曰"以益志也"，五曰"大得志也"，见四以益下为志，而此则大得益下之志也。看六爻，要留心《小象》。

上九：莫益之，或击之，立心勿恒，凶。

"莫益"者，莫能益也。此爻与恒卦九三同，亦"不恒其德者"也，所以下句言"勿恒"。盖巽为"进退不果"，"勿恒"之象也，所以"莫益"也。又变坎为盗，中爻艮为手，大象离为戈兵，坎错离亦为戈兵，盗贼手持戈兵，"击"之象也。此与蒙卦上九"击"字相同，通是有此象。前儒不识象，止以理度之，就说求益不已，放于利而行多怨，不夺不餍，往往似此失《易》之旨。殊不知益卦不比损卦，损刚益柔有时，非恒常之道也。若益而不已，则"日进无疆，其益无方"，所以立心当恒。若不恒，不能益而不已，则"凶"矣。

上九以阳刚居益之极，极则变而不益矣，故有"莫益或击"之象。所以然者，以其立心不恒也。若益民之心恒久不变，则"民说无疆"矣，安有"击之"之凶哉！惟其立心不恒，所以占者"凶"。

《象》曰："莫益之"，偏辞也。"或击之"，自外来也。

"辞"者，爻辞也。"偏"对正言，言非爻辞之正意也。正意在下句。"言"且莫言"莫能益"也，此非到底之辞，犹有"击之"之者，此是正辞也。自外来与六二同，但分吉凶耳。

来瞿唐先生易注卷之九

≣ 兑上
乾下　**夬**决也，刚决，柔也

"夬"者，决也，阳决阴也，三月之卦也。其卦乾下兑上，以二体论，水在天上，势必及下，决之象也。以爻论，五阳长盛，一阴将消，亦决之象也。《序卦》："益而不已，必决，故受之以夬。"所以次益。

夬：扬于王庭，孚号有厉。告自邑，不利即戎，利有攸往。

"扬于王庭，孚号有厉"，皆指上六小人。"扬"者，得志放肆之意。"于王庭"，在君侧也。五为君王之象也。兑错艮为门阙，庭之象也。故节卦中爻艮亦曰"庭"。六与三为正应，故曰"孚"。兑为口舌，号之象也，故上六阴消曰"无号"。六号呼其三，与之孚契，三在众君子之中，不敢与之相交，则三亦危矣，故"有厉"也。此见小人难决也。盖容悦小人，在君之侧，君听信不疑，孚者且危厉，则不孚者可知矣。此所以难决也。"告自邑"者，告同类之阳也，如直告于本家之人也。乾错坤，"邑"之象也。坤为众，又众人之象也。乾为言，告之象也。不"即戎"，不尚武勇也。言虽告于众人，亦不合力以尚武勇也。方"利有攸往"而小人可决矣，此正所谓决而和也。非旧注正名其罪相与合力也。若如此，乃是即戎矣。

《彖》曰：夬，决也，刚决柔也。健而说，决而和，"扬于王庭"，柔乘五刚也。"孚号有厉"，其危乃光也。"告自邑，不利即戎"，所尚乃穷也。"利有攸往"，刚长乃终也。

说，音悦。

释卦名、卦辞。惟健则不怯以容其恶，惟说则不猛以激其变。"健而说"者，德也。"决而和"者，事也。一阴加于五阳之上，则君亦在下矣。又与君同体，又容悦，岂不肆于王庭？三虽危，能舍正应而从君子，所以危而有光。君侧之小人，岂可尚武勇？尚武勇世道乱矣。故尚则必穷，刚长阴自消矣。

"光"正于"危"见得，故曰"乃光"。若不危，则不光矣，勿以危自阻也。

《象》曰：泽上于天，"夬"。君子以施禄及下，居德则忌。

此象诸家泥滞程、朱"溃决"二字，所以皆说不通。殊不知孔子此二句乃生于"泽"字，非生于"夬"字也。盖夬乃三月之卦，正天子布德行惠之时，乃惠泽之"泽"，非水泽之"泽"也。"天"者，君也。"禄"者，泽之物也。"德"者，泽之善也。"居"者，施之反也。纣鹿台之财，"居德"也。周有大赉，"施禄"也。下句乃足上句之意，言泽在于君，当施其泽，不可居其泽也。居泽，乃人君之所深忌者。

赵汝愚不迁韩侂胄官秩，此居德则忌也。国家有大故，必用殊恩，故夬忌居德。王允不赦西凉，军士亦然。

初九：壮于前趾，往不胜，为咎。

震为足，本卦大象震，又变巽错震，又居下，故以足趾言之。"壮"者，大壮也。四阳为壮，五阳为夬。"前"者，初居下，而欲急进于四阳大壮之位，近九五以决上六，故不曰"趾"，而曰"前趾"也。"往"者，往决上六也。既曰"前"，又曰"往"，则初九急进，而决之之情见矣。凡所谓咎者，皆以其悖于理，而为咎病也。若君子之决小人，非悖于理也，但不量力，不能胜小人，反为小人所伤，则为咎也，故曰"不胜为咎"。

初九当夬之时，是以君子欲决小人者也。但在下位卑，又无应与，恃刚而往，故有此象，其不胜小人可必矣。故占者以"不胜"为"咎"。

范滂似之。

《象》曰："不胜"而"往"，咎也。

言往之前，已知其"不胜"小人矣。不虑胜而决，所以"咎"也。

九二：惕号，莫夜有戎，勿恤。

莫，音暮。

曰"勿恤"，教之以果决也，即其危乃光也。

"惕"、"恤"皆忧惧也。刚居柔地，内而忧惧之象也。又变离错坎为加忧，亦忧惧之象也。号呼众人也。乾为言，外而呼号之象也。二为地位，离日在地下，"莫夜"之象也。又离为戈兵，坎为盗，又为夜，又本卦大象震，莫夜、盗贼、戈兵、震动，"莫夜有戎"之象也。本卦五阳一连重刚，"有戎"象，所以卦爻、爻辞皆言戎，非真"有戎"也。决小人之时，喻言小人不测之祸。狄仁杰拳拳以复卢陵王为忧者，"惕"也。密结五王者，"号"也。卒能反周为唐，是亦"有戎勿恤"矣。

九二，当夬之时，以刚居柔，又得中道，故能忧惕号呼，以自戒备。思虑周而党与众，是以莫夜有戎，变出于不测，亦可以无患矣。故教占者以此。

《象》曰："有戎勿恤"，得中道也。

"得中道"者，居二之中也。得中则不恃其刚，而能惕号不忘备戒，所以"有戎勿恤"。

九三：壮于頄，有凶。君子夬夬，独行遇雨，若濡有愠，无咎。

"頄"音"逵"，面颧也。乾为首，頄之象也。"夬夬"者，以心言也，言去小人之心决而又决也。"独行"者，阳性上行，五阳独此爻与上六为正应，"独行"之象也。上六阴爻，又兑为雨泽，雨之象也。"濡"者，湿濡也，言九三合上六之小人，而若为污也。

"愠"者，见恨于同类之君子，而嗔其与小人合也。前儒不知此爻乃圣人为占者设戒，又不知"夬夬"乃君子之心，故以爻辞为差错。王允之于董卓，温峤之于王敦，此爻近之。

九三当夬之时，以刚居刚，又与上六为正应，圣人恐其不能决而和也，故为占者设其戒曰：决去小人，若壮见于面目，则事未成而机先露，反噬之凶不免矣。惟其决小人之心，夬而又夬，而面目则不夬夬，而与之相合，如"独行遇雨"，有所湿儒，虽迹有可疑，不免为君子所愠，然从容以观其变，委曲以成其谋，终必能决小人也。占者能如是，可以免凶而无咎矣。

《象》曰："君子夬夬"，然无咎也。

君子只要有夬夬之心，虽面目与之相合，是决而和也，故终无咎。但论其故终不咎，其始也，始不必咎，此圣人之权也。

心夬夬而面目相合，是决而和矣，所以"终无咎"。

九四：臀无肤，其行次且。牵羊悔亡，闻言不信。

臀，徒敦反。次，七私反。且，七余反。

人心出腹中之物，皆在于臀。臀字从殿，殿者后也，凡《易》中言"臀"者，皆坎也。坎为"沟渎"，"臀"之象也。故姤九三变坎"臀"，困下卦坎，初六曰"臀"。此爻变坎亦曰"臀"。乾一兑二为"肤"，详见噬嗑。此爻变坎则不成一二矣，故"无肤"也。兑为毁折，亦"无肤"之象也。"次且"即"趑趄"二字，行不进也。惟其"臀无肤"，所以行不进也。兑为羊，羊之象也。"牵羊"者，牵连三阳而同进也。兑综巽为绳，牵连之象也。观大壮六五，乾阳在下曰"丧羊"，则此牵羊可知其牵三阳矣。乾为言，下三阳之言也，乃前"告自邑"之言也。变坎为耳痛，"闻言不信"之象也，所以困卦亦有"有言不信"之句。盖变坎则情险，性健乃傲物也，故"闻言不信"。

九四，以阳居阴，不中不正，有臀无肤，行不进，而不决小人之象。然当决之时，不容不决也，故教占者能牵连下三阳以同进。用人成事，则可以亡其不进之悔。但不中不正之人，不乐闻君子之言，度其虽言之亦不信也。占者如是，其有悔也必矣。

《象》曰："其行次且"，位不当也。"闻言不信"，聪不明也。

"位不当"者，不中正也。"聪"者，听也，听之不能明其理也。此原不信之由。"位不当"以位言，"听不明"以变坎言。

九五：苋陆夬夬，中行无咎。

"苋"者，苋菜也。诸菜秋冬皆可种，独苋三月种之。夬三月之卦，故取象于"苋"，亦如瓜五月生，故姤取瓜象。"陆"者，地也，地之高平曰"陆"。苋乃柔物，上六之象也。"陆"地，所以生苋者。六乃阴土，陆之象也。"苋陆夬夬"者，即俗言斩草除根之意。言欲决去其苋，并其所种之地亦决之。上"夬"者，夬苋也；下"夬"者，夬陆也。亦如"王臣蹇蹇"，上"蹇"，王之蹇也；下"蹇"，臣之蹇也。决而又决，则根本枝叶皆以决去，无复潜滋暗长矣。"中行"者，五本居中得正，为近上六，阴阳相比，则心事不光明，能"夬夬"则复其中行之旧矣。九三"夬夬"以心言，以应爻而言也；九五以事言，以亲比而言也。盖三居下位，五则擅夬决生杀之权，故与三不同。

九五当夬之时，为夬之主，本居中得正，可以决小人者也，但与六相近，不免溺于其私，外虽欲决，而一时溺爱之心复萌，则决之不勇矣。故必如决苋，并其地而决之，则可以去其邪心，不为中德之累而无咎矣。故其象占如此。

《象》曰："中行无咎"，中未光也。

"中未光"者，恐中德近阴未光明也，故当夬而又夬。

上六：无号，终有凶。

上六当权之时，号呼其正应之三，今三正应夬夬，则正应不可号矣。当权之时，"扬于王庭"，亦可以号呼而哀求于五。今五相亲比，亦"夬夬"，则五不可号矣，故曰"无号"。"终有凶"，即《小象》"终不可长"。占者之凶可知矣。

《象》曰："无号"之"凶"，终不可长也。

言一阴在上，不可长久，终为五阳所决去也。

≡ 乾上　**姤**遇也，柔遇刚也
　巽下

"姤"，遇也，五月之卦也。一阴生于下，阴与阳遇，以其本非所望而卒然值之，如不期而遇者，故为"姤"也。《序卦》："夬，决也。决必有所遇，故受之以姤。"所以次夬。

姤：女壮，勿用取女。

取，七虑反。

一阴而遇五阳，有"女壮"之象，故戒占者"勿用取女"。以其女德不贞，决不能长久从一而终也。幽王之得褒姒，高宗之立武昭仪，养鹜弃鹤，皆出于一时一念之差，而岂知后有莫大之祸哉！故一阴生于五阳之下，阴至微矣，而圣人即曰"女壮勿用取"者，防其渐也。

《象》曰：**姤，遇也。柔遇刚也。"勿用取女"，不可与长也。"天地相遇，品物咸章"也，刚遇中正，天下大行也。姤之时义大矣哉！**

释卦名、卦辞而极赞之。娶妻非一朝一夕之事，故曰"夫妇之道不可以不久也"。"不可与长"者，言女壮则女德不贞，不能从一而长久也。上五阳，"天"也；下一阴，"地"也。"品物咸亨"者，万物相见乎离，亨嘉之会也。"天地相遇"，止可言资始、资生。而曰"咸章"者，品物在五月皆章美也。"刚"指九二。"刚遇中正"者，九二之阳德，遇乎九五之中正也。遇乎中正，则明良会而庶事康，其道可"大行"于天下矣。姤本不善，圣人义理无穷，故又以其中之善者言之。言一阴而遇五阳，"勿用取女"固不善矣，然天之遇地，君之遇臣，又有极善者存乎其中焉。以一遇之间而有善有不善，可见世之或治或乱，事之或成或败，人之或穷或通。凡天下国家之事，皆不可以智力求之，惟其遇而已矣。时当相遇，莫之为而为，莫之致而至，遇之时义，不其大矣哉！

《象》曰：天下有风，姤。后以施命诰四方。

风行天下，物无不遇，姤之象也。"施命"者，施命令于天下也。兴利除害，皆其命令之事也。"诰"者，告也，晓谕警戒之意。君门深于九重，堂陛远于万里，岂能与民相遇？惟"施命诰四方"，则与民相遇，亦犹天之风与物相遇也。乾为君，"后"之象；又为言，"诰"之象；又错坤，"方"之象。巽乃命之象。

初六：系于金柅，贞吉。有攸往，见凶。羸豕孚蹢躅。

蹢，音的。

柅者，收丝之具也。"金"者，簧上之孔用金也，今人多以铜钱为之。巽为木，"柅"之象也。又为绳，"系"之象也。变乾，"金"之象也。"贞吉"者，言"系于金柅"，前无所往，则得其正而吉也。若无所系，有所攸往，往而相遇相比之，二正应之四，则立见其凶也。"羸豕"者，小豕也。"孚"者，诚也。"蹢躅"者，跳踯缠绵。言小豕相遇群豕，即乎缠绵跳踯不宁，此立见其凶，可丑之象也。凡阴爻居下卦者，不可皆以为小人害君子。如姤，有相遇之义。观，有观示之义。此卦因以为小人害君子，所以将九五极好之爻通说坏了。

初六一阴始生，当遇之时，阴不当往遇乎阳，故教占者有"系于金柅"之象。能如此，则正而吉矣。若有所往，立见其凶，故又有羸豕蹢躅之象。其戒深矣。

《象》曰："系于金柅"，柔道牵也。

"牵"者，牵连也。阴柔牵乎阳者也，所以戒其往。

九二：包有鱼，无咎。不利宾。

"包"者，包裹也，详见蒙卦九二。鱼阴物，文美，初之象也。剥变巽曰"贯鱼"，井曰"射鲋"，姤曰"包鱼"，皆以巽为少女，取象于阴物之美也。言二包裹缠绵乎初，犹"包鱼"也。"无咎"者，本卦主于相遇，故"无咎"也。"不利宾"者，理不当奉及于宾也。盖五月包裹之鱼必馁而臭矣，所以不利于宾也。巽为臭，鱼臭不及宾之象也。五阳缠绵一阴，故于四爻五爻皆取包裹之象。"无咎"以卦名取义，"不利宾"以鱼取义。若以正意论，初与四为正应，二既先包乎初，则二为主，而四为宾矣，所以"不利宾"，而四"包无鱼"。但《易》以象为主，故只就鱼上说。

九二与初，本非正应，彼此皆欲相遇，乃不正之遇也，故有五月包鱼之象。占者得此，仅得无咎，然不正之遇，已不可达及于宾矣，故"不利宾"。

《象》曰："包有鱼"，义不及宾也。

一阴无二阳之理，况五阳乎？二即包之，其不济宾宜也。
五月包鱼，岂可及宾？以义揆之，不可及宾也。

九三：臀无肤，其行次且。厉，无大咎。

初为二所包，回视后背，已无物矣。
夬之九四与姤相综，倒转即姤之九三，所以爻辞同。
九三当遇之时，过刚不中，隔二未牵连乎初，相遇之难，故有此象。然不相遇，则亦无咎矣。故占者虽危厉，而"无大咎"也。

《象》曰："其行次且"，行未牵也。

行难未牵，而且次之心尚存，未免有咎。持无大咎耳。
本卦主于相遇，三其行未得与初牵连，所以"次且"。

九四：包无鱼，起凶。

初六不中不正，卦辞以"女壮勿取"戒之矣。若屯卦六二与初相比，不从乎初，"十年乃字"，盖六二柔顺中正故也。今不中正，所以舍正应而从二。既从乎二，则民心已离矣。九四才虽刚而位则柔，据正应之理，起而与二相争，亦犹三国之争荆州，十戈无宁日也，岂不凶？故不曰"凶"，而曰"起凶"，如言起衅也。
九四，不中不正，当遇之时，与初为正应。初为二所包，故有"包无鱼"之象。九四不平与二争之，岂不起其凶哉？故其象占如此。

《象》曰："无鱼"之"凶"，远民也。

阴为民，民之象也，故观卦下阴爻曰"观民"。"远民"者，二近民而四远民也。

九五：以杞包瓜，含章，有陨自天。

"杞"，枸杞也。杞与瓜皆五月所有之物。乾为果，"瓜"之象也。因前爻有包鱼之包，故此爻亦以"包"言之。"含章"者，含藏其章美也。此爻变离，有文明章美之意，又居中，有包含之意，故曰"含章"。含即杞之包，章即瓜之美。"以杞包瓜"，即"含章"之象也。"陨"者，从高而下也。"有陨自天"者，言人君之命令自天而降下也。巽为命，乾为天，故命令自天而降。孔子"后以施命诰四方"一句，本自周公"有陨自天"来，故《小象》曰"志不违命"。且此爻变成鼎，又"正位凝命"之君。三个"命"字可证。
九五当遇之时，有中正之德，深居九重，本不与民相遇，故有"以杞包瓜含藏章美"之象。然虽含藏中正之章美，不求与民相遇，及"施命诰四方"，如自天而降，亦犹天下之风无物不相遇也。其相遇之大为何如哉！占者有是德，方应是占也。有是占者，有是德也。

五变为离，中正天之火也。

《象》曰：九五"含章"，中正也。"有陨自天"，志不舍命也。

舍，音捨。

有中正之德，所以含其中正之章美，不发露也。"志"者，心志也。"舍"，违也。"命"者，命令也。虽不发露章美，然心志不违，"施命诰四方"，所以"有陨自天"。

上九：姤其角，吝，无咎。

与"晋其角"同。当遇之时，高亢遇刚不过于初，故有"姤其角"之象。"吝"，之道也。然不近阴私，"亦无咎"矣。故其占如此。

《象》曰："姤其角"，上穷吝也。

居上卦之极，故"穷"。惟穷，所以吝。

兑上
坤下　萃聚而升，不来也

"萃"者，聚也。水润泽其地，万物群萃而生，萃之象也。又上悦而下顺，九五刚中，而二以柔中应之，萃之由也。《序卦》："姤者，遇也。物相遇而后聚，故受之以萃。"所以次姤。

萃：亨，王假有庙。利见大人，亨，利贞。用大牲，吉，利有攸往。

卦大象坎，坎为宫，中爻巽、艮，巽木在艮阙之上，皆"庙"之象也。坎为隐伏，鬼神之象也。九五中正，"大人"之象也。上"亨"字，占得此卦者亨也。下"亨"字，"见大人"之亨也。大象坎为豕，外卦兑为羊，内卦坤为牛，"大牲"之象也。言当此萃时，可以格鬼神，可以见大人，必亨，但利于正耳。凡物当丰厚不宜俭啬，凡事宜攸往不宜退止。此教占者处萃之时当如此。

《象》曰：萃，聚也。顺以说，刚中而应，故"聚"也。"王假有庙"，致孝享也。"利见大人，亨"，聚以正也。"用大牲，吉，利有攸往"，顺天命也。观其所聚，而天地万物之情可见矣。

以卦德、卦体释卦名，又释卦辞而极赞之。内顺乎外，外悦乎内，五以刚中而下交，二以柔中而上应内外君臣，皆相聚会，所以名"萃"。尽志以致其孝，尽物以致其享。"聚以正"者，如萧何张良诸臣一时聚会，以从高祖，聚也；除暴秦，正也；能成一统之功，亨也。"天命"者，天理之自然也。以人事言，即当其可之时也。言时当丰而丰、时当往而往者，乃所以顺其天理之自然也。"情"者，所以发出之情也。阳倡阴和，乾始坤生，天地此聚也；形交气感，声应气求，万物亦此聚也。"天地万物之情"，聚而已矣。

《象》曰：泽上于地，萃。君子以除戎器，戒不虞。

"泽"字义多，有水泽，有雨泽，有恩泽，有润泽。泽在天上，有恩泽之意，所以"施禄及下，居德则忌"，此则有水泽润泽之意，所以生万物而萃也。"除"者，去旧取新之意，谓整理其敝坏也。"戒"者，备也。"虞"者，度也，变出不测而不可虞度也。众萃必有争夺之事，故"君子除戎器"者，非耀武也，所以戒不虞也。圣人之心，义理无穷。姤卦文王卦辞本不善，圣人则发出"姤之时义大"一段；本卦文王卦辞极善，圣人又发出此一段。盖本卦错大畜，有离震二象，戈兵震动，故言"戎器不虞"。又大象坎错离，中爻艮综震，亦有此象。

初六：有孚不终，乃乱乃萃。若号，一握为笑，勿恤，往，无咎。

"孚"者，与四正应，相孚信也。"有孚不终"者，阴柔之人不能固守，所以孚不长久也。欲萃之急，不择正应，而与同类群小相萃也。"号"者，呼也。"握"者，持也。言呼九四近前而以手握持之也。"若"者，如也，言当如此象也。言有孚之心，能若孚于前，而以手握之不释，则"有孚"之心至矣。虽为众人所笑，勿恤此笑，方得"无咎"也。中爻巽为进退，"有孚不终"之象也。坤为迷，"乱"之象也。坤为众，"萃"之象也。兑为口舌，"号"之象也。坤错乾，乾居一，"一"之象也。中爻艮手，"握持"之象也。兑为悦，"笑"之象也。大象坎为加忧，"恤"之象也。今此爻变不成坎，不忧矣，"勿恤"之象也。

初六阴柔，与九四为正应，当萃之时，比于同类之阴，有"有孚不终，乃乱乃萃"之象。故教占者有孚坚固，如将九四呼于前而以手握之，以阴握阳虽不免为人所笑，然必"勿恤"此笑，方得往而与九四为聚也，故"无咎"。

《象》曰："乃乱乃萃"，其志乱也。

知此三阴为乱，萃所以必有孚于王庭而后可。

质本阴柔，急于欲萃，方寸已乱矣，所以不暇择其正应而萃也。

六二：引吉无咎，孚乃利用禴。

"引"，开弓也，与"君子引而不发"之引同。本卦大象坎，又此爻变坎，坎为弓，引之象也。凡人开弓射物必专心于物，当物之中，不偏于左，不偏于右，方得中箭，盖中德不变之象也。二虽中正，居群小之中，少偏私则非中矣，故言"引"，则"吉无咎"也。中爻艮手，故初曰"一握"。握者，手持之也。二曰"引"，引者，手开之也。皆手之象也。"吉"者，得萃于九五也。"无咎"者，二与九五皆同德，又正应也。"孚"者，孚于五也。"利用禴"者，言薄祭亦可以交神，又与五相聚，"吉"而"无咎"之象也。坎为隐伏，有人鬼之象。此爻变坎成困，故困之二爻，亦"利亨祀"，未济坎亦言"禴"，涣亦言"有庙"也。此爻变中爻成离。"禴"，夏祭，故与既济皆言"禴"。

六二中正，上应九五之中正，盖同德相应者也。二中德不变，故有引之之象。占者得此，不惟吉，而且"无咎"矣。然能引，则能孚信于五，而与五相聚矣，故有"利用禴"

之象。其占中之象又如此。

《象》曰："引吉无咎"，中未变也。

二本有中德，惟能如引诚信而中，则中德未变矣，所以吉而无咎。

六三：萃如，嗟如，无攸利。往，无咎，小吝。

此爻变艮成咸，咸三爻亦往吝。但咸以君子而随小人可羞之事，此则以小人而聚小人，所以仅小吝也。大象坎为加忧，兑为口，嗟叹之象也。

六三阴柔，不中不正，当萃之时，欲萃者其本志也，故有"萃如"之象。但上无应与，不得相聚，故有"嗟如，无攸利"之象。然三之于上，虽彼此阴爻无相偶之情，能往而从之，我性顺而彼性悦，必能相聚，可以无咎。但不能萃刚明之人，而萃阴柔群小，亦有"小吝"矣。故其占如此。

《象》曰："往无咎"，上巽也。

"巽"者，三之中爻本巽也，兑综巽，亦巽也。上往以巽而从之，我顺而彼悦，可以相聚者也，故"无咎"。

九四：大吉，无咎。

"大吉无咎"，与随卦九四"随有获"同，就时位上说，不就理上说，正所谓处不以其道得之富贵者也。近悦体之君，临归顺之民，岂不大吉，人谁咎病？六爻初"乱萃"，二"引萃"，三"嗟如"，五"有悔"，六"涕洟"，惟四不中不正，而自然相聚。聚之不劳心力，故"大吉"。时位自然，非四勉强求之，故"无咎"。

九四不中不正，居"多惧"之地，本不吉有咎者也。然近九五之君，有相聚之权，率三阴顺而聚于五，上悦下顺，则不劳心力，而自能相聚矣。若不论其九四之德，惟以其萃论之，盖"大吉无咎"者也。故有此象。占者得此，亦当如是也。

《象》曰："大吉，无咎"，位不当也。

"位不当"者，不中不正也。既不中正，则"大吉"者亦不吉，"无咎"者亦有咎矣。周公就时位能萃之象上说，孔子就理上说。

九五：萃有位，无咎，匪孚。元永贞，悔亡。

"匪"者，不也。"匪孚"者，不信于人也。九四比群阴在下以分其萃，"大吉无咎"，所以"匪孚"也。"元"者，元善也，即阳刚中正之德也。"永贞"者，长永贞固也。"悔"者，五与上六相近，同居悦体，阴阳比昵，恐其虽萃天下之位，而其德未甚光明，所以悔也。

九五当天下之尊，为萃之主，臣民皆萃，可以"无咎"矣。然四分其萃，未免"匪孚"；上溯阴私，未免"有悔"。故必反己自修，俾元善中正之德长永贞固，斯悔亡而入孚矣。戒占者必如此。

汉高戚夫人，唐太宗巢剌王妃。

《象》曰："萃有位"，志未光也。

此爻与夬中"未光"相同。盖阴阳相悦，此"未光"也；又变震为情动性顺，此"未光"也；变震成豫，又"和乐"矣，此"未光"也。阳与阴相聚会之时，又悦、又动、又顺、又和乐，安能保其志之光明哉？故曰"志未光"。若依本爻，阳刚中正，有何疚病？

上六：赍咨涕洟，无咎。

"赍"者，持也，遗也，有所持而遗之之义。中爻艮为手，持遗之象也。"咨"者，咨嗟也。自鼻出曰"涕"，自目出曰"洟"。兑为口，咨之象也；又为泽，"涕洟"之象也。

上六处萃之终，求萃而不可得，惟持遗咨嗟，涕洟哀求于五而已，故有此象。然忧思之过，危者必平，所以"无咎"。六爻皆"无咎"者，水润泽其地，万物群聚而生，乃天地为物不贰、生物不测之理也，所以六爻皆"无咎"。

长信宫怨。

《象》曰："赍咨涕洟"，未安上也。

未安于上，所以哀求其五。

䷭ 坤上 巽下 升

"升"者，进而上也。为卦巽下坤上，木生地中，长而益高，升之象也。又综萃，萃下卦之坤上升而为升之上卦，亦升之象也。《序卦》："萃者，聚也。聚而上者谓之升，故受之以升。"所以次萃。

升：元亨，用见大人，勿恤。南征吉。

言占得此卦者，大亨"用见大人"，不可忧惧，从南方行则吉，所以"元亨"也。不曰"利见"而曰"用见"者，九二虽大人，乃臣位，六五之君欲用九二，则见之也。六四"王用亨于岐山"即此"用"字也。"勿恤"者，本卦大象坎，有忧恤之象，故教之以"勿恤"。"南征吉"者，文王圆图，巽东南之卦，过离而至坤，是巽升于坤，故"南征吉"。若东行则至震，非升矣。

《象》曰：柔以时升。巽而顺，刚中而应，是以大亨。"用见大人，勿恤"，有庆也。"南征吉"，志行也。

以卦综释卦名，以卦德、卦体释卦辞。柔者，坤土也。本卦综萃，二卦同体，文王综为一卦，故《杂卦》曰："萃聚而升不来也。"柔以时升者，萃下卦之坤，升而为升之上卦也。柔本不能升，故以时升，所以名升。内巽外顺，则心不躁妄，行不悖理。又我有刚中之德，而六五以顺应之，岂不能升？所以"元亨"。"有庆"者，庆幸其道之得行。"勿恤"者，此也。"志行"者，心期其道之必行，吉者此也。"有庆志行"者，即元亨也。

《象》曰：地中生木，升。君子以顺德，积小以高大。

本卦以坤土生木而得名，故曰"君子以顺德"。坤顺之德，即"敬以直内，义以方外"也。"积"者，日积月累，如地中生木，不觉其高大也。巽为高，高之象也。

初六：允升，大吉。

"允"者，信也。本卦原是坤土上升，初与四皆坤土，故"允升"。

初六柔顺居初，当升之时，与四相信而合志。占者如是，必能升矣，故"大吉"。

《象》曰："允升，大吉"，上合志也。

与四合志，故"允升"。大畜九三与上九皆阳爻，然本卦皆欲畜极而通，故《小象》曰"上合志也"。此卦初居内卦之初，四居外卦之下，因柔以时升，皆欲升者也，故《小象》亦曰"上合志也"。

九二：孚乃利用禴，无咎。

九二以阳刚居中，六五以柔顺应之，盖孚信之至者矣，故有利用薄祭亦可交神之象。占者如是，亦得遂其升，而有喜矣，故"无咎"。升综萃，萃六二引者阴柔也，此刚中，故止言"孚乃利用禴"。

《象》曰：九二之"孚"，有喜也。

"有喜"者，喜其得升也。盖诚信之至，则君必信任之专，得以升矣。周公许之曰"无咎"，孔子曰"君臣相孚，岂止无咎，且有喜也"。中爻兑，喜悦之象也。

九三：升虚邑。

阳实阴虚，上体坤，有"国邑"之象，详见谦卦。以二升四，以实升虚，故曰"升虚邑"。或曰：四邑为丘，四丘为虚，非空虚也，乃丘虚也。亦通。

九三以阳刚之才，当升之时，而进临于坤，故有"升虚邑"之象。占者得此，其升而无疑也可知矣。

《象》曰："升虚邑"，无所疑也。

本卦六五之君阴柔，九二之臣阳刚，似君弱臣强，正人之所疑也。况当升之时，自臣位渐升于君位，使四乃阳刚，则逼其五矣，安得而不疑？今升虚邑，阴土与五同体，故"无所疑"。

六四：王用亨于岐山，吉，无咎。

亨，音亨。

坤错乾，乾为君，"王"之象也。"王"指六五也。物两为岐，故曰岐山。坤土两拆，岐之象也。随卦兑为西，故曰"西山"；此两拆，故曰"岐山"。中爻震综艮，山之象也，则三、四、五皆山矣。皆因有此象，故以"岐"、"西"二字别之。前儒不知象，乃曰"岐山在西"，失象之旨矣。此言"岐山"，指四也。"亨"者，通也，与"公用亨于天子"、"王用亨于西山"亨字同。"王用亨于岐山"者，即"用见大人"也。言六五欲用乎九二，乃通于四而求之也。四爻皆言升，独二与五为正应，故曰"用禴"。四与五相比，故曰"用亨"，盖君位不可升也，二用禴而五用亨，上下相用，正所谓刚中而应也，何吉如之！故吉而无咎。

六四以柔居柔，与五同体，盖顺事乎五之至者也，故六五欲用乎九二，乃通乎四以求之，故有"王用亨于岐山"之象，吉而无咎之道也。故其象占如此。

《象》曰："王用亨于岐山"，顺事也。

四本顺体，又以柔居柔得正，顺事乎五，故五欲用乎九二，乃通乎四以求之也。四若非正，则成容悦之小人，安能通乎其二？

六五：贞吉，升阶。

"王用亨于岐山"，上孚乎下，贤君之事也；九二即觐君而升阶，下孚于上，良臣之事也，故先言贞吉之占，而后言升阶之象。"阶"者，阶梯也，如梯之等差也。

六五以柔成尊，下任刚中之贤，乃通于四以求之，贞而且吉者也。九二当升之时，因六五用六四之求，即觐君而升阶矣。上下相孚，故其象占如此。

《象》曰："贞吉，升阶"，大得志也。

"大得志"，即《彖辞》"有庆志行也"。

上六：冥升，利不息之贞。

"冥"与"冥豫"之冥同，昏于升而不知止者也。坤为迷，"冥"之象也。"不息之贞"，天理也。惟天理可以常升而不已，若富贵利达，涉于人欲之私，而非天理者，则有消长矣。冥豫动体，故教之以渝。今冥升顺体，故教之以贞。

上六居升之极，乃昏于升而不知止者也，有"冥升"之象。故圣人教占者曰：升而不已，惟利不息之贞，他非所利也。为占者开迁善之门如此。

《象》曰："冥升"在上，消不富也。

"消"者，消其所升之业也。"富"者，富有也。凡升者乃天理，不息之贞则成富有之业矣。若升其人欲之私，往而不返，溺而不止，则盈者必虚，泰者必否，见其日消而不见其长，消而不富矣，故曰"消不富"也。本卦下体巽，巽为富，此爻外卦，故曰"不富"。亦如无妄二爻，未入巽之位，曰"未富"。

困

“困”者，穷困也。为卦水居泽中，枯涸无水，困之义也。又六爻皆为阴所掩，小人
之掩君子，穷困之象也。《序卦》：“升而不已必困，故受之以掩困。”所以次升。

困：亨，贞，大人吉，无咎。有言不信。

此卦辞乃圣人教人处困之道也。言当困之时，占者处此必能自亨其道，则得其正
矣。他卦“亨贞”，言不贞则不亨，是亨由于贞也。此卦“亨贞”，言处困能亨，则得其
贞，是贞由于亨也，然岂小人所能哉！必平素有学有守之大人，操持已定，而所遇不足
以戕之，方得“吉而无咎”也。若不能实践躬行，自亨其道，惟欲以言求免，其困人必不
信而益困矣。言处坎之险，不可尚兑之口也。二五刚中，大人之象。兑为口，有言之象。
坎为耳痛，耳不能听，有言不信之象。

东坡处困，尚多辩舌，文足欺人，岂是君子！

《彖》曰：困，刚掩也。险以说，困而不失其所亨，其惟君子乎？贞，大人吉，以刚中
也。有言不信，尚口乃穷也。

说，音悦

以卦体释卦名，又以卦德，卦体释卦辞。坎刚为兑柔所掩，九二为二阴所掩，四、五
为上六所掩，此困之所由名也。兑之掩坎，上六之掩四、五者，小人在上位也，如绛灌之
掩贾谊、公孙弘之掩董仲舒是也。二阴之掩九二者，前后左右皆小人也，如曹节、侯览
辈之掩党锢诸贤，王安石、惠卿之掩元祐诸贤是也。“险以说”，卦德也。困而不失其所
亨者，人事也。处险而能说，则是在困穷艰险之中，而能乐天知命矣。“所”者，指此心
也，此道也。言身虽困，此心不愧不怍，心则亨；时虽困，此道不加不损，道则亨也。
不于其身于其心，不于其时于其道，如羑里演《易》，陈蔡弦歌，颜子在陋巷不改其乐是
也。“君子”，即大人也。“贞大人吉”者，“贞”字在文王卦辞，连“亨”字读。《彖辞》连
“大人”者，孔子恐人认“贞”字为戒辞也。“刚中”者，二五也。刚中则知明守固，居易
俟命，所以“贞大人吉”也。“贞大人”者，贞正大人也。“尚口乃穷”者，言不得志之人，
虽言亦不信也。盖以口为尚，则必不能求其心之无愧，居易以俟命矣，是不能亨而贞者
也。故圣人设教，戒以尚口，则自取困穷矣。“尚口”，如三上相书，凡受人之谤，不反已
自修，而与人辩谤之类。

《象》曰：泽无水，困。君子以致命遂志。

泽所以潴水。泽无水，是水下漏而上枯矣，“困”之象也。“致”者，送诣也。命存乎
天，志存乎我，“致命遂志”者，不有其命，逆命于天，惟遂我之志，成就一个是也。患
难之来，论是非不论利害，论轻重不论死生。杀身成仁，舍生取义，幸而此身存，则名固

在；不幸而此身死，则名亦不朽，岂不身困而志亨乎？身存者，张良之椎、苏武之节是也；身死者，比干、文天祥、陆秀夫、张世杰是也。

初六：臀困于株木，入于幽谷，三岁不觌。

凡言"困"者，皆柔掩刚，小人困君子也。"臀"，坎象，详见夬卦。人之体，行则趾在下，坐则臀在下，故初言"臀"。"株"者，根株也，乃木根也。《诗》"朝食于株"，诸葛亮《表》"成都有桑八百株"，王荆公《诗》"日月无根株"，皆言根也。中爻巽木在坎之上，初又居坎之下，木根之象也。坎为隐伏，"幽谷"之象也。水在上，幽谷在下，则谷之中皆木根矣。言"入于幽谷"之中，而臀坐于木根之上也，此倒言也。因有"臀"字，文势必将"困于株木"之句居于臀下，故倒言也。若曰"臀入于幽谷"，则不通矣。"觌"，见也。坎错离，离卦又居三，"三岁不觌"之象也。"不觌"者，不觌二与四也。

初六以阴柔之才居坎陷之下，当困之时，远而与四为应，近而与二为比，亦欲掩刚而困君子矣。然才柔居下，故有坐木根入幽谷终不得见二、四之象。欲困君子，而反自困。即象而占可知矣。

《象》曰："入于幽谷"，幽不明也。

此言不觌之故。幽对明言。二与四合成离，有明象。初居离明之下，则在离明之外而幽矣。所以二与四得见乎幽谷，而入幽不明者，不得见乎二、四也。

九二：困于酒食，朱绂方来，利用亨祀。征凶，无咎。

绂，音弗。

"困于酒食"者，言酒食之艰难穷困也。如孔子之"疏食饮水"，颜子之"箪食瓢饮"，《儒行》之"并日而食"是也。酒食且困，大于酒食者可知矣。《程传》：是凡《易》言"酒"者，皆坎也，言"食"者，皆兑也。故需中爻兑言酒食，未济与坎皆言酒也。"朱绂"者，组绶用朱也。"方来"者，其德升闻而为君举用之也。"利用亨祀"者，亨者通也，诚应之意，乃象也，亦如"利用禴"之意。言当通之以祭祀之至诚也。坎隐伏，有人鬼象，故言"祀"。"征凶"者，当困之时，往必凶也。"凶"字即《大象》"致命"之意，正所谓困而亨也，所以"无咎"。中爻离，朱之象。又巽绳，绂之象。坎乃北方之卦，朱乃南方之物，离在二之前，故曰"方来"。此即孔明之事："困酒食"者，卧南阳也；"朱绂方来"者，刘备三顾也；"利用亨祀"者，应刘备之聘也；"征凶"者，死而后已也；"无咎"者，君臣之义无咎也。

九二以刚中之德当困之时，甘贫以守中德，而为人君之所举用，故"有困于酒食朱绂方来"之象。故教占者至诚以应之，虽凶而无咎也。

《象》曰："困于酒食"，中有庆也。

言有此刚中之德，则自亨其道矣，所以有此"朱绂方来"之福庆。

六三：困于石，据于蒺藜，入于其宫，不见其妻，凶。

兑错艮，艮为石，石之为物坚而不纳，其质无情，石在前，"困于石"之象也。"据"者，依也。坎为蒺藜。蒺藜乃有刺之物，不可依据。蒺藜在后，"据于蒺藜"之象也。坎为宫，宫之象也。中爻巽为入，"入其宫"之象也。此爻一变中爻成乾，不成离目，"不见"之象也。坎为中男，兑为少女，则兑乃坎之妻也。兑之中宫、坎之中宫皆阳爻，非阴爻，"入其宫不见其妻"之象也。此爻一个"入"字、"见"字不轻下，周公之爻辞，极其精矣。旧注不知象，所以以石指四、蒺藜指二、宫指三、妻指六也。

六三阴柔不中不正，当困之时，亦欲掩二之刚而困君子矣。但居坎陷之极，所承所乘者皆阳刚，孤阴在于其中，前困者无情，后据者有刺，则一己之室家且不能保，将丧亡矣，况能困君子乎？故有此象。所以占者凶。

《象》曰："据于蒺藜"，乘刚也；"入于其宫，不见其妻"，不祥也。

"乘刚"者，乘二之刚也。"不祥"者，死期将至也。此爻变为大过，有棺椁象，所以死期将至。人岂有不见其妻之理？乃不祥之兆也。殷仲文从桓玄，照镜不见其面，数日祸至，此亦不祥之兆也。

九四：来徐徐，困于金车。吝，有终。

"金车"指九二。坎，车象，乾金当中，"金车"之象也。自下而上曰"往"，自上而下曰"来"。"来徐徐"者，四来于初也。初亲乎四，四来乎初，阴阳正应故也。

九四与初为正应，不中不正，志在于初，故有"徐徐"而"来"于初之象。然为九二所隔，故又有"困于金车"之象。夫以阴困阳之时，不能自亨其道，犹志于初，固为可羞，然阳有所与，终不能为阴所困也，故其占如此。

《象》曰："来徐徐"，志在下也。虽不当位，有与也。

"志在下"者，志在初也。"有与"者，四阳初阴，有应与也。且四近君，故阴不能困。井卦二五皆阳爻，故曰"无与"。

九五：劓刖，困于赤绂，乃徐有说，利用祭祀。

说，音悦。

兑错艮，鼻象。变震，足象。截鼻曰"劓"，去足曰"刖"。上体兑为毁折，错艮为阍寺刑人；下体中爻离为戈兵，又坎错离亦为戈兵。上下体俱有刑伤，劓刖之象也。若以六爻卦画论之，九五为困之主，三阳居中，上下俱阴坼，亦劓刖之象也。"赤绂"者，臣之绂也。中爻离巽与九二同，"绂"乃柔物，故亦以此象之。三柔困，赤绂之象也。"赤绂"者，四与二也。四乃五之近臣，三比之，二乃五之远臣，三掩之，故曰"困于赤绂"。"劓刖"者，君受其困也。"赤绂"者，臣受其困也。兑为悦，悦之象也。"乃徐有说"者，言迟久必有说，不终于困也。"利用祭祀"者，乃徐有悦之象也。盖祭尽其诚，则受其福矣。教九五中正之德，不可以声音笑貌为之也。

九五当柔掩刚之时，上下俱刑伤，故有"劓刖"之象。三柔比四而掩二，故不惟"劓刖"，又有困及于赤绂之象，则君臣皆受其困矣。然九五中正而悦体，既有能为之才，又有善为之术，岂终于其困哉？必"徐有悦"而不终于困也。盖能守此中正之德，如祭祀之诚信，斯有悦而受其福矣。故教占者占中之象又如此。

《象》曰："劓刖"，志未得也。"乃徐有说"，以中直也。"利用祭祀"，受福也。

为阴所掩，故志未得。"以中直"与同人九五同。直即正也。"受福"者，中正之德，如祭祀之诚信，则受福而不受其困矣。

上六：困于葛藟，于臲卼，曰动悔、有悔，征吉。

艮为山，为径路，为果蓏。《周礼》："蔓生曰蓏，葛藟之类。"高山蹊径臲卼不安，兑错艮有此象。又正应坎为陷，为丛棘，为蒺藜，亦皆"葛藟"之类之象。盖"葛藟"者，缠束之物。"臲卼"者，危动之状。"曰"者，自讼之辞也。兑为口，变乾为言，"曰"之象也。"曰动悔"者，自讼其动则有悔，亦将为之何哉？动悔之悔，事之悔也，上六之悔也。有悔之悔，心之悔悟也，圣人教占者之悔也。征者，去而不困其君子也。与蒙卦"几不如舍"舍字同。

上六阴柔，亦欲掩刚，而困君子矣。然处困之极，反不能困。故欲动而掩乎刚，则缠束而不能行；欲静而不掩乎刚，则又居人君之上。危惧而不自安，是以自讼。其动则有悔，故有此象。然处此之时，顾在人之悔悟何如耳。诚能发其悔悟之心，去其险邪之疾，知刚之不可掩，弃而去之可也。故占者惟征则吉。

《象》曰："困于葛藟"，未当也。"动悔、有悔"，吉行也。

欲掩刚，故"未当"。有悔，不掩刚，故从"吉"而"行"。

☵ 坎上
☴ 巽下　**井通而困，相遇。**

"井"者，地中之象也。为卦坎上巽下。巽者入也，水入于下而取于上，井之义也。坎为水，汲水者以木承水而上，亦井之义也。《序卦》："困于上者必反于下，故受之以井。"所以次困。

井卦，有爻高似一爻之义。

井：改邑不改井，无丧无得，往来井井。汔至，亦未繘井，羸其瓶，凶。

繘，音聿。

井综困，二卦同体，文王综为一卦，故《杂卦》曰："井通而困，相遇也。""改邑不改井"者，巽为市邑。在困卦为兑，在井为巽，则改为邑矣。若井则"无丧无得"，在井卦，坎往于上；在困卦，坎来于下。刚居于中，往来不改，故曰"往来井井"。《易经》玄妙处，正在于此。"汔"，涸也。巽下有阴坼，涸之象也。"繘"者，井索也。巽为绳，繘之象也。"羸"者，弱也，与大壮"羸其角"同。汲水之人弱不胜其瓶，将瓶坠落于井也。中爻离，瓶之象也。在离曰"缶"，在井曰"瓶、曰"瓮"，皆取中空之意。

言井乃泉脉不可改变。其德本无得丧，而往来用之者不穷，济人利物之功大矣。若或井中原涸无水，以至或有水，而人不汲，又或不惟不得水，或汲之而羸其瓶，则无以成济人利物之功，故占者凶。

《象》曰：巽乎水而上水，井。井养而不穷也。"改邑不改井"，乃以刚中也。"汔至，亦未缡井"，未有功也。"羸其瓶"，是以凶也。

以卦德、卦综释卦名、卦辞。凡井中汲水，井上用一辘轳，以井索加于其上，用桶下汲，方能取上，是以桶入乎其水方能上也，故曰"巽乎木而上水"。"巽"字，有"木"字"入"字二意。《文选》"殚极之缏断干"，缏即辘轳之索也。"养而不穷"者，民非水火不生活也。"改邑不改井"者，以刚居中，在困卦居二之中，在井卦居五之中，往来皆井，不可改变也。"未有功"者：井以得水为功，井中水涸，以至汲水之索未入于井，皆无功也。若"羸其瓶"，是不惟不得其水，并汲水之具亦丧亡矣，岂不凶！青苗之法，安石之意将以济人利物，而不知不宜于民，反以致祸，正"羸其瓶"之凶也。

《象》曰：木上有水，井，君子以劳民劝相。

"木上有水"者，水承木而上也。"劳"者，即劳之也。"劝"者，即来之也。"相"者，即匡直辅翼也。"劳民劝相"者，言劳之不已，从而劝之，劝之不已，又从而相之也。人有五性之德，即地脉井泉流行不息者也。逸居而无教，则近于禽兽，不能成"井养不穷"之功矣。君子劳民劝相，则民德可新，父子有亲，君臣有义，夫妇有别，长幼有序，朋友有信，"往来"用之，"井井"不穷矣。是"劳民劝相"者，君子之井也。

初六：井泥不食，旧井无禽。

阴浊在下，"泥"之象也。凡言食者，皆兑口也。今巽口在下，"不食"之象也。又巽为臭，不可食之象也。坎有小过象，凡《易》言"禽"者，皆坎也。故师六五曰"田有禽"，以本卦坎又变坎也；比卦九五"失前禽"，以坎变坤也。恒大象坎，此卦坎居上卦，但二卦下卦皆巽，巽深入，禽高飞之物，安得深入于井中，故恒、井二卦皆曰"无禽"。井以得水齐井之口、易汲为善，故初则"不食"，二则"漏"，三则求"王明"，四则"修井"，惟五六则水齐井口、易于汲取，故五六独善。

初六阴浊在下，乃井之深而不可浚渫者也。则泥而不食，成旧废之井，无井傍汲水之余沥，而禽亦莫之顾而饮矣。故有此象，占者不利于用可知矣。

《象》曰："井泥不食"，下也。"旧井无禽"，时舍也。

舍，音捨。

阴浊在下，为时所弃捨。无仁民爱物之功，阴亦有养德，而下无养功。

九二：井谷射鲋，瓮敝漏。

"射"，注射也，水及小雨也。

上阳爻,下阴爻两开,谷之象也。又变艮,山下有井,必因谷所生,亦"谷"之象也。坎为弓在上,"射"之象也。巽为鱼,"鲋"之象也。鲋,小鱼。《庄子》:"周视辙中有鲋鱼焉,曰:'我东海之波臣也。'"又《尔雅》:"鱦,小鱼也。"注云:"似鲋子而黑,俗呼为鱼婢,江东呼为妾鱼。"曰臣、曰婢、曰妾,皆小之意。前儒以为"虾蟆",又以为"蜗牛",皆非也。巽综兑为毁折,"敝"之象也。下阴爻有坼,"漏"之象也。坎水在上,巽主入,水入于下,亦漏之象也。

九二阳刚居中,才德足以济利,但上无应与,不能汲引,而乃牵溺于初,与卑贱之人相与,则不能成井养不穷之功矣。故以井言,有旁水下注,仅射其鲋之象;以汲水言,有破瓮漏水之象。占者不能成功可知矣。

《象》曰:"井谷射鲋",无与也。

无与者,无应与也,所以比初"射鲋"。

此爻,无比初之意。

九三:井渫不食,为我心恻。可用汲,王明,并受其福。

"渫"者,治井而清洁也。中爻三变,成震不成兑,口不食之象也。"为我心恻"者,"我"者,三自谓也,言可汲而不汲,人为我恻之也。坎为加忧,恻之象也。"王明"者,指五也。中爻三与五成离,"王明"之象也。"可用汲王明"者,可求用汲于王明也。"汲"字虽汲水,其实汲引之汲。"并"者,三之井可食,福也,食三之井者亦福也。九二比于初之阴爻,不能成功,故一教九三,求九五之阳明。

九三以阳居阳,与上六为正应。上六阴柔不能汲引,则不为时用而成济人处物之功矣,故有"井渫不食",人恻之象。所以然者,以正应阴柔,又无位故也。"可用汲"者,其惟舍正应而求五之"王明"。言若得阳明之君以汲引之,则能成井养之功,而并受其福矣。故教占者必如此。

并受者,九三得王明而养人之福,九五得贤人代其养人,而并受养人之福。

《象》曰:"井渫不食",行恻也。求"王明",受福也。

"行恻"者,行道之人亦恻也。三变中爻成震足,行之象也。"求王明"者,五非正应,故以"求"字言之。孔子以周公爻辞忽然说起"王明",恐人不知指五,所以加一"求"字也。不求正应而求王明,此《易》之所以时也。比卦六四舍正应而比五,皆此意。管仲舍子纠而事桓公,韩信舍项羽而事高祖,马援舍隗嚣而事光武,皆舍正应而求王明者也。

六四:井甃,无咎。

"甃"者,砌其井也。阴列两旁,"甃"之象也。初为"泥",三之"渫",渫其泥也;二"射鲋",四之"甃",甃其谷也。既渫且甃,井日新矣。寒泉之来,井养岂有穷乎?

六四阴柔得正,近九五之君,盖修治其井以潴畜九五之寒泉者也,故有"井甃"之象。占者能修治臣下之职,则可以因君而成井养之功,斯无咎矣。

《象》曰："井甃，无咎"，修井也。

修井畜泉，能尽职矣，安得有咎？

九五：井洌，寒泉，食。

"洌"，甘洁也。五变坤为甘，以阳居阳为洁。"寒泉"，泉之美者也。坎居北方，一阳生于水中，得水之正体，故甘洁而寒美也。"食"者，人食之也，即井养而不穷也。中爻兑口之上，食之象也。井以寒洌为贵，泉以得食为功。以人事论："洌"者，天德之纯也；"食"者，王道之溥也。黄帝、尧、舜、禹、稷、周、孔立养立教，万世利赖，"井洌寒泉食"之者也。

九五以阳刚之德居中正之位，则井养之德已具，而井养之功已行矣，故有此象。占者有是德方应是占也。

《象》曰：寒泉之食，中正也。

"寒泉之食"，王道也。"中正"者，天德也。

上六：井收。勿幕，有孚，元吉。

"收"者，成也。物成于秋，故曰秋收。"井收"者，井已成矣，即《小象》"大成"之成也。周公曰"收"，孔子曰"成"，一意也。"幕"者，盖井之具。坎口在上，"勿幕"之象也，言不盖其井也。"有孚"者，信也。齐口之水，无丧无得，用之不竭，如人之诚信也。"元吉"者，"勿幕有孚"，则泽及于人矣。

上六居井之极，井已成矣。九五寒泉为人所食，上六乃不掩其口，其水又孚信不竭，则泽及于人，成井养不穷之功矣，故有"勿幕有孚"之象，占者之"元吉"可知矣。

《象》曰："元吉"在上，大成也。

"大成"者，井养之功大成也。盖有寒泉之可食，使掩其口，人不得而食之；或不孚信，有时而竭，则泽不及人，安得为大成？今"勿幕有孚"则泽及人，而井养之功成矣。"元吉"以泽之所及言，"大成"以功之所就言。养一家者，匹夫之事，养天下者帝王之务，夫德以位而益博，功以高而益著。初且无禽，二以射鲋，可见养之功有权也，安得不求王明乎？

来瞿唐先生易注卷之十

**兑上
离下**　革 去故也

"革"者，变革也。泽在上，火在下，火燃则水涸，水决则火灭。又中少二女不相得，故其卦为变革也。《序卦》："井道不可不革，故受之以革。"所以次井。

革：己日乃孚，元亨，利贞，悔亡。

己，音纪，十干之名。

"己"者，信也。五性：仁、义、礼、智、信，惟信属土，故以"己"言之。不言戊而言己者，离兑皆阴卦，故以阴土言。且文王圆图，离兑中间乃坤土，故言己也。凡离火烧兑金断裂者，惟土可接续，故《月令》于金火之间，置一中央土，十干丙丁戊己而后庚辛，言离火烧金，必有土方可孚契之意。"日"者，离为日也。"己日乃孚"者，信我后革也。言当人心信我之时相孚契矣，然后可革也，不轻于革之意。"元亨利贞悔亡"者，言除敝去害，扫而更之，大亨之道也，然必利于正。亨以正，则革之当其可而悔亡矣。盖不信而革，必生其悔，惟亨而正，则人心信我矣，所以"己日乃孚"而后革也。

《象》曰：革，水火相息，二女同居，其志不相得，曰"革"。"己日乃孚"，革而信之。文明以说，大亨以正，革而当，其悔乃亡。天地革而四时成，汤武革命，顺乎天而应乎人。革之时大矣哉！

以卦象释卦名，以卦德释卦辞而极赞之。火燃则水干，水决则火灭，有相灭息之势。少女志在艮，中女志在坎，有"不相得"之情。水火以灭息为革，二女以不能同居，各出嫁为革，故曰"革"。"革而信之"者，言革而人相信也。东征西怨，南征北怨，革而信之之事也。离之德明，兑之德悦，明则识事理而所革不苟，悦则顺时势而所革不骤。"大亨"者，除敝兴利，一事之大亨也；伐暴救民，举世之大亨也。"以正"者，揆之天理而顺，即之人心而安也。又亨又正，则革之攸当，所以悔亡。正所谓革而信之也。阳极则阴生而革乎阳，阴极则阳生而革乎阴，故阴往阳来而为春夏，阳往阴来而为秋冬，四时成矣。"命"者，易姓受命也。王者之兴，受命于天，故曰"革命"。天命当诛，顺天也；人心共忿，应人也。天道改变，世道迁移，此革之大者。然要之同一时也。时不可革，天地圣人不能先时；时所当革，天地圣人不能后时。革之时不其大哉！故曰：礼，时为大，顺次之，体次之，宜次之，称次之。尧授舜，舜授禹，汤放桀，武王伐纣，时也。

《象》曰：泽中有火，革。君子以治历明时。

水中有火，水若盛则息火，火或盛则息水，此相革之象也。历者，经历也、次也、数也、行也、过也，盖日月五纬之躔次也，又作"历"。"时"者，四时也。"治历"以明其时。"昼夜"者，一日之革也。"晦朔"者，一月之革也。"分至"者，一年之革也。"元会运世"者，万古之革也。

初九：巩用黄牛之革。

离为牛，牛之象也。中爻乾错坤，黄之象也。巩者，固也，以皮束物也。束之以黄牛之革，则固之至矣。此爻变即遁之艮止矣。艮止故不革，所以爻辞同。本卦以离火革兑金，下三爻主革者也，故二三言革；上三爻受革者也，故四言改，五六言变。

初九当革之时，以阳刚之才，可以革矣，然居初位卑，无可革之权，上无应与，无共革之人，其不可有为也必矣。但阳性上行，火性上炎，恐其不能固守其不革之志，故圣人教占者曰：革道匪轻，不可妄动，必固之以黄牛之革而后可。所以其象如此。

《象》曰："巩用黄牛"，不可以有为也。

无位，无应之故。桓玄篡位。

六二：己日乃革之，征吉，无咎。

离为日，日之象也。阴土，己之象也。此爻变夬，情悦性健，故易于革。

六二以文明之才而柔顺中正，又上应九五之君，故人皆尊而信之，正所谓"己日乃孚，革而信之"者也，故有此象。占者以此象而往，则人皆乐于耳目之新，有更化善治之吉，而无轻变妄动之咎矣。故占者吉而无咎。

《象》曰："己日革之"，行有嘉也。

应九五故"有嘉"，即"征吉"二字也。

九三：征凶，贞厉。革言三就，有孚。

"革言"者，革之议论也。正应兑为口，言之象也。中爻乾为言，亦言之象也。"就"者，成也。"三就"者，商度其革之利害可否，至再至三，而革之议论定也。离居三，三就之象也。故同人曰"三岁不兴"，未济曰"三年有赏于大国"，既济曰"三年克之"，明夷曰"三日不食"，皆以离居其三也。若坎之"三岁不得"，困之"三岁不觌"，解之"田获三品"，皆离之错也。渐之"三岁不孕"，巽之"田获三品"，皆以中爻合离也。丰之"三岁不觌"，以上六变而为离也。周公爻辞，其精至此！

九三以刚居刚，又居离之极，盖革之躁动，而不能详审者也。占者以是而往，凶可知矣。故虽事在所当革，亦有危厉。然当革之时不容不革，故必详审其利害可否，至于"三就"，则人信而相孚，可以革矣。故教占者必如此。

《象》曰："革言三就"，又何之矣？

言议革之言至于"三就",则利害详悉可否分明,又复何之?

九四:悔亡,有孚改命,吉。

"改命"者,到此已革矣。离交于兑,改夏之命令于秋矣,所以不言革而言改命。如汤改夏之命而为商,武改商之命而为周是也。九四之位,则改命之大臣,如伊尹、太公是也。"有孚"者,上而孚于五,下而孚于民也。

九四卦已过中,已改其命矣。改命所系匪轻,恐有所悔,然时当改命,不容不改者也,有何悔焉?是以"悔亡"。惟于未改之先,所改之志,孚于上下则自获其吉矣。故教占者如此。

《象》曰:"改命"之吉,信志也。

"志"者,九四之志也。"信志"者,信九四所改之志也。上而信于君,下而信于民,必如是信,我方可改命也。信乃诚信,即爻辞"孚"字。

九五:大人虎变,未占有孚。

阳刚之才,中正之德,居尊位而为革之主,得称大人。兑错艮,艮为虎,虎之象也。兑为正西,乃仲秋,鸟兽毛毨,变之象也。乾之五则曰"龙",革之五则曰"虎"。若以理论,揖逊者见其德,故称"龙";征诛者见其威,故称"虎"。三四之"有孚"者,乃水火相交之际,教占者之有孚也;五之有孚,即汤武未革命之先,四海徯后之思,未占而知其有孚矣。

九五以阳刚中正之才德,当兑金肃杀之秋,而为顺天应人之举。九四为改命之佐,已改其命矣,是以为大人者登九五之位,而宇宙为之一新,故有"大人虎变"之象。此则不待占决,而自孚信者也。占者有是德,方应是占矣。

《象》曰:"大人虎变",其文炳也。

"文炳"以人事论,改正朔,易服色,殊徽号,变牺牲,制礼作乐,"炳"乎其有文章是也。

上六:君子豹变,小人革面,征凶,居贞吉。

杨子曰;"狸变则豹,豹变则虎。"故上六即以豹言之。革命之时,如鼓刀之叟,佐周受命,此"豹变"者也。又如萧何诸臣,或为吏胥,或贩缯屠狗,后皆开国承家,列爵分土,亦"豹变"者也。即班孟坚所谓"云起龙骧化为侯王"是矣。盖九五既"虎变"而为天子,则上六即"豹变"而为公侯,若下句"小人"则百姓矣。"革面"者,言旧日而从于君者亦革也。如民之从桀纣者,不过面从而心实不从也;故汤师征而徯后,牧野会而倒戈,则面从之伪皆革,而心真实以向汤武矣。盖以力服人者,面从者也。以德服人者,中心悦而诚服也,心从者也。"征凶"者,圣人作而万物睹,别有所往,则为梗化之民而凶矣。"居"者,征之反也。"君子豹变"者,变其旧日之冠裳也。"小人革面"者,革其旧日之诈伪也。

上六当世道革成之后，而天命维新矣，公侯则开国承家，百姓则心悦诚服，有"君子豹变，小人革面"之象。故戒占者：不守其改革之命，而别有所往，则凶，能守其改革之命，则正而吉也。

《象》曰："君子豹变"，其文蔚也。"小人革面"，顺以从君也。

"其文蔚"者，冠裳一变，人物一新也。"顺以从君"者，兑为悦，悦则顺，即中心悦而诚服也。蔚本益母草，其花对节相开，亦如公侯相对而并列，故以蔚言之。豹次于虎，兽不同也。炳从虎，蔚从草，文之大小显著不同也。

离上 巽下 鼎 取新也

"鼎"者，烹饪之器。其卦巽下离上。下阴为足，二、三、四阳为腹，五阴为耳，上阳为铉，鼎之象也。又以巽木入离火而致烹饪，鼎之用也。《序卦》："革物者莫若鼎，故受之以鼎。"所以次革。

鼎：元吉，亨。

《彖辞》明。观孔子《彖辞》"是以元亨"，则"吉"字当从《本义》作衍文。

《彖》曰：鼎，象也。以水巽火，亨饪也。圣人亨以享上帝，而大亨以养圣贤。巽而耳目聪明，柔进而上行，得中而应乎刚，是以元亨。

亨，普庚反。

以卦体释卦名，又以卦德、卦综、卦体释卦辞。"象"者，六爻，有鼎之象也。"巽"者，木也，以木入于火也。"亨"，煮也。"饪"，熟食也。亨饪有调和之义，故《论语》曰"失饪不食"。"象"者鼎之体，"亨饪"者鼎之用，所以名鼎。"圣人"者，君也。"圣贤"者，臣也。古人有圣德者皆可称圣，如《汤诰》称伊尹为"元圣"是也。"亨饪"之事，不过祭祀、宾客而已。祭祀之大者，无出于上帝；宾客之重者，无过于圣贤。享上帝贵质，故止曰"亨"；享圣贤贵丰，故曰"大亨"。所以享帝用特牲，而享圣贤有饔牲牢礼也。"巽而耳目聪明"者，内而此心巽顺，外而耳目聪明也。离为目，五为鼎耳，故曰"耳目"，皆以离明之德，故曰"聪明"。"柔进而上行"者，鼎综革，二卦同体，文王综为一卦，故《杂卦》曰："革，去故也；鼎，取新也。"言革下卦之离，进而为鼎之上卦也，进而上行居五之中，应乎二之刚也。若以人事论，内巽外聪有其德，进而上行有其位，应乎刚有其辅，是以"元亨"。

《象》曰：木上有火，鼎。君子以正位凝命。

正对偏倚言，凝对散漫言。"正位"者，端庄安正之谓，即斋明盛服，非礼不动也。"凝"者，成也，坚也。"命"者，天之命也。"凝命"者，天命凝成坚固，国家安于磐石，所谓协乎上下以承天体也。"鼎"譬之位，"命"譬之实。鼎之器正，然后可凝其所受之实。君之位正，然后可凝其所受之命。鼎综革，故革亦言"命"。孔子因大禹铸九鼎象物，成王定鼎于郏鄏，卜世三十，卜年七百，所以说到"正位凝命"上去。周烈王二十三年九鼎震，此不能正位凝命之兆也。其后秦遂灭周，取九鼎。则鼎所系匪轻矣，故以鼎为宗庙之宝器。及天宝五年，宰臣李适之常列鼎俎具膳羞，方夜鼎跃相斗不解，鼎耳及足皆折，岂以明皇不能正位凝命，而有幸蜀之祸与？

初六：鼎颠趾，利出否。得妾以其子，无咎。

巽错震，震为足，"趾"之象也。巽为长女，位卑居下，妾之象也。震为长子，子之象也。鼎为宝器，主器者莫若长子，则子之意亦由鼎而来也。"颠趾"者，颠倒其趾也。凡洗鼎而出水，必颠倒其鼎，以鼎足反加于上，故曰"颠趾"。"否"者，鼎中之污秽也。"利出否"者，顺利其出否也，故孔子曰"鼎取新也"。"得"者，获也。"得妾"者，买妾而获之也。"以"者，因也，因其子而买妾也。言洗鼎之时，趾乃在下之物，不当加于其上，今颠于上，若悖上下之序矣。然"颠趾"者非得已也，以其顺利于出否也。亦犹妻得妾，非得已也，以其欲生子而不得不买妾也。"得妾以其子"，又"颠趾"、"出否"之象也。

初六居下，尚未烹饪，正洗鼎之时，颠趾以出否，故有"得妾以其子"之象。占者得此，凡事迹虽若悖其上下尊卑之序，于义则无咎也。

《象》曰："鼎颠趾"，未悖也。"利出否"，以从贵也。

"未悖"者，未悖于理也。言以"颠趾"于鼎之上，虽若颠倒其上下之序，然洗鼎当如此，未为悖理也。贵对贱言。鼎中之否则贱物也。以从贵言，欲将珍羞贵重之物，相从以实于鼎中，不得不出其否贱以濯洁也。正位君子当先洗心。

九二：鼎有实，我仇有疾，不我能即，吉。

"鼎有实"者，既洗鼎矣，乃实物于其中也。阳实阴虚，故言实。"仇"者，匹也，对也，指初也。"疾"者，阴柔之疾也。"即"者，就也。言初虽有疾，九二则刚中自守，不能使我与之即就也。此九二之能事，非戒辞也。

九二以刚居中，能守其刚中之实德，虽比于初，而不轻于所与，有鼎有美实，我仇有疾，不我能即，而浼我实德之象。占者如此，则刚中之德不亏，其吉可知矣。

《象》曰："鼎有实"，慎所之也。"我仇有疾"，终无尤也。

"慎所之"者，慎所往也。此一句亦言九二之能事，非戒辞也。言九二有阳刚之实德，自能慎于所往，择善而交，不失身于阴党也。"终无尤"者，言我仇虽有疾，然慎于所往，不我能即，而不失身于彼，有何过尤哉！

九三：鼎耳革，其行塞，雉膏不食。方雨亏悔，终吉。

三变坎，中爻离坎为耳，"耳"之象也。"革"者，变也。坎为耳痛，"耳革"之象也。三未变，错震足为行，三变则成坎陷，不能行矣，"行塞"之象也。"其行塞"者，不能行也。离为雉，"雉"之象也。坎为膏，"膏"之象也。中爻兑，三变则不成兑口，"不食"之象也。三变则内坎水，外亦坎水，"方雨"之象也。鼎之所赖以举行者，"耳"也。三居木之极，上应火之极，木火既极，则鼎中腾沸，并耳亦炽热，革变而不可举移矣，故"其行塞"也。"雨"者，水也。"亏"者，损也。"悔"者，鼎不可举移，而"雉膏"之美味不得其食，不免至于悔也。"方雨亏悔"者，言耳革不食，惟救之以水耳。"方雨"，则能亏损其腾沸炽热之势，而"悔"者不至于悔矣。"终吉"者，鼎可移，美味可食。

九三以阳刚居鼎腹之中，本有美实之德，但应与木火之极，烹饪太过，故有"耳革行塞，雉膏不食"之象。然阳刚得正，故又有"方雨亏悔"之象。占者如是，始虽若不利，终则吉也。

《象》曰："鼎耳革"，失其义也。

"义"者，宜也。鼎烹饪之木火不可过，不可不及，方得烹任之宜。今木火太过，则失烹饪之宜矣。所以"耳革"也。

九四：鼎折足，覆公餗，其形渥，凶。

四变中爻为震，"足"之象也。中爻兑为毁折，"折"之象也。鼎实近鼎耳，实已满矣，今震动，"覆"之象也。"餗"者，美糁也。八珍之膳，鼎之实也。鼎以享帝养贤，非自私也，故曰公餗。"渥"者，沾濡也。言覆其鼎，而鼎上皆沾濡其美糁也。以人事论，项羽之入咸阳，安禄山陷长安，宗庙烧焚，宝器披离，不复见昔日彼都人士之盛，"其形渥"之象也。不可依晁氏"其刑剭"。"凶"者，败国杀身也。若不以象论，以二体论，离巽二卦成鼎，下体巽有足而无耳，故曰"耳革"；上体离有耳而无足，故曰"折足"。

九四居大臣之位，任天下之重者也。但我本不中不正，而又下应初六之阴柔，则委任亦非其人，不能胜大臣之任矣，卒至倾覆国家，故有此象。占者得此，败国杀身，凶可知矣。

《象》曰："覆公餗"，信如何也？

二不我即，且慎所之，故善。
信者，信任也。言以餗委托信任于人，今将餗覆之，则所信任之人为如何也？
房琯之刘秩，宗元之叔文，安石之惠卿。

六五：鼎黄耳金铉，利贞。

五为鼎耳。黄，中色。五居中，"黄耳"之象也。此爻变乾金，"金铉"之象也。以此爻未变而言则曰"黄"，以此爻既变而言则曰"金"。在鼎之上，受铉以举鼎者，"耳"也；在鼎之外，贯耳以举鼎者，"铉"也。盖铉为鼎之系，系于其耳，二物不相离，故并言之。

六五有虚中之德，上比上九，下应九二，皆具刚明，故有"黄耳金铉"之象。鼎既"黄耳金铉"，则中之为实者，必美味矣。而占者，则利于贞固也。因阴柔，故戒以此。

《象》曰："鼎黄耳"，中以为实也。

黄，中色。言中乃其实德也，故云"黄耳"。

上九：鼎玉铉，大吉，无不利。

上九居鼎之极，铉在鼎上，铉之象也。此爻变震，震为玉，"玉铉"之象也。玉岂可为铉？有此象也，亦如"金车"之意。鼎之为器，承鼎在足，实鼎在腹，行鼎在耳，举鼎在铉，鼎至于铉，厥功成矣。功成可以养人，亦犹井之元吉大成也，故"大吉无不利"。

上九以阳居阴，刚而能柔，故有温润玉铉之象。占者得此，凡事大吉，而又行无不利也。占者有玉铉之德，斯应是占矣。

《象》曰："玉铉在上"，刚柔节也。

"刚柔节"者，言以阳居阴，刚而能节之以柔，亦如玉之温润矣，所以为"玉铉"也。

䷲ 震上 震下　震起也

"震"者，动也。一阳始生于二阴之下，震而动也。其象为雷，其属为长子。《序卦》："主器者莫若长子，故受之以震。"所以次鼎。

震：亨。震来虩虩，笑言哑哑。震惊百里，不丧匕鬯。

虩，音隙。哑，音厄。匕，音妣。

"虩虩"，恐惧也。"虩"本壁虎之名，以其常周环于壁间，不自安宁而惊顾，此用"虩"字之意。震艮二卦同体，文王综为一卦，所以《杂卦》曰："震，起也；艮，止也。"因综艮，艮为虎，故取虎象，非无因而言虎也。"哑哑"，笑声，震大象兑，又中爻错兑，皆有喜悦言语之象，故曰"笑言"。"匕"，匙也，以棘为之，长三尺。未祭祀之先，烹牢于镬，实诸鼎而加幂焉。将荐，乃举幂，以匕出之，升于俎上。"鬯"，以秬黍酒和郁金，以灌地降神者也。人君于祭之礼，亲匕牲荐鬯而已，其余不亲为也。"震来虩虩"者，震也；"笑言哑哑"者，震而亨也。此一句言常理也。"震惊百里不丧匕鬯"，处大变而不失其常，此专以雷与长子言之，所以实上一句意也。一阳在坤土之中，君主百里之象。中爻艮手执之，不丧之象。中爻坎，酒之象。

言震自有亨道，何也？盖《易》之为理，"危者使平，易者使倾"，人能于平时安不忘危，此心常如祸患之来，虩虩然恐惧，而无慢易之心，则日用之间，举动自有法则，而一笑一言皆"哑哑"而自如矣。虽或有非常之变，出于倏忽之顷，犹雷之"震惊百里"，然此心有主，意气安闲，雷之威震虽大而远，而主祭者自"不丧匕鬯"也。此可见震自有亨道也。"不丧匕鬯"，乃象也，非真有是事也。言能"恐惧"则"致福"，而不失其所主之重矣。

《象》曰：震，亨。"震来虩虩"，恐致福也。"笑言哑哑"，后有则也。"震惊百里"，惊远而惧迩也。出可以守宗庙社稷，以为祭主也。

《易举正》"出可以守"句，上有"不丧匕鬯"四字，程子亦云，今从之。"恐"者，恐惧也。"致福"者，生全出于忧患，自足以致福也。"后"者，恐惧之后也，非震惊之后也。"则"者，法则也。不违礼不越分，即此身日用之常度也。人能恐惧，则操心危而虑患深，自不违礼越分，失日用之常度矣。即俗言惧怯，朝朝乐也，所以安乐自如，"笑言哑哑"也。"惊"者，卒然过之而动乎外；"惧"者，惕然畏之而变其中。惊者不止于惧，惧者不止于惊。远者外卦，迩者内卦，内外皆震，"远迩惊惧"之象也。"出"者，长子已继世而出也。"可以"者，许之之辞也。言祸患之来，出于仓卒之间，如雷之震，远迩惊惧，当此之时乃能处之从容，应之暇豫，"不丧匕鬯"，则是不惧由于能惧。虽甚有可惊惧者，亦不能动吾之念也，岂不可以负荷天下之重器乎？故以守宗庙，能为宗庙之祭主；以守社稷，能为社稷之祭主矣。

《象》曰：洊雷，震。君子以恐惧修省。

"洊"者，再也。上震下震，故曰"洊"。"修"，理其身使事事合天理；"省"，察其过使事事遏人欲。惟此心恐惧，所以"修省"也。"恐惧"者作于其心，"修省"者见于行事。

初九：震来虩虩，后笑言哑哑，吉。

其笑言哑哑者，非一概笑言也。有震言虩虩存于先，而笑言哑哑在其后也。
将卦辞加一"后"字，辞益明白矣。初九、九四，阳也，乃震之所以为震者，"震动"之震也。二、三、五、上，阴也，乃为阳所震者，"震惧"之震也。初乃成卦之主，处震之初，故其占如此。

《象》曰："震来虩虩"，恐致福也。"笑言哑哑"，后有则也。

解见前。恐以致福，而后又则理必不可易，则言必不可易，分观其象，而玩其辞，则知爻辞之量。哑哑与后者，仍是恐致福后有则之理，亦仍是恐致福后有则之言，无容更易一辞矣。

六二：震来厉，亿丧贝。跻于九陵，勿逐，七日得。

"震来厉"者，乘初九之刚，当震动之时，故震之来者猛厉也。"亿"者，大也。"亿丧贝"，大丧其贝也。十万曰亿，岂不为"大"？六五《小象》曰"大无丧"可知矣。"贝"者，海中之介虫也。二变则中爻离为蟹为蚌，"贝"之象也。震为足，"跻"之象也。中爻艮，为山，陵之象也。陵乘九刚，"九陵"之象也。又艮居七，"七"之象也。离为日，"日"之象也。若以理数论，阴阳各极于六，七则变而反其初矣。故《易》中皆言"七日得"。"跻"者，升也。言震来猛厉，大丧此货贝，六二乃不顾其贝，飘然而去，避于九陵，无心以逐之，不期七日自获此贝也。其始也堕甑弗顾，其终也去珠复还，太王之避狄，亦此意也。

六二当震动之时，乘初九之刚，故有此"丧贝"之象。然居中得正，此"无妄之灾"耳，故又有"得贝"之象。占得此，凡事若以柔顺中正自守，始虽中免丧失，终则不求而自获也。

《象》曰："震来厉"，乘刚也。

当震动之时，乘九之刚，所以猛厉不可御。

六三：震苏苏，震行无眚。

"苏"即稣，死而复生也。《书》曰"后来其苏"是也，言后来我复生也。阴为阳所震动，三去初虽远，而比四则近，故下初之震动将尽，而上四之震动复生，上苏下苏，故曰"苏苏"。中爻坎，坎多眚。三变阴为阳，阳得其正矣，位当矣，且不成坎体，故"无眚"。"行"者，改徙之意，即阴变阳也。震性奋发有为，故教之以迁善改过也。

六三不中不正，居二震之间，下震将尽而上震继之，故有"苏苏"之象。"所以然"者，以震本能行，而不行耳。若能奋发有为，恐惧修省，去其不中不正，以就其中正，则自"笑言哑哑"而"无眚"矣。故教占者如此。

《象》曰："震苏苏"，位不当也。

不中不正，故"不当"。

九四：震遂泥。

"遂"者，无反之意。"泥"者，沉溺于险陷而不能奋发也。上下坤土，得坎水，"泥"之象也。坎有泥象，故需卦、井卦皆言"泥"，睽卦错坎则曰"负涂"。晋元帝困于五胡而大业未复，宋高宗不能恢复旧基，皆其"泥"者也。

九四以刚居柔，不中不正，陷于二阴之间，处震惧则莫能守，欲震动则莫能奋，是既无能为之才，而又溺于宴安之私者也。故"遂泥"焉而不复反，即象而占可知矣。

《象》曰："震遂泥"，未光也。

"未光"者，陷于二阴之间，所为者皆邪僻之私，无复正大光明之事矣，所以"遂泥"也。与夬卦、萃卦"未光"皆同。

六五：震往来厉，亿无丧，有事。

初始震为"往"，四洊震为"来"。五乃君位，为震之主，故"往来"皆厉也。"亿无丧"者，大无丧也。天命未去，人心未离，国势未至瓦解也。"有事"者，犹可补偏救弊以有为也。六五处震，亦犹二之乘刚，所以爻辞同"亿"字"丧"字。

六五以柔弱之才居人君之位，当国家震动之时，故有"往来危厉"之象。然以其得中，才虽不足以济变，而中德犹可以自守，故"大无丧"，而犹能有事也。占者不失其中，则虽危无丧矣。

《象》曰："震往来厉"，危行也。其事在中，大无丧也。

"危行"者，往行危，来行危，一往一来皆危也。其事在中者，言所行虽危厉，而犹能以有事者，以其有中德也。有是中德而能有事，故"大无丧"。

上六：震索索，视矍矍，征凶。震不于其躬，于其邻，无咎。婚媾有言。

矍，俱缚反。

此爻变离，离为目，"视"之象也。又离火遇震动，言之象也。故明夷之"主人有言"，中孚之"泣歌"，皆离火震动也。凡震遇坎水者皆言"婚媾"。屯，震坎也；贲中爻，震坎也；睽上九变，震中爻坎也。此卦中爻坎也。"索"者，求取也。言如有所求取，不自安宁也。"矍"者，瞻视彷徨也。六三"苏苏"，上六"索索"、"矍矍"，三内震之极，上外震之极，故皆重一字也。震不于其躬，于其邻者，谋之辞也。言祸患之来，尚未及于其身，方及其邻之时，即早见预待，天未阴雨而绸缪牖户也。孔斌曰："燕雀处堂，子母相哺。灶突炎上，栋宇相焚。"言魏不知邻祸之将及也。此"邻"之义也。"婚媾"言亲近也，犹言夫妻也。亲近者不免于有言，则疏远者可知矣。

上六，以阴柔居震极，中心危惧不能自安，故有"索索"、"矍矍"之象。以是而往，方寸乱矣，岂能济变？故占者征则凶也。然所以致此者，以其不能图之于早耳。苟能于震未及其身之时"恐惧修省"，则可以免"索索"、"矍矍"之咎。然以阴柔处震极，亦不免"婚媾"之"有言"，终不能"笑言哑哑"，安于无事之天矣。防之早者且有言，况不能防者乎？"婚媾有言"，又占中之象也。

筑薛之恐震也，居邻侵之疾也，一未然一已然。

《象》曰："震索索"，中未得也。虽凶无咎，畏邻戒也。

"中"者，中心也。"未得"者，方寸乱而不能"笑言哑哑"也。"畏邻戒"者，畏祸已及于邻，而先自备戒也。"畏邻戒"方得无咎，若不能备戒，岂得无咎哉！

䷳ 艮上 艮下　艮止也

"艮"者，止也。一阳止于二阴之上，阳自下升，极上而止，此止之义也。又其象为山下坤上，乃山之质一阳覆冒于其上，重浊者在下，轻清者在上，亦止之象也。《序卦》："震者，动也。物不可以终动，止之，故受之以艮。艮者，止也。"所以次震。

艮：其背，不获其身。行其庭，不见其人，无咎。

此卦辞以卦综言，如井卦"改邑不改井"，蹇卦"利西南"之类。本卦综震，四为人之身，故周公爻辞以四为身。三画之卦二为人位，故曰"人"。庭则前庭五也。艮为门阙，故门之内中间为"庭"。震行也，向上而行，面向上，其背在下，故以阳之画初与四为"背"。艮止也，向下而立，面向下，其背在上，故以阳之画三与上为"背"。上二句以下卦言，下二句以上卦言。言止其背则身在背后，不见其四之身，"行其庭"则背在人前，不见其二之人，所以一止之间既不见其己，又不见其人也。辞本玄妙，令人难晓，孔子知文王以卦综成卦辞，所以《彖辞》说一"行"字，说一"动"字，重一"时"字。

《彖》曰：艮，止也。时止则止，时行则行，动静不失其时，其道光明。艮其止，止其所也。上下敌应，不相与也。是以不获其身。"行其庭，不见其人"，无咎也。

以卦德、卦综、卦体释卦名、卦辞。言所谓艮者，以其止也。然天下之理无穷，而夫人之事万变，如惟其止而已，岂足以尽其事理哉！亦观其时何如耳。盖理当其可之谓时，时当乎艮之止则止，时当乎震之行则行，行止之动静皆不失其时，则无适而非天理之公，其道如日月之光明矣，岂止无咎而已哉！然艮之所以名止者，亦非固执而不变迁也，乃"止其所"也。惟止其所当然之理，所以时止则止也。卦辞又曰"不获其身不见其人"者，盖人相与乎我，则我即得见其人，我相与乎人，则人即能获其我。今初之于四，二之于五，三之于上，阴自为阴，阳自为阳，不相与应，是以人不获乎我之身，而我亦不见其人，仅得"无咎"而已。若"时止"、"时行"，岂止"无咎"哉！八纯卦皆不相应与，独于艮言者，艮性止，止则固执不迁，所以不光明，而仅得"无咎"。文王《卦辞》专以象言，孔子《彖辞》专以理言。

《象》曰：兼山，艮。君子以思，不出其位。

"兼山"者，内一山外一山，两重山也。天下之理，即位而存，父有父之位，子有子之位，君臣夫妇亦然。富贵有富贵之位，贫贱有贫贱之位，患难夷狄亦然。有本然之位，即有当然之理，"思不出其位"者，正所以止乎其理也。出其位则越其理矣。

初六：艮其趾，无咎，利永贞。

艮综震，震为足，趾之象也。初在下，亦趾之象也。咸卦亦以人身以渐而上。

初六阴柔，无可为之才，能止者也。又居初，卑下不得不止者也。以是而止，故有"艮趾"之象。占者如是，则不轻举冒进，可以无咎而正矣，然又恐其正者不能永也，故又教占者以此。

《象》曰："艮其趾"，未失正也。

理之所当止者曰"正"，即爻辞之"贞"也。《爻辞》曰"利永贞"，《象辞》曰"未失正"，见初之止，理所当止也。

六二：艮其腓，不拯其随，其心不快。

"腓"者，足肚也，亦初震足之象。"拯"者，救也。"随"者，从也。二比三，从三者也。"不拯其随"者，不求拯于所随之三也。凡阴柔资于阳刚者皆曰"拯"，涣卦初六"用拯马壮"是也。二中正，八卦正位艮在三，两爻俱善，但当艮止之时，二艮止不求救于三，三艮止不退听于二，所以二心不快。中爻坎为加忧，为心病，"不快"之象也。

六二居中得正，比于其三，止于其腓矣。以阴柔之质，求三阳刚以助之可也，但艮性止不求拯于随，则其中正之德无所施用矣，所以此心常不快也。故其占中之象如此。

《象》曰："不拯其随"，未退听也。

二下而三上，故曰"退"。周公不快，主坎之心病而言。孔子未听，主坎之耳痛而言。

九三：艮其限，列其夤，厉薰心。

"限"者，界限也。上身与下身相界限，即腰也。"夤"者，连也，腰之连属不绝者也。腰之在身，正屈伸之际，当动不当止。若"艮其限"，则上自上，下自下，不相连属矣。"列"者，列绝而上下不相连属，判然其两段也。"薰"与"熏"同，火烟上也。"薰心"者，心不安也。中爻坎为心病，所以六二"不快"，九三"薰心"。坎错离，火烟之象也。

止之为道，惟其理之所在而已。九三位在腓之上，当限之处，正变动屈伸之际，不当艮者也。不当艮而艮，则不得屈伸，而上下判隔，列绝其相连矣。故危厉而心常不安。占者之象如此。

《象》曰："艮其限"，危薰心也。

不当止而止，则执一不能变通。外既龃龉，心必不安，所以"危厉"而"薰心"也。

六四：艮其身，无咎。

"艮其身"者，安静韬晦，乡邻有斗而闭户，"括囊无咎"之类是也。六四以阴居阴，纯乎阴者也，故有"艮其身"之象。既"艮其身"，则无所作为矣。占者如是，故"无咎"。

《象》曰："艮其身"，止诸躬也。

躬即身也。不能治人，不能成物，惟止诸躬而已。故《爻》曰"艮其身"，《象》曰"止诸躬"。

六五：艮其辅，言有序，悔亡。

"序"者，伦序也。辅见咸卦注。艮错兑，兑为口舌，"辅"之象也，言之象也。"艮其辅"者，言不妄发也。"言有序"者，发必当理也。"悔"者，易则诞，烦则支，肆则忤，悖则违，皆悔也。咸卦多象人面，艮卦多象人背者，以文王《卦辞》"艮其背"故也。

六五当辅出言之处，以阴居阳，未免有失言之悔。然以其得中，故又有"艮其辅言有序"之象，而其占则"悔亡"也。

《象》曰："艮其辅"，以中正也。

"正"当作止，与"止诸躬"止字同。以中而止，所以"悔亡"。

上九：敦艮，吉。

"敦"与笃行之"笃"字同意。时止则止，贞固不变也。山有敦厚之象，故"敦临"、"敦复"皆以土取象。

上九以阳刚居艮极，自始至终，一止于贞，而不变敦厚于止者也，故有此象。占者如是，则其道光明，何吉如之！

《象》曰："敦艮"之吉，以厚终也。

"厚终"者，敦笃于终而不变也。贲、大畜、蛊、颐、损、蒙六卦，上九皆"吉"者，皆有"厚终"之意。

来瞿唐先生易注卷之十一

☴ 巽上
☶ 艮下 渐 女归，待男行也

"渐"者，渐进也。为卦艮下巽上，有不遽进之义，渐之义也。木在山上，以渐而高，渐之象也。《序卦》："艮者，止也。物不可以终止，故受之以渐。"所以次艮。

渐：女归吉，利贞。

妇人谓嫁曰"归"。天下之事惟"女归"为有渐。纳采、问名、纳吉、纳征、请期、亲迎，六礼备而后成婚，是以渐者莫如"女归"也。本卦不遽进，有"女归"之象，因主于进，故又戒以"利贞"。

《彖》曰：渐之进也，"女归吉"也。进得位，往有功也。进以正，可以正邦也。其位刚，得中也。止而巽，动不穷也。

释卦名，又以卦综、卦德释卦辞。"之"字作"渐"字。"女归吉"者，言必如女归而后渐方善也。能如女归则进必以礼，不苟于相从，得以遂其进之之志而吉矣。"进得位"者，本卦综归妹，二卦同体，文王综为一卦，故《杂卦》曰："渐，女归待男行也，归妹，女之终也。"言归妹下卦之兑，进而为渐上卦之巽，得九五之位也。然不惟得位，又正之中也。"正邦"者，成刑于之化也，即"往有功"也，此以卦综言也。"进不穷"者，盖进之之心愈急，则进之之机益阻。今卦德内而艮止，则未进之先，廉静无求，外而巽顺，则将进之间相时而动，此所以进不穷也。有此卦综、卦德，"吉"而"利贞"者以此。

《象》曰：山上有木，渐，君子以居贤德善俗。

习俗移人，贤者不免，故性相近而习相远也。君子法渐进之象，择居处于贤德善俗之地，则耳濡目染，以渐而自成其有道之士矣，即《孟子》"引而置之庄岳之间"之意。

初六：鸿渐于干，小子厉，有言，无咎。

"鸿"，雁之大者。鸿本水鸟。中爻离坎，离为飞鸟，居水之上，鸿之象也。且其为物，木落南翔，冰泮北归，其至有时，其群有序，不失其时与序，于渐之义为切。昏礼用鸿，取不再偶，于"女归"之义为切。所以六爻皆取"鸿"象也。"小子"者，艮为少男，小子之象也。内卦错兑，外卦综兑，兑为口舌，"有言"之象也。"干"，水旁也，江干也。中爻坎，水流于山，故有"干"象。"厉"者，危厉也，以在我而言也。"言"者，谤言也，以在人而言也。"无咎"者，在渐之时，非躐等以强进，于义则无咎。

初六阴柔，当渐之时，渐进于下，有"鸿渐于干"之象。然少年新进，上无应与，在我不免有小子之厉，在人不免有言语之伤，故其占如此，而其义则"无咎"也。

《象》曰："小子"之厉，义无咎也。

"小子之厉"，似有咎矣，然时当进之时，以渐而进，办理之所宜。以义揆之，终无咎也。

六二：鸿渐于磐，饮食衎衎，吉。

衎，苦旦反。

"磐"，大石也。艮为石，磐之象也。自"干"而"磐"，则远于水而渐进矣。中爻为坎，饮食之象也。故困卦九二言"酒食"，需卦九五言"酒食"，未济上九言"酒食"，坎卦六四言"樽酒"。"衎"，和乐也。巽综兑悦，乐之象，言"鸿渐于磐"而饮食自适也。"吉"即《小象》"不素饱"之意。

六二柔顺中正而进以其渐，又上有九五中正之应，故其象如此，而其占则吉也。

《象》曰："饮食衎衎"，不素饱也。

"素饱"即"素餐"也。言为人之臣，食人之食，事人之事，义所当得，非徒饮食而已也。盖其德中正，其进渐次，又应九五中正之君，非"素饱"也，宜矣。

九三：鸿渐于陆。夫征不复，妇孕不育，凶。利御寇。

地之高平曰"陆"。此爻坤陆之象也。"夫"指三。艮为少男，又阳爻，故谓之"夫"。"妇"指四。巽为长女，又阴爻，故谓之"妇"。本卦女归，故以"夫妇"言之。"征"者，往也。"不复"者，不反也。本卦以渐进为义，三比上四，渐进于上，溺而不知其返也。"妇孕"者，此爻合坎，坎中满，孕之象也。"孕不育"者，孕而不敢使人知其育，如孕而不育也。盖四性主人，无应而奔于三。三阳性上行，又当进时，故有此丑也。若以变爻论，三变则阳死成坤，离绝夫位，故有"夫征不复"之象。既成坤，则并坎中之满通不见矣，故有"妇孕不育"之象。坎为盗，离为戈兵，故有寇象。变坤，故《小象》曰"顺相保"。

九三过刚，当渐之时，故有自"磐"而进于"陆"之象。然上无应与，乃比于亲近之四，附丽其丑，而失其道矣，非渐之贞者也。故在占者则有"夫征不复，妇孕不育"之象，凶可知矣。惟御寇之道在于人和，今变坎成坤，则同心协力顺以相保，故"利"也。若以之渐进，是枉道从人，夫岂可哉？

《象》曰："夫征不复"，离群丑也。"妇孕不育"，失其道也。"利用御寇"，顺相保也。

离，力智切。

"离"，附著也。扬子云《解嘲》云"丁傅董贤用事，诸附离之者起家至二千石"，《庄子》"附离不以胶漆"，皆此离也。"群丑"者，上下二阴也。"夫征不复"者，以附离群阴，溺而不反也。"失其道"者，淫奔失妇之正道也。"顺相保"者，御寇之道在于行险而顺，今变坎成坤，则行险而顺矣，所以能相保御也。雁群不乱飞，则列阵相保。三爻变坤有雁阵象，故曰"顺相保"。

六四：鸿渐于木，或得其桷，无咎。

桷，吉岳切，音觉。

巽为木，"木"之象也。下三爻一画横于上，"桷"之象也。"桷"者，椽也，所以乘瓦。巽为绳直，故有此象。又坎为宫，四居坎上，亦有桷象。凡木之枝柯，未必横而宽平如桷，鸿趾连而且长，不能握枝，故不栖木。若木之枝如桷，则横平，而栖之可以安矣。"或得"者，偶然之辞，未必可得者也。巽为不果，"或得"之象。"无咎"者，得渐进也。

六四以柔弱之资，似不可以渐进矣。然巽顺得正，有"鸿渐于木或得其桷"之象，占者如是则"无咎"也。

《象》曰："或得其桷"，顺以巽也。

变乾错坤为顺，未变巽。巽正位在四，故曰"顺巽"。

九五：鸿渐于陵。妇三岁不孕，终莫之胜，吉。

"高阜"曰陵。此爻变艮为山，"陵"之象也。妇指二。中爻为离中虚，空腹，"不孕"之象也。离居三，"三岁"之象也。"三岁不孕"者，言妇不遇乎夫，而"三岁不孕"也。二、四为坎，坎中满，故曰"孕"。三五中虚，故曰"不孕"。爻辞取象，精之极矣。凡正应为君子，相比为小人。二比三，三比四，四比五，皆阴阳相比，故此爻以"三岁不孕终莫之胜吉"言。"终莫之胜"者，相比之小人，终不得以间之，而五与二合也。

九五阳刚当尊，正应乎二，可以渐进相合，得遂所愿矣。但为中爻相比所隔，然终不能夺其正也，故其象如此。占者必有所迟阻而后吉也。

《象》曰："终莫之胜，吉"，得所愿也。

"愿"者，正应相合之愿也。

上九：鸿渐于陆，其羽可用为仪，吉。

陆为巅平洁处。

"陆"即三爻之陆。中爻水在山上，故曰干而陆；此爻变坎，又水在山上，故又有"鸿渐于陆"之象。巽性伏，又进退不果，故又退"渐于陆"也。盖三乃上之正应，虽非阴阳相合，然皆刚明君子，故知进而又知退焉。"仪"者，仪则也。知进知退，惟圣人能之。今上能退于三，即蛊之"志可则"，盖百世之师也，故"其羽可以为仪"。曰"羽"者，就其鸿而言之。曰"羽可仪"，犹言人之言行可法则也。升卦与渐卦同是上进之卦，观升卦，上六曰"利不息之贞"，则此爻可知矣。胡安定公，以陆作逵者非。盖《易》到六爻极处即反，"亢龙有悔"之类是也。

上九木在山上，渐长至高，可谓渐时之极矣。但巽性不果，进而复退于陆焉。此则知进知退，可以起顽立懦者也，故有"鸿渐于陆其羽可用为仪"之象。占者有是德，即有是吉矣。

作逵亦有是理。

《象》曰："其羽可用为仪，吉"，不可乱也。

"不可乱"者，鸿飞于云汉之间，列阵有序，与凡鸟不同，所以可用为仪。若以人事论，不可乱者，富贵利达不足以乱其心也。若富贵利达乱其心，惟知其进不知其退，惟知其高不知其下，安得"可用为仪"？今知进又知退，知高又知下，所以可以为人之仪则。

归妹女之终也

妇人谓嫁曰"归"。女之长者曰"姊"，少者曰"妹"。因兑为少女，故曰"妹"。为卦兑下震上，以少女从长男，其情又以悦而动，皆非正也，故曰"归妹"。《序卦》："渐者，进也。进必有所归，故受之以归妹。"渐有归义，所以次渐。

归妹：征凶，无攸利。

《彖辞》明。渐曰"女归"，自彼归我也，娶妇之家也。此曰"归妹"，自我归彼也，嫁女之象也。

《彖》曰：归妹，天地之大义也。天地不交，而万物不兴。归妹，人之终始也。说以动，所归妹也。征凶，位不当也。无攸利，柔乘刚也。

释卦名，复以卦德释之，又以卦体释卦辞。言所谓"归妹"者，本"天地之大义"也。盖物无独生独成之理，故男有室，女有家，本天地之常经，是乃其大义也。何也？盖男女不交则万物不生，而人道灭息矣。是归妹者，虽女道之终，而生育之事于此造端，实人道之始，所以为"天地之大义"也。然归妹虽天地之正理，但"说而动"，则女先乎男，所归在妹，乃妹之自为，非正理而实私情矣，所以名"归妹"。"位不当"者，二四阴位而居阳，三五阳位而居阴，自二至五皆不当也。"柔乘刚"者，三乘二之刚、五乘四之刚也，有夫屈乎妇、妇制其夫之象。"位不当"则紊男女内外之正，"柔乘刚"则悖夫妇唱随之理，所以"征凶无攸利"。

《象》曰：泽上有雷，归妹。君子以永终知敝。

"永"对暂言，"终"对始言。"永终"者，久后之意。兑为毁折，有"敝"象；中爻坎为通，离为明，有"知"象，故知其敝。天下之事，凡以仁义道德相交洽者，则久久愈善，如刘孝标所谓风雨急而不辍其音，霜雪零而不渝其色，此"永终无敝"者也。故以势合者，势尽则情疏，以色合者，色衰则爱弛。诡垣复关之望，虽言笑于其初，而桑落黄陨之嗟，终痛悼于其后。至于立身一败，万事瓦裂，其敝至此。

雷震泽上，水气随之而升。女子从人之象也，故君子观其合之不正，而动于一时情欲之私，知其终之有敝，而必至失身败德，相为睽乖矣。此所以欲善其终，必慎其始。

初九：归妹以娣，跛能履，征吉。

娣戴礼切，妇之妹相从者。

《曲礼》："世妇姪娣。"谓以妻之妹，从妻来者为娣，盖从嫁以适人者也。兑为妾，"娣"之象。初在下，亦"娣"之象。兑为毁折，有"跛"之象。震为足，足居初，中爻离为目，目与足皆毁折，所以初爻言足之"跛"，而二爻言目之"眇"也。若以变坎论，坎为曳，亦"跛"之象也。"跛"者，行之不以正，侧行者也。嫡正行而娣，侧行也，故以"跛"象之。

初九居下，当归妹之时，而无正应，不过娣妾之贱而已，故为娣象。然阳刚在女子为贤正之德，但为娣之贱，则闺阃之事不得以专成。今兑悦居下，有顺从之义，故亦能维持调护承助其正室，但不能专成，亦犹跛者侧行而不能正行也。占者以是而往，虽其势分之贱不能大成其内助之功，而为媵妾职分之当然则已尽之矣。吉之道也，故"征吉"。

《象》曰："归妹以娣"，以恒也。"跛能履吉"，相承也。

"恒"，常也，天地之常道也。有嫡有妾者，人道之常。初在下位无正应，分当宜于娣矣，是乃常道也，故曰"以恒"也。"恒"字，义又见九二《小象》。"相承"者，能承助乎正室也。以其有贤正之德，所以能相承，故曰"相承"也。以恒，以分言；相承，以德言。

九二：眇能视，利幽人之贞。

"眇"者，偏盲也，解见初九。兑综巽，巽为白眼，亦有眇象。中爻离目，视之象。"幽人之贞"者，幽人，遭时不偶、抱道自守者也。幽人无贤君，正犹九二无贤妇。众爻言"归妹"，而此爻不言者，居兑之中，乃妹之身，是正嫡而非娣也。"幽人"一句详见前履卦，又占中之象也。

九二阳刚得中，优于初之居下矣。又有正应，优于初之无应矣。但所应者阴柔不正，是乃贤女而所配不良，不能大成内助之功，故有眇者能视，而不能远视之象。然所配不良，岂可因其不良，而改其刚中之德哉！故占者"利"，如"幽人之贞"可也。

《象》曰："利幽人之贞"，未变常也。

一与之齐，终身不改，此妇道之常也。今能守幽人之贞，则未变其常矣。故教占者如幽人之贞则利也。初爻、二爻、《小象》，孔子皆以"恒常"二字释之，何也？盖兑为常，则"恒常"二字乃兑之情性，故释之以此。

六三：归妹以须，反归以娣。

须字新奇。

"须"，贱妾之称。《天文志》："须女四星，贱妾之称。"故古人以婢仆为余须。反者，颠倒之意。震为反生，故曰"反"。

六三居下卦之上，本非贱者也。但不中不正，又为悦之主，善为容悦以事人，则成无德之须贱，而人莫之取矣。故为未得所适，"反归以娣"之象。初位卑，"归以娣"，宜矣。三居下卦之上，何自贱至此哉？德不称位而成须故也。不言"吉凶"者，容悦之人，前之吉凶未可知也。

《象》曰："归妹以须"，未当也。

"未当"者，爻位不中不正也。

九四：归妹愆期，迟归有时。

"愆"，过也，言过期也。女子过期不嫁人，故曰"愆期"。因无正应，以阳应阳，则纯阳矣，故"愆期"。"有时"者，男女之婚姻自有其时也。盖天下无不嫁之女，愆期者数，有时者理。若以象论，中爻坎月离日，期之之象也，四一变则纯坤，而日月不见矣，故"愆期"。震春兑秋，坎冬离夏，四时之象。震东兑西，相隔甚远，所以"愆期"。四时循环则有时矣。

九四以阳应阳而无正应，盖女之愆期而未归者也。然天下岂有不归之女？特待时而归，归之迟耳，故有"愆期迟归有时"之象。占者得此，凡事待时可也。

《象》曰："愆期"之志，有待而行也。

"行"者，嫁也。天下之事自有其时，"愆期"之心，亦有待其时而后嫁耳。《爻辞》曰"有时"，《象辞》曰"有待"，皆待时之意。

六五：帝乙归妹，其君之袂，不如其娣之袂良。月几望，吉。

"帝乙"，如箕子明夷、高宗伐鬼方之类。"君"者，妹也。此爻变兑，兑为少女，故以妹言之。诸侯之妻曰"小君"，其女称"县君"。宋之臣，其妻皆称"县君"是也，故不曰"妹"而曰"君"焉。"袂"，衣袖也，所以为礼容者也。人之著衣，其礼容全在于袂，故以"袂"言之。"良"者，美好也。三爻为娣，乾为衣，三爻变乾，故其衣之袂良。五爻变兑成缺，故不如三之良。若以理论，三不中正，尚容饰，五柔中，不尚容饰，所以不若其袂之良也。"月几望"者，坎月离日，震东兑西，日月东西相望也。五阴二阳，言月与日对，而应乎二之阳也。曰"几"者，言光未盈满、柔德居中而谦也。月几望而应乎阳，又下嫁，占中之象也。

六五柔中居尊，盖有德而贵者也。下应九二，以帝有德之女下嫁于人，故有尚德而不尚饰、其服不盛之象。女德之盛无以加此。因下嫁，故又有月几望而应乎阳之象。占者有是德，则有是吉矣。

《象》曰：帝乙归妹，"不如其娣之袂良"也。其位在中，以贵行也。

"在中"者，德也。"以贵"者，帝女之贵也。"行"者，嫁也。有是中德，有是尊贵，以之下嫁，又何必尚其饰哉！此所以"君之袂不如娣之袂良"也。

《小象》原一气，下言以贵行，何难于饰？而良犹不如，可见中德不在贵也。

上六：女承筐，无实。士刲羊，无血。无攸利。

刲，音葵。

兑为"女"，震为"士"。"筐"乃竹所成，震为竹，又仰盂，空虚无实之象也。又变离，亦中虚无实之象也。中爻坎为血卦，血之象也。兑为羊，羊之象也。震综艮，艮为手，"承"之象也。离为戈兵，"刲"之象也。羊在下，血在上，"无血"之象也。凡夫妇祭祀，承筐采蘋蘩者，女之事也；刲羊而实鼎俎者，男之事也。今上与三皆阴爻，不成夫妇，则不能供祭祀矣。"无攸利"者，人伦以废，后嗣以绝，有何攸利？"刲"者，屠也。

上六以阴柔居卦终而无应。居终则过时，无应则无配，盖归妹之不成者也。故有"承筐无实，刲羊无血"之象。占者得此，无攸利可知矣。

《象》曰：上六无实，承虚筐也。

上爻有底而中虚，故曰"承虚筐"。

阳实阴虚，上六无阳，将何所承？徒虚筐也。

震上
离下 丰多故亲寡，旅也

"丰"，盛大也。其卦离下震上。以明而动，盛大之由也。又雷电交作，有盛大之势，乃丰之象也。故曰丰。《序卦》："得其所归者，必大，受之以丰。"所以次归妹。

丰：亨，王假之，勿忧，宜日中。

"亨"者，丰自有亨道也，非丰后方亨也。"假"，至也。必以王言者，盖王者车书一统而后可以至此也。此卦离日在下，日已昃矣，所以周公《爻辞》言"见斗"、"见沬"者，皆此意。"勿忧宜日中"一句读，言王者至此，"勿忧宜日中"，不宜如是之昃。昃则不能照天下也。孔子乃足之曰："日至中不免于昃，徒忧而已。"文王已有此意，但未发出，孔子乃足之。离日象，又王象。错坎，忧象。

《象》曰：丰，大也。明以动，故丰。"王假之"，尚大也。"勿忧，宜日中"，宜照天下也。日中则昃，月盈则食，天地盈虚，与时消息，而况于人乎？况于鬼神乎？

以卦德释卦名，又以卦象释卦辞而足其意。非明则动无所之，冥行者也；非动则明无所用，空明者也。惟明动相资，则王道由此恢廓，故名"丰"。"尚大"者，所尚盛大也。非王者有心欲盛大也，其势自盛大也。抚盈盛之运，不期侈而自侈矣。"宜照天下"者，遍照天下也，日昃则不能遍照矣。日中固照天下，然岂长日中哉？盖日以中为盛，日中则必昃；月以盈为盛，月盈则必食。何也？天地造化之理。其盈虚消息，每因乎时，天地且不长盈而不虚，况于人与鬼神乎？可见国家无常丰之理，不可忧其宜日中不宜日昃也。鬼神是天地之变化运动者，如风、云、雷、雨，凡阳嘘阴吸之类皆是。

《象》曰：雷电皆至，丰。君子以折狱致刑。

始而问狱之时，法电之明以折其狱，是非曲直必得其情。终而定刑之时，法雷之威以定其刑，轻重大小必当其罪。

初九：遇其配主，虽旬无咎。往有尚。

"遇"字详见噬嗑六三。"配主"者，初为明之初，四为动之初，故在初曰"配主"、在四曰"夷主"也。因"宜日中"一句，故爻辞皆以日言。文王象丰，以一日象之，故曰"勿忧宜日中"。周公象丰，以十日象之，故曰"虽旬无咎"。十日为旬，言初之丰以一月论，已一旬也，言正丰之时也。

当丰之初，明动相资，故有"遇其配主"之象。既遇其配，则足以济其丰矣，故虽至于已一旬，亦无灾咎。可嘉之道也。故占者往则有尚。

《象》曰："虽旬无咎"，过旬灾也。

"虽旬无咎"，周公许之之辞。"过旬灾也"，孔子戒之之辞。"过旬灾"者，言盛极必衰也。

六二：丰其蔀，日中见斗。往得疑疾，有孚发若，吉。

"蔀"，草名。中爻巽，草之象也，故大过下巽曰"白茅"，泰卦下变巽曰"拔茅"，皆以巽为阴柔之木也。"斗"，量名，应爻震，有量之象，南斗北斗皆如量，所以名"斗"。本卦离日在下，雷在上，震为蕃草，蕃盛之象也。言草在上蕃盛，日在下，不见其日而惟见其斗也。"疑"者，援其所不及，指其所不知，必致猜疑也。"疾"者，持方柄以内圆凿，反见疾恶也。"有孚"者，诚信也。离中虚，"有孚"之象也。"发"者，感发开导之也。"若"，助语辞。"吉"者，至诚足以动人，彼之昏暗可开，而丰亨可保也。"贞"字"诚"字乃六十四卦之枢纽。圣人于事难行处，不教人以贞，则教人以"有孚"。

六二居丰之时，为离之主，至明者也。而上应六五柔暗，故有"丰其蔀"不见其日，惟见其斗之象。以是昏暗之主，往而从之，彼必见疑疾，有何益哉！惟在积诚信以感发之则吉。占者当如是也。

《象》曰："有孚发若"，信以发志也。

"志"者，君之心志也。"信以发志"者，尽一己之诚信，以感发其君之心志也。能发其君之志，则己之心与君之心，相为流通矣。伊尹之于太甲，孔明之于后主，郭子仪之于肃宗、代宗，用此道也。

九三：丰其沛，日中见沫。折其右肱，无咎。

沫，音昧。

"沛"，泽也，沛然下雨之貌。"沫"者，水沫也，故曰涎沫、濡沫、跳沫、流沫，乃霏霖细雨，不成水之意。此爻未变，中爻兑为泽，沛之象也。既变，中爻成坎水矣，沫之象也。二爻巽木，故以草象之。三爻泽水，故以沫象之。周公爻辞精极至此。王弼不知象，以蔀为覆暖，后儒从之，即以为障蔽。王弼以沛为旆，后儒亦以为旆。殊不知雷在上，中爻有泽有风，方取此沛沫之象，何曾有旆之象哉！相传之谬有自来矣。"肱"者，手臂也，震综艮，中爻兑错艮，艮为手，肱之象也。又兑为毁折，折其肱之象也。曰右者，阳爻为右，阴爻为左，故师之左次，明夷之左股、左腹，皆阴爻也。此阳爻，故以右言之。右肱至便于用，而人不可少者，折右肱，则三无所用矣。"无咎"者德在我，此用与不用在人，以义揆之无咎也。

九三处明之极而应上六之柔暗，则明有所蔽，故有"丰其沛"，不见日而"见沫"之象。夫明既有所蔽，则以有用之才，置之无用之地，故又有"折其右肱"之象。虽不见用，乃上六之咎也，于三何亦尤哉！故"无咎"。

《象》曰："丰其沛"，不可大事也。"折其右肱"，终不可用也。

"不可大事"与遁卦九三同，皆言艮止也。盖建立大事以保丰亨之人，必明与动相资。今三爻变，中爻成艮，上虽动而不明矣。动而又止，安能大事哉！其不可济丰也，必矣。周公《爻辞》以本爻未变言，孔子《象辞》以本爻既变言。人之所赖以作事者，在"右肱"也。今三为时所废，是有用之才，而置无用之地，如人折右肱矣，所以"终不可用"。

九四：丰其蔀，日中见斗。遇其夷主，吉。

"夷"者，等夷也，指初也，与四同德者也。二之丰蔀见斗者，应乎其昏暗也。四之丰蔀见斗者，比乎其昏暗也。若以象论，二居中爻巽木之下，四居中爻巽木之上，巽阴木，蔀之类也，所以爻辞同。"吉"者，明动相资，共济其丰之事也。

当丰之时，比乎昏暗，故亦有丰蔀见斗之象。然四与初同德相应，共济其丰，又有"遇其夷主"之象，吉之道也。故其象占如此。

隋炀帝丰极而暗，高炯退与苏威、贺若弼私谋，此爻似矣。

《象》曰："丰其蔀"，位不当也。"日中见斗"，幽不明也。"遇其夷主"，吉行也。

"幽不明"者，初二日中见斗，是明在下而幽在上，二之身犹明也。若四之身原是蔀位，则纯是幽而不明矣。"行"者动也，震性动，动而应乎初也。

六五：来章，有庆誉，吉。

凡卦自下而上者谓之"往"，自上而下者谓之"来"，此来字非各卦之来也，乃召来之来也，谓屈己下贤以召来之也。"章"者，六二离本章明，而又居中得正，本卦明以动，故"丰"。非明则动无所之，非动则明无所用，二五居两卦之中，明动相资，又非丰蔀见斗之说矣。"庆"者，福庆集于己也。"誉"者，声誉闻于人也。此爻变兑，兑为口，有誉象。

"吉"者，可以保丰亨之治也。

六五为丰之主，六二为正应。有章明之才者，若能求而致之，则明动相资，"有庆誉"而吉矣。占者能如是，斯应是占也。

《象》曰：六五之吉，有庆也。

有庆方有誉，未有无福庆而有誉者。举庆，则誉在其中矣。

明良相得朝廷之庆，主圣臣贤，海宇之庆也。六五之吉，以其有招贤之庆也。

上六：丰其屋，蔀其家。窥其户，阒其无人。三岁不觌，凶。

阒，音乞。

此爻与明夷"初登于天，后入于地"相同。以"屋"言者，凡丰亨富贵，未有不润其屋者。"丰其屋"者，"初登于天"也。"蔀其家"以下，"后入于地"也。"蔀其家"者，草生于屋，非复前日之炫耀而丰矣。"丰其蔀"本周公《爻辞》，今将"丰"、"蔀"二字分开，则知上"丰"字，乃丰之极，下"蔀"字，乃丰之反矣。故《小象》上句以为"天际翔也"。"窥"者，窥视也。离为目，窥之象也。"阒"者，寂静也。"阒"其无人者，庭户寂静而无人也。"三岁不觌"者，变离，离居三也，言窥其户寂静无人，至于三年之久犹未见其人也。"凶"者，杀身亡家也。泰之后而"城复于隍"，丰之后而"阒寂其户"，处承平岂易哉！

上六以柔暗之质，居明动丰亨之极，承平既久，奢侈日盛，故有"丰其屋"之象。然势极则反者，理数也，故离之明极必反其暗，有草塞其家而暗之象。震之动极必反其静，有"阒其无人三年不觌"之象。占者得此，凶可知矣。

《象》曰："丰其屋"，天际翔也。"窥其户，阒其无人"，自藏也。

阒，张目大视貌。

言丰极之时，其势位炙手可热，如翱翔于天际云霄之上，人可仰而不可即。上六天位，故曰"天"。及尔败坏之后，昔之光彩气焰不期掩藏而自掩藏矣。权臣得罪，披离之后多有此气象。

䷍ 离上 艮下 旅

"旅"，羁旅也。为卦，山内火外。内为主，外为客。山止而不动，犹舍馆也；火动而不止，犹行人也。故曰旅。《序卦》："丰，大也。穷大者必失其居，故受之以旅。"所以次丰。

旅：小亨，旅贞吉。

"小亨"者，亨之小也。旅途亲寡，势涣情疏，纵有亨通之事，亦必微小，故其占为

"小亨"。然其亨者以其正也，道无往而不在，理无微而可忽，旅途之间能守此正，则吉而亨矣。"小亨"者，占之亨也；"旅贞吉"者，圣人教占者处旅之道也。

《彖》曰："旅，小亨"，柔得中乎外，而顺乎刚，止而丽乎明，是以"小亨，旅贞吉"也。旅之时义大矣哉！

以卦综、卦德释卦辞，而叹其大。本卦综丰，二卦同体，文王综为一卦，故《杂卦》曰："丰，多故。亲寡，旅也。"丰下卦之离，进而为旅之上卦，所以柔得中乎外卦，而又亲比上下之刚也。"明"者，己之明也，非丽人之明也。"止而丽乎明"与暌"悦而丽乎明"同，只是内止外明也。羁旅之间，柔得中不取辱，顺乎刚不招祸，止而不妄动，明而识时宜，此四者处旅之正道也。有此正道，是以占者"小亨"。若占者能守此旅之正道，则吉而亨矣。"大"本赞辞，"然"乃叹辞也。言旅本小事，必柔中顺刚，止而丽明，方得小亨。则难处者旅之时，难尽者旅之义，人不可以其小事而忽之也。与豫、随、姤同。

《象》曰：山上有火，旅。君子以明慎用刑，而不留狱。

明其刑，以罪之轻重言。慎其刑，以罪之出人言。"不留"者，既决断于明刑之后，当罪者即罪之，当宥者即宥之，不留滞淹禁也。因综丰雷火，故亦言"用刑"。"明"者，火之象。"慎"者，止之象。"不留"者，旅之象。

初六：旅琐琐，斯其所取灾。

"琐"者，细屑猥鄙貌。羁旅之间，计财利得失之毫末也。"斯"者，此也。"取灾"者，自取其灾咎也。"斯其所以取灾"者，因此琐琐自取灾咎，非由外来也。旅最下，则"琐琐取灾"；旅最上，则"焚巢致凶"。必如象之柔中顺刚，止而丽明，方得尽善。

初六阴柔在下，盖处旅而猥鄙细屑者也。占者如是，则召人之轻侮，而自取灾咎矣。故其象占如此。

《象》曰：旅琐琐，志穷灾也。

"志穷"者，心志穷促浅狭也。惟其"志穷"，所以"琐琐"取灾。

六二：旅即次，怀其资，得童仆贞。

"即"者，就也。"次"者，旅之舍也。艮为门，二居艮止之中，即次得安之象也。"资"者，财也，旅之用也。中爻巽，巽为"近市利三倍"，怀资之象也。故家人六四"富家大吉"。少曰童，长曰仆，旅之奔走服役者也。艮为少男，综震为长男，童仆之象也。阴爻中虚，有孚贞信之象也。

六二当旅之时，有柔顺中正之德，故有即次怀资、童仆贞之象，盖旅之最吉者也。占者有是德，斯应是占矣。

《象》曰："得童仆贞"，终无尤也。

羁旅之中得即次怀资，可谓吉矣。若使童仆狡猾，则所居终不能安，而资亦难保其不盗矣，此心安得不至怨尤？所以"童仆贞，终无尤"。

九三：旅焚其次，丧其童仆贞，厉。

三近离火，焚次之象也。三变为坤，则非艮之男矣，"丧童仆"之象也。"贞"者，童仆之贞。"信"者，丧之也。"贞"字连"童仆"读。盖九三过刚不中，与六二柔顺中正全相反，"焚次"与"即次"反，"丧童仆贞"与"得童仆贞"反，"得"字对"丧"字看，故知"贞"字连"童仆"。

九三居下之上，过刚不中。居下之上则自高不能下人，过刚则众莫之与，不中则所处失当，故有"焚次丧童仆贞"之象，危厉之道也。故其象占如此。

《象》曰："旅焚其次"，亦以伤矣。以旅与下，其义丧也。

"焚次"已伤困矣，况又"丧童仆贞"乎！但以义揆之，以旅之时而与下过刚如此，宜乎"丧童仆"也，何足为三惜哉！"下"字即"童仆"。

合二、三爻观之，可见旅贵柔而贱刚。

九四：旅于处，得其资斧，我心不快。

"处"者，居也，息也。"旅处"与"即次"不同。"即次"者，就其旅舍，已得安者也；"旅处"者，行而方处，暂栖息者也。艮土性止，离火性动，故"次"与"处"不同。"资"者，助也，即六二怀资之资，财货金银之类。"斧"，则所以防身者也。得资足以自利，得斧足以自防，皆旅之不可无者。离为戈兵，斧之象也。中交上兑金，下巽木，木贯乎金，亦斧之象也。旅于处则有栖身之地，非三之焚次矣。得资斧则有御备之具，非三之"丧童仆"矣。离错坎为加忧，"不快"之象。此爻变中交成坎，亦"不快"之象。

九四以阳居阴，处上之下，乃巽顺以从人者也，故有"旅于处得其资斧"之象。但下应阴柔，所托非人，故又有"我心不快"之象。占者亦如是也。

《象》曰："旅于处"，未得位也。"得其资斧"，心未快也。

旅以得位而安，二之即次，艮土之止也。四之于处，离火之燥也。资斧虽得，然处位不宁，应与非人，心焉得快？亦得暂息耳，未得位也。

六五：射雉一矢，亡。终以誉命。

离为雉，雉之象也。错坎，矢之象也。变乾，乾居一，一之象也。始而离则有雉、矢二象，及变乾则不见雉与矢矣，故有雉飞矢亡之象。"誉"者，兑也，兑悦体，又为口，以口悦人，誉之象也。凡《易》中言"誉"者皆兑。如蛊卦"用誉"，中交兑也；蹇卦"来誉"，下体错兑也；丰卦"庆誉"，中交兑也。"命"，命令也。"以"者，用也，言五用乎四与二也。本卦中交乃兑与巽，兑为誉，巽为命，六五比四而顺刚，又应乎二之中正，四乃兑，二乃巽，所以终得声誉命令也。如玄宗幸蜀，及肃宗即位于外，德宗幸奉天，皆天子为旅也，可谓雉飞矢亡矣。后得郭子仪诸臣恢复故物，终得其誉，又得命令于天下，如建中之诏是也。六五当羁旅之时，以其阴柔，故有"射雉"雉飞矢亡之象也。然文明得中，能顺乎四而应乎二，故"终以誉命"也。占者凡事"始凶终吉"可知矣。

《象》曰："终以誉命"，上逮也。

上者，五也。五居上体之中，故曰"上"，以四与二在下也。"逮"，及也。言顺四应二，赖及于四二，所以得"誉命"也。

上九：鸟焚其巢，旅人先笑后号咷。丧牛于易，凶。

易，音亦。

离，其于木也科上稿，巢之象也。离为鸟为火，中爻巽为木为风，鸟居风木之上而遇火，火燃风烈，"焚巢"之象也。"旅人"者，九三也，乃上九之正应也。三为人位，得称"旅人"。"先笑"者，上九未变，中爻兑悦，笑之象也，故与同行正应之旅人为之相笑。及"焚其巢"，上九一变，则悦体变为震动，成小过灾有眚之凶矣，岂不"号咷"？故"先笑后号咷"也。离为牛，牛之象也。与大壮"丧羊于易"同。易即场，田畔地也。震为大涂，有此象。

上九当羁旅穷极之时，居卦之上则自高，当离之极则躁妄，与柔中顺刚、止而丽明者相反，故以之即次，则无栖身之地，有"鸟焚其巢，一时变笑为号咷"之象。以之怀资，则无守卫之人，有"丧牛于易"之象。欲止无地，欲行无资，何凶如之！故占者凶。

《象》曰：以旅在上，其义焚也。"丧牛于易"，终莫之闻也。

在上过于高亢，宜乎见恶于人而焚巢。既见恶于人，则人莫有指而闻之者，而牛不可获矣。错坎为耳痛，故"莫之闻"。

重耳出亡，而从者皆卿材，啍公于野井，有子家羁，莫能用也。

䷸ 巽上 巽下 巽伏

巽，入也，二阴伏于四阳之下，能巽顺乎阳，故名为巽。其象为风，风亦取入义，亦巽之义也。《序卦》："旅而无所容，故受之以巽。"旅途亲寡，非巽顺何以取容？所以次旅。

巽：小亨，利有攸往，利见大人。

"小亨"者，以卦本属阴，又卑巽也。惟其如是，则才智不足以识远任重，仅可小亨。虽"小亨"，然"利有攸往"。盖巽以从人，人无不悦，所以"利有攸往"。然使失其所从，未必利往，纵使利往，失其正矣，故利见大德之人。此则因其从阳，而教之以所从之人也。

《象》曰：重巽以申命，刚巽乎中正而志行，柔皆顺乎刚，是以"小亨，利有攸往，利见大人"。

释卦义，又以卦体释卦辞。"重巽"者，上下皆巽也。"申命"者，丁宁重复也。风之吹物无处不入，无物不鼓动，诏令之入人，亦如风之动物也。刚巽乎中正，指九五。"巽乎中正"者，居巽卦之中正也。"志行"者，能行其志也。盖刚居中正，则所行当其理，而无过中失正之弊也。凡出身加民，皆建中表正，而志以行矣。此"大人"之象也。柔指初与四，刚指二、三、五、六。惟柔能顺乎刚，是以"小亨，利有攸往"。惟刚巽乎中正，故"利见大人"。

《象》曰：随风，巽。君子以申命行事。

前风去而后风随之，战曰"随风"。"申命"者，随风之象也。"申命"者，所以晓谕于行事之先；"行事"者，所以践言于申命之后，其实一事也。

初六：进退，利武人之贞。

巽为进退，"进退"之象也。变乾纯刚，故曰"武人"。故履六三变乾亦曰"武人"，皆阴居阳位，变阳得称"武人"也。盖阴居阳位则不正，变乾则贞矣，故曰"利武人之贞"。曰"利武人之贞"，如云利阳刚之正也。

初六阴柔居下爻，为巽之主，乃卑巽之过者也，是以持狐疑之心，凡事是非可否，莫之适从，故有"进退"之象，以刚果之不足也。苟能如武人之贞，则有以矫其柔懦之偏，不至于过巽矣。故教占者如此。

《象》曰："进退"，志疑也。"利武人之贞"，志治也。

"进退"者，以阴柔居巽下，是非可否，莫之适从也。惟疑则方寸已乱，不能决进退矣。若柔而济之以刚，则心之所之者有定见，事之所行者有非，可进则决于进，可退则决于退，不持疑于两可，治而不乱矣。

治不疑也。

九二：巽在床下，用史巫纷若，吉，无咎。

一阴在下，二阳在上，床之象，故剥以"床"言。巽性伏，二无应于上，退而比初，心在于下，故曰"床下"。中爻为兑，又巽综兑，兑为巫，"史巫"之象也。又为口舌、为毁、为附，"纷若"之象也。史掌卜筮，曰"史巫"者，善于卜吉凶之巫也，故曰"史巫"，非两人也。"纷"者，缤纷杂乱貌。"若"，助语辞。初乃阴爻居于阳位，二乃阳爻居于阴位，均之过于卑巽者也。初教之以武人之贞，教之以直前勇敢也；二教之以巫之纷若，教之以抖擞奋发也。初阴据阳位，故教以男子之"武"；二阳据阴位，故教以"女人"之纷。爻辞之精如此。

二以阳处阴，而居下无应，乃比乎初，故有巽在床下之象。然居下体亦过于卑巽者，必不自安宁。如史巫之纷若，鼓舞动作，则有以矫其柔懦之偏，不惟得其吉，而在我亦无过咎矣。教占者当如是也。

《象》曰："纷若"之吉，得中也。

"得中"者，得中而不过于卑巽也。凡《小象》二五言中字，皆因中位，又兼人事。

九三：频巽，吝。

"频"者，数也。三居两巽之间，一巽既尽，一巽复来，"频巽"之象。曰"频巽"，则频失可知矣。"频巽"与"频复"不同。"频复"者，终于能复也；"频巽"者，终于不巽也。

九三过刚不中，又居下体之上，本不能巽，但当巽之时，不容不巽矣。然屡巽屡失，吝之道也。故其象占如此。

《象》曰："频巽"之吝，志穷也。

三本刚而位又刚，已不能巽矣。又乘刚，安能巽？曰"志穷"者，言心虽欲巽而不得巽也。

六四：悔亡，田获三品。

中爻离为戈兵，巽错震，戈兵震动，田之象也。离居三，三品之象也。"三品"者，初巽为鸡，二兑为羊，三离为雉也。

六四当巽之时，阴柔无应，承乘皆刚，宜有悔矣。然以阴居阴，得巽之正，又居上体之下，盖居上而能下者也，故不惟悔亡，而且有"田获三品"之象。占者能如是，则所求必得而有功矣。

《象》曰："田获三品"，有功也。

八卦正位，巽在四，所以"获三品"而"有功"。

九五：贞吉，悔亡，无不利。无初有终。先庚三日，后庚三日，吉。

"先庚"、"后庚"，详见蛊卦。五变则外卦为艮，成蛊矣。先庚丁，后庚癸，其说始于郑玄，不成其说。

九五居尊，为巽之主，命令之所由出者也。以其刚健中正，故正而又吉。然巽顺之体，初时不免有悔，至此则悔亡而无不利矣。惟其"悔亡"而"无不利"，故"无初有终"也。然命令之出，所系匪轻，必原其所以始，虑其所以终，"先庚三日，后庚三日"，庶乎命令之出，如风之吹物，无处不入、无物不鼓动矣。占者必如是而吉也。

伏羲圆图，艮巽夹坎于西方之中，故曰：先庚后庚。言巽先乎庚，而艮后乎庚。先三，下三爻也，后三，上三爻也。

《象》曰：九五之吉，位中正也。

刚健中正，未有不吉者。曰"悔亡"者，巽累之也。故孔子止言九五之吉。

上九：巽在床下，丧其资斧，贞凶。

本卦巽木综兑金，又中爻兑金，斧之象也。又中爻离为戈兵，亦斧之象也。阴乃巽之主，阴在下四爻，上亦欲比乎四，故与二之巽在床下同。九三、九五不言床下者，三过刚，五居中得正也。巽"近市利三倍"，本有其资，此爻变坎为盗，则"丧其资"矣。且中爻离兑斧象，皆在下爻，不相管摄，是"丧其斧"矣。"贞"者，巽本美德也。

上九居巽之终，而阴居于下，当巽之时，故亦有"巽在床下"之象。但不中不正，穷之极矣，故又有"丧其资斧"之象。占者得此，虽正亦凶也。

《象》曰："巽在床下"，上穷也。"丧其资斧"，正乎？凶也。

"上穷"者，言上九之时势也，非释巽在床下也。巽在床下乃本卦之事，当巽之时，不容不巽者也。"正乎凶"即《爻辞》"贞凶"。

乎，疑辞也，决辞言爻辞以为贞。果正乎？乃凶也。

兑上 兑下 兑见

兑，悦也。一阴进于二阳之上，喜悦之见于外也，故为兑。《序卦》："巽者，入也。入而后悦之，故受之以兑。"所以次巽。

兑：亨，利贞。

"亨"者，因卦之所有而与之也；"贞"者，因卦之不足而戒之也。说则亨矣，但阴阳相说，易流于不正，故戒以利贞。

《象》曰：兑，说也。刚中而柔外，说以利贞，是以顺乎天而应乎人。说以先民，民忘其劳；说以犯难，民忘其死。说之大，民劝矣哉！

先，西荐反。难，乃旦反。

释卦名，又以卦体释卦辞，而极言之。"兑，说也"，与"咸，感也"同。咸去其心，说去其言，故咸则无心之感，兑则无言之说也。刚中指二五，柔外指三上。阳刚居中，中心诚实之象。柔爻在外，接物和柔之象。外虽柔说，中实刚介，是之谓说而贞，故"利贞"。《易》"有天道焉"，顺天者，上兑也。"有人道焉"，应人者，下兑也。揆之天理而顺，故"顺天"；即之人心而安，故"应人"。天理人心正而已矣，若说之不以正，则不能顺应矣。

说本有亨而又利贞者，盖卦体刚中，则所存者诚，固无不亨。柔外恐说之不正，故必正而后利。说得其正，是以顺天应人。以之先民，民忘其劳；以之犯难，民忘其死。夫好逸恶死，人情之常，今忘劳忘死，非人情也，而忘之者以说，而不自知其劳且死也。曷为而说也？知圣人劳我以逸我，死我以生我也，是以说而自劝也。夫劝民与民自劝相去远矣，是以圣人大之，曰："说之大，民劝矣哉！"此正之所以利也。

《象》曰：丽泽，兑。君子以朋友讲习。

"丽"者，附丽也。两泽相丽，交相浸润，互有滋益。水就湿，各以类而相从，朋友之道不出乎此。"习"者，我自习之以践其事。朋友之间从容论说，以讲之于先，我又切实体验，以习之于后，则心与理相涵，而所知者益精；身与事相安，而所能者益固；欲罢不能，而真说在我矣。

初九：和兑，吉。

"和"与《中庸》"发而皆中节谓之和"之"和"字同，谓其所悦者无乖戾之私，皆情性之正，道义之公也。"吉"者，无恶无射、家邦必达之意。盖悦能和，即顺天应人，岂不吉。

初九以阳爻居说体而处最下，又无应与之，系说得其正者也。故其象占如此。

《象》曰："和兑"之吉，行未疑也。

本卦说体不当阴阳相比——二比三、三比四、五比六，阴阳相比则不能无疑，故夬卦九五《小象》曰"中未光也"、萃卦曰"志未光也"。"未光"者，因可疑而未光也，故上六"引兑"亦曰"未光"。本卦独初爻无比，无比则无所疑矣，故曰"行未疑也"。"行"者，与人和说也。变坎为狐疑，疑之象也。

九二：孚兑，吉，悔亡。

本卦无应与，专以阴阳相比言。刚中为"孚"，居阴为悔。盖"来兑"在前，私系相近，因居阴不正，所以不免悔也。

九二当兑之时，承比阴柔，说之当有悔矣。然刚中之德，孚信内充，虽比小人，自守不失正，所谓和而不同也。占者能如是以孚而说，则吉而悔亡矣。

《象》曰："孚兑"之吉，信志也。

心之所存为志。"信志"即"诚心"二字。二刚实居中，诚信出于刚中之志，岂又说小人而自失？革九四，辞同义异。革则人信，孚则己信。

六三：来兑，凶。

自内至外为"往"，自外至内为"来"。"凶"者，非惟不足以得人之与，且有以取人之恶，所以凶也。何也？盖初刚正，二刚中，乃君子也，说之不以道，岂能说哉！求亲而反疏矣。如宏霸尝元忠之粪，彭孙濯李宪之足，丁谓拂莱公之须，皆为人所贱，而至今犹有遗羞焉，岂不凶？

三，阴柔不中正，上无应与，近比于初，与二之阳乃来求而悦之，是自卑以求悦于人，不知有礼义者矣。故其占凶。

《象》曰："来兑"之凶，位不当也。

阴柔不中正。

九四：商兑未宁，介疾有喜。

"商"者，商度也。中爻巽，巽为不果，商之象也。"宁"者，安宁也。两间谓之介，分限也，故人守节，亦谓之介。四与三上下异体，犹疆介然，故以介言之。比乎五者公也，理也，故不敢舍公而从私。比乎三者私也，情也，故不能割情而就理。此其所以"商度未宁"也。商者四，介者九。

四承九五之中正，而下比六三之柔邪，故有"商度未宁"之象。然质本阳刚，若介然守正，疾恶柔邪，而相悦乎同体之五，如此则有喜矣。故戒占者如此。

《象》曰：九四之喜，有庆也。

君臣相悦，国家之大庆也，何待商哉！介疾可以。

与君相悦则得，得行其阳刚之正道，而有福庆矣。

九五：孚于剥，有厉。

剥谓阴能剥阳，指上六也。剥即剥卦，消阳之名。兑之九五正当剥之六五，故言"剥"。如明皇之李林甫，德宗之卢杞，皆以阴柔容悦，剥乎阳者也。"孚"者，凭国家之承平，恃一己之聪明，以小人不足畏而孚信之，则内而蛊惑其心志，外而壅蔽其政令，国事日为之紊乱矣，所以"有厉"。因悦体人易孚之，所以设此有厉之戒，不然九五中正，安得"有厉"？

九五阳刚中正，当悦之时，而居尊位，密近上六。上六阴柔，为悦之主，处悦之极，乃妄悦以剥阳者也。故戒占者，若信上六则有危矣。

《象》曰：孚于剥，位正当也。

与"履"九五同。

上六：引兑。

"引"者，开弓也，心志专一之意，与萃"引吉"之"引"同。中爻离错坎，坎为弓，故用"引"字。萃六二变坎，故亦用"引"字。本卦二阴，三曰"来兑"，止来于下，其字犹缓，其为害浅，至上六则悦之极矣，故"引兑"。开弓发矢，其情甚急，其为害深，故九五"有厉"。

上六阴柔，居悦之极，为悦之主，专于悦五之阳者也，故有"引兑"之象。不言"吉凶"者，五已有"危厉"之戒矣。

《象》曰：上六"引兑"，未光也。

"未光"者，私而不公也。盖悦至于极，则所悦者必暗昧之事，不光明矣。故萃卦上体乃悦，亦曰"未光"。

来瞿唐先生易注卷之十二

**巽上
坎下** 涣离也

"涣"者，离散也。其卦坎下巽上，风行水上，有披离解散之意，故为"涣"。《序卦》："兑者，说也。说而后散之，故受之以涣。"所以次兑。

涣：亨。王假有庙，利涉大川，利贞。

坎错离，离为日，"王"之象也。中爻艮，艮为门阙，又坎为宫，"庙"之象也。又坎为隐伏，人鬼之象也。木在水上，"利涉大川"之象也。"王假有庙"者，王至于庙以聚之也。此二句，皆以象言，非真"假庙""涉川"也。"假有庙"者，至诚以感之，聚天下之心之象也。"涉大川"者，冒险以图之，济天下之艰之象也。"利贞"者，戒之也。

《彖》曰："涣亨"，刚来而不穷，柔得位乎外而上同。"王假有庙"，王乃在中也。"利涉大川"，乘木有功也。

以卦综释卦辞。本卦综节，二卦同体，文王综为一卦，故《杂卦》曰："涣，离也。节，止也。""刚来不穷"者，言节上卦坎中之阳来居于涣之二也，言刚来亦在下之中，不至于穷极也。"柔得位乎外而上同"者，节下卦兑三之柔，上行而为巽之四，与五同德以辅佐乎五也。八卦正位，坎在五，巽在四，故曰"得位"，故曰"上同"。"王乃在中"者，中爻艮为门阙，门阙之内即庙矣。今九五居上卦之中，是在门阙之内矣，故曰"王乃在中"也。"乘木"者，上卦巽木乘下坎水也。"有功"者，即利涉也。因有此卦综之德，故能"王乃在中"，至诚以感之，以聚天下之心；"乘木有功"，冒险以图之，以济天下之难。此涣之所以亨也。

《象》曰：风行水上，涣。先王以享于帝，立庙。

"享帝立庙"在国家盛时说，非土崩瓦解之时也。与"王假有庙"不同。孔子在涣字上生出此意来。言王者享帝，而与天神接，立庙而与祖考接，皆聚己之精神，以合天人之涣也。"风在天上"，天神之象；"水在地下"，人鬼之象。"享帝"则天人感通，"立庙"则幽明感通。

初六：用拯马壮，吉。

坎为亟心之马，马壮之象也。陈平交欢太尉而易吕为刘，仁杰潜授五龙而反周为唐，皆"拯"急难而得"马壮"者也。

初六当涣之初，未至披离之甚，犹易于拯者也。但初六阴柔，才不足以济之，幸九二刚中，有能济之具者。初能顺之，托之以济难，是犹拯急难而得"马壮"也。故有此象。占者如是，则吉也。

《象》曰：初六之吉，顺也。

顺二也。

九二：涣奔其机，悔亡。

木无枝曰"机"。

"奔"者，疾走也。中爻震足，坎本亟心，奔之象也。又当世道涣散，中爻震动不已，皆有出奔之象。"机"，木也。中爻震木，应爻巽木，"机"之象也，指五也。

当涣之时，二居坎陷之中，本不可以济涣，而有悔。然应九五中正之君，君臣同德，故出险以就五，有奔于其机之象。当天下涣散之时，汲汲出奔以就君，得遂其济涣之愿矣，有何悔焉？故占者"悔亡"。

《象》曰："涣奔其机"，得愿也。

得遂其济涣之愿。

二之奔五非图出险，其愿惟在于济涣。子议赴朔方，刘幽求赴隆基也。

六三：涣其躬，无悔。

六三居坎体之上，险将出矣，且诸爻独六三有应援，故"无悔"。"涣其躬"者，奋不顾身求援于上也。

六三阴柔，本不可以济涣，然与上九为正应，乃亲自求援于上九，虽以阴求阳，宜若有悔，然志在济时，故"无悔"也。教占者必如此。

《象》曰："涣其躬"，志在外也。

"在外"者，志在外卦之上九也。

以上九足为济涣之外援，所以不有其身。

六四：涣其群，元吉。涣有丘，匪夷所思。

"涣其群"者，涣其人也。当涣之时，土崩瓦解，人各植党，如六国之争衡，田横之海岛，隗嚣之天水，公孙述之于蜀，唐之藩镇尾大不掉，皆所谓群也。政无多门，势无两大，胫大于股则难步，指大于臂则难把，故当"涣其群"也。六四能涣小人之私群，成天下之公道，所以"元吉"。柔得位乎外而上同，岂不"元吉"？"涣丘"者，涣其土也。艮为土，丘之象也。颐上卦艮，故曰"丘颐"。比卦中爻艮，故亦以丘言之。"夷"者平常也，言非平常之人思虑所能及也。

六四上承九五，当济涣之任者也。所居得正，而下无应与，则外无私交，故有"涣其群”之象。占者如是，则正大光明，无比党携贰之私，固大善而“元吉”矣。然所涣者特其人耳。若并其土而涣之，则其“元吉”犹不殊于涣群。但“涣其群”者，人皆可能；而“涣其丘”者，必才智出众之人方可能之，殆非平常思虑之所能及也。故又教占者如此。

窦融献陇西地，钱俶献钱塘地，涣丘也。

《象》曰："涣其群，元吉"，光大也。

凡树私党者，皆心之暗昧狭小者也。惟无一毫之私，则光明正大，自能"涣其群"矣，故曰"光大也"。

九五：涣汗其大号。涣，王居，无咎。

上卦风以散之。下卦坎水，汗之象也。巽综兑，兑为口，号之象也。五为君，又阳爻，"大号"之象也。散人疾而使之愈者汗也，解天下之难而使之安者号令也。"大号"，如武王《武成》诸篇，及唐德宗罪己之诏皆是也。"王居"者，帝都也，如赤眉入长安，徽钦如金，皆正涣之时矣。光武乃封更始为淮阳王，而定都洛阳。高宗乃即位于南京，皆所谓"涣王居"也。益卦中爻为坤，"利用为依迁国"，此爻一变亦中爻成坤，故"涣王居"。坎错离，离为日，王之象。五乃君位，亦有王之象。孔子恐人不知"王居"二字，故《小象》曰"正位也"。曰"正位"，义自显明。

九五阳刚中正以居尊位，当涣之时，为臣民者"涣其躬"、"涣其群"，济涣之功成矣。乃诞告多方，迁居正位，故有"涣汗其大号"、"涣王居"之象。虽其始也，不免有土崩瓦解之虞，至此则恢复旧物，大一统宇矣。以义揆之，则无咎也。故其占为"无咎"。

《象》曰："王居，无咎"，正位也。

光武诸将于中山上尊号，不听，耿纯进曰："天下士大夫捐亲戚，弃土壤，从大王于矢石之间者，其计固望攀龙鳞附凤翼以成其志耳。今大王留时逆众，不正号位，恐士大夫绝望计穷，有去归之思，无为久自若也。"此即"正位"之意。盖京师天下根本，当涣之时，王者必定其所居之地以正其位。位既正，则人心无携贰，昔之涣者，今统于一矣。故"涣王居"者，乃所以正位也。

上九：涣其血，去逖出，无咎。

去，去声。

依《小象》"涣其血"作句。"血"者，伤害也。"涣其血"者，涣散其伤害也。"逖"者，远也。当涣之之时，干戈扰攘，生民涂炭，民之逃移而去乡土者多矣。"去逖出"者，言去远方者得出离其远方而还也。此爻变坎，下应坎，坎为血，血之象也。又为隐伏，远方窜伏之象也。

上九以阳刚当涣之极，方其始而涣散之时，其伤害，其远遁，二者所不免也。今九五诞告多方，迁居正位，归于一统，非复前日之离散，则伤害者得涣散矣，远遁者得出离矣，故有"涣血去逖出"之象，而其占则"无咎"也。

《象》曰："涣其血"，远害也。

涣其血，去逖出，则危者已安，否者已泰，其涣之害远矣，故曰"远害"也。

**≣ 坎上
兑下 节**

"节"者，有限而止也。为卦下兑上坎，泽上有水，其容有限，若增之则溢矣，故为节。《序卦》："涣者，离也，物不可以终离，故受之以节。"所以次涣。

节：亨。苦节，不可贞。

五行以甘为正味，稼穑作甘者，以中央土也。若火炎上，则焦枯，所以作苦。不可贞者，不可因守以为常也。凡人用财修己皆有中道，仕止久速各有攸当，或远或近，或去或不去。归洁其身，如屈原、申屠狄之投河，陈仲子之三日不食，许行之并耕，泄柳之闭门，皆非经常而不可久者也。

《象》曰："节，亨"，刚柔分而刚得中。"苦节不可贞"，其道穷也。说以行险，当位以节，中正以通。天地节而四时成。节以制度，不伤财，不害民。

以卦综释卦辞，又以卦德、卦体释"亨"之义，而极言之。坎刚卦，兑柔卦。节涣相综，在涣则柔外而刚内，在节则刚外而柔内，则"刚柔分"也。"刚得中"者，二五也，二五皆刚居中也。言刚柔虽分内分外，而刚皆得中，此其所以亨。惟其中所以亨，若苦节则不贞矣。不中则天理不顺，人情不堪，难于其行，所以穷也。盖穷者亨之反，亨则不穷，穷则不亨。当位指九五。八卦正位坎在五，故以当位言之。"中正"者，五中正也。"通"者，推行不滞而通之天下也。坎为通，故以通言之。盖所谓节者，以其说而行险也。盖说则易流，遇险则止，说而不流，所以为节。且阳刚当九五之位，有行节之势，以是位而节之。九五具中正之全，有体节之德，以是德而通之。此所以为节之善，故占者亨。若以其极言之，阳极阴生，阴极阳生，柔节之以刚，刚节之以柔，皆有所制，而不过天地之节也。天地有节，则分至启闭、晦朔弦望，四时不差而岁功成矣。"制"者，法禁也，故天子之言曰"制书"。"度"者，则也，皆有所限制而不过。节以制度，是量入为出，如《周礼》"九赋九式有常数常规"是也。"不伤"者，财不至于匮乏。"不害"者，民不苦于诛求桀过乎节、貉不及乎节。不伤不害，惟圣人能之。

《象》曰：泽上有水，节。君子以制数度，议德行。

行，下并反。

古者之制器用宫室衣服，莫不有多寡之数、隆杀之度，使贱不逾贵、下不侵上，是之谓制数度，如繁缨一就三就之类是也。得于中为德，发于外为行。"议"之者，商度其无过不及而求归于中，如直温宽栗之类是也。坎为矫鞣，"制"之象。兑为口舌，"议"之象。"制"者节民于中，"议"者节身于中。

初九：不出户庭，无咎。

中爻艮为门，门在外，户在内，故二爻取门象，此爻取户象。前有阳爻蔽塞，闭户不出之象也。又应四，险难在前，亦不当出，亦不出之象也。此象所该者广，在为学为"含章"，在处事为"括囊"，在言语为"简默"，在用财为"俭约"，在立身为"隐居"，在战阵为"坚壁"。《系辞》止以"言语"一事言之。"无咎"者，不失身不失时也。

初九阳刚得正，居节之初，知前爻蔽塞，又所应险难，不可以行，故有"不出户庭"之象。此则知节之时者也，故占者"无咎"。

《象》曰："不出户庭"，知通塞也。

道有行止，时有通塞。不出户庭者，知其时之塞而不通也。此"塞"字乃孔子取内卦之象。

九二：不出门庭，凶。

圣贤之道以中为贵，故邦有道，其言足以兴邦，无道，其默足以容。九二当禹稷之位，守颜子之节，初之无咎，二之凶可知矣。

九二前无蔽塞，可以出门庭矣。但阳德不正，又无应与，故有"不出门庭"之象。此则惟知有节，而不知通其节，节之失时者也。

《象》曰："不出门庭"，失时极也。

"极"，至也，言失时之至，惜之也。初与二，象皆一意，惟观时之通塞而已。初，时之塞矣，故"不出户庭无咎"；二，时之通矣，故"不出门庭凶"。所以可仕则仕，可止则止，孔子为圣之时，而禹、稷、颜回同道者，皆此意也。

六三：不节若，则嗟若，无咎。

兑为口舌，又坎为加忧，又兑悦之极则生悲叹，皆嗟叹之象也。用财，恣情忘费则不节矣；修身，纵情肆欲则不节矣。嗟者，财以费而伤，德以纵而败，岂不自嗟？若，助语辞。自作之孽，何所归咎！

六三当节之时，本不容不节者也，但阴柔不正，无能节之德。不节之后自取穷困，惟嗟叹而已，此则不能节者也。占者至此，将何咎哉！故无所归咎。

《象》曰：不节之"嗟"，又谁咎也？

此与解卦小异，详见解卦。

六四：安节，亨。

"安"者，顺也，上承君之节，顺而奉行之也。九五为节之主，当位以节，中正以通，乃节之极美者。四最近君，先受其节，而节之节。以修身用财言者，举其大者而言耳。

若臣安君之节，则非止二者。盖节者，中其节之义。在学为不陵节之节，在礼为节文之节，在财为撙节之节，在信为符节之节，在臣为名节之节，在君即为节制之节。故不止于修身用财。

六四柔顺得正，上承九五，乃顺其君，而未行其节者也。故其象为安，其占为亨。

《象》曰："安节"之"亨"，承上道也。

承上道即遵王之道。

九五：甘节，吉。往有尚。

"甘"者，乐易而无艰苦之谓。坎变坤，坤为土，其数五，其味甘，甘之象也。凡味之甘者人皆嗜之。下卦乃悦体，又兑为口舌，甘美之象也。诸爻之节，节其在我者，九五之节，以节节人者也。临卦六三居悦体之极，则求悦乎人，故"无攸利"；节之九五居悦体之上，则人悦乎我，故"往有尚"。"吉"者，节之尽善尽美也。"往有尚"者，立法于今而可以垂范于后也。盖"甘节"者中正也，"往有尚"者通也。数度德行皆有制议而通之天下矣，正所谓"当位以节、中正以通"也。

九五为节之主，节之甘美者也。故占者不惟"吉"，而且"往有尚"。

《象》曰：甘节之吉，居位中也。

中可以兼正，故止言中。

上六：苦节，贞凶，悔亡。

"苦节"虽本文王卦辞，然坎错离，上正居炎上之地，炎上作苦，亦有苦象。"贞凶"者，虽无越理犯分之失，而终非天理人情之安也。盖以事言，无甘节之吉，故"贞凶"。以理言，无不节之嗟，故"悔亡"。《易》以祸福配道义，而道义重于祸福，故大过上六"过涉灭顶无咎"，而此曰"悔亡"，见理之得失重于事之吉凶也。

上六居节之极，盖节之苦者也，故有《卦辞》"苦节"之象。节既苦矣，故虽正不免于凶。

《象》曰："苦节，贞凶"，其道穷也。

"道穷"见《彖辞》。

䷼ 巽上 兑下 中孚信也

孚，信也。为卦二阴在内，四阳在外，而二五之阳皆得其中。以一卦六爻言之为中虚，以二体之二五言之为中实，皆孚之象也。又下说以应上，上巽以顺下，亦有孚义。《序卦》："节而信之，故受之以中孚。"所以次节。

中孚：豚鱼吉。利涉大川，利贞。

豚鱼生于大泽之中，将生风则先出拜，乃信之自然无所勉强者也。信如豚鱼，则吉矣。本卦上风下泽，豚鱼生于泽知风，故象之。鹤知秋，鸡知旦，二物皆信，故卦爻皆象之。"利贞"者，利于正也。若盗贼男女之私，岂不彼此有孚？然非理之正，故"利贞"。

《彖》曰：中孚，柔在内而刚得中，说而巽，孚乃化邦也。"豚鱼吉"，信及豚鱼也。"利涉大川"，乘木舟虚也。中孚以利贞，乃应乎天也。

以卦体、卦德、卦象释卦名、卦辞。二柔在内而中虚，二刚居中而中实。虚则内欲不萌，实则外诱不入，此中孚之本体也。而又下说上顺，上下交孚，所以"孚乃化邦"也。若从木立信，乃出于矫强矣，安能化邦？《易举正》止有"信及也"三字，无"豚鱼"二字。"及"者，至也，言信至于豚鱼，则信出自然矣。如此信，此所以吉也。"乘木舟虚"者，本卦外实中虚，有"舟虚"之象。至诚以涉险，如乘巽木之空，以行乎兑泽之上，又岂有沉溺之患？所以"利涉大川"。"应乎天"者，信能正，则事事皆天理，所谓诚者天之道也。贞应乎天，所以利贞。

《象》曰：泽上有风，中孚。君子以议狱缓死。

圣人之于卦，以八卦为之体，其所变六十四卦中错之综之，上之下之，皆其卦也，如火雷噬嗑。文王之意，以有火之明，有雷之威，方可有狱，孔子《大象》言用狱者五，皆取雷火之意。丰取其雷火也，旅与贲、艮综震，亦雷火也。解则上雷而中爻为火也，下体错离亦火也，此爻则大象为火而中爻为雷也。盖孔子于《易》韦编三绝，胸中之义理无穷，所以无往而非其八卦。不然，风泽之"与议狱缓死"何相干涉！《易经》一错一综，大象中爻，观此五卦自然默悟。兑为口舌，议之象。巽为不果，缓之象。

"议狱缓死"者，议狱罪当死矣，乃缓其死而欲求其生也。风入水受者，中孚之象也。"议狱缓死"，则至诚，恻怛之意溢于用刑之间矣。

初九：虞吉，有他不燕。

"虞"者，乐也，安也。"燕"者，喜也，安也。二字之义相近。"有他"者，其志不定而他求其所应也。本卦三四皆阴爻，六三则阴柔不正，六四则得八卦之正位者，因有此阴柔不正者隔于其中，故周公方设此有他之戒。若论本爻应爻，则不容戒也。

初九阳刚得正，而上应六四，四盖柔上得正者也。当中孚之初，其志未变，故有与六四相信而安乐之象，占者如是则吉。若不信于六四而别信于他，则是不能安乐其中孚矣，故戒占者如此。

《象》曰：初九"虞吉"，志未变也。

方初中孚之志未变。

九二：鸣鹤在阴，其子和之。我有好爵，吾与尔靡之。

和，去声。

大象离，雉象，变震，鹄象，皆飞鸟之象也。不言雉鹄而言鹤者，鹤信故也。鹤八月霜降则鸣，兑乃正秋，故以鹤言之。中孚错小过之遗音，又兑为口舌，鸣之象。故谦、豫二卦《小象》小过皆言"鸣"。"在阴"者，鹤行依洲屿，不集林木，九居阴爻，在阴之象也。巽为长女，兑为少女，子母之象也。"好爵"者，懿德也，阳德居中，故曰"好爵"。

子与尔皆指五，因中孚感应，极至而无以加，所以不论君臣皆呼子尔也。言懿德人之所好，故"好爵"虽我之所有，而彼亦系恋之也。"物之相爱"者，若如子母之同心；"人之所慕"者，莫如好爵之可贵。"鹤鸣子和"者，天机之自动也；"好爵尔靡"者，天理之自孚也。"靡"与"縻"同，系恋也。巽为绳，系之象也。

九二以刚中居下，有中孚之实，而九五刚中居上，亦以中孚之实应之，故有此象。占者有是德，方有是感应也。

《象》曰："其子和之"，中心愿也。

诚意所愿，非九二求于九五也。

六三：得敌，或鼓或罢，或泣或歌。

"得敌"者，得对敌也，指上九之应也。言六三不正，上九亦不正也。阴阳皆位不当，所以曰"得敌"。巽为进退，为不果，作止之象。又中爻震为鼓，鼓之象。艮为止，"罢之"之象。本卦大象离错坎，坎为加忧，"泣"之象。兑为口舌，为"巫歌"之象。

六三阴柔不正，而上应九之不正，此为悦之极，彼为信之穷，皆相敌矣。是以或鼓或罢而作止不定，或泣或歌而哀乐无常。其象如此，占者不能孚信，可知矣。

《象》曰："或鼓或罢"，位不当也。

阴居阳位。

六四：月几望，马匹亡，无咎。

"月几望"者，月与日对而从乎阳也。本卦下体兑，中爻震，震东兑西，日月相对，故"几望"。曰"几"者，将望而犹未望也。因四阴爻近五阳爻，故有此日月之象。马匹亡者，震为马，马之象也。此爻变中爻成离牛，不成震马矣，"马匹亡"之象也。"匹"者，配也，指初九也。曰"亡"者，不与之交，而绝其类也。"无咎"者，心事光明也。

六四当中孚之时，近君之位，柔顺得正，而中孚之实德，惟精白以事君，不系恋其党与者也，故有"月几望马匹亡"之象。占者能是，则无咎矣。

《象》曰："马匹亡"，绝类上也。

绝其类应而上从五也。

九五：有孚挛如，无咎。

"挛如"即"鹤鸣子和，我爵尔靡"也。"縻"字与"挛"字，皆有固结而不可解之意。"縻"者，系恋也。"挛"者，相连也。如合九二共成一体，包二阴以成中孚，故有此象。

"无咎"者，上下交而德业成也。

九五居尊位，为中孚之主，刚健中正，有中孚之实德，而下应九二，与之同德相信，故其象占如此。

《象》曰："有孚挛如"，位正当也。

与履不同。履，周公爻辞乃"贞厉"，此则"无咎"。

上九：翰音登于天，贞凶。

《礼记》"鸡曰翰音"，而此亦曰"翰音"者，以巽为鸡也。因错小过"飞鸟遗"之音，故九二曰"鹤鸣"，而此曰"翰音"也。鸡信物，天将明则鸣，有"中孚"之意。巽为高，"登天"之象也。又居天位，亦"登天"之象也。"登"者，升也，言鸡鸣之声，登闻于天也。九二上孚于五，在阴而子和；上九不下孚于三，翰音反登天，其道盖相反矣。"贞"者，信本正理也。

上九居中孚之极，极则中孚变矣。盖声闻过，情不能长久于中孚者也，故有此象。占者得此，贞亦凶矣。

《象》曰：翰音登于天，何可长也？

鸡不能鸣永长登于天，不过天将明一时而已。

小过 过也

小谓阴也。为卦四阴二阳，阴多于阳。小者过也，故曰"小过"。《序卦》："有其信者必行之，故受之以小过。"所以次中孚。

小过：亨，利贞。可小事，不可大事。飞鸟遗之音，不宜上，宜下，大吉。

小过错中孚象离，离为雉，乃飞鸟也。既错变为小过，则象坎矣，见坎不见离，则鸟已飞过，微有遗音也。《易经》错综之妙至此。若以卦体论，二阳象为鸟身，上下四阴象鸟翼，中爻兑为口舌，遗音之象也。遗音人得而听之，则鸟低飞在下不在上，与上六"飞鸟离之"者不同矣。大过曰"栋桡"，栋，重物也，故曰"大过"。飞鸟轻物，而又曰"遗音"，故曰"小过"。不宜上宜下，又就小事言也，如坤之居后不居先是也。《上经》终之以坎、离，坎、离之上颐与大过，颐有离象，大过有坎象，方继之以坎、离。《下经》终之以既济、未济，既济、未济之上中孚与小过，中孚有离象，小过有坎象，方继之既济、未济。文王之《序卦》精矣。

阴柔于人无所逆，于事无所拂，故"亨"，然利于正也。盖大过则以大者为贞，小过则以小者为贞，故"可小事，不可大事"。然卦体有飞鸟遗音，其过如是其小之象，故虽小事亦宜收敛谦退，居下方得大吉。惟小事而又居下，斯得进宜而贞矣。"可小事不可大事"者，当小过之时；"宜下不宜上"者，行小过之事。

《彖》曰：小过，小者过而亨也。过以"利贞"，与时行也。柔得中，是以"小事"吉也。刚失位而不中，是以"不可大事"也。有"飞鸟"之象焉。"飞鸟遗之音，不宜上，宜下，大吉"，上逆而下顺也。

以卦体、卦象释卦名、卦辞。阳大阴小，本卦四阴二阳，是小者过也，此原立卦名之义。"过而亨"者，言当小过之时，不容不小过，不小过则不能顺时，岂得亨？惟小者过，所以亨也。"时"者，理之当可也。时当小过而小过，乃所谓正也。亦如当大过之时，不得不大过也，则以大过为正。故过以利贞者，与时行也。以二五言，柔顺得中，则处一身之小事能与时行矣，所以"小事吉"。以三四言，凡天下之大事，必刚健中正之君子方可为之，今失位不中，则阳刚不得志矣，所以"不可大事"。卦体内实外虚，有飞鸟之象焉，故卦辞曰"飞鸟遗之音"。"不宜上"者，上卦乘阳，且四五失位，逆也。"宜下，大吉"者，下卦承阳，且二三得正，顺也。惟上逆而下顺，所以虽小事亦宜下也，无非与时行之意。

《象》曰：山上有雷，小过。君子以行过乎恭，丧过乎哀，用过乎俭。

行，下并反。

山上有雷，其声渐远，故为小过。盖当小过之时，不容不过，行不过乎恭则傲，过甚则足恭；丧不过乎哀则易，过甚则灭性；用不过乎俭则奢，过甚则废礼。惟过恭、过哀、过俭，则与时行矣。

初六：飞鸟以凶。

因本卦有飞鸟之象，故就"飞鸟"言之。飞鸟在两翼，而初六上六又翼之锐者也，故初与上皆言飞言"凶"。"以"者，因也，因飞而致凶也。

居小过之时，宜下不宜上。初六阴柔不正，而上从九四阳刚之动，故有"飞鸟"之象。盖惟知飞于上而不知其下者也，凶可知矣。故占者凶。

《象》曰："飞鸟以凶"，不可如何也。

不可如何，莫能解救之意。

六二：过其祖，遇其妣，不及其君。遇其臣，无咎。

"遇"字详见噬嗑六三。阳为父，阴为母，"祖妣"之象。震、艮皆一君二民，"君臣"之象。三四阳爻，皆居二之上，有祖象，有君象。初在下，有妣象，有臣象。阴四故曰"过"，阳二故曰"不及"。本卦初之与四，上之与三，皆阴阳相应，阴多阳少，又阳失位，似阴有抗阳之意，故二阳爻皆言"弗过"。此爻不应乎阳，惟与初之阴相遇，故曰"遇妣"、"遇臣"也，观九四遇五曰"遇"、上六隔五曰"弗遇"可见矣。盖遇者非正应，而卒然相逢之辞。言以阴论，四阴二阳，若孙过其祖矣，然所遇者乃妣也，非遇而抗乎祖也。以阳论，二阳四阴，若不及在君，过在臣矣，然所遇者乃臣也，非过而抗乎君也。若初之于四，上之于三，则祖孙君臣相为应与，对敌而抗矣，所以初与上皆凶。此爻因柔顺中正，所以过而不过。

本卦阴过乎阳，阴阳不可相应。六爻以阳应阴者皆曰"弗过"，以阴应阳者则曰"过之"。六二柔顺中正，以阴遇阴，不抗乎阳，是当过而不过，"无咎"之道也。故其象占如此。

《象》曰："不及其君"，臣不可过也。

臣不可过乎君，故阴多阳少，不可相应。

九三：弗过防之，从或戕之，凶。

"弗过"者，阳不能过乎阴也。两字绝句。本卦阴过乎阳，故二阳皆称弗过。"防之"者，当备惧防乎其阴也。从者，从乎其阴也。何以众阴欲害九三？盖九三刚正，邪正不两立，况阴多乎阳。

九三当小过之时，阳不能过阴，故言弗过。然阳刚居正，乃群阴之所欲害者，故当防之。若不防之而反从之，则彼必戕害乎我而凶矣。故戒占者如此。

《象》曰："从或戕之"，"凶"如何也？

"如何"者，言其凶之甚也，而岂可不妨阴乎？

九四：无咎，弗过遇之，往厉必戒，勿用永贞。

九四与九三不同。九三位当，九四位不当，故言"咎"。"弗过"者，弗过乎阴也。"遇之"者，反遇乎阴也。三从阴在下，其性止，故惟言防；四之阴在上，阳性上行，且其性动，与之相比，故"遇"也。"往"者，往从乎阴也。"永贞"者，贞实之心长相从也。

九四以刚居柔，若有咎矣。然当小过之时，刚而又柔，正即所谓小过也，故"无咎"。若其阳弗过乎阴，亦如其六二，但四弗过乎阴而反遇乎阴，不当往从之。若往从乎彼，与之相随，则必危厉，所当深戒，况相从而与之长永贞固乎？故又戒占者如此。

《象》曰："弗过遇之"，位不当也。"往厉必戒"，终不可长也。

"位不当"者，刚居柔位。"终不可长"者，终不可相随而长久也。所以有往厉勿用之戒。旧注因不知三爻四爻，"弗过"二字绝句，所以失旨。

六五：密云不雨，自我西郊，公弋取彼在穴。

本卦大象坎，云之象也。中爻兑，雨之象也。又兑西巽东，自西向东之象也。以丝系矢而射曰弋，坎为弓，弋之象也。又巽为绳，亦弋之象也。坎为隐伏，又坎出自穴入于穴，皆穴之象也。鸟之巢穴多在高处，今至五则已高而在上矣，故不言飞而言穴。本卦以飞鸟遗音象卦体，今五变成兑，不成震，鸟不动，在于穴之象也。"公"者，阳失位在四，五居四之上，故得称"公"也。"取彼"者，取彼鸟也。鸟既在穴，则有遮避，弋岂能取之？云"自西而东"者，不能成其雨；"弋取彼在穴"者，不能取其鸟。皆不能小过者也。盖雨之事，大则雷雨，小则微雨；射之事，大则狩，小则弋。如有微雨，是雨之小过矣。能取在穴，是弋之小过矣。今不雨不能取，是不能小过也。小畜以小畜大，小过以小过大，畜与过皆阴之得志也，故周公小过之爻辞同文王小畜之卦辞。

本卦宜下不宜上，至外卦而上矣。五以柔居尊而不正，不能成小过之事，故也。

《象》曰："密云不雨"，已上也。

本卦上逆下顺，宜下不宜上。今已高在上矣，故曰"已上"也。

上六：弗遇过之，飞鸟离之，凶。是谓灾眚。

此爻正与四爻相反。四曰"弗过遇之"者，言阳不能过乎阴，而与五相比，是弗过乎阴，而适遇乎阴也。此曰"弗通过之"者，言上六隔五不能遇乎阳，而居于上位反过乎阳也。因相反，所以曰"弗过遇之"，曰"弗遇过之"，颠倒其辞者以此也。"离之"者，高飞远举不能闻其音，正与飞鸟遗之音相反。凡阴多与阳者，圣人皆曰"有灾眚"，故复卦上六亦言之。

六以阴居动体之上，处小过之极，盖过之高而亢者也。阴过如此，非阴之福。天灾人眚荐至，凶孰甚焉。故其象占如此。

《象》曰："弗遇过之"，已亢也。

亢则更在上矣。

坎上 离下 既济 定也

"既济"者，事之已成也。为卦水火相交，各得其用，又六爻之位，各得其正，故为既济。《序卦》："有过物者必济，故受之以既济。"所以次小过。

既济：亨小，利贞，初吉终乱。

"亨小"者，言不如方济之时亨通之盛大也。譬如日之既昃，不如日中之盛，所以亨小而不能大也。"利贞"者，即泰之艰贞也。日中则昃，月盈则食，无平不陂，无往不复，一治一乱，乃理数之常。方济之时，人心儆戒，固无不吉矣；及既济之后，人心恃其既济，般乐怠敖，未有不乱者。此虽气数之使然，亦人事之必然也。故利于贞。

《象》曰：既济"亨"，小者亨也。"利贞"，刚柔正而位当也。"初吉"，柔得中也。"终"止则"乱"，其道穷也。

释卦名"亨小"义，又以卦体释卦辞。言"既济亨小"者，非不亨也，正当亨通之时也。但济曰既，则亨小，不如方济之时亨通之盛大矣，故曰"既济亨小者亨"也。非不亨也，特小耳。小字生于既字。初、三、五阳居阳位，二、四、六阴居阴位，刚柔正即是位当也。刚柔正即是位当，有贞之义，故曰"利贞"。初指六二，二居内卦，方济之初而能柔顺得中，则思患深而豫防密，所以吉也。"终止则乱"者，人之常情，处平常无事之时则止心生，止则心有所怠而不复进，乱之所由起也。处艰难多事之时则戒心生，戒则心有所畏而不敢肆，此治之所由兴也。文王曰"终乱"，孔子曰"终止则乱"，圣人赞《易》之旨深矣。"其道穷"者，以人事言也。怠胜敬则凶，此人道以理穷也，以天运言之，盛极则必衰，此天道以数而穷也。以卦体言之，水在上终必润下，火在下终必炎上，此卦体之势而穷也。今当既济之后，止心既生，岂不终乱，故曰"其道穷"。

《象》曰：水在火上，既济。君子以思患而豫防之。

"患"者，塞难之事，象坎险。"防"者，见几之事，象离明。思以心言，豫以事言，"思患"者，虑乎其后，"豫防"者，图之于先。能如此，则未雨而彻桑土，未火而徙积薪。天下之事莫不皆然，非但既济当如此也。

初九：曳其轮，濡其尾，无咎。

坎为轮，为狐，为曳，轮狐曳之象也。初在狐之后，尾象；在水之下，濡象。若专以初论，轮在下，尾在后，皆初之象。"濡其尾"者，垂其尾于后而沾濡其水也。舆赖轮以行，曳其轮则不前；兽必揭其尾而后涉，濡其尾则不济。皆不轻举妄动之象也。"无咎"者，能保其既济也。

九当既济之时，尚在既济之初，可以谨戒而守成者。然初刚得其正，不轻于动，故有"曳轮濡尾"之象。以此守成，无咎之道，故其象占如此。

《象》曰："曳其轮"，义无咎也。

以此守成，理当无咎。

六二：妇丧其茀，勿逐，七日得。

茀，音拂，草盛蔽道也，又妇人车旁设蔽，以御风尘者。《诗》："翟茀以朝。"

二乃阴爻，离为中女，妇之象也。又应爻中男，乃五之妇也。"茀"者，车后茀也，即今舟中篷之类，所以从艸。坎为舆，离中虚，"茀"之象也。坎为盗，离持戈兵，"丧茀"之象也。此与屯卦六二相同。屯乘刚，故邅如班如，此则乘承皆刚，故"丧其茀"矣。妇人丧其茀，则无遮蔽不能行矣。变乾居一，前坎居六，离为日，七日之象也。"勿逐自得"者，六二中正，久则妄求去正应合，所以"勿逐自得"也。又详见睽卦初九。若以理数论，阴阳极于六，七则变矣。时变则自得，盖变则通之意。

二以中正之德，而上应中正之君，本五之妇也。但乘承皆刚，与五不得相合，故有妇丧茀不能行之象。然上下中正，岂有不得相合之理，但俟其时耳，故又戒占者勿可追逐，宜令其自得也，又有此象。

《象》曰："七日得"，以中道也。

中道者，居下卦之中，此六二之德也。济世之具在我，故不求自得。

九三：高宗伐方，三年克之，小人勿用。

离为戈兵，变爻为震，戈兵震动，伐国之象也。鬼方者，北方国也，夏曰"獯粥"，商曰"鬼方"，周曰"狁狁"，汉曰"匈奴"，魏曰"突厥"。三与上六为应，坎居北，故曰"鬼方"。坎为隐伏，鬼之象也。变坤中爻为方，方之象也。周公非空取"鬼方"二字也。离居三，三年之象也。三变阴，阳大阴小，小之象也。三居人位，"小人"之象也。即变中爻成艮止，勿用之象也。周公爻象一字不空，此所以为圣人之笔也。

既济之时，天下无事矣。三以刚居刚，故有伐国之象。然险陷在前，难以骤克，故又有三年方克之象。夫以高宗之贤，其用兵之难如此，而况既济无事之世？任用小人，舍内治而幸边功，未免穷兵厉民矣。故既言用兵之难，不可轻动，而又信任人不可不审也。教占者处既济之时，当如此戒之深矣。

《象》曰："三年克之"，惫也。

惫，蒲败反。

"惫"者，病也，时久师老，财匮力乏也。甚言兵不可轻用。

六四：繻有衣袽，终日戒。

繻，音如。旧注曰"繻"也。袽，音茹。絮缊所以塞舟也。

凡帛可以言繻。"袽"者，敝衣也。四变中爻为乾，衣之象也，错坤为帛，繻之象也。又成兑为毁折，敝衣之象也。成卦为既济，本爻又得位，犹人服饰之盛也。济道将革，不敢恃其服饰之盛，虽有繻不衣之，而乃衣其敝衣也。"终日"，尽日也。居离日之上，离日已尽之象也。"戒"者，戒惧不安也。四多惧，戒之象也。"衣袽"以在外言，终日戒以心言。

六四当出离入坎之时，阴柔得正，知济道将革，坎陷临前，有所疑惧，故有繻不衣，乃衣其袽，终日戒惧之象。占者必如是，方可保既济也。

《象》曰："终日戒"，有所疑也。

"疑"者，疑祸患之将至也。

九五：东邻杀牛，不如西邻之禴祭，实受其福。

"邻"者，文王圆图离居正南，坎居正北，震居正东，兑居正西，则东西者乃水火之邻也，故有东西之象。观震卦上六变离，《爻辞》曰"不于其躬于其邻"，则震、兑又以南北为邻矣。"杀牛"不如"禴祭"者，言当既济之终，不当侈盛，当损约也。五变坤，牛之象。离为戈兵，坎为血，见戈兵而流血，杀之象。"禴"，夏祭，离为夏，禴之象。坎为隐伏，人鬼之象。又为有孚，诚心祭人鬼之象。"杀牛"盛祭，"禴"薄祭。"实受其福"者，阳实阴虚，阳大阴小，《小象》曰"吉大来也"，"大"字即"实"字，"吉"字即"福"字，大与实皆指五也。言如此损约，则五吉而受其福矣。泰入否，圣人曰"勿恤其孚，于食有福"。既济将终，圣人曰"不如禴祭，实受其福"，圣人之情见矣。六四不衣、美衣、而衣、恶衣，九五不尚盛祭而尚薄祭，皆善与处终乱者也。

五居尊位，当既济之终，正终乱之时也，故圣人戒占者曰：济将终矣，与其侈盛，不如艰难菲薄，以亨既济之福，若侈盛则止而乱矣。故其戒之之象如此。

《象》曰：东邻杀牛，不如西邻之时也。"实受其福"，吉大来也。

"之"当作知，因与音同，写时之误。"时"，"二篇应有时"之时，言"东邻杀牛"不如"西邻知时"也。盖济道终乱之时，此何时哉？能知其时艰难，菲薄以处之，则自有以享其既济之福矣。"吉大来"者，言吉来于大也。"来"字与益卦"自外来也""来"字同。

上六：濡其首，厉。

初九卦之始，故言"濡尾"者，心有所畏惧而不敢遽涉也。上六卦之终，故言"濡首"者，志已盈满而惟知其涉也。大过，上六泽水之深矣，故"灭顶"；既济，上六坎水之深矣，故"濡首"。

既济之极，正终乱之时也，故有狐涉水而濡首之象。既濡其首，已溺其身，占者如是，危可知矣。

《象》曰："濡其首厉"，何可久也？

言必死亡。

离上
坎下 **未济**男之穷也

未济，事未成之时也。水火不交不相为用，其六爻皆失其位，故为"未济"。《序卦》："物不可穷也，故受之以未济终焉。"所以次既济。

未济：亨。小狐汔济，濡其尾，无攸利。

"亨"者，言时至则济矣。特俟其时耳，故"亨"也。坎为狐。坎居下卦，故曰"小狐"。坎为水，为隐伏，穴处而隐伏，往来于水间者狐也。又为心病，故多狐疑。既济、未济二卦皆以"狐"言者，此也。水涸曰"汔"，此指济渡水边水浅处言也。"濡其尾"者，言至中间深处，即"濡其尾"而不能涉矣。此未济之象也。"无攸利"，戒占者之辞。

言未济终于必济，故"亨"。然岂轻于济而得亨哉！如小狐不量水中之浅深，见水边之浅涸，果于必济，及济于水中乃"濡其尾"，而不能济矣，如此求济，岂得济哉！占者"无攸利"，可知矣。故必识浅深之宜，持敬畏之心，方可济而亨也。

《象》曰："未济，亨"，柔得中也。"小狐汔济"，未出中也。"濡其尾，无攸利"，不续终也。虽不当位，刚柔应也。

释卦辞，柔得中指六五。阴居阳位得中，则既不柔弱无为，又不刚猛债事。未济终于必济，所以亨。前卦既济之"初吉"者，已然之亨也，柔中之善于守成者也。此卦未济之亨者，未然之吉也，柔中之善于拨乱者也。"未出中"者，言止于水边涧处济之，而未能出其险陷之中也。济而得济谓之"终"，今"未出中"，则始虽济而终不能济，是不能继续而成其终矣。然岂终于不济哉？盖六爻虽失位，故为"未济"，然刚柔相应，终有协力出险之功，是未济终于必济，此其所以亨也。

《象》曰：火在水上，未济。君子以慎辨物居方。

火炎上，水润下，物不同也。火居南，水居北，方不同也。君子以之"慎辨物"，使物以群分；"慎居方"，使方以类聚，则分定不乱，阳居阳位，阴居阴位，未济而成既济矣。

君子小人，皆当位，正未济来济。要用不当位，则小狐濡尾矣。

初六：濡其尾，吝。

兽之济水，必揭其尾，尾濡则不能济。"濡其尾"者，言不能济也。

初六才柔，又无其位，当未济之时，乃不量其才力，而冒险以进，不能济矣，吝之道也。故其象占如此。

《象》曰："濡其尾"，亦不知极也。

此小狐汔济也。

"极"者，终也，即《彖辞》"濡其尾无攸利不续终"也。言不量其才力而进，以至"濡其尾"，亦不知其终之不济者也。

九二：曳其轮，贞吉。

坎为轮。"曳其轮"者，不遽然而进也。凡济渡必识其才力，量其浅深，不遽于进，方可得济，不然必"濡其尾"矣。"贞"者，得济之正道也。"吉"者，终得以济也。

二以阳刚之才，当未济之时，居柔得中，能自止而不轻于进，故有"曳其轮"之象。占者如是，正而吉矣。

《象》曰：九二贞吉，中以行正也。

九居二本非其正，以中故得正也。

六三：未济，征凶。利涉大川。

"未济"者，言出坎险可以济矣，然犹未济也，故曰"未济"。"利涉大川"者，正卦为坎，变卦为巽，木在水上，乘木有功，故"利涉大川"。"征"者，行也。初"濡其尾"，行而未济也。二"曳其轮"，不行也。故至于三，则坎之极，水益深矣，故必赖木以渡之，方可济也。若不赖木而直行，则"濡其尾"而"凶"矣。

阴柔不中正，当未济之时，病于才德之不足，故"征凶"。然未济有可济之道，险终有出险之理，幸而上有阳刚之应，若能涉险而往赖之，则济矣，故占者利于赖木以"涉大川"。"利涉大川"，又占中赖阳刚之象也。

《象》曰："未济，征凶"，位不当也。

以柔居刚。

九四：贞吉悔亡，震用伐鬼方，三年有赏于大国。

"震"者，惧也。"四多惧"，四变中爻为震，故以震言之。"伐鬼方三年"，详见既济。"大国"对"鬼方"而言，则伐之者为大国，鬼方为小国也。"有赏于大国"者，三年鬼方自顺服，故大国赏之。惟其有赏，故不言"克之"也。既济言克之者，鬼方在上，仰关而攻克之甚难，且水乃克火之物，火又在下，所以三年方克。《小象》曰"惫者"，此也。此则鬼方在下，易于为力，故自屈服。曰有赏者，如上之赏下也。未济与既济相综，未济九四即既济九三，故爻辞同。亦如损、益相综，损之六五即益之六二；夬、姤相综，夬之九四即姤之九三，所以爻辞皆同也。综卦之妙至此！

以九居四，不正而有悔也。能勉而贞，则吉而悔亡矣。然以不贞之资，非临事而惧，何以能济天下之事哉！故必忧惕敬惧而震，则其志可行，而有以赏其心志矣。故占者又有"震用伐鬼方，三年有赏于大国"之象。

《象》曰："贞吉，悔亡"，志行也。

"志行"者，已出其险，济之之志行也。履之九四、否之九四、睽之九四皆言志行，以"四多惧"故也。

六五：贞吉，无悔。君子之光，有孚，吉。

贞非戒辞，乃六五之所自有。"无悔"与"悔亡"不同。"无悔"者，自无悔也；"悔亡"者，有悔而亡也。未济渐济，故虽六五之阴而亦有"晖光"。既济渐不济，故虽九五之阳而必欲如"西邻之禴祭"。凡天地间造化、富贵、功名，类皆如此。

六五为文明之主，居中应刚，虚心以求九二之共济，贞吉无悔矣。故本之于身则光辉发越，征之于人则诚意相孚，吉不必言矣。占者有是德，方应是占也。文明即君子之光，中虚即有孚。

《象》曰："君子之光"，其晖吉也。

日光曰晖，如日光之盛。盖六五承应皆阳刚，君子相助为明，故"其晖吉"。

上九：有孚于饮酒，无咎。濡其首，有孚，失是。

六爻皆有酒象。《易》中凡言"酒"者皆坎也。上三爻离错坎，亦酒也。"是"字即"无咎"二字。"濡其首"者，三也。坎水至三，坎水极深矣，故涉之者濡其首。既济之上六即未济之六三也，既济言"濡其首"，故上九与六三为正应，即以"濡其首"言之。

六五为未济之主，资九二之刚中，三涉川，四伐国，至于六五光辉发越，已成克济之功矣。上九负刚明之才，又无其位，果何所事哉？惟有孚于五，饮酒宴乐而已。此则近君子之光，所"有孚"者是矣，"无咎"之道也。若以濡其首之三为我之正应，乃有孚于三，与之饮酒则坠落于坎陷之中，与三同"濡其首"，所"有孚饮酒"者不见矣，安得"无咎"哉！故曰"有孚，失是"。教占者必如此。

《象》曰："饮酒""濡首"，亦不知节也。

"节"者，事之界也。濡首同于六三，办不知三在坎险之界而自罹其咎矣。

来瞿唐先生易注卷之十三

系 辞 上 传

天尊地卑，乾坤定矣。卑高以陈，贵贱位矣。动静有常，刚柔断矣。方以类聚，物以群分，吉凶生矣。在天成象，在地成形，变化见矣。

"天地"者，阴阳形气之实体。"乾坤"者，《易》中纯阴纯阳之卦名也。"卑高"者，天地万物上下之位。"贵贱"者，《易》中卦爻上下之位也。动者阳之常，静者阴之常。以天地论，天动地静。以万物论，男外而动，女内而静，雄鸣而动，雌伏而静也。"刚柔"者，《易》中卦爻阴阳之称也。"断"，判断，乃自然分判，非由人也。"方"者，东南西北之四方也。"方以类聚"者，中国外夷各相聚是也。"物"者，万物也。"群分"者，羽毛鳞介各分别是也。"吉凶"即善恶。地有内华外夷之善恶，人有君子小人之善恶，物有牛马虎狼之善恶，此皆阴阳淑慝之分也，故"吉凶生矣"。"吉凶"者，《易》中卦爻占决之辞也。此皆圣人仰观俯察，列于两间之可见者，故以尊卑、卑高、动静、类群、形象言之。"象"者，日月星辰之属。"形"者，山川动植之属。两间形象，其中有往有来，有隐有见，有荣有枯，有生有死，千变万化。《易》中变化则阴之极者变乎阳，阳之极者化乎阴也。

此一条言天地万物一对一待，《易》之象也。盖未画《易》之前，一部《易经》已列于两间。故"天尊地卑"，未有《易》卦之乾坤，而乾坤已定矣；"卑高以陈"，未有《易》卦之贵贱，而贵贱已位矣；"动静有常"，未有《易》卦之刚柔，而刚柔已断矣；"方以类聚，物以群分"，未有《易》卦之吉凶，而吉凶已生矣；"在天成象，在地成形"，未有《易》卦之变化，而变化已见矣。圣人之《易》不过模写其象数而已，非有心安排也。孔子因伏羲圆图阴阳一对一待，阴错乎阳，阳错乎阴，所以发此条。

是故刚柔相摩，八卦相荡。鼓之以雷霆，润之以风雨。日月运行，一寒一暑。乾道成男，坤道成女。乾知大始，坤作成物。

八卦以天、地、水、火、山、泽、雷、风八卦之象言，非乾、坎、艮、震、巽、离、坤、兑也，若旧注以两相摩而为四，四相摩而为八，则将下文日月男女说不通矣。"八卦"者，刚柔之体；刚柔者，八卦之性。总是刚柔，分成八卦。"摩荡"者，两仪配对，气通乎间，交感相摩荡也。惟两间之气交感摩荡，而复生育不穷。得阳气之健者为男，得阴气之顺者为女。然成男虽属乾道，成女虽属坤道，合之则乾始而坤终。此造化一气流行之妙，两具不可测者也。"知"者，知此事也。"作"者，能此事也。盖未成之物无所造作，故言

"知"；已成之物曾经长养，故言"作"。言乾惟知始物，坤惟能成物，此所以"易简"也。凡人之知，属气属魂，凡人之能，属形属魄，故乾以知言，坤以能言也。"大"者，完全之意，譬之生人，止天一生水也，而二之火为心，三之木为肝，四之金为肺，五之土为脾，一身之骸骨脏腑皆完全备具矣。盖不惟始，而大始也。

此一条言天地阴阳之流行。一施一受，《易》之气也。言天地万物惟有此对待，故刚柔八卦相为摩荡，于是鼓雷霆，润风雨，日月寒暑运行往来，形交气感，男女于是乎生矣。故乾所知者惟始物，坤所能者惟成物。无乾之施则不能成坤之终，无坤之受则不能成乾之始。惟知以施之，能以受之，所以生育不穷。孔子因文王圆图"帝出乎震，成言乎艮"，又文王《序卦》"阴综乎阳，阳综乎阴也"，所以发此条。

乾以易知，坤以简能。易则易知，简则易从。易知则有亲，易从则有功。有亲则可久，有功则可大。可久则贤人之德，可大则贤人之业。

易简，而天下之理得矣。天下之理得，而成位乎其中矣。

"易知"者，一气所到，生物更无凝滞，此则造化之良知，无一毫之私者也，故知之易。"简能"者，乃顺承天不自作为，此则造化之良能，无一毫之私者也，故能之简。盖乾始坤成者，乃天地之职司也。使为乾者用力之难，为坤者用力之烦，则天地亦劳矣。惟《易》乃造化之良知，故始物不难；惟简乃造化之良能，故成物不烦也。人受天地之中以生，其性分之天理，为我良知良能者，本与天同其易，而乃险不可知；本与地同其简，而乃阻不可从者，以其累于人欲之私耳。故"易则易知，简则易从"。"易知"、"易从"皆我，非人知人从也。下易字乃难易之易。

此一条言人成位乎中也。言乾惟知大始，是"乾以易知"矣；坤惟能成物，是"坤以简能"矣。人之所知如乾之易，则所知者皆性分之所固有，而无一毫人欲之艰深，岂不"易知"？人之所能如坤之简，则所能者皆职分之所当为，而无一毫人欲之纷扰，岂不"易从"？"易知"，则此理之具于吾心者，常洽浃亲就，不相支离疏隔，故"有亲"；"易从"，则此理之践于吾身者，常日积月累，无有作辍怠荒，故"有功"。"有亲"，则日新不已，是以"可久"；"有功"，则富有盛大，是以"可大"。"可久"，则贤人之德与天同其悠久矣；"可大"，则贤人之业与地同其博大矣。夫以易简而天下之理得，成贤人之德业，则是天有是《易》，吾之心亦有是《易》；地有是简，吾之身亦有是简，与天地参而为三矣。《易》中三才成其六位者，此也。理得成位，即致中和天地位，万物育之意。"贤人"即圣人，与天地并而为三，非圣人而何？

上第一章。此章"天尊地卑"一条，言天地对待之体；"刚柔相摩"一条，言天地流行之用；"乾以易知"一条，则言人成位乎天地之中。成位乎中，则天地之体用模写于《易》者，神而明之，皆存乎其人矣。此三条，孔子原《易》之所由作，通未说到《易》上去。至第二章"设卦观象"，方言《易》。

圣人设卦，观象系辞焉，而明吉凶，刚柔相推，而生变化。

"设卦"者，文王、周公将伏羲圆图六十四卦陈列也。"象"者物之似，总之有一卦之象，析之有六爻之象，观此象而系之以辞，以明一卦一爻之吉凶。"刚柔相推"者，卦爻阴阳，迭相为推也。柔不一于柔，柔有时而穷，则自阴以推于阳，而变生矣。刚不一于刚，刚有时而穷，则自阳以推于阴，而化生矣。如乾之初九，交于坤之初六，则为震。坤之初六，交于乾之初九，则为巽，此类是也。又如夬极而乾矣，反下而又为姤；剥极而坤矣，反下而又为复，此类是也。《易》之为道，不过辞、变、象、占四者而已。"吉凶"者，占也。占以辞而明，故"系辞焉"而明吉凶。"刚柔相推"者象也，变由象而出，故"刚柔相推而生变化"。

是故吉凶者，失得之象也。悔吝者，忧虞之象也。变化者，进退之象也。刚柔者，昼夜之象也。六爻之动，三极之道也。

"是故"者，因上文也。"吉凶悔吝"，以卦辞言。"失得忧虞"，以人事言。《易》言吉凶，在人为失得之象；《易》言悔吝，在人为忧虞之象。盖人之行事，顺理则得，逆理则失，故辞有吉凶，即人事失得之象。"虞"者乐也。"忧"则困心衡虑渐趋于吉，亦如悔之自凶而趋吉也；"虞"则志得意满渐向于凶，亦如吝之自吉而向凶也。所以"悔吝"即"忧虞之象"。所谓"观象系辞以明吉凶"者，此也变化刚柔，以卦画言。进退昼夜，以造化言。柔变乎刚，进之象；刚化乎柔，退之象。"进"者息而盈也，"退"者消而虚也。刚属阳明，昼之象；柔属阴暗，夜之象。进退无常，故变化者进退之象；昼夜一定，故刚柔者昼夜之象。三者，三才也，地位、人位、天位也。"三才"即六爻。分之则六爻，总之则三才。"极"，至也。爻不极，则不变动。阳极则阴，阴极则阳。言六爻之变动者，乃三才极至之道理如此也。故曰"道有变动"曰爻，所谓"刚柔相推而生变化"者此也。"六爻之动"二句言变化之故。

是故君子，所居而安者。《易》之序也；所乐而玩者，《爻》之辞也。

上二节，言圣人作《易》之事，此二节则教人之学《易》也。"居"者，处也。"安"者，处而不迁。"乐"者，悦乐也。"玩"者，悦乐而反覆玩味。"序"者，文王《序卦》也。"所居而安"者，文王六十四卦之序；"所乐而玩"者，周公三百八十四爻之辞。文王《序卦》有错有综，变化无穷，若可迁移矣。然文王本其自然之画而定之，非有心安排也，故不可迁移。如乾止可与坤相错，不可与别卦相错，故孔子《杂卦》曰"乾刚坤柔"；屯止可与蒙相综，不可与别卦相综，故孔子《杂卦》曰"屯见而不失其居，蒙杂而著"，故处而不迁。此则教人学文王《序卦》、学周公《爻辞》。

是故君子，居则观其象而玩其辞，动则观其变而玩其占。

是以自天祐之，吉无不利。

辞因象而系，占因变而决。静而未卜筮时，《易》之所有者，象与辞也；动而方卜筮时，《易》之所有者，变与占也。《易》之道，一阴一阳，即天道也。如此观玩，则所趋皆吉、所避皆凶，静与天俱，动与天游，冥冥之中若或助之矣，故"自天祐之，吉无不利"。变即上变也，言变则化在其中。此则教人学文王、周公辞变象占。

上第二章。此章言圣人作《易》、君子学《易》之事。

象者，言乎象者也。爻者，言乎变者也。吉凶者，言乎其失得也；悔吝者，言乎其小

疵也；无咎者，善补过也。

"象"谓卦辞，文王所作者。"爻"谓爻辞，周公所作者。"象"指全体而言，乃一卦之所具者，如"元亨利贞"，则言一卦纯阳之象。"变"指一节而言，乃一爻之所具者，如"潜龙勿用"，则言初阳在下之变。凡言动之间，善谓"得"，不善谓"失"，小不善之谓"疵"，不明乎善而误于不善之谓"过"。觉其小不善，非不欲改，而彼时未改，于是乎有"悔"。觉其小不善，犹及于改而不能改，或不肯改，于是乎有"吝"。悔未至于吉而犹有小疵，吝未至于凶而已有小疵。"善"者，嘉也，嘉其能补过也，即上文"言乎"言字之例。本有过而能图回改复，谓之"补"。譬如衣有破处，帛则用帛补之，布则用布补，此之谓"补过"。吉凶失得之大，不如悔吝之小；悔吝疵病之小，又不如无咎之为善。

《象》言象，《爻》言变，则"吉凶悔吝无咎"之辞皆备矣。故"吉凶"者，言乎卦爻中之失得也，"悔吝"者，言乎卦爻中之小疵也，"无咎"者，言乎卦爻中之能补过也。此释《象》、《爻》之名义，又释"吉凶"、"悔吝"、"无咎"之名义也。

是故列贵贱者存乎位，齐大小者存乎卦，辨吉凶者存乎辞，忧悔吝者存乎介，震无咎者存乎悔。

是故卦有小大，辞有险易。辞也者，各指其所之。

上文释卦爻吉凶、悔吝、无咎之名义矣，此则教人体卦、爻"吉凶悔吝无咎"之功夫也。五存应四言一善。"列贵贱"句，应《爻》者，言乎其变，"齐大小"句，应《象》者言乎其象。"列"者，分列也。六爻上体为贵，下体为贱。"齐"者，等也，等分大小也。阳大阴小。阳大为主者，复、临、泰之类也；阴小为主者，姤、遁、否之类也。"小往大来"，"大往小来"，皆其类也。"介"者，分也。"震"者，动也。"大小"即所齐之大小也。"险易"者，即卦爻辞之险易也。"险"者暗昧而艰深，如文王卦辞"履虎尾"、"先甲后甲"之类，周公爻辞"其人天且劓"、"入于左腹"之类是也。《易》者明白而平易，如文王卦辞谦"君子有终"、渐"女归吉"之类。周公爻辞"师左次"、"同人于门"之类是也。"之"者，往也。"各"者，吉、凶、悔、吝、无咎五者各不同也。"各指其所之"者，各指其所往之地也。

言爻固言乎其变矣，若列贵践则存乎所变之位，不可贵贱混淆。《象》固言乎其象矣，若齐大小则存乎所象之卦，不可大小紊乱。吉凶固言乎失得矣，若辨吉凶则存乎其辞，辞吉则趋之，辞凶则避之。悔吝固言乎小疵矣，然不可以小疵而自恕，必当于此心方动、善恶初分、几微之时即忧之，则不至于悔吝矣。无咎固补过矣，然欲动补过之心者，必自悔中来也。是故卦与辞虽有大小险易之不同，然皆各指于所往之地，如吉凶则趋之、避之，如悔吝则忧乎其介，如无咎存乎悔也。此则教人观玩体卦爻吉、凶、悔、吝、无咎之功夫也。

上第三章。此章教人观玩之事，故先释卦爻并吉、凶、悔、吝、无咎五者之名义，而后教人体此卦爻并五者功夫也。

《易》与天地准，故能弥纶天地之道。

"准"者，均平也，言《易》之书与天地均平也。"弥"者弥缝，包括周密，合万为一，而浑然无欠，即下文范围之意。"纶"者丝纶，条理分明，析一为万而灿然有伦，即下文曲成之意。"弥纶天地"者，如以乾卦言，为天为圜，以至为木果，即一卦而八卦可知矣。如以乾卦初爻潜龙言，在君得之则当传位，在臣得之则当退休，在士得之则当静修，在商贾得之则当待价，在女子得之则当愆期，在将帅得之则当在次，即一爻而三百八十四爻可知矣，岂不"弥纶乎天地"？

仰以观于天文，俯以察于地理，是故知幽明之故。原始反终，故知死生之说。精气为物，游魂为变，是故知鬼神之情状。

天垂象有文章，地之山川原隰各有条理。阳极而阴生则渐幽，阴极而阳生则渐明。一日之天地如此，终古之天地亦如此。"故"者，所以然之理也。人物之始终，皆此阴阳之气：其始也，气聚而理随以完，故生；其终也，气散而理随以尽，故死。"说"者，死生乃人之常谈也。人之阴神曰魄，耳目之聪明是也。人之阳神曰魂，口鼻之呼吸是也。死则谓之魂魄，生则谓之精气，天地之所公共者谓之鬼神。阴精阳气聚而成物，则自无而向于有，乃阴之变阳，神之神也；魂游魄降散而为变，则自有而向于无，乃阳之变阴，鬼之归也。"情状"，犹言模样。

《易》与天地准者，非圣人安排穿凿、强与为准也。盖《易》以道阴阳，阴阳之道不过幽明、死生、鬼神之理而已。今作《易》，圣人仰观俯察，知幽明之故，原始反终知死生之说，知鬼神之所以为鬼神者，乃精气为物、游魂为变也，故能知其情状。夫天地之道，不过一幽一明、一死一生、一鬼一神而已。而作《易》，圣人皆有以知之，此所以《易》与天地准也。

与天地相似，故不违。知周乎万物，而道济天下，故不过。旁行而不流，乐天知命，故不忧。安土敦乎仁，故能爱。

知，周音智。

"相似"即不违，下文"不过"、"不忧"、"能爱"皆不违之事。"知周乎万物"者，聪明睿知足以有临，所以道济天下也。"不过"虽指天地，若以圣人论，乃道济天下，德泽无穷，举天下不能过也，如言天下莫能载焉之意，与下文"不过"不同。"旁行"者，行权也。"不流"者，不失乎常经也。天以理言，仁、义、忠、信是也；命以气言，吉、凶、祸、福是也。乐天理则内重外轻，又知命则惟修身以俟，所以"不忧"。如困于陈蔡，梦奠两楹，援琴执杖而歌是也。随寓而安乎土，胸中无尔我町畦，又随寓而敦笃乎仁，所行者，皆立人达人之事，所以"能爱"。"不过"、"不忧"、"能爱"皆指天地言。"至大不能过"者天地之体，"不忧"者天地之性，"能爱"者天地之情，天地之道不过如此而已。故以此三者言之，"万物天下"协"不过"二字："乐"字协"不忧"二字，"仁"字协"爱"字。

此言圣人与天地准也。言圣人于天地之道，岂特如上文知之哉？圣人即与天地相似也。惟其与天地相似，故圣人之道，皆不违乎天地矣。何也？天地至大无外，不能过者也，圣人则知周万物，而道济天下，故与天地同其"不过"。天地无心而成化，鼓万物而"不忧"者也，圣人则旁行不流，乐天知命，故与天地同其不忧。天地以生物为心，"能爱"者也；圣人则安土敦仁，故与天地相似，同其"能爱"。是三者，皆与天地相似者也。惟其相似，所以作《易》，与天地准也。

范围天地之化而不过，曲成万物而不遗，通乎昼夜之道而知，故神无方，而《易》无体。

"范"，如人范金，使成形器围，如人墙围使有界止。"化"者，天地之变化也。天地阴而阳，阳而阴，本无遮阑，本无穷尽，圣人则范围之。"范围"即"裁成天地之道"，治历明时、体国经野之类是也。"不过"者，不使之过也。"曲成万物"，如教之养之、大以成大、小以成小之类是也。"通"者，达也，通达乎昼夜之道而知之也。"昼夜"，即幽明、死生、鬼神也。神指圣人，即圣而不可知之谓神。《易》指《易》书，"无方"所无形体，皆谓无形迹也。

圣人既与天地相似，故《易》能弥天地之道，圣人则范围天地而不过，亦能弥之。《易》能纶天地之道，圣人则曲成万物而不遗，亦能纶之。《易》书所具不过幽明、死生、鬼神之理也，圣人则通乎昼夜之道，而知亦能知幽明、死生、鬼神，故圣则无方而《易》则无体。《易》与天地准者，因作《易》，圣人亦与天地准也。

上第四章。此章言《易》与天地准者，因作《易》，圣人亦与天地准也。

一阴一阳之谓道。

理乘气机以出入，一阴一阳。气之散殊，即太极之理各足而富有者也；气之迭运，即太极之理流行而日新者也。故谓之"道"。

继之者善也，成之者性也。

仁者见之谓之仁，知者见之谓之知。百姓日用而不知，故君子之道鲜矣。

见，音现。知，音智。

继是接续不息之意，《书》言"帝降"，《中庸》言"天命"。气之方行，正所降所命之时，人物之所公共之者也。此指人物未生，造化流行上言之。盖静之终动之始，地静极复动则贞，而又继之以元，元乃善之长，此继之者所以善也。以其天命之本体，不杂于形气之私，故曰善。"成"，是凝成有主之意。气以成形而理亦赋焉，乃人物所各足之者也。因物物各得其太极无妄之理，不相假借，故曰"性"。"见"，发见也。仁者知者即君子。

此一阴一阳之道，若以天人赋受之界言之，继之者善也，成之者性也，此所以谓之道也。虽曰善其性，然具于人身，浑然一理，无声无息，不可以名状。惟"仁"者发见于恻隐则谓之仁，"知"者发见于是非则谓之知，而后所谓善性者，方有名状也。故百姓虽与君子同具此善性之理，但为形气所拘，物欲所蔽，而知君子仁知之道者鲜矣。

显诸仁，藏诸用，鼓万物而不与圣人同忧，盛德大业至矣哉！

富有之谓大业，日新之谓盛德。

仁者造化之心，用者造化之功。仁本在内者也，如春夏之生长万物，是显诸仁。用本在外者也，如秋冬之收敛万物，是藏诸用。春夏是显秋冬所藏之仁，秋冬是藏春夏所显之用。仁曰"显"，用曰"藏"，互言之也。"不忧"者，乾以易知，坤以简能，无心而成化，有何所忧？"富有"者，无物不有，而无一毫之亏欠；"日新"者，无时不然，而无一毫之间断。天地以生物为德，以成物为业。

此一阴一阳之道若以天地言之，自其气之嘘也，则自内而外显诸其仁；自其气之吸也，则自外而内藏诸其用。然天地无心而成化，虽鼓万物出入之机而不与圣人同忧，此所以盛德大业不可复加也。"富有""日新"乃德业之实，此一阴一阳之道在天地者也。

生生之谓《易》，成象之谓乾，效法之谓坤，极数知来之谓占，通变之谓事，阴阳不测之谓神。

"效法"者，承天时行，惟效法之而已。"极数"者，方卜筮之时，究极其阴阳七八九六之数，观其所值何卦、所值何爻以断天下之疑，故曰"占"。"通变"者，既卜筮之后，详通其阴阳老少之变。吉则趋之，凶则避之，以定天下之业，故曰"事"。以其理之当然而言曰"道"，以其道之不测而言谓之"神"，非道外有神也。

此一阴一阳之道，若以《易》论之，阳生阴，阴生阳，消息盈虚，始终代谢，其变无穷，此则一阴一阳之道在《易》书。《易》之所由名者，此也。圣人作《易》之初，不过此阴阳二画。然乾本阳，而名为乾者，以其健而成象，故谓之乾；坤本阴，而名为坤者，以其顺而效法，故谓之坤。此则一阴一阳之道在卦者也。故究极此一阴一阳之数以知来，则谓之占。详通其一阴一阳之变以行事，则谓之事。此则一阴一阳之道在卜筮者也。若其两在不测，则谓之神。盖此一阴一阳之道，其见之于人，则谓之仁知，见之于天地则谓之德业，见之于《易》则谓之乾坤占事，人皆得而测之。惟言阳矣，而阳之中未尝无阴；言阴矣，而阴之中未尝无阳；两在不测，则非天下之至神不能与于此矣，故又以神赞之。

上第五章。此章言一阴一阳之道不可名状，其在人则谓之仁知，在天地则谓之德业，在《易》则谓之乾坤占事，而终赞其神也。通章十一个谓字相同，一阴一阳贯到底。

夫《易》，广矣大矣。以言乎远则不御，以言乎迩则静而正，以言乎天地之间则备矣。

广言其中之所含，大言其外之所包。"不御"者，无远不到而莫之止也。"静"者，无安排布置之扰也。"正"者，六十四卦皆利于正也。"备"者，无所不有也。下三句正形容广大。

夫《易》广矣大矣，何也？盖《易》道不外乎阴阳，而阴阳之理则遍体乎事物。以远言，其理则天高而莫御；以迩言，其理则地静而不偏；以天地之间而言，则万事万物之理无不备矣。此《易》所以广大也。

夫乾，其静也专，其动也直，是以大生焉。夫坤，其静也翕，其动也辟，是以广生焉。

言天地者，即乾坤之形体；乾坤者，天地之情性。"专"者，专一而不他；"直"者，直遂而不挠；"翕"者，举万物之生意，而收敛于内也；"辟"者，举万物之生意，而发散于外也。乾之性，健一而实，故以质言而曰"大"，"大"者，天足以包乎地之形也。坤之性，顺二而虚，故以量言而曰"广"，"广"者，地足以容乎天之气也。"动"者，乾坤之相交也。

《易》之所以广大者，一本于乾坤而得之也。盖乾画奇，不变则其静也专，变则其动也直。坤画偶，不变则其静也翕，变则其动也辟。是以大生广生焉，《易》不过模写乾坤之理。《易》道之广大，其原盖出于此。

广大配天地，变通配四时，阴阳之义配日月，易简之善配至德。

"配"者，相似也，非配合也。"变"通者，阴变而通于阳，阳变而通乎阴也。"义"者，名义也。卦爻中刚者称阳，柔者称阴，故曰"义"。"易简"者，健顺也。"至德"者，仁义礼知，天所赋于人之理，而我得之者也。仁礼属健，义知属顺。

《易》之广大得于乾坤，则《易》即乾坤矣。由此观之，可见《易》之广大亦如天地之广大，《易》之变通亦如四时之变通。《易》所言阴阳之义，与日月之阴阳相似。《易》所言易简之善，与圣人之至德相似。所谓远不御而近静正，天地之间悉简者在是矣。此《易》所以广大也。

上第六章。此章言《易》广大配天地。

子曰：《易》，于其至矣乎！夫《易》，圣人所以崇德而广业也。知崇礼卑，崇效天，卑法地。天地设位，而《易》行乎其中矣。成性存存，道义之门。

"子曰"二字，后人所加。穷理，则知崇如天，而德崇。循理，则礼卑如地，而业广。盖知识贵乎高明，践履贵乎著实。知崇效天，则与乾知大始者同其知，所谓洋洋发育万物，峻极于天者，皆其知之崇也。礼卑法地，则与坤作成物者同其能，所谓优优大哉，三千三百者，皆其礼之卑也。天清地浊，知阳礼阴。天地设位，而知礼之道即行乎其中矣。"易"者，即知礼也。知礼在人，则谓之性，而所发则道义也。"门"者，言道义从此出也。

此言圣人以《易》而崇德广业，见《易》之所以为至也。盖六十四卦、三百八十四爻，皆理之所在也。圣人以是理穷之于心，则识见超迈，日进于高明，而其知也崇；循是理而行，则功夫敦笃，日就于平实，而其礼也卑。崇效乎天，则崇之至矣，故德崇；卑法乎地，则卑之至矣，故业广。所以然者，非圣人勉强效法乎天地也，盖天地设位，而知阳礼阴之道，已行乎其中矣。其在人也，则谓之成性，浑然天成，乃人之良知良能，非有所造作而然也，圣人特能存之耳。今圣人知崇如天，则成性之良知已存矣；礼卑如地，则成性之良能又存矣。存之又存，是以道义之得于心为德，见于事为业者，自然日新月盛，不期崇而自崇，不期广而自广矣。圣人崇德广业以此。此《易》所以为至也。

上第七章。此章言圣人以《易》崇德广业，见《易》之所以至也。

圣人有以见天下之赜，而拟诸其形容，象其物宜，是故谓之象。

“颐”字，宜作“赜”。

“颐”者，口旁也，养也。人之饮食在口者，朝夕不可缺，则人事之至多者，莫多于口中日用之饮食也，故曰“圣人见天下之赜”。赜，盖事物至多之象也。若以杂乱释之，又犯了下面“乱”字，不如以口释之，则于厌恶字亲切。“拟诸形容”，乾为圜、坤为大舆之类。“象其物宜”，乾称龙、坤称牝马之类。二其字皆指“赜”。

圣人有以见天下之动，而观其会通，以行其典礼，系辞焉以断其吉凶，是故谓之“爻”。

“观其会通”，全在天下之动上言，未著在《易》上去。“会”者，事势之凑合难通者也，即“嘉会足以合礼”会字，但“嘉会”乃嘉美之会，有善而无恶，此则有善恶于其间。“典礼”即合礼之礼，盖通即典礼所存，以事势而言则曰“通”，以圣人常法而言则曰“典礼”。“典”者，常法也。“礼”即天理之节文也。如大禹揖逊与传子，二者相凑合，此会也，然天下讴歌等皆归之子，此通也，若复揖逊不通矣，则传子者，乃行其典礼也；汤武君与民二者相凑合，此会也，然生民涂炭，当救其民顺天应人，此通也，若顺其君不救其民，不通矣，则诛君者，乃行其典礼也。所以周公三百八十四爻，皆是见天下之动，观其会通，以行其典礼，方系辞以断其吉凶。如剥卦五爻，阴欲剥阳，阴阳二者相凑合而难通者也。然本卦有顺而止之义，此通也，合于典礼者也，则系“贯鱼以宫人宠”之辞，无不利而吉矣。离卦四爻两火相接，下三爻炎上，上五爻又君位难犯，此二火凑合而难通者也。然本卦再无可通之处，此悖于典礼者也，则系“死如弃如”之辞，无所容而凶矣。

言天下之至颐而不可恶也，言天下之至动而不可乱也。拟之而后言，议之而后动，拟议以成其变化。

恶，乌路反。

“言”，助语辞。“恶”，厌也，朝此饮食，暮此饮食，月此饮食，年此饮食，得之则生，不得则死，何常厌恶？既见天下之赜以立其象，是以不惟颐，虽言天下之至赜而不可恶也；既见天下之动以立其爻，是以不惟动，虽言天下之至动而不可乱也。盖事虽至赜，而理则至一，事虽至动，而理则至静。故赜虽可恶，而象之理犁然当于心，则不可恶也；动虽可乱，而爻之理，井然有条贯，则不可乱也。是以学《易》者，比拟其所立之象以出言，则言之浅深详略，自各当其理；商议其所变之爻，以制动则动之仕止久速，自各当其时。夫变化者，《易》之道也。既拟后言，议而后动，则语默动静，皆中于道。《易》之变化，不在其《易》，而成于吾身矣。故举“鹤鸣”以下七爻，皆拟议之事，以为三百八十四爻之凡例云。

来子考定：子曰“危者安其位”，即在此下。

“鸣鹤在阴，其子和之。我有好爵，吾与尔靡之。”子曰：君子居其室，出其言善，则千里之外应之，况其迩者乎；居其室，出其言不善，则千里之外违之，况其迩者乎！言出乎身，加乎民；行发乎迩，见乎远。言行，君子之枢机。枢机之发，荣辱之主也。言行，

君子之所以动天地也，可不慎乎！

靡，音縻。

释中孚九二义，以此拟议于言行，亦如乾坤之《文言》也。但多错简，详见后篇《考定》。"居室"，在阴之象。"出言"，鹤鸣之象。"千里之外应之"，子和之象。言者心之声，出乎身，加乎民；行者心之迹，发乎迩，见乎远。此四句"好爵尔靡"之象。户以枢为主，枢动而户之辟有明有暗；弩以机为主，而弩之发或中或否亦犹言之出、行之发有荣有辱也。应虽在人，而感召之者则在我，是彼为宾而我为主也，故曰"荣辱之主"。"动天地"者，言不特荣在我也，言行感召之和气，足以致天地之祥；不特辱在我也，言行感召之乖气，足以致天地之异。如景公发言善而荧惑退舍，东海孝妇含冤而三年不雨是也。言行一发有荣有辱，推而极之，动天地者亦此，安行不慎！所以拟议而后言动者此。

来子考定：此节在《系辞下》第五章"不出户庭"下。

"同人先号咷而后笑。"子曰：君子之道，或出或处，或默或语。二人同心，其利断金。同心之言，其臭如兰。

释同人九五爻义，以拟议于异同。爻辞本言始异终同，孔子则释以迹异心同也。"断金"者，物不能间也，言利刃断物，虽坚金亦可断，不能阻隔也。"如兰"者，气味之相投，言之相入，如兰之馨香也。

同人以同为贵，而乃言号咷而后笑者何也？盖君子之出处语默，其迹迥乎不同矣，然自其心观之，皆各适于义，成就一个是而已。迹虽不同而心则同，故物不能间，而言之有味，宜乎相信而笑也。

来子考定：《易》曰"自天祐之"节，在次节下。

"初六：藉用白茅，无咎。"子曰：苟错诸地而可矣。藉之用茅，何咎之有？慎之至也。夫茅之为物薄，而用可重也。慎斯术也以往，其无所失矣。

释大过初六爻义，以拟议于"敬慎"。"错"，置也。置物者不过求其安，今置之于地，亦可以为安矣，而又承藉之以茅，则益有凭藉，安得有倾覆之咎？故"无咎"者，以其慎之至也。夫茅之为物，至薄之物也，今不以薄而忽之，以之而获无咎之义，是其用则重矣。当大过之时，以至薄之物而有可用之重，此慎之之术也。慎得此术以往，百凡天下之事，又有何咎而失哉！孔子教人以慎术，即孟子教人以仁术。

"劳谦君子，有终吉。"子曰：劳而不伐，有功而不德，厚之至也。语以其功下人者也。德言盛，礼言恭。谦也者，致恭以存其位者也。

释谦九三爻义，以拟议人之处功名。"劳"者，功之未成；"功"者，劳之已著。"不德"者，不以我有功而为德也。"厚"者，博厚不薄之意。"厚之至"，据其理而赞之，非言九三也。"语"者，言也。以功下人者，言厚之至不过以功下人也。以功下人，即劳而不伐、有功而不德也。"德"者及人之德，即功劳也。德欲及人，常有余；礼欲视己，常不足。"言"者，言从来如此说也。"劳谦"则兼此二者矣。

人臣以宠利居成功，所以鲜克有终。九三劳谦君子有终吉者，何也？盖人臣劳而不伐，有功而不德，此必器度识量有大过人者，故为"厚之至"。夫"厚之至"者，不过言其以功下人耳，知此可以论九三矣。何也？盖人之言德者必言盛，人之言礼者必言恭。今九三劳则德盛矣，谦则礼恭矣。德盛礼恭，本君子修身之事，非有心为保其禄位而强为乎此也。然致恭，则人不与争劳争功，岂不永保斯位？所以"劳谦有终吉"者以此。

来子考定：此节在"自天祐之"之下。继此，子曰"知几其神"一节，《易》曰"介于石"节，子曰"小人不耻不仁"节，"善不积"节，子曰"颜氏之子"节，"初六籍用白茅"节，具在此。

"亢龙有悔"。子曰："贵而无位，高而无民，贤人在下位而无辅，是以动而有悔也。"

"不出户庭，无咎。"子曰："乱之所生也，则言语以为阶。君不密则失臣，臣不密则失身，几事不密则害成，是以君子慎密而不出也。"

释节初九爻义，以拟议人之慎言语。"乱"，即下文"失臣"、"失身"、"害成"也。"君不密"，如唐高宗告武后以"上官仪，教我废汝"是也。臣不密，如陈蕃乞宣"臣章以示宦"者是也。"几"者事之始，成者事之终。始韩琦处任守忠之事，欧阳修曰韩公必自有说，此密几事也。

"不出户庭，无咎"，何也？盖乱之所生皆"言语以为阶"。如君之言语不密则害及其臣，谋以弭祸而反以嫁祸于臣。臣之言语不密，则害及于身，谋以除害而反得反噬之害。不特君臣为然，凡天下之事，有关于成败而不可告人者，一或不密则害成。"言语"者，一身之户庭。"君子慎密不出户庭"者，以此。来子考定：此节在《系辞》下第五章"德薄而位尊"下。

子曰："作《易》者，其知盗乎？《易》曰：'负且乘，致寇至。'负也者，小人之事也。乘也者，君子之器也。小人而乘君子之器，盗思夺之矣。上慢下暴，盗思伐之矣。慢藏诲盗，冶容诲淫。《易》曰：'负且乘，致寇至。'盗之招也。"

释解六三爻义，以拟议小人窃高位。圣人作《易》以尽情伪，故言知盗。"思"者，虽未夺而思夺之也。"上慢"者，慢其上不忠其君；"下暴"者，暴其下不仁其民。四"盗"字皆言寇盗。诲盗之盗活字，偷也。"冶"者，妖冶也，装饰妖冶其容也。此二句皆指"坎"也。坎为盗为淫，故蒙卦言"见金夫不有躬"，又言"寇"也。盗之招，即自我致戎。

作《易》者其知致盗之由乎？《易》曰："负且乘，致寇至。"夫负本小人之事，而乘则君子之名器。小人而乘君子之名器，盗必思夺之矣。何也？盖小人窃位必不忠不仁，盗岂不思夺而伐之？然夺伐虽由于盗，而致其夺伐者，实由自暴慢有以诲之，亦犹"慢藏诲盗，冶容诲淫"也。《易》言招盗而诲之之意也，盖不归罪于盗，而归罪于招盗之人，此所以知盗。

上第八章。此章自中孚至此凡七，乃孔子拟议之辞，而为三百八十四爻之凡例，亦不外乎随处以慎其言动而已。即七爻，而三百八十四爻可类推矣。

天一，地二；天三，地四；天五，地六；天七，地八；天九，地十。

伏羲龙马负图有一至十之数。人知河图之数，而不知天地之数。人知天地之数，而不知何者属天，何者属地，故孔子即是图而分属之。天阳，其数奇，故一、三、五、七、九属天。地阴，其数偶，故二、四、六、八、十属地。

天数五，地数五，五位相得而各有合。天数二十有五，地数三十。凡天地之数五十有五，此所以成变化而行鬼神也。

"天数五"者，一、三、五、七、九，其位有五也。"地数五"者，二、四、六、八、十，其位有五也。"五位"者，即五数也。言此数在河图上下左右中央，天地各五处之位也。"相得"者，一对二，三对四，六对七，八对九，五与十对乎中央，如宾主对待相得也。"有合"者，一与六居北，二与七居南，三与八居东，四与九居西，五与十居中央，皆奇偶同居，如夫妇之阴阳配合也。"二十有五"者，一、三、五、七、九，奇之所积也。"三十"者，二、四、六、八、十，偶之所积也。变者，化之渐；化者，变之成。一、二、三、四、五居于图之内者，生数也，化之渐也，变也。六、七、八、九、十居于图之外者，成数也，化也。"变化"者数也，即下文知变化之道之变化也。"鬼神"指下文卜筮而言，即下文神德行其知，神之所为之鬼神也。故曰：卜筮者，先王所以使民信时日敬鬼神也，非屈伸往来也。言天地之数五十有五成变化，而鬼神行乎其间，所以卜筮而知人吉凶也，故下文即言"大衍之数"、"乾坤之策"，"四营成《易》"也。何以为生数成数？此一节盖孔子之图说也，皆就河图而言。河图一六居北为水，故水生于一而成于六，所以一为生数，六为成数。生者即其成之端倪，成者即其生之结果。二七居南为火，三八居东为木，四九居西为金，五十居中央为土，皆与一六同。

大衍之数五十，其用四十有九。分而为二以象两，挂一以象三，揲之以四以象四时，归奇于扐以象闰。五岁再闰，故再扐而后挂。

扐，音勒。

"衍"与演同。演者广也，衍者宽也，其义相同，言广天地之数也。"大衍之数五十"者，蓍五十茎，故曰"五十"也。"其用四十有九"者，演数之法，必除其一。方筮之初，右手取其一策反于椟中是也。"分二"者，中分其筮数之全，置左以半，置右以半，此则如两仪之对待，故曰以象两也。"挂"者，悬其一于左手小指之间也。"三"者，三才也。左为天，右为地，所挂之策象人，故曰"象三"。"揲之以四"者，间数之也，谓先置右手之策于一处，而以右手四，四数左手之策；又置左手之策于一处，而以左手四，四数右手之策，所以象春夏秋冬也。"奇"者，零也，所揲四数之余也。"扐"者，勒也。四四之后必有零数，或一或二，或三或四。左手者归之于第四、第三指之间，右手者归之于第三、第二指之间而扐之也。"象闰"者，以其所归之余策，而象日之余也。挂一当一岁，揲左当二岁，扐左则三岁，一闰矣；又揲右当四岁，扐右则五岁，再闰矣。"再扐而后挂"者，再扐之后，复以所余之蓍，合而为一，为第二变。再分再挂再揲也，独言蓍者，分二揲四皆在其中矣，此则象再闰也。

乾之策二百一十有六，坤之策百四十有四，凡三百有六十，当期之日。二篇之策，

万有一千五百二十，当万物之数也。

期，音基。

"策"者，乾坤老阳老阴过揲之策数也。乾九坤六，以四营之，乾则四九三十六，坤则四六二十四。乾每一爻得三十六，则六爻得二百一十有六矣。坤每一爻得二十四，则六爻得百四十有四矣。"当期之数"者，当一年之数也。"当"者，适相当也，非以彼准此也。若以乾坤之策，三百八十四爻总论之，阳爻百九十二，每一爻三十六，得六千九百一十二策；阴爻百九十二，每一爻二十四，得四千六百八策。合之，万有一千五百二十，当万物之数也。

是故四营而成《易》，十有八变而成卦，八卦而小成。引而伸之，触类而长之，天下之能事毕矣。显道，神德行，是故可与酬酢，可与祐神矣。子曰：知变化之道者，其知神之所为乎？

上文言数，此则总言卦筮，引伸触类之无穷也。"营"者，求也，四营者，以四而求之也。如老阳数九，以四求之，则其策三十有六；老阴数六，以四求之，则其策二十有四。少阳数七，以四求之，则其策二十有八；少阴数八，以四求之，则其策三十有二。阴阳老少六爻之本，故曰"四营而成《易》"。"十有八变而成卦"者，三变成一爻，十八变则成六爻矣。"八卦"者，乾、坎、艮、震之阳卦，巽、离、坤、兑之阴卦也。言圣人作《易》，止有此八卦，亦不过小成而已，不足以尽天下之能事也。惟引此八卦而伸之，成六十四卦，如乾为天，天风姤，坤为地，地雷复之类。触此八卦之类而长之，如乾为天为圜，坤为地为母之类，则吉凶趋避之理悉备于中，天下之能事毕矣。"能事"者，下文"显道，神德行"、"酬酢"、"祐圣"，所能之事也。"道"者，吉凶、消长、进退、存亡之道，即天下能事之理。"德行"者，趋避之见于躬行实践，即天下能事之迹。道隐于无，不能以自显，惟有筮卦之辞，则其理昭然于人，不隐于茫昧矣。德滞于有不能自神，惟人取决于筮，则趋之避之，民咸用以出入，莫测其机缄矣。惟其"显道，神德行"，则受命如响，可以酬酢万变，如宾主之相应对，故"可与酬酢"。神不能自言吉凶与人，惟有时卦之辞，则代鬼神之言而祐助其不及，故"可与祐神"。不惟明有功于人，而且幽有功于神，天下之能事岂不毕？"变化"者，即上文蓍卦之变化也。两在不测，人莫得而知之，故曰"神"。言此数出于天地，天地不得而知也，模写于蓍卦，圣人不得而知也。故以神赞之。"子曰"二字，后人所加也。

上第九章。此章言天地筮卦之数而赞其为神也。

《易》有圣人之道四焉：以言者尚其辞，以动者尚其变，以制器者尚其象，以卜筮者尚其占。

《易》之为道不过辞、变、象、占四者而已。"以"者，用也；"尚"者，取也；"辞"者，《彖辞》也，如乾"元亨利贞"是也。"问焉而以言"者，尚之则知其元亨，知其当利于贞矣。"变"者，爻变是也。"动"者，动作营为也。"尚变"者，主于所变之爻也。"制器"者，结绳网罟之类是也。"尚象"者，网罟有离之象是也。"占"者，占辞也，卜得初九潜龙，则尚其勿用之占是也。

是以君子，将有为也，将有行也，问焉而以言。其受命也如嚮，无有远近幽深，遂知来物。非天下之至精，其孰能与于此？

嚮，去声。

此"尚辞"之事。"问"即命也，"受命"者，受其问也。以言二字应以言者尚其辞，谓发言处事也，未有有为、有行而静默不言者。"嚮"者向也，即向明而治之向也，言如彼此相向之近，而受命亲切也。远而天下后世，近而瞬夕户阶，幽则其事不明，深则其事不浅。"来物"，未来之吉凶也。"精"者，洁净精微也。

君子将有为、有行，问之阙于《易》，《易》则受其问，如对面问答之亲切，以决未来之吉凶，远近幽深无不周悉。非其辞之至精，孰能与此？故以言者尚其辞。

参伍以变，错综其数。通其变，遂成天地之文。极其数，遂定天下之象。非天下之至变，其孰能与于此？

此"尚变"、"尚象"之事。"参伍错综"皆古语。三人相杂曰"参"，五人相杂曰"伍"。参、伍以变者，此借字，以言蓍之变乃分揲挂扐之形容也。盖十八变之时，或多或寡，或前或后，彼此相杂，有参、伍之形容，故以参、伍言之。错者，阴阳相对，阳错其阴，阴错其阳也。如伏羲圆图乾错坤、坎错离、八卦相错是也。综即今织布帛之综，一上一下者也。如屯、蒙之类本是一卦，在下则为屯，在上则为蒙，载之文王《序卦》者是也。"天地"二字，即阴阳二字。"成文"者，成阴阳老少之文也。盖奇偶之中有阴阳，纯杂之中有老少。阳之老少即天之文，阴之老少即地之文。物相杂故曰"文"，即此文也。定天下之象者，如乾、坤相错，则乾马坤牛之类各有象；震、艮相综，则震雷、艮山之类，各有其象是也。变者象之未定，象者变之已成，故象与变二者不杂，蓍卦亦不相杂，故参、伍言蓍，错综言卦，所以十一章言圆而神，即言方以知也。

参、伍其蓍之变，错综其卦之数，通之极之而成文、成象，则奇偶老少不滞于一端，内外贞悔不胶于一定，而变化无穷矣。非天下之至变，其孰能与于此？故以动者尚其变，以制器者尚其象。

《易》，无思也，无为也，寂然不动，感而遂通天下之故。非天下之至神，其孰能与于此？

此言"尚占"之事。《易》者，卜筮也。蓍乃草，无心情之物，故曰"无思"。龟虽有心情，然无所作为，故曰"无为"。无心情无作为则寂然而静、至蠢不动之物矣，故曰"寂然不动"。"感"者，人问卜筮也。"通天下之故"者，知吉凶祸福也。此"神"字即是与神物之神，上节就圣人辞上说，故曰"精"；就蓍卦形容上说，故曰"变"。此章蓍与龟上说，乃物也，故曰"神"。

凡天下之物有思、有为，其知识才能超出于万物之表者，方可以通天下之故也。今蓍龟无思、无为，不过一物而已，然方感矣，而遂能通天下之故，未尝迟回于其间，非天下之至神乎？所以"以卜筮者尚其占"，观下文"唯神也"三字可见。

夫《易》，圣人所以极深而研几也。唯深也，故能通天下之志；唯几也，故能成天下之务；唯神也，故不疾而速，不行而至。子曰"《易》有圣人之道四焉"者，此之谓也。

"极深"者，究极其精深也。探赜索隐，钩深致远，通神明之德，类万物之情，知幽明死生鬼神之情状是也。"研几"者，研审其几微。履霜而知坚冰之至，剥足而知蔑贞之凶之类是也。唯精，故极深，未有极深而不至精者。唯变，故研几，未有知几而不通变者。通天下之志，即发言处事受命如嚮也。成天下之务，即举动制器成文成象也。"不疾"、"不行"，即"寂然不动"而速而至，即"感而遂通天下之故"也。

总以辞、变、象、占四者论之。固至精至变至神矣，然所谓精者，以圣人极其深也。惟深也，故至精而能通天下之志。所谓变者，以圣人之研其几也。惟几者，故至变而能成天下之务。蓍龟无思无为，则非圣人之极深研几矣，惟神而已。惟神也，故寂然不动，感而遂通天下之故，不疾而速，不行而至也。夫至精至变、至神，皆圣人之道，而《易》之辞变象占有之，故《易》谓有圣人之道四者，因此谓之四也。

上第十章。此章论《易》有圣人之道四。

子曰：夫《易》，何为者也？夫《易》，开物成务，冒天下之道，如斯而已者也。是故圣人以通天下之志，以定天下之业，以断天下之疑。

"何为"者，问辞也。如斯、而、已者，答辞也。物乃"遂知来物"之物，吉凶之实理也。"开物"者，人所未知者开发之也。"务"者，趋避之事，为人所欲为者也。"成"者，成就也。"冒天下之道"者，天下之道悉覆冒，包括于卦爻之中也。以者，以其《易》也。《易》开物，故物理未明，《易》则明之，以通天下之志。《易》成务，故事业未定，《易》则定之，以定天下之业。《易》冒天下之道，故志一通而心之疑决，业一定而事之疑决，以断天下之疑。

是故蓍之德圆而神，卦之德方以知，六爻之义易以贡。圣人以此洗心，退藏于密。吉凶与民同患。神以知来，知以藏往，其孰能与于此哉？古之聪明睿知神武而不杀者夫！

"神以知来"知字平声，余，皆去声。易，音亦。与，音预。夫，音符。

"圆"者，蓍数七七四十九，象阳之圆也。变化无方，开于未卦之先，可知来物，故圆而神。"方"者，卦数八八六十四，象阴之方也。爻位各居定于有象之后，可藏往事，故方以知。《易》者一圆一方，交易、变易，屡迁不常也。"贡"者，献也，以吉凶陈献于人也。"洗心"者，心之本然，圣人之心无一毫人欲之私，如江汉以濯之，又神又知，又应变无穷，具此三者之德，所以谓之"洗心"，犹《书》言"人心"、"道心"，《诗》言"遐心"，以及"赤心"、"古心"、"机心"之类，非心有私而洗其心也。"退藏于密"者，此心未发也。"同患"者，同患其吉当趋、凶当避也。凡吉凶之几，兆端已发，将至而未至者曰"来"，吉凶之理见在于此，一定而可知者曰"往"。"知来"者，先知也。"藏往"者，了然蕴畜于胸中也。"孰能与于此"者，问辞也。"古之聪明"三句，答辞也。人自畏服，不杀之杀，故曰"神武"。

蓍之德圆，而神筮以求之，遂知来物，所以能开物也。卦之德方，以知率而揆之，具有典常，所以能成务也。"六爻之义易以贡"，吉凶存亡，辞无不备，所以能冒天下之道也。圣人未画卦之前，已具此三者洗心之德，则圣人即蓍卦六爻矣。是以方其无事，而未有吉凶之患，则三德与之而俱寂，退藏于密，鬼神莫窥，则卦之无思、无为、寂然不动也。及其吉凶之来与民同患之时，则圣人洗心之神自足以"知来"，洗心之智自足以"藏往"，随感而应，即蓍之感而遂通天下之故也。此则用神而不用蓍，用智而不用卦，无卜筮而知吉凶。孰能与于此哉？惟古之圣人聪明睿智，具蓍卦之理而不假于蓍卦之物，犹神武自足以服人，不假于杀伐之威者，方足以当之也。此圣人之心《易》，乃作《易》之本。

是以明于天之道，而察于民之故，是兴神物以前民用。圣人以此斋戒，以神明其德夫。

"天道"者，阴阳、刚柔、盈虚、消长自有吉凶，其道本如是也。民故者，爱恶情伪相攻相感，吉凶生焉，此其故也。"神物"者，蓍龟也。"兴"者，起而用之，即斋戒以神明其德也。"前民用"，即通志成务断疑也。卜筮在前，民用在后，故曰前。"斋戒"者，敬也。蓍龟之德无思、无为，寂然不动，感而遂通天下之故，乃天下之至神者，故曰"神明"。圣人不兴起而敬之，百姓亵而弗用，安知其神明？圣人敬之，则蓍龟之德本神明，而圣人有以神明其德矣。

圣人惟其聪明睿智，是以明于天之道而察于民之故，恐人不知天道民故之吉凶所当趋避也，于是，是兴神物以前民用，使其当趋则趋，当避则避。又恐其民之亵也，圣人敬而信之，以神明其德，是以民皆敬信而神明之。前民用而民用不穷矣。

是故阖户谓之坤。辟户谓之乾，一阖一辟谓之变，往来不穷谓之通。见乃谓之象，形乃谓之器。制而用之谓之法。利用出入、民咸用之谓之神。

二气之机静藏诸用，动显诸仁者，《易》之乾与坤也。二气之运，推迁不常，相续不穷者，《易》之变与通也。此理之显于其迹，呈诸象数，涉诸声臭者，《易》之象与器也。此道修于其教，垂宪示人，百姓不知者，《易》之法与神也。乃者，二气之理也。

圣人明于天之道，而察于民之故，固兴神物以前民用矣。百姓见《易》之神明，以为《易》深远而难知也，而岂之易亦易知哉？是故《易》有乾坤，有变通，有形象，有法神，即今取此户譬之。户一也，阖之则谓之坤，辟之则谓之乾。又能阖又能辟，一动一静，不胶固于一定，则谓之变。既阖矣而复辟，既辟矣而复阖，往来相续不穷则谓之通。得见此户则涉于有迹，非无声无臭之可比矣，则谓之象。既有形象，必有规矩方圆，则谓之器。古之圣人，制上栋下宇之时，即有此户，则谓之法度。利此户之用，一出一入，百姓日用而不知，则谓之神。即一户而《易》之理已在目前矣，《易》虽神明，岂深远难知者哉？

是故《易》有太极，是生两仪，两仪生四象，四象生八卦，八卦定吉凶，吉凶生大业。

"太极"者，至极之理也。理寓于象数之中，难以名状，故曰"太极"。"生"者，加一倍法也。"两仪"者，画一奇以象阳，画一偶以象阴，为阴阳之仪也。"四象"者，一阴之上加一阴为太阴，加一阳为少阳，一阳之上加一阳为太阳，加一阴为少阴，阴阳各自老少，有此四者之象也。"八卦"者，四象之上又每一象之上各加一阴一阳为八卦也。曰"八卦"，即六十四卦也。下文"昔者包牺氏之王天下也，始作八卦以通神明之德，以类万物之情"，曰神明万物，则天地间无所不包括矣，如"乾为天为圜，坤为地为母"之类是也。故六十四卦不过八卦变而成之，如"乾为天，天风媾；坤为地，地雷复"之类是也。若邵子八分十六，十六分三十二，三十二分六十四，不成其说矣。"定"者，通天下之志；"生"者，成天下之务。盖既有八卦，则刚柔迭用，九六相推，时有消息，位有当否，故"定吉凶"。吉凶既定，则吉者趋之，凶者避之，变通尽利，鼓舞尽神，故"生大业"。若无吉凶利害，则人谋尽废，大业安得而生？

是故法象，莫大乎天地；变通，莫大乎四时；悬象，著明莫大乎日月；崇高，莫大乎富贵；备物致用，立成器以为天下利，莫大乎圣人；探赜索隐，钩深致远，以定天下之吉凶，成天下之亹亹者，莫大乎蓍龟。

赜，音玄。

天成象，地效法之，故曰"法象"。万物之生有显有微，皆法象也，而莫大乎天地。万物之运，终则有始，皆变通也，而莫大乎四时。天文焕发，皆"悬象著明"者，而莫大乎日月。崇高以位言，贵为天子，富有四海是也。"物"天地之所生者，备以致用，如服牛乘马之类是也。器乃人之所成者，立成器以为天下利，舟楫网罟之类是也。凡天地间器物，智者创之，巧者述之，如蔡伦之纸、蒙恬之笔，非不有用有利也，但一节耳，故莫大乎圣人。事为之太多者曰"赜"，事几之幽僻者曰"隐"，理之不中测度者曰"深"，事之不可骤至者曰"远"。探者讨而理之，索者寻而得之，钩者曲而取之，致者推而极之。四字虽不同，然以蓍、龟、探之、索之、钩之、致之，无非欲定吉凶昭然也。"亹亹"者，勉勉不已也。吉凶既定，示天下以从违之路，人自勉勉不已矣。此六者之功用皆大也，圣人欲借彼之大以形容蓍龟之大，故以蓍龟终焉。与《毛诗》比体相同。

上文"阖户"一节以《易》之理比诸天地间一物之小者，然岂特小者为然哉？至于天地间至大之功用，亦有相同者，何也？盖《易》有太极，是生两仪，两仪生四象，四象生八卦，八卦定吉凶，吉凶生大业。是大业也，所以"成天下之亹亹者"也。试以天地之大者言之，是故"法象莫大乎天地，变通莫大乎四时，悬象著明莫大乎日月，崇高莫大乎富贵，备物致用，立成器以为天下利莫大乎圣人"，此五者皆天地间至大莫能过者也。若夫"探赜索隐，钩深致远，以定天下之吉凶，成天下之亹亹，以生其大业"者，则莫大乎蓍龟。夫以小而同诸一物之小，大而同诸天地功用之大，此《易》所以冒天下之道也。

是故天生神物，圣人则之；天地变化，圣人效之；天垂象，见吉凶，圣人象之；河出图，洛出书，圣人则之。《易》有四象，所以示也。系辞焉，所以告也。定之以吉凶，所以断也。

"神物"者，蓍龟也。天变化者，日月寒暑往来相推之类；地变化者，山峙川流万物生长凋枯之类。"吉凶"者，日月星辰躔次循度晦明薄蚀也。"四象"者，天生神物之象，天地变化之象，垂象吉凶之象，河图洛书之象也。

《易》之为道，小而一户，大而天地、四时、日月、富贵、圣人，无有不合，《易》诚冒天下之道矣。《易》道如此，岂圣人勉强自作哉？盖《易》之为书，不过辞变象占四者而已。故《易》有占，非圣人自立其占也，天生神物有自然之占，圣人则之以立其占。《易》有变，非圣人自立其变也，天地变化有自然之变，圣人效之以立其变。《易》有象，非圣人自立其象也，天垂象，见吉凶，有自然之象，圣人象之以立其象。《易》有辞，非圣人自立其辞也，河出图，洛出书，有自然之文章，圣人则之以立其辞。因天地生此四象皆自然而然，所以示圣人者至矣。圣人虽系之以辞，不过因此四象系之以告乎人而已；虽定之以吉凶，不过因此四象定之以决断其疑而已。皆非圣人勉强自作。学《易》者能居则观象玩辞，动则观变玩占，《易》虽冒天下之道，道不在《易》而在我矣。

上第十一章。此章言《易》开物成务，冒天下之道，然皆出于天地自然而然，非圣人勉强自作也。

《易》曰："自天祐之，吉无不利。"子曰：祐者，助也。天之所助者顺也，人之所助者信也。履信思乎顺，又以尚贤也，是以"自天祐之，吉无不利"也。

释大有上九爻义。天人一理，故言天而即言人。天之所助者顺也，顺则不悖于理，是以天祐之。人之所助者信也，信则不欺乎人，是以人助之。六五以顺信居中，上九位居六五之上，是履信也。身虽在上比乎君，而心未尝不在君，是思乎顺也。尚贤与大畜"刚上而尚贤"同，言圣人在上也。上九履信思顺，而六五又尚贤，此所以"自天祐之，吉无不利"也。上九居天位，天之象。应爻居人位，人之象。离中虚，信之象。中坤土，顺之象。变震动，思之象。震为足，上九乘乎五，履之象。

来子考定：此节在第八章"劳谦君子"下。

子曰：书不尽言，言不尽意。然则圣人之意其不可见乎？子曰：圣人立象以尽意，设卦以尽情伪，系辞焉以尽其言，变而通之以尽利，鼓之舞之以尽神。

"书"本所以载言，然书有限，不足以尽无穷之言。言本所以尽意，然言有限，不足以尽无穷之意。"立象"者，伏羲画一奇以象阳，画一偶以象阴也。立象则大而天地，小而万物，精及无形，粗及有象，悉包括于其中矣。本于性而善者，情也；拂乎性而不善者，伪也。伪则不情，情则不伪，人之情伪万端，非言可尽，即卦中之阴阳淑慝也。既立其象，又设八卦，因而重之为六十四，以观爱恶之相攻，远近之相取，以尽其情伪。文王、周公又虑其不能观象以得意也，故又随其卦之大小、象之失得忧虞，系之辞以尽其言，使夫人之观象玩占者又可因言以得意，而前圣之精蕴益以阐矣。"尽意"，"尽情伪"，"尽言"，皆可以为天下利，又恐其利有所未尽，于是教人于卜筮中观其卦爻所变，即动则观其变而玩其占也。由是即其所占之事而行之通达，即通变之谓事也，下文化裁推行是也，则其用不穷而足以尽利矣。因变得占以定吉凶，则民皆无疑而行事不倦，如以鼓声作舞容，鼓声疾舞容亦疾，鼓声不已而舞容亦不已，自然而然不知其孰使之者，所谓尽神也。"尽利"者，圣人立象设卦之功。尽神者，圣人系辞之功。"子曰"宜衍其一。

书不尽言，言不尽意，然则圣人之意终不可见乎？盖圣人仰观俯察，见天地之阴阳不外乎奇偶之象也，于是立象以尽意。然独立其象，则意中之所包犹未尽也，于是设卦以尽意中情伪之所包；立象设卦不系之以辞，则意中之所发犹未昭然明白也，于是系辞以尽其意中之所发。立象、设卦、系辞，《易》之体已立矣，于是教人卜筮，观其变而通之，则有以成天下之务而其用不穷，足以尽意中之利矣。由是斯民鼓之舞之，以成天下之亹亹，而其妙莫测，足以尽意中之神矣。至此，意斯无余蕴，而圣人忧世觉民之心，方于此乎遂也。

乾坤，其《易》之缊邪！乾坤成列，而《易》立乎其中矣。乾坤毁，则无以见《易》。《易》不可见，则乾坤或几乎息矣。

《易》如衣，乾坤如絮，乾九坤六也。

《易》者，《易》书也。"缊"者，衣中所著之絮也。乾坤其《易》之缊者，谓乾坤缊于《易》六十四卦之中，非谓《易》缊于乾坤两卦之中也。"成列"者，一阴一阳对待也。既有对待，自有变化。毁谓卦画不立，息谓变化不行。盖《易》中所缊者皆九、六也。爻中之九皆乾，爻中之六皆坤，九、六散布于二篇而为三百八十四爻，则乾、坤成列，而《易》之本立乎其中矣。《易》之所以为《易》者，乾九、坤六之变易也，故九、六毁不成列，九独是九，六独是六，则无以见其为《易》。《易》不可见则独阳独阴，不变不化，乾坤之用息矣。乾坤未尝毁未尝息，特以爻画言之耳。乾坤即九、六。若不下个"缊"字，就说在有形天地上去了。

此句极难解，以首句难解也，认错了乾坤二字也，极注明。

是故形而上者谓之道，形而下者谓之器，化而裁之谓之变，推而行之谓之通，举而措之天下之民谓之事业。

道器不相离。如有天地，就有太极之理在里面；如有人身此躯体，就有五性之理藏于此躯体之中。所以孔子分形上形下，不离形字也。裂布曰裁。田鼠化为鴽，周宣王时马化为狐，化意自见矣。化而裁之者，如一岁裁为四时，一时裁为三月，一月裁为三十日，一日裁为十二时是也。推行者，将已裁定者推行之也。如《尧典》"分命羲和"等事，是化而裁之，至敬授人时则推行矣。通者达也，如乾卦当潜而行潜之事，则潜为通，如行见之事则不通矣；当见而行见之事则见为通，如行潜之事则不通矣。"事"者业之方，行业者事之已著。此"五谓"，言天地间之正理，圣人之教化，礼、乐、刑、赏皆不过此理。至于下文"六存"，方说卦爻，不然下文化而裁之二句，说不去矣。盖"谓"者名也，存者在也。上文言化而裁之，名之曰变，下文言化而裁之，在乎其变，字意各不同。说道理由精而及于粗，故曰"形而上者谓之道"；说卦爻由显而至于微，故曰"默而成之存乎德行"。

阴阳之象皆形也。形而上者，超乎形器之上，无声无臭，则理也，故"谓之道"。形而下者，则囿于形器之下，有色有象，止于形而已，故"谓之器"。以是形而上下、化而裁之则谓之变，推而行之则"谓之通"。及举此变通措之天下之民，则所以变所以通者皆成其事业矣，故"谓之事业"。此画前之《易》也，与卦爻不相干。

是故夫象，圣人有以见天下之赜，而拟诸其形容，象其物宜，是故谓之象。圣人有以见天下之动，而观其会通，以行其典礼。系辞焉，以断其吉凶，是故谓之爻。

重出以起下文。

极天下之赜者，存乎卦，鼓天下之动者，存乎辞，化而裁之存乎变，推而行之存乎通，神而明之存乎其人，默而成之、不言而信，存乎德行。

"极"，究也。"赜"，多也。天地万物之形象，千态万状，至多而难见也，卦之象莫不穷究而形容之，故曰"极天下之赜者存乎卦"。"鼓"，起也。"动"，酬酢往来也。天地万物之事理，酬酢往来，千变万化，至动而难以占决也，爻之辞莫不发扬其，故以决断之，故曰"鼓天下之动者存乎辞"。卦即象也，辞即爻也。化裁者，教人卜筮观其卦爻所变。如乾初爻一变，则就此变化而以理裁度之，为"潜龙勿用"。乾卦本"元亨利贞"，今曰"勿用"，因有此变也，故曰"存乎变"。"通"者，行之通达不阻滞也。裁度已定，当推行矣，今当勿用之时遂即勿用，不泥于本卦之元亨利贞，则行之通达不阻滞矣，故曰"存乎通"。"神"者运用之莫测，"明"者发挥之极精，下文"默而成之、不言而信"是也。无所作为谓之"默"，曰"默"则不假诸极天下之赜之卦矣。见诸辞说之谓"言"，曰"不言"则不托诸鼓天下之动之辞矣。"成"者，我自成其变通之事也。"信"者，人自信之如蓍龟也。与"奏假无言，时靡有争"同意。

"极天下之赜"者，存乎卦之象，"鼓天下之动"者存乎爻之辞。此卦此辞，化而裁之存乎其变，推而行之存乎其通。此本诸卦辞，善于用《易》者也。若夫不本诸卦辞，神而明之，则又存乎其人耳。盖有所为而后成，有所言而后信，皆非神明，惟默而我自成之，不言而人自信之，此则生知安行，圣人之能事也，故曰"存乎德行"。故有造化之《易》，有《易》书之《易》，有在人之《易》。德行者，在人之《易》也。有德行以神明之，则《易》不在造化，不在四圣，而在我矣。

上第十二章。此章论《易》，书不尽言，言不尽意，而归重于德行也。